经济管理类课程教材·国际贸易系列

国家双语教学示范课程配套教材

国际结算

主　编　李建军　许　南
副主编　张　雅　黎　谧

第三版

中国人民大学出版社
·北京·

作者简介

主编简介

李建军，男，经济学博士，湖南工商大学教授、硕士研究生导师，湘江青年学者。近十年来一直在高校从事国际结算、世界经济、国际贸易学、国际经济学等相关课程的教学与科研工作，多次指导学生参与创新项目、获评优秀毕业论文等。在科研方面，主研国家本科教学质量工程项目1项，主持和主研国家社会科学基金项目、省自然科学基金项目、省社会科学基金项目、省教育科学规划基金项目、省教育厅科研项目等20余项，在国内外刊物上公开发表相关科研论文20余篇，出版著作1部，主编教材2部。主要教学科研领域为世界经济，主要研究方向为“一带一路”、全球价值链与产业转移。

许南，男，经济学博士，湖南师范大学商学院副教授、硕士研究生导师、MBA导师，“国际结算”国家双语教学示范课程负责人；“挑战杯”全国优秀指导教师，湖南省青年骨干教师，湖南省青年教师教学能手。曾在德国福伦斯堡大学作为访问学者研修一年，为德国高校本科生和硕士生用英语讲授“金融学导论”“国际贸易融资”课程。任教课程被遴选为校文化素质课精品课程、校双语教学示范课程、校精品课程和国家双语教学示范课程。出版专著2部，在《管理世界》《财贸经济》《教育与经济》《金融论坛》等权威和重点刊物上发表学术论文20余篇，多篇论文被中国人民大学复印报刊资料全文转载。主持国家本科教学质量工程项目1项，主持省社会科学基金项目、省软科学项目、省教育科学规划项目、省教学改革研究项目、省研究生教改项目共7项。主要教学科研领域为国际贸易学和国际金融学，主要研究方向为国际支付、国际贸易融资、商业银行跨国经营与管理、FDI与跨国公司投资。

副主编简介

张雅，女，管理学博士，湖南农业大学商学院副教授、硕士研究生导师。在教学方面，共获得国家及省市校各级教学荣誉、奖励和成果66项，其中省级及以上相关成果9项。具体而言，教学成果奖6项，其中，省级成果奖1项；教学竞赛获奖22项，其中，国家级1项，省级3项；公开发表教学改革研究论文14篇，其中，北大核心教改论文5篇；主持教学改革研究项目8项，其中，省级课题2项；开展课程建设5项，其中，湖南省线上线下一流课程项目1项，湖南省信息化教学名师课堂项目1项；主编或参编教材4项；指导学生竞赛获奖、论文评优等 7 项。在科研方面，主持或主要参与科学研究项目 33 项，公开发表科学研究论文 30 篇，其中，SSCI 1 篇，北大核心论文 2 篇，主要涉及方向包括国际结算实践及风险、中非农产品贸易、农林经济管理。

黎谧，女，应用经济学博士，湖南工商大学经济与贸易学院教师。主要从事国际贸易理论、跨境电商理论与实务等方面的研究，主持国家社会科学基金项目、湖南省社会科学基金项目、湖南省社会科学成果评审委员会项目、湖南省教育厅科学研究项目优秀青年项目等多项，出版专著 1 本，在 CSSCI 期刊上发表论文 10 余篇，其中 1 篇被中国人民大学复印报刊资料转载。2021 年所授课程“跨境电商运营管理（双）”获评湖南省本科一流课程，“跨境电商理论与实务”“跨境电商实务（双）”等课程多次被评为校级优秀课程；指导学生在学科竞赛中获全国一等奖 3 项，省级奖 9 项，获评省级优秀指导老师、最佳指导教师等荣誉。

内容简介

本书是国家双语教学示范课程用书《国际结算（英文版）》的中文配套教材，既可以与英文版教材相互映照使用，也完全可以独立使用。本书由国际结算绪论、国际结算中的票据、国际结算方式、国际结算中的单据、国际结算业务管理等五大模块组成。绪论模块重点介绍了本书的基本框架、学习内容和基本理论。票据模块展示了汇票、本票、支票三大票据的法理、构成要素、票据行为。结算方式模块在介绍了传统的结算方式汇款、托收和信用证后，根据当前国际结算业务中信用证结算占比逐步下降、商业信用结算占比逐年增大的新特点和新趋势，介绍了备用信用证、保函、保理、福费廷等新型的、带有融资特性的结算方式。单据模块首先阐述和分析了汇票、基本商业单据（商业发票、运输单据、保险单据），其次对其他单据做了系统而深入的介绍与分析。为避免与票据模块重复，本模块主要从单据审核的角度介绍了汇票。审单审证作为国际结算课程的难点，在第八章有专门介绍。国际结算业务管理模块对国际结算融资、国际结算业务风险与防范等内容进行了分章阐述。本书涵盖了包括 INCOTERMS2020、UCP600、eUCP、URC522、eURC、ISBP821 和 URDG758 等在内的国际结算领域最新的国际惯例和规则。

第三版前言

PREFACE

在全球化浪潮席卷全球的今天，国际贸易与投资活动日益频繁，国际经济联系愈发紧密。作为连接各国经济往来的桥梁，国际结算不仅是国际贸易不可或缺的一环，更是国际金融体系中的重要组成部分。它如同一条隐形的纽带，穿梭于世界经济的每一个角落，促进了资源的有效配置与全球市场的深度融合。在此背景下，深入理解和熟练掌握国际结算的理论与实践，对于培养具有国际视野、精通国际规则的高端金融与贸易人才显得尤为重要。

本教材第三版仍坚持前两版所强调的理论与实践相结合的特色，在提炼、抽取最基础、最重要的理论知识的基础上，突出国际结算票据、国际结算方式、国际结算单据三大核心内容。本版以习近平新时代中国特色社会主义思想为指导，全面贯彻党的二十大精神，体现党的二十大提出的高举中国特色社会主义伟大旗帜、全面贯彻习近平新时代中国特色社会主义思想、为全面建设社会主义现代化国家和全面推进中华民族伟大复兴而团结奋斗的主题，针对国际国内经济形势变化以及国际结算理论与实践新进展，坚持马克思主义立场、观点和方法，对教材重点进行了如下修订：

第一，牢把政治关。坚定落实立德树人根本任务和教育部的要求，突出教材的政治性，坚持理论逻辑与历史逻辑相统一的方法论原则，将传统经济理论与现实案例相融合，在案例中增加“A 银行签发的汇票是有效汇票吗?”“浙江某公司与埃塞俄比亚某银行信用证结算纠纷案”“跟单信用证结算改‘随证托收’致损案”“假远期信用证纠纷案”“尾款保函主合同修改案”等内容。并且新增了“形势与政策”“中国视角”二维码，包括“大国重器：人民币跨境支付系统 CIPS”“飞钱：我国最早的银行汇票”“我国古代票据的沿革”“我国信用证发展历程及数字金融下的区块链数字信用证应用”“国际保理业务的起源、发展与我国保理业务的发展情况”“跨境贸易人民币结算试点管理办法”等内容，有助于对学生国际视野、家国情怀、法治观念及金融创新精神的全面培养。

第二，反映国际结算新实践。新增第十章“跨境电子商务的支付与结算”，阐述跨境电商支付与结算的主要方式及平台、跨境电商支付与结算的流程，尤其是跨境人民币结算模式及其具体流程。

第三，丰富案例。本次修订增加了将近 13 万字的案例分析材料，涵盖了教材所有章节的主要知识点，且每一个案例都以二维码的方式提供了案例分析及相关知识点，案例新颖，内容丰富，更有利于读者深化对相关知识的理解，增强理论联系实际的能力。

第四，更新资料。本次修订，我们对教材中涉及的相关数据（除历史数据外）进行了更新，并尽量更新到近三年，同时在相关理论和实务操作中加入了最新的资料、案例。

感谢第三版修订过程中中国人民大学出版社的相关领导和编辑老师，他们的敬业精神和一丝不苟的工作态度对《国际结算》（第三版）修订工作的顺利完成起到了非常重要的帮助作用。

当然，教材中肯定还有诸多不足乃至错误和纰漏之处，恳请同行专家和读者朋友以包容的心态对待这些问题，并将修改意见反馈给我们，我们也将继续在同行学界的批评和指导中对本教材进行不断的修改和完善。期待在同行专家、读者朋友的关心和支持下，岁月将这本教材一步一步地打磨成精品。

李建军

第一版前言

PREFACE

国际结算是一门理论与实践密切结合的课程，在我国的发展已经有近 50 年的历史。国际结算（International Settlement）作为一项国际银行业务（International Banking），研究跨国（地区）货币收付活动，实现国际债权债务关系的清偿和跨国（跨境）的资金转移，对国家间结清贸易和非贸易的债权和债务发挥了重大的作用。在国外，并没有“国际结算”这门课程，与之类似的有国际支付（International Payment）、国际贸易融资（International Trade Finance）等课程及国际商务（International Business）课程的部分章节。国际结算的英文名称“International Settlement”虽然是一种 Chinglish 的表述方式[①]，但自课程的创始人天津财经大学苏宗祥教授使用该中文和英文名称后，现已成为国人的一种约定俗成的表述方式。进行一门有中国特色的国际贸易与金融学科的专业课程的建设，我们深感责任重大。

从 2003 年攻读博士学位时起，我就开始从事“国际结算”课程的教学工作，目前已从教 10 年有余。之前我在银行的国际业务部已有 6 年结算及贸易融资工作和管理经验。这 16 年来，我的职业生涯一直围绕着“国际贸易与金融”这个中心。我热爱教学工作，愿意为这门课程投入时间与精力。2010 年我主持申报的该课程被确定为“国家双语教学示范课程”。我至今仍深深记得我的大学老师讲过的一句话：课程建设是需要历史积累和时间沉淀的。当时听着还感到懵懵懂懂的一句话，如今感到分外亲切。我和我的工作团队在国家双语教学示范课程立项前和立项后，一直围绕着该课程在做系列课程建设。我们凭借着“让学生真正学到东西”的高度责任感和为国家培养人才的高度使命感，选择做自己最感兴趣和最有优势的事情。

本书由国际结算绪论、国际结算中的票据、国际结算方式、国际结算中的单据、

---

① 教材名称“International Settlement”是一种 Chinglish 的表述，当与国外同行交流时，若不做具体说明，对方是无法理解这门课程的具体所指的。毕竟，“Settlement”一词有解决双方争端的协定、协议之义。从字面意义上，也可以将其理解成社会学、法学关于争端解决的课程内容。好在有一个专门的国际金融组织 Bank for International Settlement (BIS)，便于人们理解 International Settlement 是一个和经济、金融有关的词汇，但该机构的中文名称又是国际清算银行（而非国际结算银行，清算的英文对应单词是 Clearing），而且其职能确实是资金的跨境转移和清算以及在《巴塞尔协议》框架下对商业银行的监管。对这些称谓上的不同之处，我们已无力改变，也不必改变，或许随着中国学者在该领域研究力量的壮大，“International Settlement”能赢得更广泛领域的认可。

国际结算业务管理五大模块组成。绪论模块重点介绍了本书的基本框架、学习内容和基本理论。票据模块清晰而完整地展示了汇票、本票、支票三大票据的法理、构成要素、票据行为和案例分析。结算方式模块在介绍了传统的结算方式汇款、托收和信用证后，根据当前国际结算业务中信用证结算占比逐步下降、商业信用结算占比逐年增高的新特点和新趋势，介绍了备用信用证、保函、保理、福费廷等新型的、带有融资特性的结算方式。当然，鉴于信用证结算方式的历史地位和当今依然被广泛使用的事实，其仍然是本书阐述的重点和难点。单据模块首先阐述和分析了汇票、基本商业单据（商业发票、运输单据、保险单据），其次对其他单据做了系统而深入的介绍与分析。由于第二章阐述的票据就是金融单据，为避免重复，在第十章汇票部分主要是从单据审核的角度介绍了汇票。审单审证作为国际结算课程的难点，在第十一章有专门介绍。本书还对国际结算融资、国际结算业务风险与防范等内容进行了分章阐述。

本教材是国家双语教学示范课程教材《国际结算（英文版）》的中文配套教材，两本教材的编写框架和章节编排是完全一致的，内容相互映照，互为补充。本书既可以与本人编写的《国际结算（英文版）》教材对照学习使用，也完全可以作为一本国际结算的中文教材独立使用。对于对双语教学还比较畏难的同学来说，该教材将会是一本有益的中文配套教材。在编写过程中教材编写组专门召开了数次教学编写论证会议，邀请了国内重点高校具有丰富经验的国际结算课程专家、金融英语及商务英语领域的语言专家和金融系统有多年国际银行业务从业经验的实战专家集中讨论。他们来自高校教学一线和大型商业银行国际业务一线，对当前国际结算业务的变化和新特点及专业英语的规范表述有深刻的把握。中南大学商学院朱宁博士、湖南商学院曾之明教授、湖南大学金融学院邵新力副教授、中国银行湖南省长沙市分行原常务副行长肖玉珍高级经济师在参与本书讨论、提出修改意见方面给出了许多具体建议。首都经济贸易大学郎丽华教授和李靖教授，辽宁大学邢源源教授，湖南师范大学蒋冀骋教授、白解红教授、蒋洪新教授和杨小云教授，特别是我的导师湖南大学经贸学院张亚斌教授对本教材的建设及其所依托的国家双语教学示范课程建设项目给予了具体的指导和亲切的关怀。在教材建设期间，我再一次回到了曾经工作过的中国工商银行青岛分行国际业务处，与牟钟益处长、宋建军副处长等国际结算从业技术专家就与教材建设相关的国际结算业务发展问题进行了深入的探讨，并得到了国际结算正本单据的影印本，对教材建设起到了重要的辅助作用。

本书的特点

1. 教材体系清洁明晰

套用“清洁”提单一词的用法，本教材的知识框架经过了精心打磨，作为一本大学本科的专业教材，我们力图在知识框架体系上提炼和抽取最基础、最重要的知识介绍给学生。在编写时，牢牢把握国际结算票据、国际结算方式、国际结算单据三大核心内容，学生阅读教材目录后会一目了然，便于理解和记忆。

2. 教材内容新颖务实

国际结算与贸易融资有着高度的全球性和规范性。URC522、UCP600、ISBP681、URR725、INCOTERMS2010 等国际惯例和贸易术语是全世界理论研究者、实务工作者的共同语言。由于国际惯例变化较快，本教材力图反映、传播、贯彻这些最新变化。对于国外与该课程相关的原版教材，我们力图消化并加以借鉴和改良，使编撰的内容符合中国国情，体现当今国内该领域的最新需求和变化。

3. 教材框架有舍有留

国际结算课程的内容正不断发展和变化。国际结算是银行的一项传统中间业务，而与之相关的融资、担保等资产业务和或有资产业务正蓬勃发展，其重要程度甚至已经超过了传统国际结算业务。本书将国际结算融资单独成章，从进口、出口的不同层面，从装运前、装运中、装运后不同角度对国际结算融资做了系统分析和阐述。

4. 教材语言专业简洁

教材初稿完成后，我们经历了两个环节来测试语言的可读性。一是交给审稿专家，保证内容的准确性和表述的精确性。二是交给我所指导的研究生。在“区域贸易与金融”的专业课上师生逐段研读，查找语法和用词错误。由学生来概括每段内容，斟酌用词，确保从学生的水平和角度读懂教材。

作为国家双语教学示范课程的重要组成部分，本中文教材与我编写的《国际结算（英文版）》教材相互映照。目前习题集、案例集和实训手册正在逐步建设中。我们衷心希望通过该课程国家双语教学示范课程的立项，真正把这门课程的双语教学建立起来，发展下去，为国际经贸专业、金融学专业、国际商务专业的本科生、硕士生进行该门课程的双语学习提供一套优越的立体化教学资源体系。

双语教学目前在国内仍然存在争议。部分人把双语教学无法开展的理由归因于学生的素质跟不上。我们认为这种说法有失偏颇。我们有没有合格的师资？有没有与英文版教材配套的中文教材？有没有其他配套的辅助学习资料？随着国际经济一体化进程的进一步加快，双语教学和全英文教学必将成为涉外专业学生紧跟国际学术步伐的有力手段。愿这本中文配套教材能为我国经贸大类课程双语教学的推行奉献一份力量。

许 南

目录

CONTENTS

第一章
绪　论

学习目标

- 掌握国际结算的定义、种类及主要内容，了解国际结算中的主要支付方式；
- 了解国际结算的起源、历史和发展，了解国际货币中心采用的主要资金清算系统；
- 了解银行在国际结算中的作用；
- 了解国际结算的银行网络体系，特别是代理行关系的建立。

导入案例

国际结算方式选择

甲国的A公司欲销售一批价值10万美元的货物给乙国的B公司，其货款的结算可以采取如下方式：

(1) B公司准备好10万美元现金，在约定的交货地点直接将美元交付给A公司。

(2) A公司开出要求B公司支付10万美元的商业票据，得到B公司的承兑后，A公司即可将其作为10万美元的等价物用于其他商品购买的支付。

(3) B公司向其本国银行C银行提出开立信用证的申请，C银行同意并开立了以A公司为受益人的信用证。在信用证有效期内，A公司委托其往来银行向C银行提交信用证项下的全套单据，开证银行C银行审核A公司提交的单据单证相符后，向A公司支付信用证项下的全部款项。

试分析A公司将如何选择货款结算方式。

案例分析及
相关知识点

在进出口贸易环节，进出口商销售合同的履行和终结是以货款的支付为标志的，而这离不开国际资金的支付与清算。国际结算就是专门为解决这一问题而建立的一门新兴的、理论与实践相结合的应用型学科。它的研究对象是国际债权债务的清偿以及清偿债权债务的基础和依据——单证。进出口商需要运用国际结算的知识来保证安全收汇和及时付款，金融中介、商业银行需要利用国际结算的知识来指导和规范企业安全、高效地清偿债权债务，防范资金风险。在经济全球化和金融全球化日益深化的当今，外向型经济的发展和出口导向型经济增长模式使得国家间的经贸交往越来越密切；中国当前正在大力实施“走出去”战略，越来越多的商业银行到境外设立分支机构，为中国跨国公司在当地的分公司和子公司提供贸易融资和资金清算服务，这些都离不开国际结算。由于进出口商天各一方，容易出现贸易纠纷，国际惯例的制定和遵循将有利于国际结算业务的顺利开展。国际结算对于经济学、管理学、法学这些学科的应用型专业，尤其是国际经济与贸易专业、金融学专业（国际金融方向）、国际商务专业和经济法专业的学生来说，是一门必须要认真学习和对待的专业核心课程。

第一节　国际结算的定义、分类及内容

一、国际结算的概念

国际结算是指处于不同国家或不同货币区的自然人、法人或政府机关，由于经济、文化和政治的交流，产生的以货币表现的债权债务，以及通过银行办理货币收付以清算这种债权债务的业务活动。国际结算概念的三个基本要点是：清偿债权、债务；运用某种支付手段和支付方式办理；实现货币资金的跨国（境）转移。必须同时满足这三个条件的金融活动，才能被称为国际结算。

国际结算起源于国际贸易，也可以说是国际贸易业务程序中的最后一道程序——货款结算阶段。在长期的历史发展过程中，国际结算随着国际政治、经济的变化，尤其是银行业、运输业、保险业和科技的发展而逐步形成了现在的规模。

二、国际结算的分类

国际结算的分类取决于产生国际债权债务的国际贸易的分类。国际贸易在其发展的不同阶段有不同的分类方法，由此产生的国际结算在不同的阶段也有着不同的分类方法。今天，可将国际结算分为国际贸易结算和国际非贸易结算。国际贸易结算包含国际货物贸易结算和国际服务贸易结算。实物商品的输入输出属于有形贸易（Visible Trade）范畴，如买卖大米、机器、石油、电器等都是实物贸易，由此而产生的债权债务的结算被称为货物贸易结算或有形贸易结算，属于狭义的国际贸易结算。服务也是商品，服务业是伴随着实物商品的发展而发展的，如运输、信息、金融、通信等，由服务商品的交易所产生的债权债务的结算被称为服务贸易结算或无形贸易（Invisible Trade）结算。世界贸易组织（WTO）的《服务贸易总协定》实施以来，服务贸易在全世界范围内发展很快。我国2012年4月28日在北京举办的首届中国（北京）国际服务贸易交易会（简称京交会），是由中华人民共和国商务部、北京市人民政府主办的大型交易会，它吸引了全世界82个国家和地区的22 000多家客商参加。京交会自2012年起每年5月28日在北京举行，会期5天，2019年更名为中国国际服务贸易交易会（简称服贸会），世界贸易组织、联合国贸易和发展会议、经济合作与发展组织是京交会永久支持单位。服贸会定位于国家级、国际性、综合型服务贸易交易会，是全球涵盖世贸组织界定的服务贸易12大领域（包括商务服务，通信服务，建筑及相关工程服务，金融服务，旅游与旅行相关服务，娱乐、文化与体育服务，运输服务，健康与社会服务，教育服务，分销服务，环境服务，其他服务）的综合型服务贸易交易平台。服贸会旨在成为国际服务贸易的洽谈交易平台、国际服务贸易政策的研讨发布窗口、各国服务贸易企业的交流合作桥梁。

除了国际货物贸易结算和国际服务贸易结算以外，还有国际非贸易结算。国际非贸易结算是由非贸易的其他经济活动和政治、文化的交流所引起的货币支付与结算。它包括了国家间单向、无偿的资金转移，如侨民汇款、政府的援助和捐赠等。

国际结算的主要内容是由国际货物贸易结算和国际服务贸易结算构成的广义的国际贸易结算。其结算业务内容复杂，几乎包括了目前使用的所有结算方式、所需的单据及可能涉及的风险。因此，国际贸易结算，尤其是国际货物贸易结算将是本书重点介绍的内容。

三、国际结算的基本内容

（一）国际结算的支付工具

票据是国际结算的支付工具。非现金结算得以顺利进行主要是靠票据的流通转让来完成的。虽然国际结算在朝无纸化方向发展，但也暂时无法取代票据的特殊地位和重要作用。本书所研究的是金融票据，主要是汇票、本票和支票。

（二）国际结算方式

国际结算方式又称支付方式，在买卖合同中也叫支付条件。汇款、托收、信用证是传统的结算方式，备用信用证、保函、保理和福费廷等是现代发展起来的集融资、担保和结算于一体的新型结算方式。汇款和托收属商业信用，信用证、保函等有银行信用的介入。在实际国际贸易业务中，具体选用哪种结算方式则通常要结合交易情况、市场销售状况、对方资信情况等，由买卖双方协商确定。

（三）国际结算单据

单证工作贯穿于国际贸易实践的全过程。从合同的开始磋商到最后的货款结算，每个环节都离不开单证的流动。在国际贸易中，尤其是实物贸易中使用最多的结算方式是跟单信用证和跟单托收，这两种结算方式实质上已将货物买卖变成了单据买卖。所以研究国际贸易和国际结算所使用的单证的性质、作用及单证在实务中的运动，掌握单证的制作方法，就成为国际结算必不可少的知识。

第二节　国际结算的起源与发展

国际结算是伴着国际贸易的产生而产生的，也是伴随着国际贸易的发展而发展的。同时，国际结算与各国生产力水平的发展状况、科学技术水平的提高和金融、运输及保险业务的发展密切相关。总的来说，国际结算大体上经历了易货贸易、现金结算、非现金结算和电讯结算的演进过程。

一、易货贸易阶段

国际结算起源于何时很难加以考证，但国际结算起源于国际贸易却是人们公认的。人类社会在进入奴隶制社会后便开始在国与国之间进行商品交易了，由此产生了国际结算。最初阶段的国际结算是通过易货来完成的，即以物易物，商品交换的完成即结算结束。在封建社会，由于自然经济占据统治地位，商品经济不发达，易货结算随处可见。明朝初期郑和七下西洋，以丝绸、瓷器、铜器、铁器等交换西非各国的珠宝、象牙、香料和药材等，当属于典型的易货结算。

二、现金结算阶段

最早的国际贸易采用物物交换的易货方式，不存在资金结算问题。当黄金、白银及其他金属铸币成为一般等价物并充当世界货币后，才产生了现金结算。当时，商人卖出货物时收到的是现金，买进货物时付出的也是现金。跨国交易时，商人携带金属铸币到外国进行直接货款两讫的现金结算。现金结算的方式不方便、不安全，且交易成本高，不适应日益发展的大规模的国际贸易的需要。

三、非现金结算阶段

大约在 11 世纪，商品贸易较发达的地中海沿岸国家的商人们开始使用字据代替现金，由此进入非现金结算的初级阶段。到 16—17 世纪，欧洲多数国家开始使用信用工具——票据。19 世纪末，欧洲各国相继出台票据法，标志着非现金结算进入成熟阶段。

非现金结算是指不直接使用现金，而是使用代替现金起流通作用和支付作用的票据来结算国家间的债权债务的结算方式。

国际运输业和货物保险业的发展促进了国际贸易方式的进步，也为银行介入国际贸易结算创造了条件。银行的介入不仅为国际贸易提供了结算服务，还为进出口商提供了贸易融资和信用担保。有了银行的信用和资金，国际贸易量不断增加，银行的业务也不断扩大。银、贸双方相辅相成的关系逐渐发展成为今天这种贸易结算与融资相结合、以银行为中枢的国际结算体系。只有当银行介入贸易支付时，才形成了真正意义上的非现金结算制度。

四、电讯结算阶段

非现金结算方兴未艾，随着信息时代的到来，国际结算业务开始应用电子商务技术，标志着电讯结算阶段的开始。互联网的迅速发展使得电子数据交换的覆盖面不断扩大。行政、商业、运输、保险、银行内部的电子数据交换必然走向互联互通，最终将形成世界范围内关联行业的统一数据交换网络，这一统一网络的形成将使电子单据代替传统的纸质单据，从而使国际贸易和国际结算进入“电子单据”和“电子交单”的无纸化时代。

此外，通信技术的发展消除了时空的限制，使得数据的传递和资金的划拨能够在瞬间进行。近年来，银行普遍使用SWIFT（Society for Worldwide Interbank Financial Telecommunications，环球同业银行金融电讯协会）系统。这一集支付、清算和信息传递于一体的电讯系统，是电子商务在国际结算中应用的具体体现。除了SWIFT系统这个全球范围内的金融电讯系统外，国际上几种主要的可自由兑换货币的清算也都应用了电子商务技术，如美元清算系统CHIPS（Clearing House Interbank Payment System）、欧元清算系统TARGET（Trans-European Automated Real-time Gross Settlement Express Transfer System）、英镑清算系统CHAPS（Clearing House Automated Payment System）和港元清算系统CHATS（Clearing House Automated Transfer System）等。信息时代的到来为国际结算的发展提供了巨大的空间。

第三节 银行在国际结算中的作用

在当今社会，世界上每日因实物商品和服务商品及资金单方面转移而发生的货币支付额在数万亿美元以上，这数万亿美元的支付及相关债权债务的清算就是由银行这一中介机构承担的。如果这些支付由有关双方直接用现金（即使是纸币，更不用说金银铸币）方式进行，则其耗费人力、物力之巨，拖延时间之长和所冒风险之大，定会使整个经济立即瘫痪。除此以外，银行还为国际贸易提供融资和信用担保，为交易双方提供信息服务。因此，一方面，国际结算的发展离不开银行，另一方面，国际结算又促进了银行业的发展。

一、账户资金结算与清算

银行是支付中介和信用中介，为了更好地在国际结算中发挥以上职能，各国银行都在建立和完善两个系统。一是资金清算系统：每个国家在本国国内建立了银行同业资金清算系统，一般是以本国的中央银行为核心。除此之外，金融界还以货币为主体建立了货币清算地的资金清算系统。本章第二节提到的美元清算系统CHIPS、欧元清算系统TARGET、英镑清算系统CHAPS、港元清算系统CHATS等都是这类清算系统的代表。随着信息化时代的到来，金融界还建立了全球范围内的金融电讯系统，即SWIFT系统。银行利用IT技术及互联网的便利，为国际结算资金的支付、清算提供了安全、可靠、快捷的服务，大大提高了国际结算的效率，有力地推动了国际贸易的发展。除了清算系统外，银行还在世界各地设立了有形的服务系统——海外分支机构和代理行。

国际结算的资金清算主要是通过世界各大金融市场的清算系统来完成的，其中比较著名的有以下几大系统：

（一）CHIPS

它是美国同业银行收付系统的简称。这个系统不仅是美国纽约市的清算系统，也是国际上美元收付的网络中心，由设在纽约的美国银行以及设在纽约的外国银行组成。每天，世界各地的美元清算都要直接或间接通过这一系统处理，它承担着世界各国95%的美元资金清算，一天的处理金额高达14 000亿美元。

CHIPS成立于1970年夏季，在140多家成员银行中，2/3为外国成员银行。为了方便识别每一笔美元的收付，防止误付的出现，CHIPS建立了一套通用的代码分配给每个成员行，成员行使用CHIPS时，必须使用这个规定的代码，否则视为不合格付款，需承担更多的费用。该系统采用多边和双边净额轧差机制实现支付指令的实时清算，实现实时全额清算系统和多边净额结算系统的有效整合。

（二）CHAPS

它是英国伦敦同业银行自动收付系统的简称。该系统不仅是英国伦敦同城的清算交换中心，也是世界所有英镑的清算中心，但一般的银行不能直接参加交换，需先通过少数的清算中心集中进行，包括外国银行在伦敦设立的分行都需先在其往来银行进行初级清算，然后才能通过CHAPS进行终极清算。

CHAPS目前提供以英镑和欧元计值的两种独立清算服务，其中欧元清算与欧洲统一支付平台TARGET对接，因此，CHAPS系统的成员可以在同一平台办理国内英镑的支付和跨国欧元的支付，确保英镑和欧元在伦敦金融市场具有同等的计值地位。

（三）SWIFT

SWIFT是环球同业银行金融电讯协会的简称。SWIFT系统属于国际银行的通信系统，专门为国际银行业服务。SWIFT系统是目前世界上最大的金融清算与通信组织，可以与世界各地银行的计算机主机取得联系，瞬间就能完成跨国银行业务。其业务范围包括客户汇款、银行资金调拨、外汇交易、贷款存款付息、托收、股票、跟单信用证以及索汇等。它每天24小时不间断地运行，只要会员行电脑设备正常，任何时候都可以收发电报，而且速度极快，发出电讯1～2分钟后就会获得收电银行的回应。它的保密性能好，可以自动编制和核对密押，不会丢失。SWIFT对收发电讯规定了一套标准化的统一格式，可以避免会员行之间文字或翻译上的误解和差错。各会员行通过系统进行相互间的业务通信往来时，必须按照统一的电报格式代码发报，各种不同的业务使用不同的发报格式。

（四）FEDWIRE

这个系统是1913年建立的，为美国联邦储备银行所有，其任务之一就是为美国银行体系创建统一的支付清算系统。从 1918 年开始，该系统为银行提供了跨行票据托收服务，跨地区票据托收通过 FEDWIRE 调拨清算净差额。FEDWIRE 将全美划分为 12 个联邦储备区、25 个分行和 11 个专门的支付处理中心，它将美联储总部、所有的联邦储备银行、美国财政部及其他联邦政府机构连接在一起，提供实时全额结算服务。FEDWIRE 主要用于金融机构之间的隔夜拆借、行间清算、公司之间的大额交易结算以及美国政府与国际组织的记账债务转移业务等。该系统成员主要有：美国财政部、美国联邦储备委员会、12 家联邦储备银行、25 家联邦储备分行及全国 1 万多家商业银行和近 2 万家其他金融机构。1980 年以后，所有符合美联储存款保险条例要求的存款机构都可以直接使用该系统。

（五）TARGET

它是泛欧实时全额自动清算系统的简称。1995 年 5 月欧洲货币当局为保证欧元的启动及贯彻实施欧洲中央银行体系的单一货币政策，保证在任何情况下在当天都能进行大额资金的收付，在德国的法兰克福建立了一个跨国界的欧元支付清算系统。该系统于 1999 年 1 月 1 日正式启动。它保证了欧元清算的及时有效，对欧洲中央银行实施货币政策具有重要的作用。该系统由 16 个国家的实时金额支付清算系统（RTGS）、欧洲中央银行的支付机构（EPM）和相互间连接系统（Interlinking System）构成，可以处理欧盟国家间所有的欧元贷记转账业务，而且还能够为成员与 EUR01 系统（位于法国巴黎）、CLS 系统（位于英国伦敦）之间的欧元支付提供最终结算。因此，TARGET 系统实际上是欧元区统一支付清算的核心系统。

（六）CNAPS

CNAPS（China National Advanced Payment System，中国现代化支付系统）是由中国人民银行主持，通过对中国原有的支付系统进行改造而建立的现代化支付系统。CNAPS 项目包括建设覆盖全国的金融数据通信网这一基础设施，将众多银行机构连接到全国和地区支付业务清算和结算中心，以及开发一系列支付应用处理系统，如大额支付系统、小额支付系统等，以逐步取代原有的分散的各个支付系统。大额支付系统由央行拥有和运行，是所有支付应用系统的核心，为跨行资金转账、金融市场、证券市场、外汇市场提供当日资金结算，也为小额支付系统、同城清算所、银行网络及银行电子汇兑系统提供日终净额结算。小额支付系统则支持各类借记和贷记业务。这两个系统分别于 2005 年和 2006 年完成了全国推广，在我国的资金清算中起着不可替代的作用。

二、国际贸易融资

形势与政策

大国重器：人民币跨境支付系统CIPS

银行对国际贸易的融资除了发放贷款或购买企业债券外，很大一部分是与结算方式相结合的，而且这种趋势越来越明显。在汇款这种国际结算方式中，银行只负责转移资金，没有融资作用。在以商业信用为基础的托收方式中，银行既负责转移资金，也负责转移单据，在一定程度上还代表卖方控制物权。在这种结算方式中，出口商的融资可以是出口托收押汇，票据贴现；进口商的融资可以是担保提货。在信用证方式下，开证行负有第一性的付款责任，这种方式本身就是对进口商的融资和信用担保，也给出口商带来了许多融资便利。近代发展起来的结算方式如保函、保理、福费廷等兼具融资和支付两方面功能，为企业向银行融资开辟了更多的渠道。

三、风险担保

在国际结算业务中，买卖双方的利益是不一致的。出口商希望尽早收到货款，而进口商希望尽快收到货物，出口商希望买方提供贸易融资，而进口商希望卖方提供赊销信用。由于进、出口商天各一方，一旦出现贸易纠纷，解决起来势必费力费事。商业银行的参与为双方提供了中介服务和安全保障，使得进、出口商都能有效地规避风险。在信用证业务中，银行对交易双方的风险提供了担保，保证出口商能按时收到货款，进口商能凭单提取合同规定的货物。在银行保函项下，银行通过履约保函对出口商收款不发货的风险予以担保赔付，通过预付款保函对进口商预付货款而未收到货物予以风险担保赔付，便利了国际结算业务的顺利进行。

四、资信调查与咨询服务

信息是无形资产，尤其是在信息时代。银行凭借自己掌握社会资金再分配的权力及与企业广泛联系的特殊地位，加上自身的良好信誉，可以向人们提供相关的可靠信息。如当一个企业欲进入异国他乡开展业务时，首先要熟悉当地市场的准入条件，同时要了解合作伙伴的资信，这些信息都可以从当地银行获得。当今不少大银行正在变为“金融百货公司”或“金融超级市场”，因为它们既拥有雄厚的资金实力，又有一批经验丰富的管理人员和宽广的营业地域，因而有能力从事多种经营，包括为客户提供理财服务和金融信息。

第四节　国际结算中的银行网络

一、代理行

代理行（Correspondent Bank）是指两个不同国家的银行通过相互委托办理业务而建立往来关系。因为任何一家银行再大，实力再强，也不可能在世界各地都设立分支机构，而国际经贸活动所产生的债权债务是遍布世界各个角落的。为了建立起世界各地的国际结算服务网络以满足国际经济和贸易的需要，银行普遍采用相互委托的方式，即代理行。代理行关系一般由双方银行的总行直接建立，分支机构一般不对外建立代理行关系。

（一）代理行关系的建立

建立代理行关系之前，双方都要充分了解。一般而言，银行只同那些资信良好、资金较雄厚、经营作风正派、业务能力强的海外银行建立代理行关系。双方一旦同意建立代理行关系，则应签订代理协议。在代理协议中，双方明确互相委托的业务范围和参与代理业务的机构（总行和参与的分行等）并交换控制文件。控制文件一般有以下三种：

1. 密押

密押（Test Key）是代理行之间事先约定的，在用电讯方式传递信息时，由发出信息的一方在电文中加注密码，接收信息的一方收到电文后，核准密码才会接收对方发来的信息内容。密码具有很强的机密性，由资信优秀的专人保管和使用，在使用期间，还会经常更换。

2. 印鉴

印鉴（Authorized Signature）是有权签字人的签字式样。代理行之间的信函、凭证、票据等经有权签字人签字后，寄至收件银行，由收件银行对签名与所留印鉴进行核对，如相符即可确认其真实性。

3. 费率表

银行的费率表（Terms and Conditions）是指银行办理各项业务的收费标准，通常由总行制定，分支机构执行。双方相互委托的业务收费标准按受托方的费率表规定计费收取。

以上文件经双方签收后，如无异议，即可确认，此后便照此执行，代理行关系从此正式建立。

（二）代理行的种类

按照有无设置账户，代理行可以分为账户行和非账户行。

1. 账户行

账户行（Depository Bank）是指代理行之间单方或双方互相在对方银行开立了账户的银行。账户行是建立在代理行关系基础上，为解决双方在结算过程中的收付而建立的特殊关系。经营国际业务的银行一般都在货币清算地的大银行开立账户。例如，经营美元国际业务的银行必须在美元清算中心——纽约地区内有资金能力且与自己业务往来频繁的银行开立账户；经营日元国际业务的银行必须在日元清算中心——东京地区的大银行开立账户。

账户的开立没有具体的规定，可以单方面开立，也可以双方相互开立，由开立银行根据自身业务的需要而定。单方开立账户是指一方银行在对方银行开立对方国家货币或第三国货币的账户，其特点是单边开户、双方共同使用。双方开立账户是指代理行双方相互在对方国家开立对方货币的账户，其特点是双边开户、双方共同使用。

按照账户本身性质不同，账户可分为往账（Nostro Account）和来账（Vostro Account）。往账是国内银行在国外开立的账户。例如，中国银行在纽约花旗银行开立的美元账户，在日本东京银行开立的日元账户。来账是指外国银行将账户开在本国银行，可以用本国货币开立，也可以用第三国货币开立。例如，德意志银行在上海中国银行开立的人民币账户和美元账户。

2. 非账户行

非账户行（Non-depository Bank）是指建立了代理行关系但相互之间没有开立账户的银行。一般来说，非账户行主要存在于与本国经贸往来业务不是很多的国家和地区。非账户行之间的资金往来需要通过第三方银行的协助才能完成，由此可见，账户行必须是代理行，但代理行不一定是账户行。

目前，我国办理国际结算业务的银行都在海外拥有自己的分支机构和代理行。中国银行是办理国际结算业务历史最悠久、国际结算业务量最大的银行，是中国国际化程度最高的银行，在全球 64 个国家和地区设有 500 多家分支机构，并与遍及五大洲的 180 多个国家中的 1 600 多家大银行建立了代理行关系。我国改革开放后才经营外汇业务的中国工商银行、中国建设银行及中国农业银行等的国际结算业务发展非常迅速。如 2019 年，中国工商银行奥地利分行、希腊代表处开业，境外机构达到 428 家，覆盖 48 个国家和地区；同时，通过战略投资南非标准银行，间接覆盖非洲 20 个国家；加强对“走出去”和“一带一路”建设的金融服务，在“一带一路”沿线 21 个国家和地区拥有 129 家境外分支机构。截至 2021 年 5 月，中国建设银行在境外 35 个国家建立了 40 家分支机构；中国农业银行在伦敦、纽约等西方金融中心以及中国香港、澳门、台湾地区开设了 20 家分支机构。除了上述国有银行外，国内股份制银行的国际结算业务也取得了长足的发展，在海外各地都有分支机构和代理行。

（三）代理行的选择

在挑选代理行时，以母国银行在境外的分支机构为首选。这类银行我们称其为姊妹行。由于对姊妹行有一个全面的了解，同时在业务的运营上有更多的安全保障，资金的托收和回款可以更加高效，与其建立代理行关系可以有效地分担风险和分享更多的利润。代理行的第二位选择是国外的账户行。选择这类银行作为代理行，可以与之建立账户关系，加快资金划转及有效控制风险。代理行的第三位选择才是非账户行。选择这类银行作为代理行时，资金的划转要通过第三家银行，势必会造成业务操作的复杂，需耗费更多的时间。

在选择国外银行与其建立代理行关系时，要了解国外银行的基本情况，如所在地、成立年代、演变过程、组织形式、资产规模、业务经营范围、资信状况等；还有其在国际金融界及国内银行业所处的地位、客户分布状况、竞争能力及发展前景等。在此基础上与对方洽谈，最终签订代理行协议，确立代理行关系。

二、商业银行的其他海外分支机构

商业银行在海外设立的分支机构主要有以下几种：

（一）代表处

代表处（Representative Office）是商业银行的海外分支机构中最简单和最初级的形式，是不具备法人资格的非营利性金融机构，其主要职能是与东道国当地的政府、银行和企业进行信息交流和沟通，寻找可能的合作机会，探寻新的业务前景，为设立更高形式的机构做准备。

（二）办事处

商业银行设在海外的办事处（Agency Office）是母行的组成部分，但仍然是不具有法人资格的金融机构。它可以发放贷款，特别是贸易融资，还可以办理票据买卖等业务，但不能在东道国吸收当地存款，因此其营运资金只能靠母行的输入或从东道国的金融市场上拆入。

（三）分行与支行

分行或支行（Branch or Sub-Branch）是商业银行在海外设立的最主要的营利性分支机构，是母行的有机组成部分，其业务范围及经营政策要与母行保持高度一致，母行对其全部经营活动负责。它们不是独立的法律实体，没有独立的法人地位，它们同时要受到总行所在国与东道国双方法律及规章制度的约束。

支行与分行在业务经营上非常相似，但支行规模更小，机构层次更低，有些不属母行的总行管辖，而由其分行管辖。

（四）附属银行

附属银行（Subsidiary Bank）是商业银行在海外注册的公司性质的独立金融机构，具有法人地位。其股权的全部或部分都可以为母行控制，自筹的债务仅以其注册资本为限负有限责任。附属银行的业务范围可以是东道国允许的银行业务，也可以是东道国本国银行不能经营的非银行业务。

（五）联营银行

联营银行（Affiliated Bank）与附属银行非常相似，只是由两个或多个投资者合资设立，联营银行中的任何一个外国投资者所拥有的股权不能超过全部股权的50%，其余50%以上的股权由东道国所有或由几个外国投资者共有。联营银行的最大优势是可以集中两个或多个投资者参股。

（六）银团银行

银团银行（Consortium Bank）是由两个以上不同国家的大型跨国银行共同投资组建的公司性质的合营银行，具有独立的法人资格，但其中任何一个投资者的股份不得超过50%。作为一个法律实体，银团银行有自己的名称和特殊功能，它既能接受母国委托的业务，也能开展自己的业务活动。它所经营的业务主要是单个银行不敢也没有能力独立承担的高成本、高风险、技术性强、周期长的大型项目，因此其主要客户一般是各国政府和跨国公司。

本章小结

国际结算是在不同国家之间进行的一项金融活动，经营外汇业务的银行通过一定的支付工具和结算方式，实现跨越国界的资金转移与资金收付，来结清位于不同国家的当事人因为政治、经济、文化合约而产生的债权债务关系。国际结算的内容对于国际贸易与国际金融都特别重要。该课程研究的主要内容包括支付工具、结算方式和单据三大板块。支付工具就是票据，包括汇票、本票和支票。结算方式包括传统的结算方式如汇款、托收、信用证，以及革新的结算方式如备用信用证、保函、保理和福费廷。单据包括商业单据和金融单据。其中重要的商业单据有发票、提单与保险单等。

国际结算的种类可以分为国际货物贸易结算、国际服务贸易结算和国际非贸易结算。其中我们研究的重点是国际货物贸易结算。国际结算业务的发展显示银行在国际结算业务的开展中起到越来越重要的作用，它为国际结算提供了资金清算、贸易融资、风险担保和资信咨询等服务。国际结算经历了从易货贸易到现金结算、非现金结算和电讯结算的发展阶段。当今全球著名的资金清算系统包括 CHIPS、CHAPS、FEDWIRE、TARGET、CHATS 等，特别是 SWIFT 系统，它同时还是一个银行间重要的电讯通信系统。

为了便利国际结算业务的开展，建立银行网络体系非常必要。网络体系中的银行组织包括代理行、代表处、办事处、分行、支行、附属银行、联营银行、银团银行等。其中代理行是最重要的组织之一。在建立代理行关系时，双方要交换控制文件，其中控制文件包括密押、印鉴和费率表。

关键术语

国际结算	国际货物贸易结算	国际服务贸易结算	国际非贸易结算
非现金结算	间接结算	支付工具	支付手段
商业单据	金融单据	风险担保	SWIFT
国际惯例	代理行控制文件		

本章思考题

1. 什么是国际结算？国际结算可以分成哪三种类型？
2. 国际结算课程的主要学习内容是什么？
3. 什么是国际服务贸易结算？国际服务贸易结算一般包括哪些内容？
4. 国际结算的发展经历了哪几个阶段？每个阶段发展的主要特点是什么？
5. 银行在国际结算中起到了什么重要作用？
6. 如何建立代理行关系？建立代理行关系的控制文件包括哪些内容？

拓展阅读

跨境人民币结算的新进展

第二章
国际结算中的票据

学习目标

- 掌握狭义的票据和广义的票据的概念，了解票据的特征和票据的法律体系；
- 掌握票据，特别是汇票的要素、当事人以及与票据有关的法律行为；
- 熟悉汇票、本票和支票三大票据各自的不同种类；
- 掌握汇票、本票和支票的相似点和不同点；
- 了解支票划线的功能，如何在支票上划线及划线的分类。

导入案例

承兑汇票流通后给付款人造成巨额损失案

20 世纪 90 年代初期，深圳 A 公司与马来西亚 B 商人签订了一份进口胶合板的合同，合同总金额为 700 万美元，支付方式为 D/P，允许分批装运。

按照 D/P 方式，第一批价值为 50 万美元的胶合板准时到货，经检验后认为质量良好，A 公司甚为满意。第二批货的质量和金额与第一批完全一样。当第二批货款也到手后，B 商人向 A 公司提出："鉴于贵公司资金周转困难，为了帮助贵公司，余下的 600 万美元的货款我方允许贵方采用远期付款。贵公司作为买方，可以接受一张我方开出的见票后一年付款的 600 万美元的汇票，请中国建设银行深圳分行承兑。承兑后，贵公司可以放心，一年内我方保证将 600 万美元的胶合板交付贵方。明年的今日，贵公司再付给我方 600 万美元的货款。"

A 公司的老总欣然接受了 B 商人的提议。他认为："我现在不付款，只开张远期汇票，B 商人就可以交货。收到货后，我就可以在国内市场上销售，利用这一年的时间，卖胶合板的货款还可以用于炒楼房，明年到期时，再用炒楼赚的钱去支付货款。这真是一笔无本的生意，何乐而不为！”

但是，让 A 公司老总始料不及的是，B 商人将这张承兑了的远期汇票在新加坡的美国银行进行贴现。由于汇票是由中国四大国有商业银行之一的中国建设银行承兑的，美国银行很放心地向 B 商人支付了近 600 万美元的现金（扣减了贴现息），从而成为这张远期汇票的受让人。

B 商人拿到这笔近 600 万美元的现金后，一张胶合板都没有交付 A 公司，不管 A 公司如何催他发货，B 商人就是不交货。事实上，B 商人将巨款骗到手后就消失得无影无踪了。

一年后，新加坡的美国银行持这张承兑了的远期汇票请中国建设银行深圳分行付款。深圳分行的业务员认为：“卖方未交货，我凭什么付款？”美国银行的业务员告诉他：“这张汇票上没有写什么胶合板，只有一句话——‘见票一年后付 600 万美元’，卖方未交货，你应该去找 B 商人，与我们美国银行毫无关系。B 商人是否交货，他是否骗了你们，我们不知道。我们是向 B 商人付了 600 万美元才接受了这张远期汇票。我们是付了对价的善意受让人。”

由于本案金额巨大，后报请国务院批准，由中国建设银行深圳分行付给美国银行 600 万美元而结案。

案例分析及
相关知识点

国际结算发展到今天，采用现金结算的较少，大多数使用非现金结算，即使用代替现金作为流通手段和支付手段的信用工具和支付工具——票据来结算国家间的债权债务。本章主要介绍三大基本票据：汇票（Bill of Exchange；Draft）、本票（Promissory Note）和支票（Cheque；Check）。

第一节　票据概述

一、票据的概念

票据有广义和狭义之分。从广义上讲，票据是指商业上的权利单据，是某人的、不在其实际占有下的金钱或商品的所有权的证据。它可以指所有商业上作为物权凭证的各种单据（Documents of Title）和金融票据（Financial Documents），包括股票、债券、汇票、本票、提单、仓单等。从狭义上讲，票据是指金融票据，即依据票据法签发和流通的、以无条件支付一定金额为目的的有价证券，包括汇票、本票和支票。本章所研究的票据主要是狭义票据，包括汇票、本票和支票。

二、票据的特性

（一）流通性（Negotiability）

流通性是票据的基本特性。各国票据法都规定票据仅凭交付或经适当背书后交付给受让人即可合法完成转让手续，无须通知票据上的债务人。

在讨论票据流通性时，必须对“流通转让”（Negotiation）、“让与”（Assignment）和“交付转让”（Transfer）三个词加以区分，以便比较清楚地认识、掌握票据的流通性。

1. 流通转让

简称流通，又称议付、议让等，是指不受其他权益约束的转让之权。票据在办理流通转让手续时，无须通知原债务人，仅凭交付或背书后交付即可。在权利让渡方面，只要受让人善意地支付了对价，就可以获得充分完整的票据权利。即使转让人的权利有缺陷，受让人亦不受其影响。比如A将从B处偷来的票据转让给了C，C因不知道票据是偷来的而对票据付了对价，B就不能以A是以偷窃方式获得此票据为由要求C归还票据。在这里，善意与付对价是两个重要的先决条件。所谓善意（Good Faith），是指诚实的行为，其判定要依具体情况而定，但一般而言，指获得票据时没有偷盗、欺诈、胁迫等恶意行为。所谓对价（Value），就票据法而言，是指广义地接受任何“足以支持一项简单合约之物（货物、劳务、货币等），也就是说，足以构成一宗‘买卖’或‘交易’的对等价值”。例如，1月1日送到某厂的一批原料可被认为是该厂在12月31日交给原料提供者一张支票的“对价”。

2. 让与

也可称过户转让或简称过户，是指一般债权的让与或过户，如股票、债券之类的凭证，就可以以让与的方式转让。这种让与有两个特点：其一是在让与的手续上必须以书面形式通知原债务人，使其了解让与的事实；其二是受让人的权利要受到转让人权利缺陷的影响。比如A与B签订了一份贸易合同，A是卖方，他将合同的应收货款转让给了C，如果A的货物有问题或根本没有交货，B可以对C拒付货款。

3. 交付转让

有时称交付（Delivery），是指物权凭证的转让。这种物权凭证如提单、保险单、仓单等，可以仅凭交付或加上适当背书而转让。这种转让与过户转让的区别在于转让票据时无须对原债务人另作通知。

（二）无因性（Non-causative Nature）

票据是一种无须过问原因的证券，这里所说的原因是指产生票据上的权利与义务关系的原因。票据的原因是票据的基本关系，它包括两个方面的内容：一是指出票人与付款人之间的资金关系。例如，出票人A签发出以B为付款人的票据，其原因可能是A在B处有存款，或者B同意给A信贷等，这种关系就是所谓的资金关系。二是指出票人与收款人，以及票据的背书人与被背书人之间的对价关系。例如当A开出以B为收款人的票据，而B又以背书方式把该票据转让给C时，其原因可能是A购买了B的货物，需要开立以B为收款人的票据来支付货款，而B之所以要把该票据转让给C，可能是因为他欠了C的债，这种关系就是所谓的对价关系。票据当事人的权利与义务就是以这些基本关系为原因的，这种关系被称为票据原因。但票据的转让不受票据原因的影响，也就是说，票据受让人无须调查这些原因，对取得票据的原因也不负证明责任，只要票据记载合格，就可取得票据文义载明的权利，票据的这种特性就被称为无因性，这种无因性使票据得以流通。

（三）要式性（Requisite in Form）

所谓要式，是指票据的文字记载必须符合法定的形式要求。票据法规定的必要项目，在票据上必须齐全，各项必要项目还必须符合规定，否则就不能产生票据的效力。各国法律对于票据所必须具备的形式条件都作了具体的规定，当事人不能随意加以变更。

票据的要式性，有时也可以说成票据的书面形式要件，它的权利与义务全凭票据上的文义来确定，所以，有时称票据为文义证券。

流通性、无因性和要式性被称为流通票据的三大基本特征。这三大性质是紧密相连的，流通性是核心，无因性与要式性是必要的补充。票据受让人无从了解其他票据当事人之间的原因关系，但对票据是否符合法定要式却是一目了然的。除此之外，流通票据还有如下一些较为显著的特性：

（四）提示性（Presentment）

票据上的债权人（收款人或持票人）请求债务人（付款人）履行票据义务时，必须向付款人提示票据，才能请求付给票款。

（五）返还性（Returnability）

票据的持票人领到支付的票款时，应将签收的票据交还给付款人，从而结束票据的流通。票据经正当付款即被解除责任并归还至付款人的档案。由于票据的返还性，它不能够无限期地流通，在到期日被付款后其流通结束。

（六）文义性（Words Restriction）

文义即文字上的含义或其思想内容，指票据的效力是由文字的含义来决定的，债权人和债务人之间只受文义的约束，债权人不得以票据上未记载的事项向债务人有所主张，债务人也不能用票据上未记载的事项向债权人有所抗辩。

三、票据的作用

票据因具备了上述特性而在国际结算和贸易融资业务中得到了普遍应用，在经济活动中发挥了很大的作用。归结起来，票据的作用主要有以下几点：

（一）结算作用

在非现金结算条件下，票据就是一种能起到货币支付功能和结算作用的支付工具。例如，债务人向银行购买一张汇票寄给债权人，由债权人持票向当地银行（付款行）兑取一定金额的票款，从而结清了双方的债权债务。

（二）信用作用

票据不是商品，不含社会劳动，自身没有价值，它是建立在信用基础上的支付凭证。由于票据的无因性和流通性，票据上所体现的债权债务关系稳定而且单纯，因而它成为一种相当好的信用保障凭证。比如，合同规定，买方在卖方发货 2 个月后付款，则卖方可要求买方出具一张 2 个月的远期汇票，以买方或其指定人为付款人，以卖方为收款人，经买方出票后，交卖方持有，卖方再向买方交货。买方在承兑后，即成为汇票的债务人，承担到期向汇票持有人付款的责任。卖方作为汇票的持票人，享有法律保障的债权，而且票据法对债务人的抗辩有所限制，如果卖方在汇票到期前已将汇票背书转让，则买方无法以合同纠纷为由对抗受让汇票的善意持票人。

持票人如果需要资金，还可以把持有的未到期票据以背书转让的方式换取现金，称为贴现。贴现时，持票人利用了承兑人和出票人的信用作保证，再加上自己的信用，得到了资金融通。

以上便是票据的信用作用，信用作用是票据最本质的作用，也是其他作用的基础。

（三）流通作用

票据是可以转让流通的工具。票据可以仅凭交付或适当背书后转让，受让人背书后还可再转让，而且背书的次数越多，该票据的付款担保性就越强。票据的流通大大减少了现金的使用，降低了流通费用，方便了债权的自由转让，扩大了流通领域。

（四）抵销债务作用

国与国之间发生的货币收付可以用票据来轧抵，以冲销国家间的债权债务。发生在两国几个商人之间的交易，如果交易金额相等，就可以通过开立汇票来抵销相互之间的债权债务。如 A 国甲商欠 B 国乙商款，B 国丙商又欠 A 国甲商款，与此同时，B 国乙商也欠 B 国丁商款，如果这三笔交易的金额又恰好都是 10 万美元，于是两国商人之间可以通过开立汇票及转让来抵销相互之间的债权债务，即由 A 国甲商签发以 B 国丙商为付款人的汇票，命令 B 国丙商将所欠款付给 B 国乙商或其指定人，B 国乙商得到 A 国甲商出具的汇票后经背书转让给 B 国丁商，抵销所欠 B 国丁商款项，然后 B 国丁商向 B 国丙商提示付款。这样，一张汇票结清了两国四人之间的三笔交易，这就是票据的抵销债务作用，这种用票据来抵销两国或多国之间债权债务的做法极大地便利了国际贸易的进行。

四、票据的法律体系

票据法是对票据的形式、内容及当事人之间的权利义务关系作出规定的法律法规的总称。

（一）英国 1882 年《票据法》

英国于 1882 年颁布施行《票据法》（Bills of Exchange Act 1882），规定了汇票和本票的票据法规，并将支票包括在汇票之内。该法共计 97 条，第 1～72 条订立汇票全面法规，第 73～82 条订立支票法规，第 83～89 条订立本票法规。到 1957 年，另定支票法八条，对以前的支票法作了修正和补充。

英国 1882 年《票据法》适用性较强，其主要特点是：第一，制定了一套完整的票据流通制度，使票据能够充分发挥流通工具的重要作用，从法律上保护了票据的流通；第二，从法律上保护和发挥了票据的信用工具和流通工具的作用；第三，在银行处理的大量票据业务中，适当地保护了银行权益，提高了银行效率。

（二）美国《统一商法典》

美国于 1897 年开始施行《统一流通票据法》（Uniform Negotiable Instruments Law），包括汇票、本票及支票。1952 年美国制定了《统一商法典》（Uniform Commercial Code），1962 年修订，其中第三章商业票据即是关于汇票、本票和支票的法规。美国的票据法律是在英国票据法的基础上发展而成的。英国、美国及一些英联邦成员国如加拿大、澳大利亚、印度、巴基斯坦的票据法均属于英美法系。

（三）《日内瓦统一法》

1930 年，法国、德国、瑞士、意大利、日本加上欧洲其他国家和一些拉美国家等二十多个国家在日内瓦召开国际票据法统一会议，签订了《统一汇票本票法公约》（Convention Providing a Uniform Law for Bills of Exchange and Promissory Notes，1930）；次年，又签订了《统一支票法公约》（Convention Providing a Uniform Law for Cheques，1931）。这两个法合称《日内瓦统一法》（Geneva Uniform Laws）或称《日内瓦公约》（Geneva Convention）。《日内瓦公约》的签订逐步消除了欧洲大陆各国在票据法上的分歧。因《日内瓦公约》的参加国大部分为欧洲大陆国家，故人们习惯将其称为大陆法系。但由于英美等国拒绝参加《日内瓦公约》，出现了大陆法系与英美法系并存的局面。

（四）《联合国国际汇票和国际本票公约》与《联合国国际支票公约》

以英国《票据法》为代表的英美法系和以《日内瓦统一法》为代表的大陆法系之间在汇票必要项目的各方面大体相同，但也有些差异。联合国国际贸易法委员会意图消除两个法系的差异，于 1971 年成立了国际流通票据工作组，并于 1973 年拟定了《联合国国际汇票和国际本票公约（草案）》及《联合国国际支票公约（草案）》，经过十余年的讨论和修改，1988 年已获通过，定名为《联合国国际汇票和国际本票公约》（Convention on International Bill of Exchange and International Promissory Note of the United Nations）及《联合国国际支票公约》（Convention on International Cheque of the United Nations）。迄今为止，由于签字国尚未达到规定的数量，公约尚未生效。

（五）《中华人民共和国票据法》

在仔细研究欧洲和北美的地方票据法后，我国于1995年5月制定了《中华人民共和国票据法》（以下简称《票据法》），并于1996年1月1日生效，于2004年进行了修订，共110条。《票据法》涉及了国内和国际汇票、本票和支票。

我国《票据法》的结构和详细规定与日内瓦《统一汇票本票法公约》相似。《票据法》在某些方面很现代化，在其他方面则很规范化，还间接强调了对某些风险的防范与管理。《票据法》的出台和修订，标志着中国票据法完成了与国际票据法的对接。我国《票据法》共有7章110条，在适用范围上，既适用于国内票据，又适用于涉外票据（出票、背书、承兑、保证、付款等行为既发生在国内又发生在国外的票据），在形式上采取汇票、本票、支票统一立法的方式。

第二节 汇 票

票据家族中最早的成员是汇票，从汇票的运用中派生出支票、本票和其他票据。汇票在国际结算中使用的频率远远超过本票和支票。在各国的票据立法中，关于汇票的规定最为详细，因为有关汇票的法律规定全部或部分适用于本票和支票。

一、汇票的定义

英国《票据法》关于汇票的定义是："汇票是一人向另一人签发的，要求即期、定期或在可以确定的将来时间向特定的人或其指定的人或来人无条件地支付一定金额的命令。"（A bill of exchange is an unconditional order in writing，addressed by one person to another，signed by the person giving it，requiring the person to whom it is addressed to pay on demand or at a fixed or determinable future time，a sum certain in money to or to the order of a specified person or to bearer.）

我国《票据法》对汇票的定义是："汇票是出票人签发的，委托付款人在见票时或者在指定日期无条件支付确定的金额给收款人或持票人的票据。"

尽管各国票据法限定汇票的角度不同，但总的来看，对汇票基本内容的规定是一致的，只是在一些具体规定上略有差别。

二、汇票的必要项目

案例2-1

A银行签发的汇票是有效汇票吗?

甲公司与乙公司签订了一份价值25万元的微波炉销售合同。由于乙公司一时资金周转困难，为付货款，便向吴某借款，并从A银行申请到一张以吴某为户名的20万元现金汇票交付给甲公司。甲公司持该汇票到B银行要求付款，但B银行拒绝付款并出示了乙公司的电报。原来，乙公司在销售时发现微波炉有质量问题，还发现所汇款项是挪用公款，于是电告A银行，A银行立即通知B银行拒绝付款给甲公司，并宣布汇票作废，退回A银行。B银行依此拒付款项。甲公司多次协商未果，事隔两个月后，甲公司向法院起诉，要求A银行无条件支付货款，并支付延期付款的相关费用。最终甲公司胜诉。

案例分析及相关知识点

汇票是一种要式证券，法律对汇票所记载的必要项目作了明确的规定。必要项目包括两种记载：一种是必须应记载事项，该类事项必须按法律规定在汇票上明确记载。另一种是相对应记载事项，该类事项如果记载在汇票上，就必须按法律规定记载；如果未记载在汇票上，则可以按法律来确定该事项的意义。[①]

汇票的必要项目包括：①写明其为“汇票”的字样；②无条件支付命令；③出票地点和日期；④付款期限；⑤确定的金额；⑥付款人名称和付款地点；⑦收款人名称；⑧出票人名称和签字。

现将上述项目标明在附样2-1的汇票样式中，并就必要项目分别说明如下。

附样2-1　　汇票样式

ACCEPTED 10th April，2024 Due On 10th July，2024 For Bank of Europe， London (Signed)	①　⑤　③ Exchange for GBP 5 000.00，Beijing，6th April，2024 ④　②　⑦ At 90 days after sight pay to C Co. or Order ⑤ The sum of Great British Pounds five thousand only ⑥ To Bank of Europe，　⑧ For A Company London Beijing (Signature)

（一）写明“汇票”字样（“Bill of Exchange” Wording）

汇票上注明“汇票”字样的目的在于与其他票据如本票、支票加以区别，以免混淆。如“Exchange for GBP 5 000.00”或“Draft for USD 57 690.00”。我国《票据法》和《日内瓦统一法》均规定此为必须记载事项，英国《票据法》认为可以不写票据名称。

（二）无条件支付命令（Unconditional Order to Pay）

这一必要项目并不要求在汇票上明示“无条件”字样，而是不允许在汇票上记载付

① 除了必要项目外，汇票还可以有票据法允许的其他记载项目，如利息条款、无追索权条款等，这些记载将产生相应的票据效力；只要这些记载并未被票据法禁止，加列上就不会影响汇票的法律效力。

款条件，因为汇票的付款必须是无条件的。付款命令，不能有赖于某一件事情的发生、某些情况的出现或某一行为的履行作为先决条件。例如，当汇票上载有“当‘英华’轮抵达新港时凭票付约翰先生或其指定之人贰拾英镑”的文句时，则该汇票不是一张有效的汇票，因为付款是以轮船抵港为条件的。又如，汇票上若有“从我的 2 号账户中付给玛丽拾美元”的付款命令，这也不是有效的汇票，因为同样带有特别基金条款。然而，如果签发的汇票中有“付给玛丽拾美元，借记我的 2 号账户”的文句，那么它就是有效的汇票，因为附加的文句只是出票人对付款人在支付票款之后进行的资金安排，与付款行为无关。

（三）出票地点和日期（Place and Date of Issue）

汇票上应注明出票地点。出票地点一般写在汇票的右上方，常与出票日期连在一起。我国《票据法》规定：汇票上未记载出票地点的，出票人的营业场所、住所或者经常居住地为出票地。

列明“出票日期”可起到三个作用：

(1) 决定汇票提示期限。各国票据法都规定了汇票提示的合理时间，如《日内瓦统一法》规定即期汇票必须在出票以后 1 年内提示要求付款。我国《票据法》规定即期汇票必须在出票日起 1 个月内提示要求付款。

(2) 决定到期日。付款时间是出票日以后若干天（月）付款的汇票，就从出票日起算，决定其付款到期日。

(3) 决定出票人的行为能力。若出票人出票后破产，则该汇票为有效汇票，汇票的收款人或持票人可作为一般债权人进入出票人的资产清算；若出票人出票时法院已宣告出票人破产或清算，丧失行为能力，则该汇票不能成立。

（四）付款期限（Tenor）

汇票的付款期限有即期和远期之分：

1. 即期付款（Payable at Sight/on Demand/on Presentation)

即期付款的汇票又被称为即期汇票（Sight/Demand Bill)，是指持票人提示汇票的当天即为到期日。即期汇票无须承兑。若汇票没有明确列明付款期限，就视为见票即付的即期汇票。

2. 远期付款（Payable at a Future Time)

要求远期付款的汇票就是远期汇票（Time/Usance Bill)。远期汇票必须提示承兑。远期汇票的付款期限，又分为以下三种类型：

(1) 出票后定期付款（Payable at a fixed period after the date)。如“30 days after the date herein”（出票日后 30 天)，或者“Two months after the date herein”（出票日后两个月）等。

(2) 见票后定期付款（Payable at a fixed period after sight)。如“At 90 days after sight”（见票后 90 天)，或者“Three months after sight”（见票后 3 个月）等。此种汇

票须由持票人向付款人提示要求承兑，以便从承兑日起算确定付款到期日，以明确承兑人的付款责任。

（3）定日付款（Payable at a fixed date）。如“On 6th Nov. 2024 fixed pay to...”（2024 年 11 月 6 日这一天，付给……），这种汇票在出票时就订明了在某个日期付款，又称板期付款汇票。这种汇票也须提示承兑。

远期汇票到期日的计算，实务中一般遵循以下原则：

（1）“期之末日付款”。汇票的到期日均为票载付款期限的最后一日。

（2）“假日顺延”。如到期日是非营业日，则顺延至下一个营业日为到期日。

（3）“算尾不算头”。该原则适用于计算以天为单位的期限，如 30 天、60 天等。凡出票日后、见票日后或某一特定事件发生后一个固定期间付款的汇票，付款日期的推算应该是：期间开始之日不算，到期之日要算进。例如：2024 年 6 月 1 日见票，30 天后付款，到期日应该为 7 月 1 日，也就是 6 月 2 日起算的第 30 天。

（4）“月为日历月”。以月为单位计期的，指日历上的月份，不论大月或小月，都作 1 个月计。如：2 月 29 日后的 1 个月是 3 月 31 日而不是 3 月 29 日；1 月 31 日后的 1 个月是 2 月 28 日（闰年是 29 日）。计算期限时不考虑大月小月的差别，以日历为准，均作为 1 个月计算。

（5）“月之同日为到期日”。这种方法用于以月为单位计期的，如 1 个月、3 个月等。1 个月或几个月的期票，到期日应为见票承兑日（Date of Acceptance）或特定日（Fixed Date）的同日。如 2024 年 6 月 1 日为见票日、承兑日或特定日，1 个月的到期付款日为 7 月 1 日，2 个月的到期付款日为 8 月 1 日。

（6）“无同日即为月之末日”。（If there is no corresponding date，then it is due on the last of that month.）如见票承兑日或特定日为 1 月 31 日，见票 1、2 或 3 个月后付款，应分别在 2、3 或 4 月份的同日到期付款。但日历上只有 3 月份有 31 日，于是即以月之末日为到期日。按此计算，到期日分别为 2 月 28 日（闰年为 2 月 29 日）、3 月 31 日或 4 月 30 日。

以上 6 句话，“期之末日付款，假日顺延，算尾不算头，月为日历月，月之同日为到期日，无同日即为月之末日”，概括了推算期票到期日的几乎一切技术性问题。由于在长期实践中的有效性，这 6 句话已为各国以及社会各方所接受而成为惯例。

【即学即用 2－1】 一份于 2024 年 3 月 10 日签发的汇票标明“At 60 days after sight”。若该汇票同年 3 月 31 日承兑，试分析汇票将于哪一天到期。

即学即用解析

案例 2－2

汇票到期日计算

We know this is a usance bill，the issuing date of the bill is October 21，2024，as per the assumption，please answer the questions.

① If the tenor of the bill is “one month after date”，the paying date should be（　　）.

② Suppose the accepting date of the bill is "October 28，2024"，the bill will be payable at "half month after sight"，and its due date will be（　　）.

③ If the bill is dishonored by non-acceptance，the holder makes a protest according to the relative law within the specified time，and the holder gets the protest on "October 30，2024"，the bill will be payable at "30 days after sight"，then the paying date will be（　　）.

④ According to the third question，if the paying day is non-business day，it is Saturday，so the bill should be paid on（　　）.

案例分析及相关知识点

（五）确定的金额（Certain in Money）

汇票票面所记载的金额必须确定。所谓"确定"是指任何人都可以计算出的金额，如有利息条款，则必须规定利率和计息天数。

汇票金额要用文字大写（Amount in Words）和数字小写（Amount in Figure）分别标明。各国票据法一般都规定，如果文字与数字不符，以文字为准。而有些票据法规定，金额中大小写不一致时，以数额小的为准。我国《票据法》第八条规定，票据金额以中文大写和数码同时记载，二者必须一致，二者不一致的，票据无效。

案例 2－3

汇票金额大小写不一致拒付案

A 银行向 B 银行开出不可撤销信用证，受益人交单后通过快递将单据寄交 A 银行，A 银行在审核汇票后发现下述不符点，于是对外拒付：

汇票上小写金额是"HKD950 000.00"，大写金额为"HONG KONG DOLLARS NINE HUNDRED AND FIVE THOUSAND ONLY"，金额不一致。收到 A 银行拒付电后，B 银行认为所述不符点是打字错误，非实质性不符点，坚持要求 A 银行付款。

案例分析及相关知识点

（六）付款人名称和付款地点（Name of Drawee and Place of Payment）

付款人的名称和地址必须书写清楚，以便持票人向它提示要求承兑或付款。承兑或付款后面加上汇票的支付地叫付款地，一般付款人名字旁边的地址即是。付款地涉及适用法律，在付款地发生的承兑付款等行为，都适用付款地的法律。

（七）收款人名称（Name of Payee）

汇款的收款人，有些书上称为受款人，是汇票上记名的债权人。汇票上"收款人"的记载，通常称为"抬头"，根据抬头的不同写法，确定汇票的可流通性或不可流通性。习惯上汇票只写收款人名称，不写其地址。汇票抬头有 3 种写法：

1. 限制性抬头

有限制性抬头的汇票，不得转让他人。例如：

仅付约翰·戴维斯（Pay to John Davidson only）。

2. 指示性抬头

有指示性抬头的汇票，用背书和交付的方法转让。例如：

支付给 A 公司的指定人（Pay to the order of A Co.）。

支付给 A 公司或其指定人（Pay to A Co. or order…）。

3. 来人抬头

有来人抬头的汇票，仅凭交付而转让，无须背书。例如：

（1）支付给来人（Pay to bearer）。

（2）支付给 A 公司或来人（Pay to A Co. or bearer）。

只要写上“Bearer”字样，不管在它前面是否写有具体收款人的名称，均视为来人抬头。

（八）出票人名称和签字（Drawer and His Signature）

出票人是出具汇票、创设票据债权的人。凡出具汇票并在其上签字的人，就是票据债务人。出票人在开出汇票时，首先要签字，承认自己的债务责任，汇票方可生效。

个人可以代理他的委托人签字。当委托人是公司或单位时，应在公司或单位名称前写上“For”或“On behalf of”字样，并在个人签字后面写上他的职务名称。例如：

For A Co. Ltd.，London

John Smith Manager

这样 A 公司受到个人 John Smith 签字的约束，而这张汇票不是 John Smith 个人开出的，而是代理 A 公司开出的。

三、汇票的其他记载项目

汇票除了上述必要项目之外，还可以有票据法允许的其他记载项目。主要有：

（一）担当付款人（Person Designed as Payer）

在汇票载明付款人后，再说明由第三者执行付款，该第三者被称为担当付款人。担当付款人是付款人为了支付方便，与出票人约定的一位当事人，可由出票人在出票时记载，也可由付款人在承兑时记载。若汇票上有此记载，持票人应当向担当付款人作付款提示。若远期汇票需作承兑，仍应向担当付款人提示。

（二）预备付款人（Referee in Case of Need）

出票人在汇票上载明付款人后，还记载一个付款地的第三人作为预备付款人，万一付款人拒付，持票人可向预备付款人提示（包括提示承兑和提示付款）。出票人作这种记载的目的是保障出票人自己的信用，免受持票人的追索。

（三）免作拒绝证书（Protest Waived）

票据上记明免作拒绝证书的，持票人在遭到拒付时无须作拒绝证书，从而追索时也无须出示拒绝证书。

（四）付一不付二［Pay the First（Second Being Unpaid）］

商业汇票往往一套两张，但只是代表一笔债务，故而需在两张汇票上分别注明“付一不付二”及“付二不付一”。付款人只承兑其中一张，只对其中一张付款。

（五）无追索权（Without Recourse）

出票人在票面写上“无追索权”字样，或在他自己的签名上记载“无追索权”或“对我们没有追索权”字样，就是免除对出票人的追索权。背书人也可在他的签名之上作同样记载，就是免除对背书人的追索权。例如：

Without recourse to us

For A Co. Ltd.，London

Signature

无追索权实际上是免除出票人或背书人对于汇票应负的责任。持票人可以把加注“无追索权”的签名视为划掉这个签名，从而减少了对汇票的责任。《日内瓦统一法》有着不同的规定，出票人可以解除他的保证承兑责任，但是任何解除出票人的保证付款责任的规定，均可视为无记载。

四、汇票的当事人

（一）基本当事人

汇票的基本当事人是指在汇票签发时即于票面载明的当事人，主要包括出票人、付款人及收款人。

1. 出票人

出票人（Drawer）是开立、签发和交付汇票的人。出票人第一个在汇票上签名，是汇票的债务人，他以签发票据的形式创设了一种债权并将其赋予持票人。出票人在承兑前是主债务人，在承兑后是次债务人。

案例 2-4

汇票出票人责任案

案例分析及
相关知识点

A公司（卖方）与B公司（买方）签订了一笔贸易合同。B公司因资金困难，于是向C公司借款用于支付A公司货款。C公司同意借款，要求其账户行T银行开立以B公司为收款人的汇票一张，B公司收到汇票后，将其背书转让给A公司，清偿货款。不日，A公司向其账户行H银行提示汇票，要求付款，但H银行拒付，理由是该银行收到了T银行转来的通知，声称由于货物质量有问题，B公司要求停止支付汇票。A公司立刻向法院起诉T银行，要求其无条件支付汇票金额款项，并赔偿延期付款的利息和其他相关费用。试分析法院该如何判决。

2. 付款人

付款人（Drawee或Payer）是指由出票人在汇票中记名指定的、接受票据提示以进行支付的当事人。但是出票人单方面的指定并不构成对付款人的约束，因为不能排除出票人对没有资金关系的当事人滥发票据的可能性。因此为保护付款人的正当权益，他完全可以自行决定付款与否，从这个意义上讲，“付款人”一词并不准确，严格地说，他只是接受票据提示的“受票人”（Addressee）。当然，在正常情况下，付款人都会同意支付，要么立即付款，要么签字承诺在约定到期日支付。在这种情况下，付款人以签字形式承诺了出票人指定的支付义务，从而成为票据债务人。

3. 收款人

收款人（Payee）是第一个从出票人手中获得票据的当事人，是收取票款的人，也是第一持票人。出票人开出汇票，立即交给收款人，收款人也是第一个持有汇票从而产生对于汇票的权利的人，故他是主债权人，也是基本债权当事人，其权利包括收款、转让以及在付款人拒绝支付时向出票人追索等。

（二）其他当事人

其他当事人是指在除出票行为外的其他票据行为中产生的当事人。这些行为可能也同时涉及了基本当事人，但此时他们的身份已有所不同。

1. 承兑人

承兑人（Acceptor）是在远期汇票上签字承诺付款的付款人。对于即期汇票，不存在承兑的行为。若汇票无须承兑或在获得承兑前，出票人是主债务人。一旦承兑后，承兑人就成为主债务人，出票人成为次债务人，而且该项主债务在票据失效之前不能撤销。

案例2-5

汇票承兑人责任案

出口商A公司与进口商B公司签订了一份货物销售合同，出口商A公司同意进口商B公司远期付款，随即开立了一张远期汇票，汇票的受票人是B公司，但收款人是C公司。C公司持票后向进口商B公司提示，B公司承兑了该汇票。汇票到期后，C公司向B公司做付款提示，但此时B公司拒付汇票款项，理由是A公司没有向B公司交付货物。试分析A公司和B公司应承担何种责任。

案例分析及相关知识点

2. 背书人

背书人（Endorser）是指在票据背面签字并交付汇票给他人的当事人，也被称为票据的转让人。背书的目的是转让票据的一切权利，背书人是一个转让票据的人。为了让受让人接受票据而不是直接要求现款支付，背书人必须让受让人相信付款人一定会同意支付。为此，背书人要以自身资信作保证，一旦出现付款人拒绝付款或拒绝承兑的情况，背书人将同出票人一起接受受让人的追索要求。此外，背书人还须向受让人保证票据的有效性，以及他本人对票据拥有的权利。因此，背书人可以合法、有效地将票据权利转让给受让人。

3. 被背书人

被背书人（Endorsee）是指从背书人手里接受票据的当事人，也被称为票据的受让人。被背书人可以被明确记名，也可以不记名。被背书人的权利与收款人相似，包括收款、转让、追索三方面。

4. 持票人

持票人（Holder）是指占有票据的当事人，可以是收款人、背书人等。

对价，是指支持一项简单合约之物。对价持票人（Holder for Value）是指在取得汇票时付出一定代价的人，即受让人必须付给转让人某些货物、货币、劳务作为转让的代价。

善意，是指诚实地行事，并不知道转让人的权利有缺陷或可疑之处，并且只要他能证明他不知道这种缺陷，且未产生怀疑，也不是有意地对可疑的地方视而不见，那他就是善意的。善意持票人（Bona Fide Holder），也称正当持票人（Holder in Due Course），是满足以下几个条件的人：（1）汇票在表面上是完整的、合格的、不过期的；（2）善意地支付了对价；（3）未发现票据的前手在所有权上有缺陷。

由上可知，善意持票人是某种类型的对价持票人，即使他的前手转让人的权利有缺陷，善意持票人仍具有无可争议的汇票文义上的权利。而对价持票人不等同于善意持票人，不能拥有优于前手转让人的权利，若他的前手有权利上的缺陷，那么他也有缺陷。

案例 2-6

汇票的正当持票人还是付对价持票人?

ABC银行议付时通常要求受益人将汇票的收款人做成“Pay to Order of ABC Bank”。2024年10月，该行议付欧洲某银行信用证项下汇票及单据，并将汇票背书。后申请人发现受益人伪造单据涉嫌诈骗，向法院申请了止付令。议付行向开证行及对方法院称自己已经议付，系汇票的善意持票人，法院不应止付。

试分析议付行的说法是否正确。

案例分析及
相关知识点

5. 保证人

保证人（Guarantor）是指对已经存在的票据债务进行担保的当事人。《日内瓦统一法》规定，保证人既可以是非票据债务人，也可以是票据债务人。我国《票据法》规定保证人必须由非票据债务人充当。

保证人必须指明被保证人，被保证人可以是出票人、承兑人或任一背书人。

五、票据行为

票据行为是指票据流通过程中，确定权利和义务或行使权利或履行义务的行为。包括：出票、背书、提示、承兑、付款、退票和遭受退票的处理、追索、参加承兑、参加付款和保证等。其中出票是主票据行为，是其他票据行为得以发生的基础。

（一）出票

出票（Issue）是指出票人签发票据并将票据交给收款人的票据行为。出票包括两个动作：写成（Draw）和交付（Deliver）。写成汇票是出票人写明有关内容并签名，交付是将汇票交给收款人。

（二）背书

背书（Endorsement）是指持票人在汇票的背面签名和记载有关事项，并把汇票交付被背书人的行为。

背书包括两个动作：一是在汇票背面签字；二是交付给被背书人。只有经过交付，才算完成背书行为，使其背书有效和不可撤销。

在实务中，常见的有特别背书和空白背书。

1. 特别背书

特别背书（Special Endorsement）又称记名背书，需要记载被背书人的名称，并经背书人签字。例如：

Pay to the order of

B Co., London

Signature

被背书人可用背书和交付方法继续转让汇票。从一系列特别背书可以看出背书的连续性，如表 2-1 所示。

表 2-1 背书的连续性

顺序 / 当事人名称	第一	第二	第三	第四	第五	
被背书人	B	C	D	E	F	最后的被背书人是持票人
背书人	A	B	C	D	E	

以背书转让的汇票，背书应当连续。所谓背书连续，是指票据转让过程中，转让汇票的背书人与受让汇票的被背书人在汇票上的签章依次前后衔接。

2. 空白背书

空白背书（Blank Endorsement or Endorsement in Blank）是指背书人不记载被背书人的名称，仅自己签章的背书。

当汇票空白背书后，交付转让给一个不记名的受让人，他与来人抬头汇票的来人相同，可以无须背书，仅凭交付再行转让。

我国《票据法》规定，汇票的转让必须使用记名背书，禁止使用空白背书。国外票据法对汇票转让时允许使用空白背书，但在实务中，主要采用记名背书。

此外，还有限制性背书（Restrictive Endorsement）、带条件背书（Conditional Endorsement）和托收背书（Endorsement for Collection）等。限制性背书是指支付给被背书人的指示带有限制性词语。带条件背书是指支付给被背书人的指示是有条件的。托收背书是要求被背书人按照委托代收票款的指示，处理汇票。通常是在“Pay to the order of B Bank”的前面或后面写上“for collection”字样。

案例 2-7

禁止背书汇票流通转让案

卖方A公司与买方B公司签订了一份购销合同，由A公司向B公司供应某品牌电脑50万台，每台价格为12 000元，货款总价为60万元。合同约定，在交货时间内，由A公司将全部合同标的物发送至B公司，在合同签订10日内，B公司应当以银行承兑汇票的形式首先支付货款28万元。不日，B公司通过其往来银行开出面额为28万元的银行承兑汇票一张，该汇票以A公司为收款人，B公司在汇票上加盖了“不得背书转让”的印章。A公司收到汇票后，没有在合同约定的时间将货物发送至B公司。随后，A公司为了偿还另一公司C的30万元欠款，将这张面值为28万元的银行承兑汇票未经背书单纯交付转让给C公司，C公司持票在银行取得付款。B公司在始终没有得到A公司履行合同，又没有退还汇票的情况下，向法院提出诉讼，要求法院判决A公司将汇票转让给C公司的行为无效，要求A公司和C公司返还汇票，由此造成的损失由A公司承担。试分析A公司转让汇票的行为是否合法。

案例分析及相关知识点

（三）提示

持票人将汇票提交付款人要求承兑或要求付款的行为叫作提示（Presentation）。即期汇票只需提示一次，称作付款提示。远期汇票有两次提示：第一次作承兑提示，第二次是汇票到期时作付款提示。

提示就是行使票据权利，无论是承兑提示还是付款提示，都必须在规定的地点和合理时间内进行，持票人才能取得票据权利。各国票据法都规定了汇票提示的合理时间，如《日内瓦统一法》规定即期汇票的合理提示时间是自出票日起1年。我国《票据法》规定即期汇票的合理提示时间是自出票日起1个月，远期汇票是自到期日起10天内提示付款。

（四）承兑

承兑（Acceptance）是指远期汇票的付款人明确表示同意按出票人的指示，于汇票到期日付款给持票人的行为。承兑包括两个动作：第一，写明“已承兑”字样并签字；第二，将已承兑的汇票交给持票人。承兑必须符合下述条件，否则无效。

承兑必须写在汇票上，并有承兑人（付款人）签字。只要有承兑人签字，即使没有其他文句，亦已构成承兑。承兑不得表明承兑人将以付款以外的任何其他方式来履行其承诺。

通常，付款人在签字承兑时会在汇票的正面写明“已承兑”（Accepted）字样，也许还注明日期——日期对于见票后付款的汇票是必需的。

汇票有普通承兑和带条件（限制）承兑之分。普通承兑（General Acceptance）是承兑人对出票人的指示不加限制地同意确认。通常所称的承兑即普通承兑（见附样2－1）。例如：

Accepted（已承兑）
10th April，2024（承兑日）
Due on 10th July，2024（到期日）
For Bank of Europe
London（承兑人：伦敦欧洲银行代表）
（Signed）（签字）

带条件承兑是在承兑时用明白的措辞改变承兑后的效果。我国《票据法》指出，付款人承兑汇票时，不得附有条件。承兑附有条件的，视为拒绝承兑。

（五）付款

票据的最终目的是凭以付款（Payment）。持票人在到期日提示汇票，经付款人或承兑人正当地付款（Payment in Due Course）以后，汇票责任即被解除。

所谓正当付款是指付款人或承兑人在汇票到期日或到期日后善意地将票款支付给持票人。其他人（如背书人）所作的付款只是广义付款，不能解除汇票的债权和债务，只是转移了债权。

（六）退票和遭受退票的处理

退票（Dishonor）是指持票人依票据法的规定作有效提示时，遭付款人或承兑人拒绝付款（Dishonor by Non-payment）或拒绝承兑（Dishonor by Non-acceptance）的行为。遭受退票后，要及时取得拒绝证书，并做好退票通知。

1. 拒绝证书

拒绝证书（Protest）是指由退票地公证机关或其他有权公证的机构或当事人出具的证明退票事实的法律文件。

2. 退票通知

退票通知（Notice of Dishonor）是指持票人将退票事实通知前手的书面文件，其目的是要使汇票债务人及早知道拒付，以便做好被追索的准备。

我国《票据法》规定，持票人应当自收到被拒绝承兑或被拒绝付款的有关证明之日起 3 日内，将被拒绝事由书面通知其前手；其前手应该自收到通知之日起 3 日内书面通知其再前手。持票人也可以同时向各汇票债务人发出书面通知。

（七）追索

追索（Recourse）是指汇票遭到拒付时，持票人对其前手或出票人请求偿还汇票金额及费用的行为。

被追索的对象是背书人、出票人、承兑人以及其他债务人。

行使追索权必须具备以下 3 个条件：（1）必须在法定期限内提示汇票；（2）必须在法定期限内发出退票通知；（3）外国汇票遭到退票，必须在法定期限内做成拒绝证书。

追索只能按债务顺序由后手向前手追索，而不能由前手向后手追索。在出现回头背书的情形中，如果背书转让的被背书人是出票人，或者是某一前背书人，则其追索权受到限制。我国《票据法》规定，持票人为出票人的，对其前手无追索权，持票人为背书人的，对其后手无追索权。比如，出票人 A 签发一张汇票给收款人 B，B 背书转让给 C，C 再行转让……汇票又回头背书转让给 A 或 C。假定一个顺序如下：

A——B——C——D——E——F——A

如果 A 被拒付，他实际上是最前顺序的债务人，所以不能向其形式上的前手追索。假定另一个顺序如下：

A——B——C——D——E——C

如果 C 被拒付，C 实际上是第三顺序债务人，D 和 E 是其后手，所以 C 只能向 B 和 A 追索，而不能向其形式上的前手 D 和 E 追索。

出票人清偿后，还可以向承兑人追偿，直至向法院起诉。

（八）参加承兑

参加承兑（Acceptance for Honor）是汇票遭到拒绝承兑而退票时，非汇票债务人在得到持票人同意的情况下，参加承兑已遭拒绝承兑的汇票的一种附属票据行为，其目的是防止追索权的行使。汇票到期时，如付款人不付款，持票人可向参加承兑人提示要求付款。

（九）参加付款

在因拒绝付款而退票并已做成拒绝证书的情况下，非票据债务人可以参加支付汇票票款。

参加付款（Payment for Honor）与参加承兑的作用一样，都是为了防止持票人行使追索权，维护出票人、背书人的信誉，而且两者都可能指定任一债务人作为被参加人，所不同的是参加付款人无须征得持票人的同意，任何人都可以作为参加付款人，而参加承兑须经持票人的同意；同时参加付款是在汇票遭拒绝付款时为之，而参加承兑则是在汇票遭拒绝承兑时为之。

（十）保证

汇票一般是以非汇票债务人作为保证人（Guarantor），出票人、背书人、承兑人、参加承兑人均可作为被保证人（the Person Guaranteed），保证人与被保证人所负的责任完全相同。

保证行为可在汇票上或在粘单上作出，保证形式并不统一，常见形式如表 2－2 所示。

表 2－2 保证形式

GUARANTEED	PER AVAL	PAYMENT GUARANTEED
For a/c of______________	Given for______________	Signed by______________
Guarantor______________	Signed by______________	Dated on______________
Signature	Date on______________	

六、汇票的分类

汇票可以按不同标准、从不同角度进行分类：

（一）根据汇票的付款时间，可以分为即期汇票与远期汇票

即期汇票（Sight Bill）是指要求见票即付的汇票。远期汇票（Time Bill 或 Usance Bill）是指约定在将来确定的或可确定的时间进行支付的汇票。

（二）根据出票人身份，可以分为银行汇票和商业汇票

银行汇票（Banker's Draft）是由银行签发的汇票，其付款人亦为银行，通常用于资金转移（如汇款等）业务中。商业汇票（Trader's Draft；Commercial Draft）是指由非银行（通常是工商企业或个人）签发的汇票，其付款人可以是银行也可以是非银行，广泛用于各类经济交易中。

（三）根据承兑人身份，可以分为银行承兑汇票与商业承兑汇票

银行承兑汇票（Banker's Acceptance Bill）是由银行承兑的汇票，以银行信用为基础，应用等级较高，可以进行贴现。商业承兑汇票（Trader's Acceptance Bill）是指由非银行的工商企业或个人承兑的汇票，以承兑人的商业信用为基础，信用等级一般要低于银行承兑汇票，因此，通常较难办理贴现。

（四）根据汇票支付使用的货币，可以分为本币汇票与外币汇票

当汇票使用本国货币时，称为本币汇票（Local Currency Bill）；当汇票使用外国货币时，称为外币汇票（Foreign Currency Bill）。

（五）根据汇票的流通地域，可以分为国内汇票与国际汇票

国内汇票（Inland Bill；Domestic Bill）是指出票地与付款地处于同一国家的汇票。国际汇票（International Bill），也称外国汇票（Foreign Bill），是指出票地与付款地分处两国的汇票。这一区分的意义在于确定汇票遭退票时制作拒绝证书的必要性。

（六）根据当事人的重复性，可以分为普通汇票与变式汇票

普通汇票的出票人、付款人、收款人各不相同，若有重复则为变式汇票。变式汇票有三类：出票人与付款人相同的对己汇票；出票人与收款人相同的指己汇票；收款人与付款人相同的付受汇票。

（七）根据附属单据的情况，可以分为光票与跟单汇票

光票（Clean Bill）是指不附有货运单据的汇票，有时可附有发票或价格清单，但绝不会附有代表物权的货运单据。

跟单汇票（Documentary Bill）是指附有货运单据的汇票，而且通常是商业汇票。

案例 2－8

汇票制作不规范

南美洲某国G公司欲向中国H公司订购一批货物，并表示愿意支付50%的货款。不日，G公司寄来一张汇票，其金额为货款的50%。该汇票的出票人注明为美国一家著名银行，而汇票的付款人是G公司。该汇票同时注明："Paying against this demand draft upon maturity"，但该汇票又表明付款期限是出票日后3个月，却并无"At 90 days after sight of this second of exchange (first of exchange being unpaid) pay to the order of..."之类的语句。试分析出口商是否可以接受该汇票并与之签订贸易合同。

案例分析及相关知识点

七、汇票的融资作用

汇票在资金融通中的作用，主要有贴现、融通和承兑等几种方式。本节重点介绍汇票的融通和汇票的银行承兑。

（一）汇票的融通

汇票的融通（Accommodation）是指一人为了帮助另一人获得资金融通，在没有从后者收取对价的情况下，以出票人、承兑人或背书人的身份在汇票上签字，从而使后者能以持票人身份将汇票转让而筹集资金。签字提供帮助之人被称为融通人（Accommodation Party），接受帮助的持票人被称为被融通人（Accommodated Party）。融通人没有从被融

通人处获得对价支付，其签字的目的是为了将自己的良好资信出借给被融通人，帮助他获得融资，因此融通人对被融通人不承担责任。但是融通人作为汇票的签字当事人，必须对后手中的对价持票人及正当持票人承担票据责任，无论他们是否知道融通事宜，都不得以融通中融通人未收到对价为由提出抗辩。若融通人对上述持票人清偿了票据，可向被融通人及其前手行使票据权利。

汇票的融通做法在英国较为典型，英美票据法对此有明文规定，在《日内瓦统一法》中却无相应规定。我国《票据法》则规定票据的签发与取得必须具有真实的交易关系和债权债务关系，必须给付对价（税收、继承、赠与除外），因此禁止汇票的融通这种做法。这主要是因为我国的票据业务还处于初级阶段，实践经验尚不丰富，有必要从严管理以防止出现混乱。

根据英美法律的规定，汇票的融通可以出现于出票、承兑或背书等行为中，但只有融通人以承兑人身份签字的汇票才称为融通汇票（Accommodation Bill，缩写为 A/B），其特点是：

（1）融通人即融通汇票的承兑人通常是银行，尤其是专营此项业务的票据承兑所（Accepting House）或商人银行（Merchant Bank）。票据承兑所或商人银行以自身名义承兑汇票，赚取承兑手续费，但不垫付资金，汇票经其承兑后信用等级提高，可以在货币市场上贴现。

（2）被融通人即融通汇票的收款人，在出票与承兑时并未支付对价给融通人，因此不能要求融通人对被融通人承担票据责任。相反，他必须在汇票到期前将足额票款交付给融通人以备到期支付。

（3）若被融通人未将足额资金提前交给融通人，后者将拒付汇票。届时购入汇票的银行将向被融通人追索，在其清偿后汇票即告解除。若被融通人未能清偿票款，贴入汇票的银行可以强制融通人支付，因为后者是承兑人，必须按汇票文义承担责任。

融通人为了规避被融通人违约的风险，事先与后者达成融通协议。该协议可能以跟单信用证的方式存在，即银行保证凭合格的货运单据对汇票作承兑，并取得押金及货运单据的物权保障。该协议也可以以承兑信用额度（Line of Acceptance Credit）的形式存在，即规定额度有效期、承兑总金额、每张融通汇票的限额、担保品等条款。对于额度内的融通汇票，银行将自动承兑。

例如：A 公司欲融通资金，得到了经营融通票据业务的 B 银行的承兑信用额度的承诺后，A 公司可以开出以 B 银行为付款人的远期汇票。A 公司作为该汇票的出票人，同时又是收款人，B 银行在汇票上承兑，成为该汇票的主债务人。利用 B 银行的信誉，A 公司得以在金融市场上将汇票贴现，获得所需资金，其金额为汇票的面值扣减至到期日的贴息。然后，在汇票到期日之前，A 公司将足额票款交付 B 银行。受让汇票的贴现银行于汇票到期日向承兑人 B 银行提示，B 银行即偿付票款。

本例中 B 银行为融通人，A 公司为被融通人（即筹资者），所开立的汇票为无对价关系的融通票据。B 银行向 A 公司授信而无须提供资金，但可收取承兑手续费；A 公司利用 B 银行的信用筹措到所需资金，付出的代价是贴息和授信（承兑）费用；而贴现银行所获得的利益是贴息。

（二）汇票的银行承兑

银行承兑汇票（Banker's Acceptance，缩写为 B/A），是指出票人开立一张远期汇票，以银行作为受票人，命令它在确定的将来日期，支付一定金额给收款人。这张汇票经受票行承兑后，承兑行就承担到期付款的责任。持票人凭着承兑行的承兑信用保证，可将汇票请求任何银行贴现，贴现汇票的银行还可以立即把它出售到票据市场上，经过出票、承兑、贴现、再贴现，获得融资机会。

银行承兑汇票在美国较为典型。根据美国《联邦储备法》第 13 款的规定，流通于纽约市场的银行承兑汇票交易需符合以下要求：

（1）融资货物必须是现时的货运（Current Shipment），即指承兑日必须在提单装运日的 30 天以内，因此可以使用 B/A 的货运有效期最长为提单日起 30 天。

（2）必须向承兑银行声明要求融资的货物没有获得其他资助，以表示销售货款可以用来偿还到期票款。

（3）银行承兑汇票应跟随单据，以示确有一笔真实的货运交易。汇票如果没有跟随单据，则承兑银行在需要时有权索看货运单据正本，以证实此笔货运。

银行承兑汇票融资适用的范围如下：

（1）美国与外国，或美国以外国家之间的进出口货物（Goods Imported & Exported），包括信用证项下的银行承兑汇票，托收项下的银行承兑汇票以及银行承兑光票（又称直接融资汇票）。

（2）美国境内的货物运输（Domestic Shipment of Goods）应将物权单据给承兑银行。

（3）美国境内仓储货物（Storage of Goods）应将仓库收据（Warehouse Receipt）交给承兑银行作为质押品，融通期限最长为 90 天。

（4）出口备货融资（Pre-export Financing）应将合同交来证实确有一笔出口交易，将在 180 天内装货出口，在出口前准备货物需要融资。

由于美国以外的国家间的进出口货物，可以使用银行承兑汇票融资，外国银行若提供出口货运资料，也可开出银行承兑光票（Accepted Clean Bill），采用美国承兑银行直接资助（Direct Acceptance Finance）方法筹集资金，用作外国银行放款，以获取贴现利率与放款利率之间的利差。这样，外国银行可以先同美国承兑银行订立承兑信贷额度，将预先签字的空白汇票寄交美国承兑银行代为保存，然后发电提供所需资料。

美国承兑银行接到电报或电传提供的资料，立即填制汇票，经承兑、贴现后，将净款贷记外国银行在该行的账户，外国银行利用此项资金做放款业务。

美国银行在承兑汇票时收取承兑手续费，在贴现汇票时收取贴息，承兑及贴现一起办理时就要收取这两种费用，把这两种费率合并为综合利率（All-in Rate），当作 B/A 的价格报出。例如，承兑手续费率为 1%，市场贴现率为年率 9%，则报出综合利率是年率 10%。倘若汇票金额为 1 000 美元，汇票期限为 6 个月，综合费用是：

贴息＝(1 000×180×10%)÷360＝50(美元)

贴现净款＝1 000－50＝950(美元)

这样，客户按年度 10%预先付出综合费用 50 美元，得到融资 950 美元。如贷款 950 美元，按到期日付出 50 美元的贷款利息计算，则

$$实际利率=(50/950)\div(180/360)\times100\%=10.53\%$$

所以，票据综合利率如与贷款利率比较，首先要将综合利率折成实际利率方可进行。

$$实际利率=\frac{R}{1-T/360\times R}\times100\%$$

式中，R 为综合利率，T 为到期天数。

中国视角

飞钱：我国最早的银行汇票

第三节　本　票

从某种意义上说，本票是汇票的特殊表现形式。当汇票的出票人与付款人为同一人时，便形成了对己汇票，也就是本票。

一、本票的定义

中国视角

我国本票的种类

英国《票据法》关于本票的定义是："A promissory note is an unconditional promise in writing made by one person to another signed by the maker, engaging to pay, on demand or at a fixed or determinable future time, a sum certain in money to, or to the order of a specified person to or to bearer." 中文含义是：本票是一项书面的无条件支付承诺，由一人做成，并交给另一个人，经制票人签名承诺即期或定期在可以确定的将来时间，支付一定金额给一个特定的人或其指定人或来人。

我国《票据法》对本票的定义是："本票是出票人签发的，承诺自己在见票时无条件支付确定的金额给收款人或者持票人的票据。"

二、本票的特点

与汇票相比，本票具有如下特点：

（1）本票只有两个基本当事人，即出票人和收款人；而汇票的基本当事人有三个，即出票人、付款人和收款人。

（2）本票是出票人自己无条件付款的书面承诺，即出票人本人保证自己付款；而汇票是出票人要求付款人付款的命令，因此，出票人与付款人之前一般有资金关系。

（3）本票的主债务人是出票人。本票的出票人始终承担第一性的付款责任；而对于远期汇票，在承兑前，出票人负第一性的付款责任，在承兑后，由承兑人（即付款人）负第一性的付款责任，即承兑人成为主债务人，而出票人负第二性的付款责任。

（4）远期本票无须提示承兑，因为本票的出票人就是付款人自己；而远期汇票则不同，持票人必须向付款人提示票据要求承兑及到期付款。但是见票后定期付款的本票则应由持票人向出票人提示，以确定到期日，这种行为被称为见票。

（5）本票只能签发一张，而不是一套。汇票则可以被成套地签发，即一式两份或数份，遇到这种情况，汇票的承兑人或付款人只需承兑或支付其中一张即可。

（6）我国法律规定，本票自出票日起，最长的付款期限不得超过 2 个月。

案例 2-9

本票转让纠纷案

2024 年 6 月 12 日，A 公司（进口商）与 B 公司（出口商）签订购销合同，双方约定货款以本票支付。合同生效后，出口商 B 公司按时向 A 公司发货，A 公司向往来银行 G 申请开立了银行本票，寄送给 B 公司作为货款。收到本票后，B 公司将该本票背书转让给 C 公司，用以清偿它们之间的债权债务关系。C 公司收到该本票后，没有在规定的时间向给 A 公司开立本票的银行提示，直到 9 月份才向银行请求支付本票金额。银行以本票已经过期为由拒绝支付。C 公司转而向 B 公司索偿，B 公司也以超过规定期限为由拒绝付款。多次交涉无果后，C 公司向法院起诉 B 公司和银行，要求它们共同承担赔偿责任。试分析法院该如何判决。

案例分析及相关知识点

三、本票应记载的事项及式样

《日内瓦统一法》关于本票的内容规定为：（1）写明“本票”字样；（2）无条件支付承诺；（3）收款人或其指定人（未写明收款人或其指定人的视为持票人）；（4）付款期限（未写明付款期限的，视为见票即付）；（5）付款地点（未写明付款地点的，付款人所在地视为付款地点）；（6）出票日期和地点（未写明出票地点的，出票人所在地视为出票地）；（7）一定金额；（8）出票人签字。

本票式样见附样 2-2。

附样 2-2　　**本票式样**

Promissory Note for GBP 100.00　　London, 2nd Jan., 20____

On demand we promise to pay bearer the sum of Great Britain Pounds one hundred only.

For Bank of Europe
London
(Signature)

四、本票的票据行为

本票也有出票、背书、保证、付款和追索等票据行为，其做法和规定与汇票基本相似。但在追索权的行使方面应注意：因为本票的出票人必须保证付款，所以有关汇票拒绝承兑的一切情形不适用本票。本票在到期前不能进行追索。

【即学即用 2-2】 商人A借给商人B一笔周转金，三个月后商人B用一张见票即付的汇票偿还对商人A的欠款。商人A将此汇票背书转让给了商人S作为买入其一笔紧俏货物的付款。商人S在法定时间向付款人提示付款，却发现汇票付款人已经破产，汇票被拒付。试分析商人S可以向谁追索。

即学即用解析

五、本票的种类

（一）一般本票

一般本票的出票人是企业或个人。一般本票可以开成即期的或远期的。

在国际贸易实践中，利用出口信贷融资进口大型设备时，进口商可开出类似借据的远期付款本票，经进口方银行保证，到期由出票人偿还本息。此种本票的式样如附样2-3所示。

附样 2-3 **远期付款本票式样**

PROMISSORY NOTE

_________On_________20_____F. F. _________

(Date and Place of Issuance) (Amount in Figures)

On__________

(Maturity Date)

We promise to pay against this note, without protest, to the order of ________ (name of bank) the amount of French France________ (amount in words) in repayment of the credit made under export credit. Agreement No. ________

(Name and Signature of the Maker)

（二）银行本票

银行本票的出票人是银行，一般在票面上注明："Cashier's Order"。

由于银行发行的见票即付、不列明收款人或其指定人的固定面额本票实际上相当于大面额纸币，因此，为了加强金融市场管理，避免此类银行本票流通到市面上扰乱国家纸币发行制度，各国一般规定，银行本票必须是记名的和不定额的。

（三）国际小额本票

国际小额本票是由设在货币清算中心的银行作为签票行发行的该清算货币的国际银

行本票。国际小额本票一般交由购票的记名收款人持票，持票人到该货币所在国以外的世界各地开展商务或旅游时如需用钱，即将该本票提交当地任何一家愿意兑付的银行，经审查合格，该银行即可垫款予以兑付，然后将国际小额本票寄给货币清算中心的代理行，经票据交换，收回所垫票款资金。

（四）中央银行本票

中央银行本票又称中央银行券，是等同于纸币的银行票据。我们通常所说的银行券(Bank Note)，若将两个英文单词合并，就是 Banknote，即钞票之意，中央银行发行的本票类似于大额纸币。中央银行的本票与纸币具有同样的作用。

（五）流通存单

大额定期存单（CD）是由银行发行的、大额、固定金额、固定期限的存款凭证。流通存单具有远期银行本票的性质，发行银行于到期日必须付款。现在发行的美元存单就是流通存单的一种，可流通转让，不记名，票据表面载有“付给来人”字样。存单的期限可以分为 3 个月、6 个月或 1 年，最长为 5 年。存单带有利息，到期日发行银行归还本金和利息之和。

六、本票和汇票的比较

本票和汇票的比较如表 2 - 3 所示。

表 2 - 3　本票和汇票的比较

本票	汇票
(1) 本票是一个付款承诺	(1) 汇票是一个付款命令
(2) 本票是两方票据	(2) 汇票是三方票据
(3) 本票无须作承兑	(3) 远期汇票需要作承兑
(4) 本票的出票人一直对本票承担第一性的付款责任	(4) 承兑前，出票人对票据承担第一性的付款责任；承兑后，受票人（承兑人）对票据承担第一性的付款责任
(5) 本票只出具一份	(5) 汇票一般一式两份
(6) 本票从来不需要作拒绝证书	(6) 当外国汇票被拒付时，需作拒绝证书，以保留对前手的追索权

第四节　支　票

支票是汇票的特殊表现形式。当汇票的付款人是银行并为即期付款时，便形成了支票。

一、支票的定义

英国《票据法》关于支票的定义是：支票是以银行为付款人的即期汇票（原文：A cheque is a bill of exchange drawn on a banker payable on demand）。具体来说，支票是银行存户对银行签发的，授权银行给某人或其指定人或持票人即期支付一定金额的无条件书面支付命令。

我国《票据法》关于支票的定义是：支票是出票人签发的，委托办理支票存款业务的银行或者其他金融机构在见票时无条件支付确定的金额给收款人或者持票人的票据。

出票人签发支票前，要先办理支票存款账户。支票存款账户的开立要求包括：（1）申请人开立支票存款账户必须使用其本名；（2）申请人应当存入一定的资金；（3）申请人应当预留其本人的签名式样和印鉴。

二、支票应记载的事项及式样

根据《日内瓦统一法》的规定，支票的内容一般需具备下列几项：（1）写明“支票”字样；（2）无条件支付命令；（3）付款银行名称；（4）出票人签字；（5）出票日期和地点（未写明出票地点者，出票人所在地视为出票地点）；（6）付款地点（未写明者，付款行所在地视为付款地点）；（7）写明“即期”字样（未写明者，仍视为见票即付）；（8）一定金额；（9）收款人或其指定人。

支票式样见附样 2－4。

附样 2－4　　支票式样

Cheque for GBP 5 000.00　　　　London，31st Jan.，2024
Pay to the order of BBC Co.
The sum of Great Britain Pounds five thousand pounds only
To：National Westminster Bank Ltd.，
London.

For London SSE Co.，London
(Signed) __________

三、支票的票据行为

支票的主票据行为依然是出票。支票也可以有背书、付款、退票、退票通知和追索等票据行为，但是支票没有承兑行为，因为支票都是即期付款。

支票虽然以银行为付款人，但是退票行为时有发生，称为支票的拒付。支票拒付一般都是出票人或收款人在支票的开立、背书等行为中有不当做法，如出票人签名不符、支票账户中存款不足、支票逾期提示等。

四、支票的划线

支票的划线是指在支票正面划两道平行线的行为。一般支票可以委托银行收款入账，也可由持票人自行提取现款，而划线支票只能委托银行收款入账，不能取现。支票划线主要是为了适应银行转账结算的要求，并可防止或减少支票被冒领的意外事故。

支票的划线可以分为普通划线和特别划线两种。

（一）普通划线（General Crossing）

凡支票被横跨票面加列有简单的两条平行线，或简单的两条平行线中注有“不可流通转让”字样，意指不可转让，如仍转让，受让人的权利不得优于前手转让人；或加注“Banker”字样，或加注“&Co.”字样，或加注“记入收款人账户”（Account Payee）字样，这是对代收行的指示，要求它将票款记入收款人账户。例如：

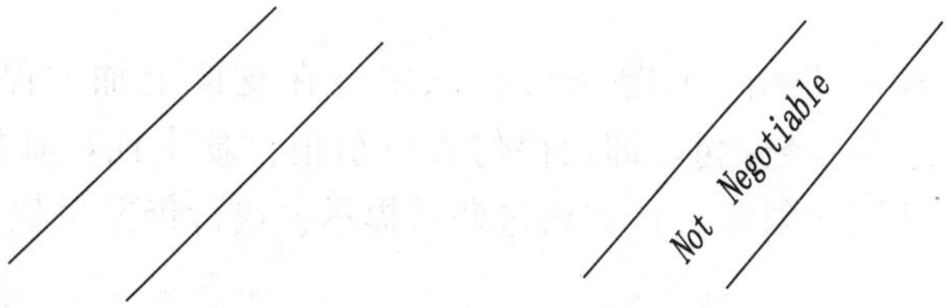

这种附加就构成一项划线，有关支票就被作为普通划线支票。

（二）特别划线（Special Crossing）

凡支票被横跨票面加列了一家银行的名称，不论有无“不可流通转让”字样，这类附加都构成一项划线，该支票就被特别划线给那家银行。例如：

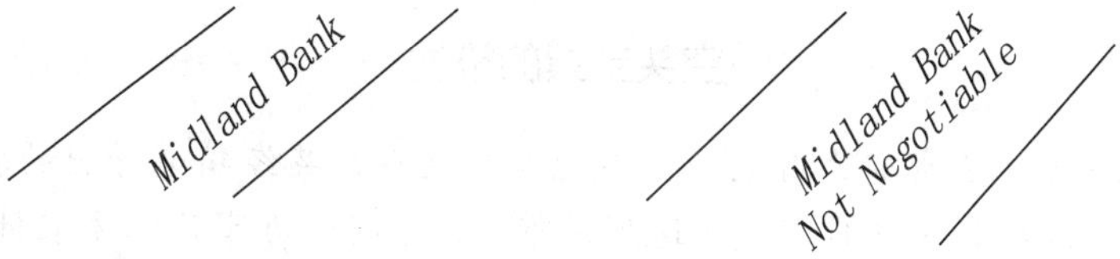

（三）谁可以划线

出票人和持票人都可以划线。出票人做成普通划线，持票人可以把它转变成特殊划线。出票人做成普通划线或特别划线，持票人可以加注“不可流通”字样。

五、支票的种类

（一）记名支票

记名支票（Cheque Payable to Order）是指票面上记载收款人姓名的支票。如“付布朗先生”，“付布朗先生或其指定人”。这种支票只有收款人亲自在支票上签名或盖章才能支取款项。

（二）来人支票

来人支票（Cheque Payable to Bearer）是指票面上不记载收款人姓名，只写“付来人”（Payable to Bearer）。持票人无须在支票上签字或盖章，就可以直接支取款项，此种支票可仅凭交付转让。

（三）划线支票

带有划线的支票被称为划线支票（Crossed Cheque），有普通划线支票和特别划线支票之分。

（四）开放支票

不带划线的支票被称为开放支票（Open Cheque），可用于支取现金。

（五）保付支票

保付支票（Certified Cheque）是指由付款银行在支票上加“保付”（Certified to Pay）字样并签章，支票一经保付，即由保付银行承担付款责任，其他债务人一概免责，持票人可以不受付款期限的限制，在支票过期后提示，银行仍要付款。

（六）银行支票

银行支票（Banker's Cheque）是由银行签发并由银行付款的支票，也是银行的即期汇票（Banker's Demand Draft）。银行代顾客办理票汇汇款时，可以开立银行支票或银行即期汇票。

案例 2－10

空头支票的签发

某年 6 月 20 日，某城市 A 银行收到某轮胎厂送存的某经销部开出的转账支票一张，金额为 20 万元，A 银行于当日将支票送到该市工商银行某办事处，要求付款，经办人员收票后，盖了当日转账章。晚上结账时发现该账户空头，没有给 A 银行划款，也没有及时通知 A 银行。A 银行凭办事处盖章的进账单于当年 6 月 27 日将款项记入轮胎厂账户，形成 A 银行垫款。经 A 银行与办事处多次交涉，办事处于当年 7 月 5 日复函 A 银行，答应由办事处负责追款。因经销部根本无款可付，办事处还派人随经销部业务员到外地追款。虽然多次催付，经销部一直无钱可付。A 银行于是在当年 8 月 6 日向本市东郊区人民法院起诉办事处，要求赔偿 20 万元。

案例分析及相关知识点

六、支票与汇票和本票的比较

与汇票和本票相比，支票具有如下特点：

（1）所有支票都是即期付款的，所以支票既无到期日的记载，也无承兑、参加承兑、参加付款的行为；本票有即期与远期之分，也有到期日的记载，但因是出票人自行承担付款责任，故无承兑和参加承兑的规定。

（2）支票的付款人仅限银行，即必须由银行来支付票款；而汇票、本票的付款人既可以是银行，也可以是一般企业或个人。

（3）支票有划线和保付制度，以防止假冒和便利流通；而汇票（除即期银行汇票）、本票均无这两项规定。

中国视角

中国古代票据的沿革

（4）支票签发时，出票人与付款人之间必须先有资金关系，即出票人在签发支票前，已在付款银行的支票存款账户中有足额存款。而汇票的出票人和付款人之间不必先有资金关系。本票是无条件的支付承诺，出票人就是付款人，根本无所谓双方间的资金关系。

（5）支票的基本当事人共有三个，即出票人、付款人、收款人，这与汇票是一致的；而本票的当事人仅两个，即出票人和收款人。

（6）支票只有一张，没有复本，这一点与本票相同，而汇票往往是一套。

本章小结

票据的定义有广义和狭义之分。从广义上讲，票据是指商业上的权利单据，是某人的、不在其实际占有下的金钱或商品的所有权的证据，包括股票、债券、汇票、本票、提单、仓单等；从狭义上讲，票据是指金融票据，即依据票据法签发和流通的、以无条件支付一定金额为目的的有价证券，包括汇票、本票和支票。

票据既是一种结算工具，也是一种信用工具，因为其具有流通性、无因性、文义性、要式性、提示性、返还性等特点而被广泛使用。票据法有英美法系和大陆法系之分。英美法系以英国 1882 年《票据法》和美国 1952 年《统一商法典》为代表，大陆法系以 1930 年日内瓦《统一汇票本票法公约》和 1931 年日内瓦《统一支票法公约》为代表。《中华人民共和国票据法》是我国的票据法律体系。

汇票是国际结算中使用最广泛的票据，是出票人签发的无条件书面支付命令，其所记载的项目包括绝对必要项目和相对必要项目。汇票有出票、背书、提示、承兑、付款、拒付等票据行为。本票是出票人无条件的书面支付承诺，有银行本票和商业本票之分，还有国际小额本票、中央银行本票及流通存单等类型。支票是一种特殊形式的汇票，是以银行为付款人的即期汇票。支票的出票人对支票承担担保付款的责任，不能签发空头支票。收款人可以要求签发保付支票，以确保支票能够被兑付。

关键术语

票据	物权凭证	汇票	本票
支票	无因性	流通性	文义性
要式性	提示性	返还性	英国 1882 年《票据法》

《统一商法典》	《统一汇票本票法公约》	出票人	受票人
付款人	收款人	背书人	被背书人
保证人	被保证人	承兑人	债务人
债权人	来人	前手	后手
对价持票人	正当持票人	出票	记名背书
特别背书	限制性背书	空白背书	见票即付
见票后定期付款	出票后定期付款	承兑提示	付款提示
普通承兑	带条件承兑	拒付	拒绝证书
追索权	商业汇票	银行汇票	跟单汇票
光票	即期汇票	远期汇票	国内汇票
外国汇票	商业本票	银行本票	国际小额本票
中央银行本票	流通存单	普通划线	特殊划线
不可转让	划线支票	保付支票	

本章思考题

1. 什么是广义的票据？什么是狭义的票据？汇票的基本特性是什么？

2. 现行国际上两大票据的立法体系各是什么？

3. 汇票的付款期限有哪几种表达方式？

4. 计算远期汇票到期日应遵循哪些原则？

5. 一份于 2020 年 3 月 10 日签发的汇票标明“At 60 days after sight”。若该汇票于同年 3 月 31 日承兑，将于哪一天到期？

6. 行使追索权应当具备哪些条件？

7. 汇票可以分成哪些不同的种类？

8. 本票与汇票的相似点和不同点各有哪些？

9. 支票划线的目的是什么？有哪几种不同类型的划线？

拓展阅读

国际结算中的票据与国内票据的比较

第三章 汇　款

学习目标

• 掌握顺汇和逆汇的概念，掌握汇款业务的基本当事人；

• 掌握汇款业务的三种类型，了解其基本业务流程，对三种汇款方式的优劣性进行比较分析；

• 掌握不同账户间汇款头寸的拨付；

• 了解退汇的概念及其业务处理；

• 掌握汇款在国际贸易结算中的运用。

结算方式在国际贸易合同中被称为付款条件或支付条件，意指交易双方就资金从付款一方转移到收款一方的时间、条件和程序等作出的安排。汇款、托收和信用证都是传统的国际结算方式。

第一节　汇款方式概述

一、汇款的基本概念

汇款（Remittance）是银行（汇出行）应汇款人（债务人）的要求，通过其国外联行或代理行作为付款银行（汇入行），使用合适的工具，将款项交给收款人（债权人）的一种结算方式。

结算方式按照资金流向和结算工具传递的方向分类，可以划分为顺汇和逆汇两种。顺汇又称汇付法，是由债务人主动将款项交给银行，委托银行使用某种结算工具，交付一定金额给债权人或收款人的结算方法。其特点是：结算工具的传递和资金的运动方向一致，并且是从付款方（债务人）传递到收款方（债权人）。

逆汇又称出票法，是由债权人以开出汇票的方式，委托银行向国外债务人索取一定金额的结算方式。其特点是：结算工具的传递与资金运动方向相反。

在汇款业务中，汇出行的支付工具如汇票、支付委托书等的流向与资金的流向一致，因此，汇款是典型的顺汇方式；在托收和信用证业务中，汇票等支付工具的流动方向与资金的流动方向正好相反，属于逆汇方式。

汇款业务从出口国汇入行的角度来看，属于汇入汇款业务，从进口国汇出行的角度来看，属于汇出汇款业务。

二、汇款业务的当事人

汇款业务涉及四个基本当事人：

（一）汇款人

这是将款项交付当地银行，委托该银行对外汇出资金的付款人或债务人。在贸易结算中，汇款人通常是进口商，出口商退款或支付赔款时也可能充当汇款人。

（二）汇出行

这是汇款人当地的银行，通常是汇款人的开户银行，它受汇款人委托，对国外代理行发出委托付款的指令，从而实现资金的汇出。因此，汇出行经办的汇款业务也叫作汇出汇款（Outward Remittance）。

（三）汇入行或解付行

汇入行是汇出行的海外联行或代理行，通常位于收款人所在地。该银行受汇出行委托，接受汇出行的资金偿还，并将汇款资金解付给收款人。汇入行经办的汇款业务也叫作汇入汇款（Inward Remittance）。

（四）收款人或受益人

这是接受汇款的收款人或债权人，可能是接受捐款的当事人，也可能是贸易结算中的出口商或供货人。

第二节　汇款方式的种类

按照汇出行的汇款指令的不同传递方式，汇款可分为电汇、信汇和票汇三种。这三种方式的基本程序为：首先由汇款人向汇出行递交“汇款申请书”，汇出行按申请书的指示，使用汇款人指定的支付命令的传递方式（电报、电传、信汇委托书、汇票等），通知汇入行，汇入行按照汇出行的指令，向收款人解付汇款。

一、电汇汇款

（一）电汇的基本概念

电汇（Telegraphic Transfer，T/T）是汇款人委托银行以电报（Cable）、电传（Telex）或环球同业银行金融电讯协会（SWIFT）的方式指示收款人所在地某一银行作为汇入行，解付一定金额给收款人的汇款方式。

（二）电汇业务流程

电汇业务的流程如图 3－1 所示。

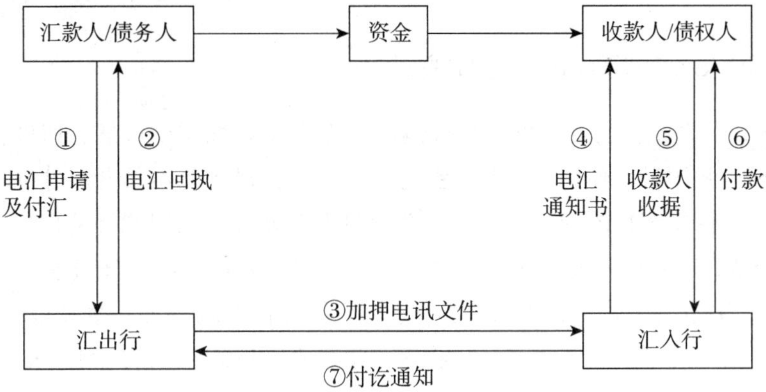

图 3－1　电汇业务流程图

以下是对图 3－1 各环节所作的解释：

①汇款人填写汇款申请书向汇出行提出申请，注明汇款方式为电汇，以及收款人名称、汇款人名称及地址、金额及币种、汇款用途及附言等，签名盖章，并缴付汇款资金及手续费。

②汇出行收妥资金及费用后，以汇款申请书的客户收据联为电汇回执退还给汇款人，从而确立汇出行与汇款人关于该项汇款的委托关系。

③汇出行以加押电报、电传、SWIFT 等电讯方式，向汇入行发出电汇委托书，委托书除应包括汇款申请书所列各项内容外，还应注明汇出行电汇业务编号、密押、偿付指示等。

④汇入行收到电讯指令后，核对密押无误，即缮制电汇通知书至收款人。

⑤收款人持电汇通知书及身份证明到汇入行取款，并提供经签章的收据。

⑥汇入行核对有关凭证无误后解付汇款资金。

⑦汇入行将付讫通知寄送汇出行，同时按偿付指示取得资金偿付。

案例 3－1

T/T 汇款风险

小丁在宁波的 A 公司工作，A 公司与俄罗斯 B 进口公司签订了一份五金产品的 CIF 合同，两个 40FCL 货柜，合同规定分两次等量装运，两次交货时间间隔为 30 天，约定付款方式为装运日后 30 天内 T/T 付款。

A 公司备货后将第 1 个货柜按时装运出口，并将箱单发票及提单用国际快递方式邮寄给进口商供其提货。30 天后，A 公司催 B 公司支付货款，B 公司先是推脱几天，后又利用各种借口，最后索性不再接听 A 公司的电话，也不回复任何邮件。货物到港后 2 个月，A 公司催收货款无果，只有联系船公司将货物运回，大量的滞港费、来回运费加上清关费等，使得 A 公司损失惨重，而后一个货柜也只能转为库存。

案例分析及相关知识点

（三）通过 SWIFT 系统的电汇方式

通过 SWIFT 系统汇付的业务量与日俱增，因为该系统安全可靠、速度快、费用低、自动加校密押。我国最早使用 SWIFT 系统办理业务并成为其会员行的中国银行早在 20 多年前就推出了深受客户欢迎的“环球汇兑一日通”业务，利用的就是 SWIFT 系统的便利。但通过 SWIFT 系统的业务必须使用专门设置的、为各会员行普遍承认的 SWIFT 电文格式。SWIFT 电文格式共有 10 大类，每一类包含若干组，每一组又包含若干种具体业务。第一类就是客户汇款与支票。现将客户汇款 MT100 电文格式列于表 3－1 中。

表 3－1　客户汇款 MT100 电文格式

M/O	Tag（代码）	Field Name（栏位名称）
O	15	Test Key（密押）
M	20	Transaction Reference Number（TRN）（业务编号）
M	32A	Value Date，Currency，Amount（起息日、货币符号、金额）
M	50	Ordering Customer（汇款人）
O	52X	Ordering Bank（汇出行）
O	53S	Sender's Correspondent Bank（汇出行的代理行）
O	54S	Receiver's Correspondent Bank（汇入行的代理行）
O	57S	“Account with” Bank [（收款人）开户银行]
M	59	Beneficiary Customer（收款人）
O	70	Details of Payment（汇款附言）
O	71A	Details of Charges（费用负担）
O	72	Bank to Bank Information [头寸拨付（银行之间）]

说明：M=Mandatory Field（必选项目），O=Optional Field（可选项目）。

每一项的文字提示均由计算机自动显示在荧光屏上，业务员只需输入项目内容即可。

SWIFT MT100 汇款电报实例如下：

To：THE CHASE MANHATTAN BANK N. A.，NEW YORK

FM：BANK OF CHINA，BEIJING

DATE：30 SEP. 2024

TEST**** OUR REF TT 109900/03 PAY USD 200 000.00 VALUE 30 SEP. TO BANQUE NATIONAL TUNIS FOR CREDIT OF A/C NO. Y10-0127-033254 OF CORPORATION INTERNATIONAL DES EAUX ET DE I'ELECTRICITE DE CHINE MESSAGE REMIT FOR CUSTOMERS DUTY ETC ORDER INTERNATIONAL WATER AND ELECTRIC CORP. BEIJING YOUR CHARGES FOR BENEFICIARY COVER DEBIT US.

将有关项目内容输入计算机将得到下列 SWIFT MT100 电文：

MT100 CUSTOMER TRANSFER
DATE
240930
Send to

CHAS US 33 REM
Chase Manhattan N. A. New York N. Y.
：20/transaction reference number TT 109900/03
：32A/value date，currency code，amount
240930 USD 200 000.00
：50/ordering customer
CHINA INTERNATIONAL WATER AND ELECTRIC CORP. BEIJING
：57/account with bank
BANQUE NATIONAL TUNIS
：59/beneficiary customer
/Y10-0127-033254
CORPORATION INTERNATIONAL DES EAUX ET DE I'ELECTRICITE DE CHINE
：70/details of payment

REMIT FOR CUSTOMERS DUTY ETC
：71A/details of charges
FOR BENEFICIARY
：72/bank to bank information
COVER DEBIT US

二、信汇汇款

信汇是指汇出行签发信汇委托书（M/T Advice）或付款委托书（Payment Order），并以航空信邮寄给汇入行，指示后者向收款人解付资金的汇款方式。

信汇委托书的主要内容有：（1）收款人的姓名、地址或开户行的名称、地址、账号和用户名；（2）币种及金额；（3）汇款人的名称和地址；（4）汇入行的名称和地址；（5）头寸调拨的方法及起息日；（6）编号及汇出日期；（7）汇出行签字。

信汇委托书无须加列密押，但须经授权人员签字，汇入行以授权签字来核查其真伪。信汇业务的流程与电汇极相似，区别之处仅在于付款指令的传递方式，即前者用航空信，后者用电讯方式。

案例 3-2

信汇欺诈案

吴某与李某是非常要好的朋友，一次由于吴某的疏忽将印鉴留在李某家中，李某利用该印鉴并模仿吴某的签字，假借吴某的名义伪造了他的付款授权信，将吴某的款项划到自己的账户中。事后虽然李某的诈骗行为被发现并受到了法律的制裁，但是由于李某已经将所汇款项挥霍殆尽，吴某仍然遭受了很大的损失。

案例分析及相关知识点

三、票汇汇款

票汇是指汇出行应汇款人的要求签发即期银行汇票，交由汇款人转交收款人以向汇入行提示领款的汇款方式。

汇款业务中使用的指令是一张即期银行汇票，由汇出行作出票人，由汇入行作付款人，由汇款收款人作汇票的收款人。同电汇与信汇中汇出行直接将付款指令传送到汇入行的做法不同的是，票汇中使用的这份汇款指令（即银行汇票）是在银行体系外传递，经汇款人、收款人之手才间接传送到汇入行。如果收款人将汇票转让给其他人，则传递环节更多，耗时也更长。因此，比起电汇与信汇来，票汇的安全性相对差一些，因为银行汇票在各当事人手中传递时遭受损毁、被窃、遗失的风险较大，而且因传递环节较多，转移资金的速度较慢。

票汇业务的流程如图 3-2 所示。

以下是对图 3-2 各环节所做的解释：

①汇款人向汇出行提出申请，填写汇票申请书，注明当事人名称、地址、汇款金额、币种、用途及留言等，并向汇出行缴付足够的票款及手续费。

②汇出行签发以汇入行为付款人、以汇款收款人为汇票收款人的银行即期汇票，经授权签字后交给汇款人。

③汇出行将汇票通知书（也称票根）立即寄送给汇入行。通知书中列明汇票要件内容，供汇入行在接收提示付款时核查之用，防止汇票要件被变造等情况。但自从 20 世纪 70 年代以来，许多银行为简化手续不再寄送票根了。

④汇款人将银行汇票寄送或携带给收款人。若汇票不禁止转让，收款人可将其背书转让给其他人。

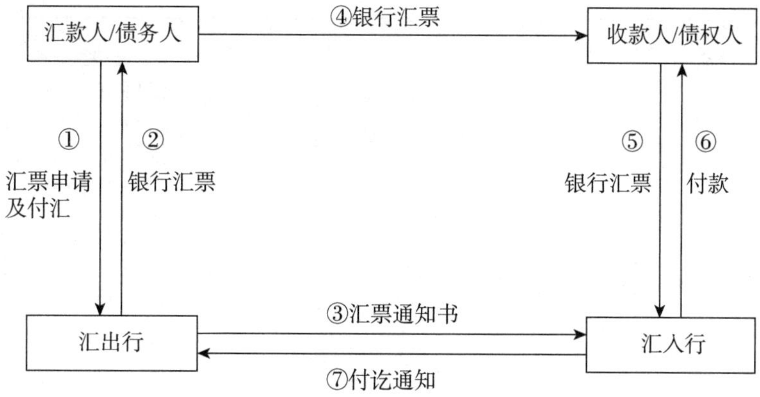

图 3-2 票汇业务流程图

⑤收款人或持票人将经过背书的汇票提示给汇入行，要求其支付票款。

⑥汇入行审核出票银行的授权签字，查验背书的连续性，如有票根，还需对照票根，一切无误后支付票款给收款人。

⑦汇入行将付讫通知传送给汇出行。

案例 3-3

电汇改票汇致损案

我国某出口企业 A 与另一国的进口企业 B 第一次做贸易，双方签订了一份进出口贸易合同，合同中规定：支付条款为装运月前 15 天电汇付款。但是，在后来的履约过程中，B 方延至装运月中才从邮局寄来银行汇票一张，并声称货款已汇出。为保证按期交货，我出口企业 A 于收到汇票次日即将货物托运，同时委托 C 银行代收票据。1 个月后，接到 C 银行通知，因该汇票是伪造的，已被退票。此时，货物已抵达目的港，并已被进口方凭出口企业自行寄去的单据提走。事后我出口企业 A 进行了追偿，但进口方 B 早已人去楼空，我方承受了较大的损失。

案例分析及相关知识点

四、电汇、信汇和票汇的比较

电汇、信汇和票汇三种汇款方式各有利弊，表 3-2 对其进行了比较。

表 3-2 电汇、信汇和票汇的比较

比较内容方式	电汇	信汇	票汇
使用的结算工具	电报、电传或 SWIFT，并用密押核实	信汇委托书或支付授权书，用印鉴或签字证实	银行即期汇票，用印鉴或签字证实
成本费用	收费较高	收费较低	收费较低

续表

比较内容方式	电汇	信汇	票汇
安全性	中间环节少，安全性高	信汇委托书可能在邮寄途中遗失或延误，安全性较低	汇票有丢失、损毁风险，背书转让又可能带来一连串债权债务关系，且汇票遗失后，挂失或止付的手续复杂
快捷性和灵活性	最快捷的汇款方式	资金在途时间长、操作手续多	汇款人可自行携带至付款行所在地提示要求付款，而且可以流通转让，比较灵活、简便
适用范围	金额大、收款时间紧迫的汇款	现在很少采用	金额较少、收款时间不紧迫的汇款

第三节　汇款头寸的拨付

一、头寸的拨付

汇款业务中的头寸拨付是指汇款资金的调拨与偿付。汇出行办理汇出汇款业务时，应及时将汇款金额拨付给解付汇款的汇入行，这个过程叫作汇款的偿付，俗称“拨头寸”。一般而言，汇入行在办理汇款业务时，必须在接到国外银行头寸报单，或者接到可以立即借记国外汇款行账户的通知后方可办理解付，遵循“收妥头寸，解付汇款”的原则。

汇出行和汇入行如果有直接的账户关系，将便利头寸的调拨。如果汇入行在汇出行开立了账户，从汇出行的角度来看，这是一个“来账”账户；汇出行可以将头寸主动贷记到汇入行账户；当汇出行在汇入行开立了账户时，从汇出行的角度来看，这是一个“往账”账户，汇出行可以授权汇入行借记该账户。当汇出行和汇入行之间没有来账和往账关系时，第三方银行将参与进来，便利头寸的调拨。①

二、头寸调拨的方式

在汇款业务中，汇款人将汇出款项交给汇出行，汇出行指示汇入行将资金直接付给收款人或贷记到收款人的账户上。这笔资金应该由汇出行在付款前或付款后拨付给汇入行。在每一笔汇款业务中，汇出行都必须明确指示汇入行头寸的拨付方法。电汇业务中头寸的拨付方法标注在电文中，信汇业务中标注于支付委托书上，票汇业务中出票行与

① 当一家外国银行在本国银行开立账户时，从本国银行的角度来看，建立了来账关系（Vostro Account）；当国内银行在外国银行开立了账户时，从本国银行的角度来看，建立了往账关系（Nostro Account）。Vostro 和 Nostro 容易搞混淆，这里列举一种形象的记忆方法。Vostro 的第一个字母“V”可以形象地表示正朝我走来，因此对应“来账”；Nostro 的第一个字母“N”可以联想记忆为 North（北），南来北往，因此对应“往账”。

付款行之间早已存在明确的账户关系。根据汇出行与汇入行之间的关系，有几种不同的拨付方式：

（1）汇出行与汇入行互为账户行，汇出行的头寸拨付指示或者是“关于头寸的拨付，我方已贷记你方在我处的账户”（In cover，we have credited your A/C with us）或者是“关于头寸的拨付，请借记我方在你处的账户”（In cover，please debit our A/C with you）。实际业务中，汇出行一般愿意选择后一种方案，原因是汇入行在向收款人付出款项之后才会借记汇出行的账户，不存在付款的不确定性，也被称为付款后拨付。前一种方案就是汇出行在汇入行向收款人付款之前已经记账，也被称为付款前拨付，这样做无疑会降低银行资金的流动性。互为账户行的头寸拨付如图 3－3 所示。

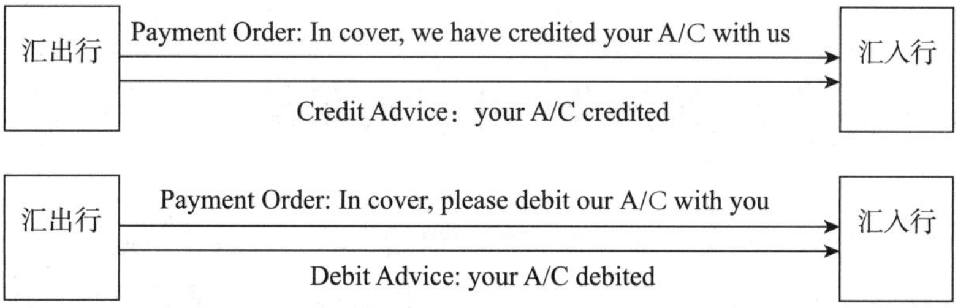

图 3－3 互为账户行的头寸拨付

（2）汇出行与汇入行不存在直接的账户关系，但是双方都在同一家代理行 X 开有账户，那么，汇出行可通知这家代理行在两家的账户上分别记账，并通知汇入行。汇出行应在给汇入行的拨付方式上注明：“关于头寸的拨付，我们已经授权 X 银行借记我方账户，贷记你方账户”（In cover，we have authorized Bank X to debit our A/C and credit your A/C with them）。汇出行同时通知代理行 X 将头寸拨入汇入行，即借记汇出行账户，贷记汇入行账户。共同账户行的头寸拨付如图 3－4 所示。

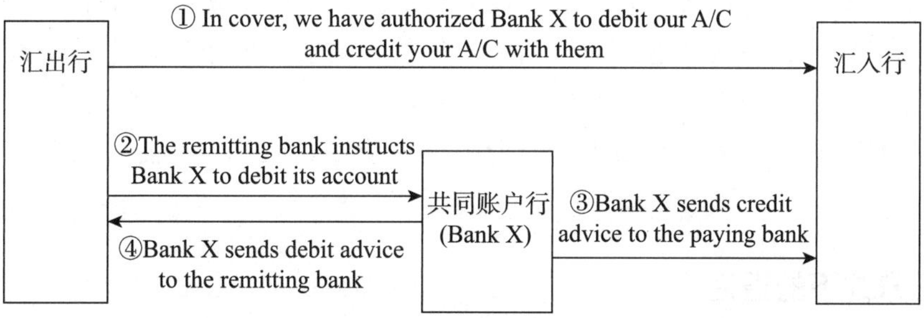

图 3－4 共同账户行的头寸拨付

（3）如果汇出行与汇入行既没有账户关系，也没有第二种情形中的共同代理行，汇出行可能先通知自己的关系行如 X 银行，将资金汇到汇入行的关系行如 Y 银行，以汇入行为受益人，同时指示汇入行：“关于头寸的拨付，我们已指示 X 银行将有关款项汇寄给你方在 Y 银行的账户中”（In cover，we have instructed Bank X to pay proceeds to your A/C with Bank Y）。各自账户行转账的头寸调拨如图 3－5 所示。

采用这种方式拨付头寸手续复杂，耗费时间长，查询环节多，在实际业务中应尽量避免使用。

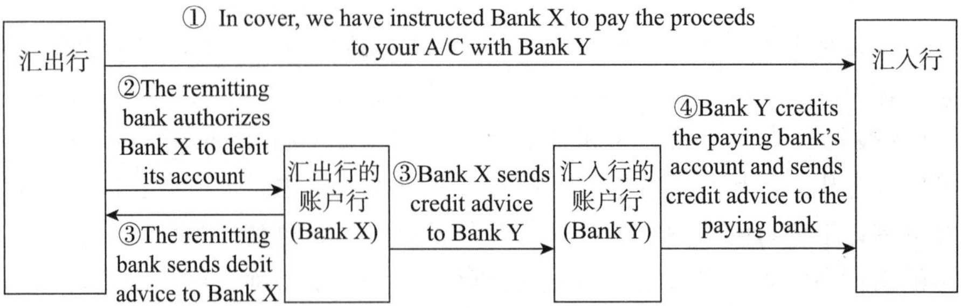

图 3-5 各自账户行转账的头寸拨付

第四节 汇款的退汇

汇款在解付之前，有可能被撤销而将款项退给汇款人，这就是退汇。退汇的原因可以归为两类：一类是来自收款方。例如：收款人因故拒领，或者因死亡、迁徙，或因公司倒闭等原因使汇入行无法通知收款人。另一类来自汇款一方，汇款人因故欲撤回资金等。而汇款一方和收款一方都可能因票汇的汇票遗失、被窃或损坏等原因向汇入行要求挂失止付或重开新票。

一、电汇和信汇方式下的退汇

如果退汇原因来自收款一方，汇入行可以将支付委托书退回汇出行，并说明原因，然后由汇出行通知汇款人前来办理退款手续。

如果退款原因来自付款一方，情况较为复杂。汇出行应立即通知汇入行停止解付而退汇。倘若汇入行在接到退汇通知前尚未解付，便会立即止付，此时收款人无权要求汇入行解付，只能同汇款人交涉要求付款。倘若汇入行在接到退汇通知前已经解付，银行不负其他责任，汇入行无须也不能向收款人追索，汇款人只能同收款人交涉要求退款。

二、票汇方式下的退汇

不论退汇原因来自何方，只要申请退汇人能交出汇票，问题就简单多了。例如退汇原因来自收款一方，收款人只需要将汇票寄还汇款人，由汇款人自己去汇出行办理退汇手续。又如汇款人在将汇票寄交收款人之前欲撤回资金，则将汇票交还汇出行注销汇付即可。

如果申请退汇人无法交出汇票，汇出行可能拒绝退汇。因为汇出行是汇票的出票人，如果票据仍在市场上流通转让，汇出行对任何合法的善意持票人无条件担负保证付款的责任，所以不能退汇。若因汇票丢失、被窃或损毁等原因导致汇票丧失，汇款人可向汇出行申请挂失止付。根据《中国人民银行支付结算办法》的规定，如果汇票在银行受理挂失前被冒领，银行概不负责。遗失的汇票在付款期满后1个月，确认未被冒领，可以办理退款手续。挂失止付是我国特有的补救性制度。国外关于票据丧失的救济办法大体有三种，英国等国的法律规定，失票人应提供担保，要求出票人给予复本或交付新票。法国等国的法律规定，失票人应提供担保，请求法院作出命令止付或返还的裁决。德国、日本、瑞士等国的法律规定，失票人应作出止付通知，并请求法院作出公示催告和除权判决，即请求法院以公告的方式通知不明的利害关系人限期申报权利，逾期未报者，则权利失效，法院通过除权判决宣告所丧失的票据无效。所以有些银行对不能交还汇票情形下的申请退汇，要求申请人向银行出具担保书并作出公示催告。

在办理票汇退汇时，为避免挂失汇票找到后导致银行承担风险，汇款人应向汇出行出具担保。担保书格式如下：

LETTER OF INDEMNITY

WHEREAS YOU ISSUED TO ME/US A DRAFT NO. _ DATED_ FOR THE AMOUNT OF_ IN FAVOR OF_ AND WHEREAS SUCH DRAFT HAS BEEN LOST OR MISLAID, AND I/WE HEREBY REQUEST YOU TO ISSUE TO ME/US A REPLACEMENT DRAFT.

NOW THEREFORE IN CONSIDERATION OF THE PAYMENT OF THE AMOUNT OF SUCH DRAFT, I/WE HEREBY UNDERTAKE AND AGREE TO INDEMNIFY YOU AND YOUR AGENTS FROM AND AGAINST ALL LOSS WHICH YOU/THEY MAY INCUR OR SUSTAIN BY ANY PERSON, AND PARTICULARLY IN THE EVENT OF SUCH DRAFT BEING PRESENTED AND PAID, I/WE AGREE TO REPAY YOU THE AMOUNT SO PAID ON SUCH DRAFT AND FUTURE, IF SUCH DRAFT SHALL AT ANY TIME HEREAFTER COME TO MY/OUR POSSESSION, I/WE WILL DELIVER TO YOU WITHOUT ANY COST.

案例 3-4

退汇致损案

某年某月，我国某地外贸公司与香港某商社首次达成一宗交易，规定以即期不可撤销信用证方式付款。成交后港商将货物转售给了加拿大一客商，故贸易合同规定由我方直接将货物装运至加拿大。但由于进口商借故拖延，经我方几番催促，最终于约定装运期前4天才收到港方开来的信用证，且信用证条款多处与合同不符。若不修改信用证，则我方不能安全收汇，但是由于去往加拿大收货地的航线每月只有一班船，若赶不上此次船期，出运货物的时间和收汇时间都将耽误。在我方坚持不修改信用证不能装船的情况下，港商提出使用票汇方式预先把货款汇过来。我方同意在收到对方汇款传真后再发货。我方第二天就收到了对方发来的汇款凭证传真件，经银行审核签章无误。同时由于我方港口及运输部门多次催促装箱装船，外贸公司有关人员认为货款既已汇出，就不必等

案例分析及
相关知识点

款到再发货了，于是及时发运了货物并向港商发了装船电文。发货后一个月仍未见款项汇到，经财务人员查询才知，港商不过是在银行买了一张有银行签字的汇票传真给我方以作为汇款的凭证，但收到发货电文之后，便把本应寄给我外贸公司的汇票退回给了银行，撤销了这笔汇款。港商的欺诈行为致使我方损失惨重。

第五节　汇款方式在国际贸易中的运用

汇款的主要功能是转移资金，因此被大量地用于服务贸易和非贸易的结算中，例如外汇交易、捐赠、私人汇款等。汇款也可用于贸易结算，主要有两种情况：

一、预付货款

这是指进口商先将部分或全部货款支付给出口商，然后由后者按销售合同规定备货发运的结算方式。在支付预付款时，进口商多采用汇款方式。目前预付全部货款的情况已极为罕见，一般是预付合同金额的一小部分，如10%，这是作为买方保证购买进口货物并支付全部货款的担保。通常需要预付货款的商品多数是热门货。

案例 3-5

预付货款案

宁波市某进出口公司对外推销某种货物，该商品在新加坡市场的销售情况日趋看好，逐渐成为抢手货。新加坡贸易公司来电订购大批商品，但坚持用汇付方式支付。此时，在宁波公司内部就货款支付方式问题产生了不同的意见，一些业务员认为汇付的风险较大，不宜采用，主张使用信用证方式；但有些人认为汇付方式可行；还有一部分业务员认为托收可行。试分析该进出口公司应如何选择恰当的支付方式。

案例分析及相关知识点

二、货到付款

货到付款与预付货款的做法正好相反，即出口商先出运货物，进口商收货后立即或在一定期限内将货款汇交给出口商的一种汇款结算方式。货到付款有时也被称为赊销方式。

货到付款有两种做法：

（1）售定（Goods Sold）。售定是指买卖双方已签订正式的销售合同，货价与支付时间也已确定，进口商收到货款后一定时期将货款汇给出口商。这种赊账的做法常用于有长期贸易关系且资信良好的交易伙伴之间。例如，我国内地向香港地区提供水果、蔬菜、花卉等商品时常用此法结算。另外，欧美国家的日用消费品贸易也常用这种赊销方式。

（2）寄售（Sold on Consignment）。寄售是指出口商在出运货物时，还没有明确的买家，只是委托国外经销商代理销售，因此只有寄售协议，没有明确的订单，销售价格与支付时间有待销售情况明确后才能确定下来。所以寄售方法只用于一些特殊情况，如新产品试销、滞销产品的促销等。

案例 3－6

寄售结算方式风险案

我国某省实业有限公司拟向南亚某国出口一批轻工产品。由于该批货物在其仓库搁置很久，属于积压物资，因此双方当事人通过多次协商，决定以寄售方式在国外销售。货物经由我公司运到目的地后，由于同类商品在当地市场竞争激烈，虽经代销商多方努力，货物销售情况非常不理想，最后只得再装运退回国内。

案例分析及相关知识点

本章小结

结算方式按资金的流向和结算工具的传递方向可以分为顺汇和逆汇两大类别。当结算工具的传递与资金的运动方向一致时，称为顺汇；当结算工具的传递方向与资金不一致时，称为逆汇。汇款属于顺汇，托收和信用证属于逆汇。汇款业务从汇出行的角度来看是汇出汇款业务，从汇入行的角度来看是汇入汇款业务。汇款业务的四个基本当事人是汇款人、汇出行、汇入行和收款人。在办理汇款业务时，外汇指定银行必须遵守国际外汇管理的有关规定。出口收汇核销单、进口付汇核销单、外汇管理批准件、国际收支申报表必须正确填写和递交。汇款业务的三种类型分别是电汇、信汇和票汇。票汇业务和电汇、信汇业务不尽相同。在票汇业务项下，收款人会在汇入行柜台提示票据请求付款；而在电汇和信汇项下，汇入行会在款项到达后通知收款人前来取款。三种汇付方式各有其特征、优点和不足。

通常来说，在办理汇款业务时，汇出行应先行拨付头寸给汇入行，汇入行也会遵循"收妥头寸，解付汇款"的原则办理业务。当汇入行和汇出行之间有"来账"和"往账"关系时，调拨头寸将通过"主动贷记"或"授权借记"十分便利地进行，否则便需要有共同账户行或各自账户行来搭桥转账。汇款的退汇业务可在汇款解付之前由汇款人或收款人申请办理。

基于交付货物和实施付款时间的不同，汇款在国际贸易中的运用有两种方式：预付货款和货到付款。预付货款给予卖方极大的安全保障，买方承担极大的信用风险。而货到付款（亦称赊销）则正好相反。

关键术语

汇款	顺汇	逆汇	汇款人	汇出行
解付行	收款人	电汇	信汇	票汇

头寸	主动贷记	授权借记	来账	往账
共同账户行	各自账户行	退汇	预付货款	赊销
寄售				

本章思考题

1. 什么是顺汇？什么是逆汇？什么是汇入汇款？什么是汇出汇款？
2. 汇款业务的基本当事人包括哪些？
3. 汇款业务的种类包括哪些？请演示电汇业务的操作流程。
4. 票汇业务与电汇和信汇业务相比，有何不同之处？
5. 什么是来账？什么是往账？头寸调拨的四种基本方式是什么？
6. 预付货款和货到付款对进出口商各有什么样的影响？

拓展阅读

信汇或电汇诈骗案的防范

第四章 托　收

学习目标

- 了解托收业务的基本概念、特点和基本当事人；
- 掌握跟单托收业务的基本程序及不同的交单条件；
- 理解光票托收和直接托收，了解直接托收的基本流程；
- 熟悉托收业务国际惯例，能运用惯例应对和分析结算案例；
- 掌握托收业务处理的一些特别注意事项，诸如由卖方投保、D/A 在拉美国家的处理惯例等。

托收（Collection）是主要的国际结算方式之一。在托收业务中，银行以代办者的身份，依照委托人的指示，既转移资金，又传递单据，在一定程度上代表卖方控制货权，还可以作为买方的融资中介，因此，托收方式较汇款方式使用得更广泛。与信用证方式相比，托收的手续简单、费用较低。所以，近几年托收在国际贸易结算方式中所占比重越来越高，一般都占到年贸易额的 60%以上，有些地区如欧盟成员国之间这一比例更是高达 80%。在托收业务中，作为支付工具的票据和单据的传递方向与资金的流向相反，所以，托收属逆汇性质，是逆汇法的一种。

第一节　托收的定义与特点

一、托收的定义

所谓“托收”就是委托收款的简称，意指委托人（债权人）向银行（托收行）提交凭以收取款项的金融单据（Financial Documents）或商业单据（Commercial Documents）或两者兼有，要求托收行通过其联行或代理行向付款人（债务人）请求付款的一种结算方式。

国际商会制定的《托收统一规则》（URC522）对托收作了如下定义：银行根据所收到的指示，处理金融单据或商业单据以便取得付款和/或承兑，或凭付款和/或承兑交出商业单据，或凭其他条款或条件交出单据。

在托收业务中，尽管银行介入较多，但托收仍属商业信用，银行仅是依照委托人指示行事的代办者。托收业务顺利与否，取决于债权人（一般为出口商）和债务人（一般为进口商）的诚信度。

金融单据意指汇票、本票、支票或其他用于获得货币付款的相似票据。商业单据意指发票、运输单据、物权单据或其他相似单据，或不是金融单据的任何其他单据。

二、托收方式的特点

（一）结算的基础是商业信用

托收方式与汇款方式一样，都属于商业信用。进出口双方能否取得合同规定的货款或如期收到买卖合同中规定的货物，完全取决于买卖双方的商业信用。托收行的银行只是一般代理人，在托收过程中有关银行只需按委托方的指示完成各项指定的工作，对托收过程中遇到的风险、费用和意外事故等不承担责任。如付款方不按期付款或承兑，不按买卖合同规定的价格付款，或者在承兑后破产而无力付款甚至蓄意拖延支付或逃避付款责任等，银行概不负责。

（二）托收方式的安全性高于汇款方式

汇款方式因为不能钱货或钱单（即代表物权的货运单据）当面两讫而存在较大风险。而在托收业务中，出口商可以通过控制代表货权的单据来控制货物，以交单代表交货，而交单又以进口商付款或承兑为条件，因此，出口商一般不会落得“钱货两空”的境况。对进口商而言，只要付了款或对金融票据进行了承兑，就可以得到代表物权的单据，从而掌握了货权，比预付货款安全。因此，无论是对进口商还是出口商而言，使用跟单托收方式比汇款方式安全。

（三）进出口双方资金负担不平衡

托收方式中，出口商的资金负担较重，因为在进口商付款之前，货物占用的资金均由其负担，进口商基本不负担资金。

（四）结算简单、迅速、费用低

国际结算方式有很多种，比较而言，托收方式的手续相对简单，速度也较快，费用成本也低很多，尤其是与下一章要讲述的信用证相比，这一特点更为明显。

三、托收与其他结算方式的比较

国际经济交易中有四种基本结算方式：预付货款、赊销、跟单托收和跟单信用证。在预付货款项下，出口商交货之前进口商就要支付款项，进口商对出口商给予了信用，承担了到期出口商不交付货物的风险。在赊销项下，出口商发运货物，将出口单据提交给进口商提货，进口商延期结算货款，出口商对进口商给予了信用，承担了进口商到期不支付的风险。预付货款有利于出口商，赊销有利于进口商，但在预付货款和赊销项下，进出口商的权利和义务是不对等的。

跟单托收是一种有效的结算方式，能够协调进出口商之间的利益冲突。当向国外客户发运货物或提供服务后，出口商提交代表债权的金融单据和代表货物所有权的商业单据，只有在进口商付款、承兑或履行其他责任后，进口商才能得到单据凭以提货。进出口双方的权利、义务、利益和责任都得到了平衡。托收作为一种新的支付手段，比预付货款和赊销有了进一步的发展。

尽管比预付货款和赊销有一定的优势，但托收仍然是出口商需要谨慎使用的一种支付方式。出口商要确保进口商的资信状况是可接受的，而且进口国没有政治和法律风险。与此同时，一旦发生货物到达进口国而进口商不付款并拒收货物的情况，出口商还需要安排代理商办理货物的转售和仓储。

跟单托收可以被看成是一种跨国性的货到付款，即买方在货物送达时支付货款。但跟单托收和典型的货到付款相比，在以下两个方面存在差别：(1) 跟单托收是由银行处理货款支付的事宜，而货到付款是由个人或船运公司收取货款；(2) 货到付款是在货物运达时支付货款，而跟单托收是在收到可以向船运公司提取货物的物权凭证（提单）后支付货款。

跟单信用证是银行用以保证买方或进口方有支付能力的凭证，是银行有条件保证付款的证书，成为国际贸易活动中常见的结算方式。尽管在跟单信用证和跟单托收两种支付方式下，卖方都需要准备并提交相关单据给银行，但两者之间又有很大不同：(1) 跟单托收中涉及的汇票不是出具给银行，要求银行支付货款，而是出具给进口商，要求其履行付款责任；(2) 跟单托收中卖方银行在卖方提交单据时并不承担付款责任，只是作为卖方的托收行或寄单行出现，而在信用证项下，当单证相符时，指定银行将履行付款责任，或承兑、议付单据。

第二节　托收业务的当事人及其权利、义务与责任

托收方式中涉及的当事人主要有：

一、委托人

委托人（Principal）是开出汇票委托银行向国外付款方收款的人，也即债权人、受益人或卖方、出口方或出票人。

委托人有两方面的责任和义务：一是要履行与进口商签订的贸易合同的责任；二是要履行与托收行签订的委托代理合同的责任。贸易合同下的责任是指按合同交货和按合同交单。委托代理合同下的责任首先是指委托人要在托收申请书上作出明确指示，以及在发生意外时作出及时的指示；其次是支付各项费用，包括手续费、电报费、邮费、拒绝证书费、仓租费、保险费等。即使委托书中列明费用由付款人负担，在付款人拒付时，已发生的费用仍由委托人负担，即委托人没有收到款项时，也要支付费用。

二、托收行

托收行（Remitting Bank）又称委托行，是接受托收人的委托代收款项，同时委托国外自己的分支机构或代理行向债务人收款的银行，也叫出口方银行，它可以是托收汇票的收款人、被背书人。

托收行的责任和义务包括：首先，执行委托人的指示。托收行是委托人的代理人，所以要按委托人的指示行事。它在将单据寄给代收行时，要缮制托收指示，此指示的内容要与委托人申请书的内容严格一致。如果委托人的要求不合理或无法做到，应向委托人解释，要求其修改申请书。其次，托收行要按常规处理业务。凡是委托人在申请书中没有加以指示的，托收行就按常规处理。例如，委托人未指定代收行，托收行可按常规选定一家在付款人同一城市的银行作为代收行。最后，托收行要对其过失负责。例如，代收行电告付款人拒付，而托收行却未立即通知委托人，使得代收行未能及时得到如何处理货物的指示而使货物遭受损失，这时委托行就有过失责任。

三、代收行

代收行（Collecting Bank）又称受托行，是接受托收行的委托，向债务人收款的银行，一般都是托收行的国外分支机构或代理行，它是进口方银行。

代收行的责任和义务包括：根据托收指示处理托收业务；代收行在未经托收行同意时不得变更托收指示上的任何条件，否则责任自负；查收已收到的单据与托收指示中所列是否相符，并且通过迅捷的方式通知发出托收指示的托收行单据遗失或单据与所列的不符；一般情况下，代收行在收到全部货款之后向进口商放单，并且代收行对因交单延误而产生的任何后果不负责任。

四、付款人

付款人（Drawee）即债务人，是汇款的付款人，通常是买卖合同中的买方。

除以上 4 个当事人外，国际商会的《托收统一规则》还增加了提示行（Presenting Bank）作为托收结算方式的当事人之一。提示行是向付款人作出提示的代收行。代收行可以委托与付款人有往来账户关系的银行作为提示行，也可以自己兼任提示行。

另外，委托人还可以指定在付款地的代理人作为“需要时的代理人”（Customer's Representative in Case of Need），以便在托收业务中发生拒付时，办理货物存仓、保险、转售、运回等事宜。委托人则必须在托收申请书上写明此代理人的权限。

案例 4-1

代收行有错吗？

在一笔托收业务中，托收行在托收指示中规定：“Docs to be released only against acceptance”（单据只能在承兑后交付）以及“Payment on due date to be guaranteed by ×× bank（代收行）. Tested telex to this effect required”［到期日付款由××银行（代收行）担保。需经验证的电传证实］。代收行办理承兑交单后，向托收行寄出承兑通知书，明确指出“The bill accepted by drawee”（汇票已由受票人承兑），到期日为 2024 年 9 月 13 日。在承兑通知书中，代收行未表明担保付款，亦未发出承诺担保的电传，托收行亦未就此提出任何异议。

承兑汇票到期后，进口商拒付货款，代收行即向托收行发出拒付通知。由于托收指示中要求凭代收行到期付款的担保放单，而代收行已将单据放给付款人，因此托收行要求立即付款。代收行反驳道，放单是基于付款人的承兑，代收行并没有担保到期付款的责任。虽经多次交涉，此纠纷仍未得到解决。

案例分析及相关知识点

第三节　托收业务的程序

托收业务的流程如图 4-1 所示。

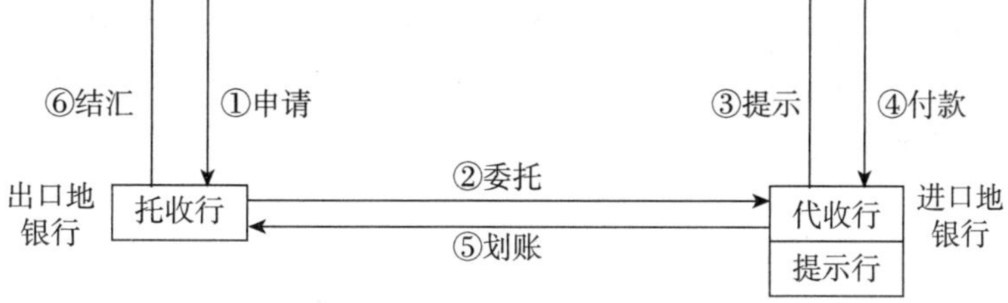

图 4-1　托收业务流程图

现以跟单托收为例，对上述 6 个步骤分别作出说明。

一、申请

出口商在发运货物后取得全套商业单据，再根据需要签发以进口商为付款人、以出口商本人或其开户银行为收款人的汇票，另外填写托收申请书，交往来银行申请托收。托收申请书是出口商与银行就托收业务达成的正式委托文件，也是托收行据以行事的依据。托收申请书中详细列明了当事人名称、地址、托收金额、托收单据以及对有关银行的各项指示。如果银行接受委托，那么托收申请书将是银行向国外代收行发出托收委托书的主要依据。

托收申请书中的主要内容有：（1）远期汇票附有单据时，应明确交单条件，是付款交单还是承兑交单；（2）票款收妥后的结汇方法；（3）付款人拒付时，是否和应在何种情况下做成拒绝证书；（4）银行办理托收所收取的费用是由委托人还是付款人支付；（5）一旦发生违约和延期付款，需要时的代理人的权责和详细的地址以及确切的权限；（6）代收行应采取何种措施来保护货物；（7）付款交单方式下是否允许分次付款、分次提货；（8）逾期付款是否加收利息等。

二、委托

托收行签发正式的托收委托书，连同委托人提供的全套单据，寄送给代收行，从而构成银行间的委托。

首先，托收行应对所附单据以商业发票为中心进行审核，遵循单单一致的原则；其次，托收行对单据审核无误后同意办理此项业务，将托收申请书的一联作为回执退给委托人；最后，托收行填制托收指示并选择（在委托人未指定代收行的情况下）资信良好的代收行寄送托收指示。指示中付款人的名字必须详细、准确，以便代收行顺利进行提示。

三、提示

代收行在收到托收行寄来的全套单据与托收委托书后，首先应核查托收委托书的授权签字以鉴定其真伪，若无法确定，应及时向委托书上记明的发件行/托收行查询以求确认。其次应按照托收委托书中列明的单据清单核对单据的种类与份数，若有缺漏与错误，应及时通知发件行/委托行，然后代收行将缮制代收通知书并按委托书关于提示时间的规定向付款人作提示，要求付款人付款或承兑。

提示可以由代收行亲自为之，也可以指定专门的提示行进行。银行应按收到的单据的原样向付款人提示，但是银行有权在单据上加贴必要的印花，其费用一般由发出委托者承担，或者按照业务惯例在有关单据上作必要的背书或签章。

四、付款

当银行作出提示时，根据交单条件或汇票付款期限，付款人应决定是否付款或承兑。

如果系付款交单，应在2个营业日内立即支付足额货款；如果系承兑交单，应对汇票作合格承兑；如果系远期付款交单，应先作合格承兑，然后在到期日或提前支付足额票款。付款人在付款或付款承兑以前，应根据合同仔细审查所有单据。若单据有问题或单据中所列货物与合同规定的有出入，付款人有权拒绝付款或拒绝承兑。在付款人承兑或支付了足额货款及有关费用后，根据交单条件的规定，就可以获得全套单据，享受物权。

如果付款人拒绝付款或拒绝承兑，代收行无权强迫其付款或承兑，但可要求其说明拒绝理由。另外，根据托收委托书的指示制作拒绝证书，费用由托收行并最终由委托人承担。与此同时，代收行应以电讯或其他快捷方式将拒绝付款或承兑的事实及理由通知托收行，由其转告委托人以及时采取措施。代收行应保管好单据，等候托收行的进一步提示。如果在代收行发出拒绝付款或拒绝承兑通知后60天内未收到托收行的进一步提示，则届时可以将单据退还托收行。

五、划账

付款人承兑远期汇票后，代收行应毫不延迟地向托收行发出承兑通知书，但通常无须寄回汇票，而是保留至到期日再作提示取款。付款人作即期或远期付款后，代收行同样应毫不延迟地发出付款通知书，其中应注明收款金额、各项费用与开支的扣除额以及资金的处置方法。通知书的发送方式应按照托收委托书的规定，如无规定，则代收行可自行选择适当的方式，其费用由托收行支付。收妥资金的处置应按照托收委托书规定的划账方式进行。主要做法有三种：

其一，如果托收行在代收行开有账户，则由代收行立即将款项贷记托收行账户。

其二，如果代收行在托收行开有账户，则由托收行在收到付款通知书后立即借记代收行账户。

其三，如果托收行与代收行没有账户关系，则由代收行立即将资金划拨给托收行指定的账户行。

六、结汇

托收行收到代收行发来的承兑通知后应立即转告委托人，在收到付款通知并且自资金到账后，扣除一切应收费用，将净额转入委托人账户，至此，托收业务即告结束。

案例 4-2

跟单信用证结算改“随证托收”致损案

国内某出口公司向韩国出口1万吨水泥，价值40万美元，FOB术语成交，由韩国买方租用越南籍货轮将整船货物从青岛港运至韩国某港口，支付方式为即期信用证。后因我国货源紧张，请求韩国买方延迟派船，买方同意，但信用证不展期，付款方式按“随证托收”办理，我方对此并未表示反对。

案例分析及相关知识点

在信用证过期后，买方船到，我方装货后取得船长签发的提单并随附其他所要求的单据送中国银行某分行向韩国进口商办理"随证托收"，待单据至韩国开证行后，因提单日期晚于信用证规定日期，单证不符，信用证已失去银行保证作用，韩国银行只能向进口商按D/P方式代收货款。但此时，韩国进口商借故拒不付款赎单，并声称货已失踪。经我方调查，韩国进口商在无提单情况下早已从船方手中提走了货物，而该船从此再也未到中国港口来，我方也不能据以申请法院采取扣船拍卖等补救措施，造成我方货款两空的重大损失。

第四节　托收种类

按是否附带货运单据可将托收分为光票托收和跟单托收。

一、光票托收

根据《托收统一规则》的规定，光票托收（Clean Collection）是指金融单据不附带商业单据的托收，即提交金融单据，委托银行代为收款。有的光票托收也附有单据，但并不是整套货运单据，只是发票、垫款清单等。

案例 4-3

光票托收致损案

某出口商A与进口商B拟采用光票托收的方式进行贸易，运输方式为空运，很快出口商A接到进口商B开来的国外某银行出具的并以此银行为付款人的支票，金额为10万美元。出口商信以为真，很快将货物装运出口，并要求出口地的某银行为其办理光票托收，但是当支票寄交至国外的付款行时，被告知此支票为空头支票，最终造成出口商A货款两空的重大损失。

案例分析及相关知识点

二、跟单托收

跟单托收（Documentary Collection）是指金融单据附有商业单据或不附有金融单据的商业单据的托收。跟单托收如以汇票作为收款凭证，即使用跟单汇票。

没有汇票，仅以货运单据提交银行，向买方即进口商收取货款的做法，也属于跟单托收业务。一些欧洲大陆国家为了避免印花税负担，一般的即期付款托收不使用汇票。

国际贸易中货款的收取大多采用跟单托收。在跟单托收的情况下，按照向进口商交单条件的不同，可分为付款交单和承兑交单。

（一）付款交单

付款交单（Documents against Payment，D/P）是指出口商的交单以进口商的付款为条件，即出口商发货后，取得货运单据，委托银行办理托收，并指示银行只有在进口商付清货款以后，才能把商业单据交给进口商。

付款交单又可根据汇票的付款期限不同，分为即期付款交单和远期付款交单两种类型。

1. 即期付款交单

即期付款交单（D/P at Sight）是指出口商发货后开具即期汇票，连同商业单据，通过托收行寄到进口地的代收行，代收行向进口商提示付款，进口商见票后立即付款，进口商付清款项后从银行取得商业单据。

即期付款交单的流程如图 4－2 所示。

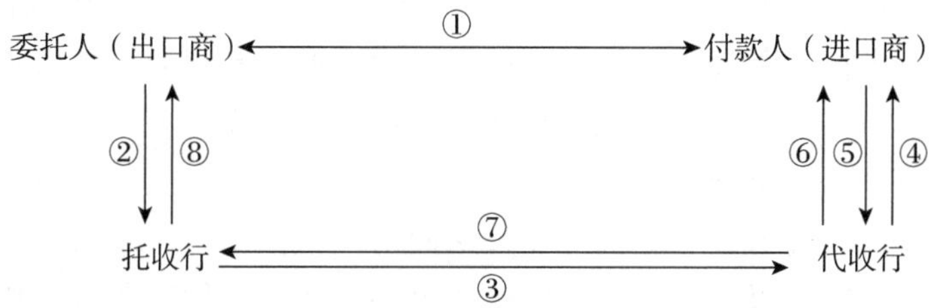

图 4－2 即期付款交单流程图

以下是对图 4－2 各环节所作的解释：

①进出口商约定结算方式为即期付款交单；

②出口商装运货物，填写托收申请书，开立即期汇票连同商业单据交给托收行；

③托收行核对单据，填写托收委托书，将汇票、商业单据一并交给代收行；

④代收行向付款人提示，要求付款；

⑤付款人付款；

⑥代收行交单；

⑦代收行将货款交付托收行；

⑧托收行将货款交付委托人。

2. 远期付款交单

远期付款交单（D/P at...days after Sight）是指出口商发货后，开具远期汇票，连同商业单据，通过银行向进口商提示，进口商审核无误后即在汇票上进行承兑，于汇票到期日付清货款后再领取商业单据。

远期付款交单的流程如图 4－3 所示。

以下是对图 4－3 各环节所作的解释：

①进出口商约定结算方式为远期付款交单；

②出口商装运货物，填写托收申请书，开立远期汇票连同商业单据交给托收行；

③托收行核对单据，填写托收委托书，将汇票、商业单据一并交给代收行；

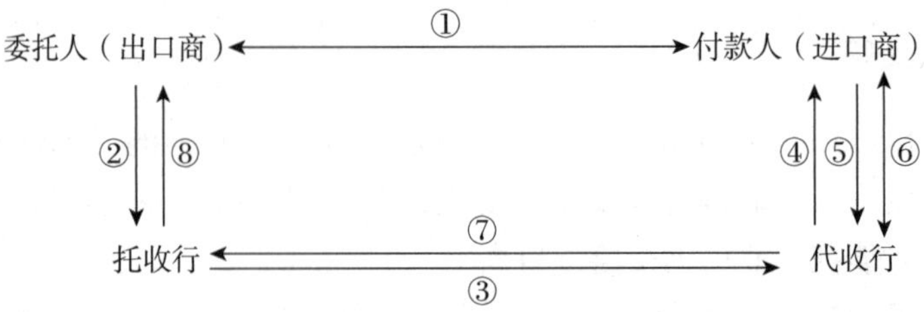

图 4-3　远期付款交单流程图

④代收行向付款人提示，要求承兑；

⑤付款人承兑；

⑥远期汇票到期时代收行向付款人提示付款，付款人付款，代收行交单；

⑦代收行将货款交付托收行；

⑧托收行将货款交付委托人。

在远期付款交单条件下，如果付款日期晚于到货日期，进口商可凭信托收据（Trust Receipt，T/P）向代收行借取货运单据，先行提货，于汇票到期日再付清货款，换回信托收据。这种结算方式被称为“远期交单·凭信托收据借单”（D/P·T/R），是进口方银行对进口商提供的一种资金融通。

信托收据就是进口商借单时提供的一种书面信用担保文件，用来表示愿意以代收行的委托人身份代为提货、报关、存仓、保险或出售，并承认货物所有权仍属银行。货物出售后所得的货物，应于汇票到期时交银行。如果代收行因借出单据而遭受损失，借单人负责赔偿，代收行可以随时取消信托收据，收回货物。

信托收据是代收行向进口商提供的信用便利，如果借单人（即进口商）到期不能付款，代收行就要代为付款，因此，代收行借出单据承担了一定的风险。

案例 4-4

D/P 远期项下代收行放单案

某年 2 月，中国 A 公司（出口商）与英国 B 公司（进口商）签订出口合同，支付方式为 D/P 见票后 120 天。中国 C 银行（托收行）将单据寄出后，直到 8 月份尚未收到款项，遂应 A 公司要求指示英国 D 代收行退单，但等到 D 代收行回电才得知，其已凭进口商 B 公司承兑放单。几经交涉，进口商 B 公司以种种理由不付款，进出口商之间交涉无果。中国 C 银行认为英国 D 代收行错误放单造成出口商货款损失，要求 D 代收行承担责任，但 D 代收行对中国 C 银行的催收拒不答复。10 月 25 日，D 代收行告知中国 C 银行进口商已宣告破产，并随附法院破产通知书，致使出口商钱货两空。

案例分析及
相关知识点

（二）承兑交单

承兑交单（Documents against Acceptance，D/A）是指出口商的交单以进口商在汇票上承兑为条件，即出口商在装运货物后开具远期汇票，连同商业单据，通过银行向进口商提示，进口商承兑汇票后，代收行即将商业单据交给进口商，在汇票到期时，进口商再履行付款义务。承兑交单方式只适用于远期汇票的托收。

承兑交单的流程如图 4-4 所示。

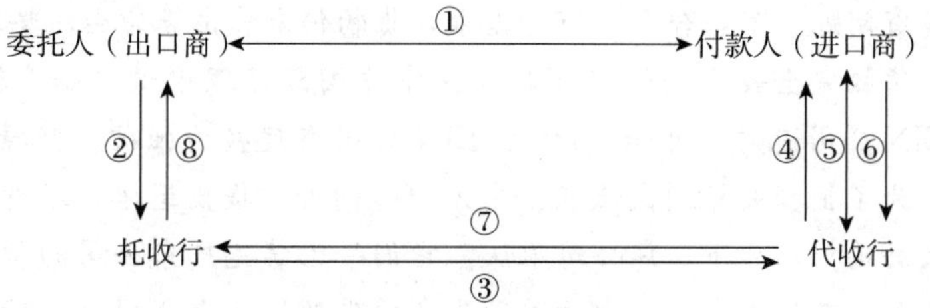

图 4-4 承兑交单流程图

以下是对图 4-4 各环节所作的解释：

①进出口商约定结算方式为承兑交单；

②出口商装运货物，填写托收申请书，开立远期汇票连同商业单据交给托收行；

③托收行核对单据，填写托收委托书，将汇票、商业单据一并交给代收行；

④代收行向付款人提示，要求承兑；

⑤付款人承兑，代收行交单；

⑥付款人付款；

⑦代收行将货款交付托收行；

⑧托收行将货款交付委托人。

承兑交单对进口商很有利，因为其承兑后即可取单提货，若销售顺利，至汇票到期日应付款时，货物已经售出，可以不必使用自有资金，对进口商加速自有资金周转有利。

承兑交单对出口商而言风险很大，因为承兑交单后，尽管进口商对汇票金额承诺在一定时期后支付，但并没有真正付款。进口商承兑汇票后，即可取得货运单据，并凭以提货，而对出口商来说，因已交出了物权凭证，其收款的保障只能取决于进口商的信用。如果进口商到期拒付，出口商就可能遭受货物与货款两空的损失。

上述远期付款交单（D/P）与远期承兑交单（D/A）相比，远期付款交单方式对出口商来说收款的风险要小一些。因为在远期付款交单方式下，进口商通常在付款前不能取得货运单据，不能掌握货物，如果到期日汇票遭到拒绝，代表货物所有权的货运单据仍在代收行手中，出口商仍然有对货物的支配权。所以，远期付款交单方式对出口商收款来说更安全些。

案例 4-5

承兑交单（D/A）产生拖欠案

某年春交会，广东某进出口公司（以下称广东公司）与埃及 HUSSEIN 公司建立了业务关系，HUSSEIN 公司向广东公司订购了近 3 万美元的货物，双方同意以信用证方式结算。初次合作较为愉快，广东公司及时地收回了货款。之后，HUSSEIN 公司继续向广东公司订购货物，货物总值达 26 万美元。这次，HUSSEIN 公司提出了 D/A 60 天的付款方式，要求广东公司接受。广东公司急于开发市场，接受了 HUSSEIN 公司的付款要求。货物发出后，广东公司及时交付单据，HUSSEIN 公司承兑了汇票并接收了货物，可是，在汇票到期日，该公司拒绝付款。广东公司在自行催收一年之后，HUSSEIN 公司称货物质量有问题，不符合当地市场需求，货物仍未售出等为由，坚决拒付货款。

广东公司在货权完全丧失的情况下，委托东方国际保理中心（以下简称东方中心）向埃及 HUSSEIN 公司追讨。开始，HUSSEIN 公司态度极为强硬，坚持说货物尚未卖出，不能付款。为了把损失降到最低点，东方中心向外方提出退单、退货的要求。在强大的追讨压力下，该公司承认，它们早已售完广东公司的货物，并把货款用到了其他生意上。由于该笔生意的失败，加上公司的经营及管理不善，HUSSEIN 公司亏损严重，已近关门倒闭的边缘，根本无法偿还广东公司的欠款。经过进一步的调查，东方中心发现这家公司还有一些库存商品可以变卖。最后，广东公司追回了 4 万美元的欠款。

案例分析及相关知识点

（三）付款交单与承兑交单的比较

上述两种交单的异同点见表 4－1。

表 4－1　付款交单与承兑交单的异同点

<table>
<tr><th></th><th></th><th>付款交单</th><th>承兑交单</th></tr>
<tr><td rowspan="4">不同点</td><td>实质不同</td><td>货款的收取与单据的转移同时完成</td><td>先承兑交单后收取货款</td></tr>
<tr><td>交单的依据不同</td><td>以付款人的付款为交单依据</td><td>以付款人的承兑为交单依据</td></tr>
<tr><td>收款的时间不同</td><td>在即期 D/P 方式下是即期付款；在远期D/P 方式下是远期付款</td><td>远期付款</td></tr>
<tr><td>委托人的风险不同</td><td>在即期 D/P 方式下是即期收款，在远期D/P 方式下可能面临掌握货权但收不到货款的可能</td><td>可能存在钱货两失的风险</td></tr>
<tr><td>相同点</td><td colspan="3">（1）均以商业信用为基础；
（2）均属于跟单托收方式；
（3）均属于逆汇。</td></tr>
</table>

三、直接托收

根据国际商会第 550 号出版物《托收统一规则评注》的界定，直接托收是指卖方/委托人从其银行即托收行那里获得托收指示的空白格式，由其自己填写，连同托收单据直接寄给买方银行，即代收行，请其代收货款，并将已经填妥的托收格式副本送给托收行，请托收行将其视同该行自身所办理业务的一种托收方式。使用直接托收时，面函格式必须注明该笔托收业务受到 URC522 的约束，代收行将该笔业务视同从托收行处收到的指示。

URC522 是针对银行办理托收业务而制定的统一规则。在直接托收项下，由于委托人直接把单据寄给代收行，不经过托收行，效率提高了，但 URC522 不愿将未经银行办理的托收业务包括在内，故 URC522 中不包含与该业务相关的任何规则。直接托收业务的当事方不受 URC522 的约束，可能导致出现纠纷时无适用惯例和原则的情形。

直接托收的业务流程如图 4－5 所示。

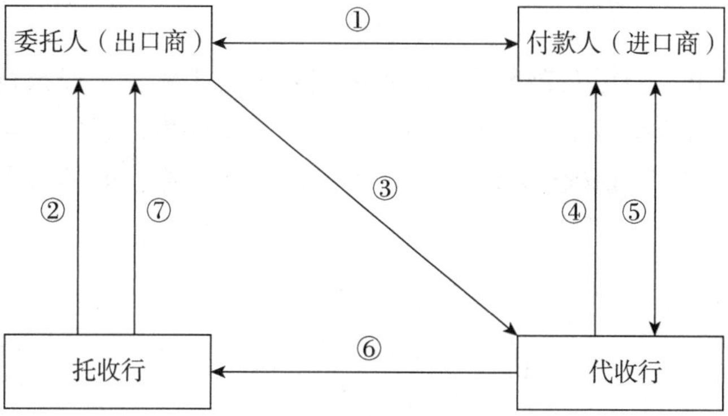

图 4－5 直接托收业务流程图

以下是对图 4－5 各环节所作的解释：

①出口商和进口商签订贸易合同，约定采用托收结算方式；

②托收行将预先印制有业务编号的托收指示交给委托人；

③委托人将填写好的托收指示连同货物单据直接寄送代收行；

④代收行将单据提示给进口商，请求付款或承兑；

⑤进口商付款，代收行放单；

⑥代收行将资金划拨给托收行；

⑦托收行贷记委托人的账户。

案例 4－6

D/P 改 D/A 致损案

某年 4 月 9 日，某托收行受理了一笔付款条件为 D/P at Sight 的出口托收业务，金额为 USD100 000.00，托收行按出口商的要求将全套单据整理后撰写了托收面函一同寄给美国一家代收行。单据寄出后一星期，委托人声称进口商要求委托人将“D/P at Sight”修改为“D/A at 60 days Sight”。委托行在强调 D/A 的风险后，委托人仍坚持要修改，最后委托行按委托人的要求发出了修改指令，此后一直未见代收行发出承兑指令。当年 8 月 2 日，应委托人要求，委托行通知代收行退回全套单据。8 月 19 日，委托行收到代收行寄回的单据，发现三份正本提单只有两份。委托人通过美国有关机构了解到，货物已经被进口商提走，此时委托行据理力争，要求代收行要么退回全套单据，要么承兑付款，但是代收行始终不予理睬，货款最终没有着落，而委托人又不愿意通过法律程序解决，时隔数年，货款仍未收回。

案例分析及
相关知识点

第五节　托收业务的注意事项

一、运输单据

在托收业务项下，委托人交来的运输单据多是海运提单。未经银行事先同意，货物不得直接托运至银行或银行指定之人，换言之，提单不能做成代收行抬头。提单的收货人应做成 To order 或 To order of shipper，以保证卖方的物权能随着单据的交付而实现转移。示例如下：

Bill of lading
Shipper
The Exporting Company，Tianjin
Consignee
To order
Notify party
The Importing Company
25 Queen Street，Hong Kong

二、利息

如果托收指示中指明收取利息但付款人拒付利息，提示行可凭付款或承兑或其他条款和条件交单，而不再收取利息。当需要收取利息时，托收指示中必须明确指明利率、计息时期和计算基数（1 年基本天数是 360 天还是 365 天）。

当托收指示明确陈述利息不得放弃而付款人拒付利息时，代收行不得释放单据，并且对延迟交单及造成的后果不承担任何责任。当支付利息已被拒绝时，提示行必须毫不延误地以电讯或其他快捷方式通知发出托收指示的银行。

在托收指示中收取利息的指示如下所示，委托人可选择使用：

□ Please collect interest for delay in payment calculated from the maturity to the date of actual payment at the rate of ...% p. a. on the basis of 360 days a year from the drawee.

□ Waive/ (Do not waive) interest if refused by the drawee.

三、费用

如果托收指示中指明托收费用应该由付款人承担，但付款人拒付托收费用，提示行可以凭付款或承兑或其他条款和条件交单，而不再收取费用。当托收费用无法从付款人处收取时，此费用由发出托收的当事人负担，在托收收妥款中扣除。

当托收指示明确陈述费用不得放弃而付款人拒付费用时，代收行不得释放单据，并且对延迟交单及造成的后果不承担任何责任。当支付托收费用的要求已被拒绝时，提示行必须毫不延误地以电讯或其他快捷方式通知发出托收指示的银行。

在一切情况下，根据托收指示中明确的条件，或根据 URC522，托收费用应该由委托人承担。代收行有权向发出托收指示的银行收取相关开支和费用，而托收行则向委托人收回与该业务有关的任何开支和费用。

银行保留向发出指示的当事人要求预先支付费用的权利，以弥补在试图执行任何指示时的成本。如果没有收到预付款，可以保留不执行这项指示的权利。

在托收指示中收取费用的指示如下所示，委托人可选择使用：

☐ Collection charges/expenses outside China are for account of the drawee.

☐ Waive/(Do not waive) charges if refused by the drawee.

☐ Collection charges may not be waived and if the drawee refuses to pay such charges, the presenting bank will not deliver documents.

四、拒绝证书

托收指示应明确是否需要在拒绝付款和拒绝承兑时作出拒绝证书。在没有特别指示的情况下，银行对被拒绝付款和拒绝承兑的单据没有作出拒绝证书的义务，因为作拒绝证书所产生的费用一般由出口商所在地的托收行承担。

在托收指示中作出拒绝证书的指示如下所示，委托人可选择使用：

☐ Do not protest in case of dishonor.

☐ Protest for Non-acceptance/Non-payment.

☐ We will give instruction to you upon receipt of SWIFT/airmail advice of Non-acceptance/Non-acceptance with reasons.

五、处理托收业务的一般原则和审核点

（一）一般原则与注意事项

（1）跟单托收的银行既不保证付款，也不承担信用风险，这是托收业务和跟单信用证业务的一个很大区别。在托收业务项下，银行只扮演为买卖双方结算货款提供方便的中介机构的角色。

（2）如果托运人（卖方）直接按照买方地址发送货物，那么买方无须付款也能得到货物。因此，卖方通常将提单的收货人写成他在买方国家的代理人，或经代收行同意，以代收行或代收行所指定的人为收货人。

（3）在买方付款或承兑之前，由卖方承担货物的运输、仓储、保险的费用及风险。银行没有责任保护货物，如果货物被海关罚没用于支付仓储费，银行无须承担责任。

（4）和赊销方式相比，D/A 跟单托收给交易提供了一份额外保护。通过买方国家的银行正式提示或买方承兑的汇票本身就是一种公认的债务证明。不过，对于下定决心不付款的买方来说，汇票的价值就会十分有限。

（5）在D/P托收项下，当买方拒绝付款时，尽管卖方保留了货物的所有权，但卖方此时处于明显不利的位置。他或者要与买方商议新的交易条款，被迫接受降价，或者要另寻买主；甚至不得不将货物重新运回国内，承担高额装运费、保险费和银行手续费。在货物是季节性时令商品或易腐烂商品时，卖方极有可能因无法很快找到新买主而承担损失。

（6）在承兑交单条件下，买方同样可能拒绝承兑汇票，此时，卖方的处境和付款交单条件下买方拒付汇票的处境是相同的。

（7）在承兑交单条件下，买方可能对汇票进行承兑，取得货物所有权，但汇票到期时拒绝付款。这时卖方既未收回货款，又丧失了货物所有权，处境十分被动，只能通过银行催收或法律渠道促使买方履行付款义务，而不管采取哪种方式都需要额外支付费用。

（8）托收业务中银行不管货物，只处理单据，因此卖方可能会少发货、错发货或以次充好发货。买方这时需直接找卖方索赔或诉诸法律。

（二）出口商的处理原则与注意事项

（1）只有在如下条件下，卖方才会同意使用跟单托收方式：

1）卖方不怀疑买方的付款能力和付款意愿；

2）买方所在国家政治、经济、法律制度稳定；

3）买方所在国家无外汇管制，或买方已经取得外汇许可证；

4）所交易货物很容易另寻买主。

（2）在使用跟单托收结算方式，特别是承兑交单条件之前，卖方必须调查、审核买方的信用状况和商业信誉。

（3）如果买方没有拿到清关所需的全套合格单据，可能会拒付，也可能虽已承兑，但最后发现无法在海关办理货物清关，到期仍会拒付。不管哪种情况都会使卖方处于非常被动的局面。

（4）依惯例，托收行（卖方银行）在寄单给提示行时不审核单据。审核单据的工作由买方和卖方完成。

（5）在货物的运输途中及收到货款之前，卖方要承担货物的运输、保险和仓储责任。如果买方不支付票款，卖方仍然要负担这些费用。

（6）在承兑交单条件下，如果买方承兑了汇票，取得了货物的所有权，但在汇票到期时又拒绝付款，此时，卖方已经失去了货物的所有权，他只能向买方而不是银行行使追索权。

（三）进口商的处理原则与注意事项

（1）只有买方相信卖方能够按照买卖双方订立的合同发运货物时，才可同意采用跟单托收方式结算。

（2）在提示行向买方提示单据时，买方必须认真审核这些单据与海关的规定是否相符以及是否符合在本国销售货物的规定。

(3) 作为一项优惠政策，代收行可能会允许买方在付款之前临时持有单证以便利审核。但是，在单证收回之前，代收行对单据要承担责任。

(4) 跟单托收项下买方处于相对安全的局面，因为在买方付款赎单或承兑远期汇票之前，货物都不在他的名下，从而无须对货物承担任何责任。

(5) 除非得到卖方授权，否则买方在付款或承兑之前不能抽检货物，买方可以规定卖方提供可靠的、可信的第三方出具的检验证明来保证货物的数量和质量。

(6) 除非合同另有规定，否则如果买方拒收单据，他就无须对货物承担任何责任。

(7) 除非卖方在托收指示中有明确授权，否则不允许以支付部分货款来换取全部单据。

(8) 在承兑交单条件下，买方可以在远期汇票到期之前提取货物并将货物转售出去，利用销售后的货款支付其所购货物的款项。当然，即使货物没有销售出去，买方依然承担到期支付货款的责任。

(9) 对买方而言，最大的风险来自卖方发运的货物和合同约定的货物不一致。由于银行处理的仅仅是单据而不是货物，当买方收到的货物与合同约定不一致时，买方只能向卖方进行追索。

（四）银行的处理原则与注意事项

(1) 托收单据必须随附托收指示，上面完整、清晰地载明了委托人的指示。银行只能按照委托人在托收指示中给出的具体指令行事。如果托收行、代收行或提示行无法按照委托人在托收面函中的指示行事，它必须毫无延误地通知向其发出指示的一方。

(2) 银行有责任审核其收到的单据在表面上是否与托收指示中的规定一致，但银行不对单据的真伪性负责。

(3) 如果和托收指示中列明的单据种类和份数要求不一致，银行必须立即通知向其交单的一方。

(4) 如果委托人指定了一家具体的代收行，托收行需将该银行作为其代收行；如果委托人没有指定代收行，托收行可在买方国内自由选择代收行。

(5) 托收行可以直接将单据寄给代收行或提示行，也可以通过作为寄单行、中间行的代理行传递；向受票人提示的单据应该和从委托人那里收到的单据一致，但托收行和代收行可以在单据上加盖钢印和印章，对单据进行背书及加付托收面函。

(6) 如果托收指示上载明的受票人地址不完整或不准确，代收行可协助查找信息，尽管这不在代收行的义务和职责范围之内。

(7) 代收行应根据托收面函上的指示，毫不延误地提示单据。

(8) 如果要求以指定的货币结算，除非托收指示中有特别规定，否则银行只能接受以该种货币作为支付货币。

(9) 除非托收面函上另有指示，否则代收行不能接受受票人部分付款而赎单的行为。

(10) 如果买方一直没有付款或对汇票进行承兑，当代收行在 90 天内没有收到新的指示时，它可以将单据退给向其作出托收指示的银行。

案例 4－7

出口托收选用贸易术语案

某出口商A以FOB条件向美国某一进口商出口一批商品，其结算方式采用D/P见票后30天。但后来此种商品的国际市场价格出现大幅下跌，当汇票到期时进口商没有付款。与此同时，由于采用FOB贸易术语，货物保险由进口商办理，当货物到达目的港后，因无人照料出现了部分变质。出口商有鉴于此，只好将货物在当地低价出售，由此蒙受巨大损失。

案例分析及相关知识点

第六节　托收结算方式的国际惯例——URC522与eURC

一、《托收统一规则》的形成

URC是Uniform Rules for Collections的缩写，即《托收统一规则》，它是国际商会第522号出版物，于1996年1月1日正式生效与实施。在国际结算中，人们在办理托收业务时，银行与委托人之间、托收行与代收行之间往往由于当事人对权利、义务、责任的解释不同，或由于各自的传统习惯与做法不同，而经常产生误解，从而发生争议和纠纷，甚至引发诉讼。为了避免矛盾，便于国际贸易和结算的发展，必须有一套统一的惯例。因此国际商会于1958年就拟定了一份《商业单据托收统一规则》（Uniform Rules for Collection of Commercial Paper，即国际商会第192号出版物），它为托收业务的形式和结构、程序和规则以及统一的术语和定义奠定了规范的模式。其后，上述文件由国际商会几经修改和补充，完成了现行版本《托收统一规则》（URC522）。

二、《托收统一规则》内容介绍

URC522包括总则和定义，托收的形式和结构，提示的形式，义务和责任，付款，利息、手续费和费用，以及其他条款七个部分，共计二十六条。

（一）总则和定义

根据URC522第一条第一款的规定，一笔托收业务只有在托收指示中明确遵循URC522时才可适用，否则，不能用该规则来约束各有关当事人或调解其纠纷。按第一条第二款的规定，银行并非一定要处理托收及相关事宜，是否处理托收业务是银行的选择，但银行不办理托收业务时必须用电讯或其他快捷方式告知委托人，以保障委托人的利益。

（二）托收的形式和结构

按照 URC522 第四条的规定，一切基础单据必须附有托收指示，注明该托收遵循 URC522 办理，并给出完整明确的指示。银行必须依托收指示中的命令及本规则办理托收。银行只允许根据托收指示办理。

（三）提示的形式

URC522 第五条第一款规定，提示是指提示行按照托收指示，将单据提供给付款人的程序。具体来说，即指代收行向付款人说明其托收的单据已到达，要求付款人按托收指示中的条件来付款赎单或承兑赎单的过程，但并不包括将单据交给付款人的过程。当然，付款人有权选择接受或不接受该项托收。第五条第二款对如何规定提示时限及付款人受提示后履行责任的时限提出了要求。第五条第三款强调提示行按原样提示单据，提示行不得任意在单据上增减自己的意见。第五条第四款、第五款强调了两点：一是应使用委托人指定的银行为代收行，要求托收行照此办理。二是明确了在委托人没有指定代收行时，托收行可自行选择，但代收行必须在付款人所在国。第五条第六款规定托收行选择的代收行可以自己另选一家与付款人有业务关系的银行来提示单据，从而避免代收行与付款人无业务往来关系而无法办理托收。

URC522 第六条强调的是提示行处理托收提示的时限。该条规定，无论是付款提示还是承兑提示，提示行都必须毫不迟延地向付款人提示。但“毫不迟延”是一个不确定的概念，实务中最好给出确定时间，如托收指示中规定“收到单据后不晚于两个工作日内向付款人提示”。

URC522 第七条规定，国际商会不提倡使用 D/P 远期托收，以免有些银行将 D/P 远期按 D/A 方式处理，使付款人承兑汇票后轻易获得货运单据，违背付款交单的初衷，损害委托人的利益。

（四）义务和责任

此部分由第九条至第十五条组成，主要就托收业务中与单据有关的货物或行为、单据的有效性等方面规定了银行应履行的责任及应享有的免责。

URC522 第九条规定，银行应以善意与合理的谨慎行事。这一规定要求银行在处理托收业务的每一个环节中，其行为应该是善意的，并应谨慎地办事。

URC522 第十条明确了单据与货物、服务及其他行为的关系。国际惯例的做法是：银行处理的是单据而不是处理货物合同，在这方面，银行采取其他任何立场都是困难的，因为它们不是承运人或仓库的保管人。因此，该条规定货物不能发送或托运给银行，除非银行事先同意，这是最基本的原则，若该原则未被遵守，银行对任何后果不承担责任。

根据 URC522 第十一条，被指示方的行为可以享有免责权利，即银行使用其他银行的服务以执行委托人的指示，费用和风险由委托人承担。银行对其发出的指示未被执行不承担任何责任。

URC522 第十二条是对相关银行所收单据的责任的规定。第十三条强调银行只依据单据表面状况处理单据本身，而不涉及单据以外的事情。第十四条规定银行对翻译、传递中的延误、遗失等不承担责任。第十五条规定银行对于不可抗力引起的后果概不负责。

（五）付款

根据 URC522 第十六条的规定，代收行收妥款项后，应立即付给托收行，不得延误，更不得占用。同时该条款规定，除非同意，否则在正常情况下，收到的款项仅应支付给托收行。

URC522 第十七条主要是针对买卖双方以买方所在国货币成交，并商定用此货币支付，而该货币又非自由兑换货币所作的规定。

URC522 第十八条规定是针对外汇管制而制定的，即付款人付款时要使用外汇，但若外汇管理局没有批准，则代收行无法支付外汇。因此，代收行在提示单据时，必须确定能汇出这种货币才可交单。

URC522 第十九条是针对部分付款情况作出的详细规定。

（六）利息、手续费和费用

URC522 在第二十条及第二十一条中对托收业务的利息、手续费和相关费用的问题作出了明确的规定。在托收中，利息问题曾出现过许多纠纷。因此，URC522 对此规定得尽可能明确。依第二十条第一款，若托收指示规定应收取利息，而付款人拒付利息，提示行则可以凭付款或承兑或其他条款交单，而不再收取利息，第三款的情况除外。第三款规定，若托收指示明确规定不得放弃，则代收行在付款人拒付利息时，只能作提示而不能交单，并应将情况立即告知前手，也就是说在利息问题得到解决前不能向付款人交单。同样，对单据交付延迟所产生的任何后果不承担责任。因此，委托人和托收行应该明白，规定利息不得放弃的指示可能造成延误及货物风险，其后果将由委托人承担。

关于手续费和有关费用的问题，URC522 第二十一条第一款规定，若托收指示中规定这些开支由付款人承担，而付款人拒付，除第二款的情况外，该开支应由委托人承担，即谁委托谁付费的原则。若托收指示规定手续费和相关费用不得放弃，则第二款规定，在争议得到解决前，代收行不得向付款人交单。此时，代收行不能自作主张放弃收费，只能速告托收行，再依据托收行的指示处理。

（七）其他条款

此部分由 URC522 第二十二条至第二十六条组成，内容主要涉及承兑、票据的真伪性或有效性、拒绝证书、代理及收妥后的解付通知等相关内容。

只有在托收当事人与银行之间有约定的情况下，《托收统一规则》才适用。托收指示中必须注明该笔业务按《托收统一规则》办理，并作出完全而准确的指示。

三、《托收统一规则关于电子交单的附则》

随着全球数字贸易和金融的蓬勃发展，电子交单在单证业务领域的应用日趋广泛。电子交单在为贸易相关方带来高效、快捷等利好的同时，也提出了把控电子交单业务风险的新要求。托收作为重要的国际结算方式，适用的惯例只有《托收统一规则》（URC522）。尽管 URC522 在纸质交单环境中发挥了至关重要的作用，但显然无法满足电子贸易需求。国际商会银行委员会在历经 19 个月的酝酿和商议后，推出了《托收统一规则关于电子交单的附则（版本 1.0）》（下文简称 eURC），并自 2019 年 7 月 1 日起正式生效。

eURC 的生效，将托收业务正式带入了电子时代，填补了托收业务项下电子交单规定的空白。

（一）eURC 的适用范围

eURC 惯例共有 13 个条款，包含 eURC 的适用，eURC 的范围，eURC 与 URC 的关系，定义，电子记录和纸质单据与货物、服务或履约行为，格式，交单，不付款或不承兑通知，到期日的确定，电子记录的放单，电子记录数据损坏，根据 eURC 提交电子记录时的额外免责，不可抗力等方面的内容。eURC 在预先考虑事项中明确说明了惯例的适用范围。委托人或其代理向托收行、代收行或交单行向付款人单独提交电子记录或与纸质单据相结合的交单方式，并不适用于 eURC，即 eURC 只适用于托收行向代收行或交单行交单的行为，即将 eURC 的适用范围限定在银行之间。这与 URC522 保持了一致。

另外，托收指示需明确说明该托收只适用于 eURC，并要标明使用的 eURC 版本；否则须受 eURC 托收（本书均指适用于 eURC 的托收）生效日期的有效版本约束，或如果因托收指示的修改而受 eURC 约束，则受在该修改日期有效版本的约束。

（二）eURC 与 URC 的关系

eURC 与 URC 的关系正如其名称《托收统一规则关于电子交单的附则》所示，eURC 是对 URC 惯例的补充，以适应在托收项下单独提交或与纸质单据相结合提交电子记录的情况。因此，受 eURC 约束的托收同样适用于 URC，且无须将 URC 明确地纳入托收指示。当 eURC 适用时，如其与 URC 产生不同的结果，应以 eURC 的规定为准。当托收指示规定其适用于 eURC，但交单只包括纸质单据时，则该托收只适用于 URC。另外，URC 所涉及的概念，如果在 eURC 中没有进行再定义或修改，则仍以 URC 的规定为准。

eURC 惯例对 URC 原有的部分概念和条款，进行了系统的补充和扩展，以使其能更好地适应电子交单的需求。首先，eURC 扩充了 URC 中部分基本定义的适用范围。比如，“通知”包括源自数据处理系统的电子记录，“托收指示”包括源自数据处理系统的指示，“添加的”意指在电子记录中增补特征明显的数据内容。

其次，eURC 对电子记录的交单方式进行了补充。当在 eURC 托收指示下只提交电子记录或进行混合交单时，代收行或交单行在收到 eURC 托收指示或纸质单据的同时，必须可以收到所有电子记录，不能被证实的电子记录将被视为未曾提交。另外，托收行有责任确保每一次提交的电子记录和纸质单据，都注明对应交单的托收业务；未如此注明的电子记录或纸质单据，可被视为未曾收到。

再次，eURC 对电子记录的交付也进行了补充说明。eURC 托收指示必须明确付款人可以获得电子记录的方式；当电子记录和纸质单据一起提交，且纸质单据之一是已被付款人承兑的汇票时，电子记录和纸质单据必须凭承兑（D/A）的汇票交付。

最后，对于不可抗力因素，eURC 作了进一步补充：银行对于恐怖主义行为、黑客攻击及因无法登录数据处理系统、设备、软件或通信网络损坏等原因造成的营业中断产生的后果，概不负责。

（三）eURC 的其他新增条款

与 URC 中提到单据与货物、服务或履约行为关系的内容不同，eURC 强调了托收业务的独立性原则，即银行不处理电子记录或纸质单据可能涉及的货物、服务或履约行为。这一条款使 eURC 与 UCP600 和 URBPO745 保持了一致。

另外，eURC 新增了确认到期日的规定。为了提高托收指示的准确性，eURC 规定，当托收中的款项到期日是装运日或发货日的几天之后，或电子记录中显示的其他任何日期的几天之后时，eURC 托收指示必须明确标明到期日。eURC 还规定，当代收行或交单行在收到 eURC 托收指示后，向发出该托收指示的银行发送了拒绝付款或承兑的通知时，如果发出通知后 60 个日历日内没有收到对方的指示，即可以用其认为合适的任何方式处理电子记录而不承担任何责任。URC 中与上述规定对应的条款只提到了 60 天的期限，并没有明确说明是日历日还是工作日；而 eURC 条款则对时间期限进行了更精确的说明。

本章小结

托收与汇款、信用证一样，都是结算方式的一种。根据跟单托收惯例 URC522 的定义，托收是指银行根据所收到的指示，处理金融单据或商业单据以便取得付款和/或承兑，或凭付款和/或承兑交出商业单据，或凭其他条款或条件交出单据。托收属于逆汇方式的一种。通常情况下，托收是一种对进口商有利而对出口商不利的结算方式。在托收项下，尽管出口商可以控制货权，但在买方付款之前出口商已发运货物，一旦进口商因国内市场状况恶化或进口商资信状况不佳而拒不付款或承兑，或拒不收货，迫使出口商降价让步，出口商将面临不利境地。出口商应采取相应的措施防范进口商的信用风险。

托收业务的四个基本当事人是委托人、托收行、代收行和付款人。还有可能出现提示行和需要时的代理人等当事人。委托人通常是出口商，由他向托收行提出托收申请，提交托收单据；托收行没有义务必须接受委托人的要求叙做托收业务，但一旦其决定不叙做该业务，必须毫无延误地通知向其发出指示的一方。一旦其同意叙做，则托收申请书是约束他和委托人关系的法律文件；托收行随后会将托收指示和托收单据寄往代收行，托收行没有义务审核单据，它只要合理谨慎地处理单据即可。代收行在收到托收单据和托收指示后，会将单据提示给付款人，请求付款或承兑，根据托收条件放单给付款人，凭以提取货物。

托收包括光票托收、跟单托收和直接托收。交单条件包括即期付款交单、远期付款交单和承兑交单。远期付款交单不被推荐使用。在一些北欧和拉丁美洲国家，远期付款交单将被当作承兑交单处理。如果一定要用远期付款交单，则其票据期限要短于航程，避免货物已到港但票据没到期而无法付款赎单。

处理托收业务的国际惯例是URC522。处理托收业务的基本原则是，银行仅应按照委托人的指示处理单据，业务处理过程中的风险、费用由委托人而不是由银行来承担。银行没有义务必须处理被委托的托收业务。当银行指示一方处理托收业务时，银行对被指示方的行为免责；对收到的单据免责；对单据的有效性免责；对单据在传递过程中发生的丢失和延误免责。银行在托收业务中不是处理货物或服务，而是处理代表货物或服务的单据。

eURC的生效，将托收业务正式带入了电子时代，填补了托收业务项下电子交单规定的空白。eURC是对URC惯例的补充，以适应在托收项下单独提交或与纸质单据相结合提交电子记录的情况。受eURC约束的托收同样适用于URC，且无须将URC明确地纳入托收指示。

关键术语

托收	《托收统一规则》（URC522）	即期付款交单	远期付款交单
承兑交单	金融单据	商业单据	托收申请书
托收指示	托收面函	光票托收	跟单托收
直接托收	委托人	托收行	代收行
提示行	付款人	需要时的代理人	

本章思考题

1. 什么是托收？托收业务的四个基本当事人是谁？

2. 根据托收指示，银行凭付款或承兑交出单据，或凭其他条款和条件交出单据。这个“其他条款和条件”指的是什么？

3. 为什么远期付款交单的托收不适合在近洋运输中使用？如果货物已经到港但远期汇票还没有到期，付款人可以采用什么办法解决该问题？

4. 远期付款交单和承兑交单有何相似之处？即期付款交单和远期付款交单的区别是什么？

5. 根据URC522的规定，托收业务处理的基本原则是什么？托收业务中银行对哪些事项免责？

6. 什么是“需要时的代理人”？当单据被进口商拒付时，“需要时的代理人”通常需要如何处理？

7. 为什么说托收是一种有效的结算方式，能够协调进出口商双方的利益？请将托收与赊销及预付货款进行比较。

8. 当单据被进口商拒付时，代收行有必要作出拒绝证书吗？为什么？

拓展阅读

代收行的特殊责任

第五章
信用证

学习目标

- 了解信用证的定义、特点及基本当事人；
- 掌握开证申请人如何申请开立信用证和开证行如何开立信用证；
- 掌握信用证的业务操作流程和信用证的主要内容；
- 了解信用证的主要种类，熟悉它们的适用情形；
- 理解《跟单信用证统一惯例》，知道如何使用惯例分析具体案例。

导入案例

信用证规定与合同规定不一致纠纷案

上海A出口公司与香港B公司签订一份买卖合同，成交商品价值为418 816美元。A公司向B公司卖断此批产品。合同规定：商品均以三夹板箱盛放，每箱净重10公斤，两箱一捆，外套麻包。香港B公司如期通过中国银行香港分行开出不可撤销跟单信用证，信用证中的包装条款为：商品均以三夹板箱盛放，每箱净重10公斤，两箱一捆。对于合同与信用证关于包装的不同规定，A公司为保证安全收汇，严格按照信用证规定的条款办理，只装箱打捆，没有外套麻包。“锦江”轮将该批货物5 000捆运抵香港。A公司持全套单据交中国银行上海分行办理议付，该行对单据进行审核后未提出任何异议，中国银行上海分行将全套单据寄交开证行，开证行也未提出任何不同意见。但自货物运抵之后的第一天起，B公司数次来函，称包装不符合要求，重新打包的费用和仓储费应由A公司负担，进而

案例分析及
相关知识点

表示了退货主张。A公司认为在信用证条件下应凭信用证来履行义务。在这种情况下，B公司又通知开证行“单证不符”，A公司立即复电主张单证相符。试问本案应如何处理？为什么？

信用证（Letter of Credit）是国际结算中最为重要的结算方式之一。虽然近代出现了其他更为灵活方便的结算方式，但信用证以其悠久的历史、丰富的实践及完备严密的机制仍为进出口商非常重视的结算方式。因为在国际贸易中，进出口商身居不同的国家，彼此了解不深，难以完全信任，银行信用的介入，并与代表物权的货运单据相结合，产生了以单据买卖为对象、以银行信用为保证的跟单信用证制度，极大地方便与推动了国际贸易的发展。有学者认为，信用证是“商业天才的创造”。由于信用证基本都以跟单信用证形式出现，因此本章以进出口实物贸易为背景，着重介绍跟单信用证。

第一节　信用证的定义、特点与作用

信用证在国际贸易中的使用已有数百年历史。早在18世纪，英国法院就已有了关于跟单信用证的判例。随着运输方式与通信技术的进步，信用证业务的运作方式也在不断变化之中。为了协调各国、各地区在信用证业务中的做法，适应新技术、新方法的应用，国际商会制定并数次修改了关于跟单信用证业务的统一惯例——《跟单信用证统一惯例》（Uniform Customs and Practice for Documentary Credits，UCP）。现在正在实行的是第六次修订本，即2007年起生效的国际商会第600号出版物——《跟单信用证统一惯例（2007年修订本）》（UCP600）。国际商会UCP600虽然不具备法律的强制性，但对于那些注明适用国际商会UCP600的信用证的各方当事人均具有约束力。

一、信用证的定义

简单地说，信用证是银行有条件的付款承诺。确切地说，信用证是开证银行根据申请人的要求和指示，向受益人开立的，在一定期限内，凭规定的单据，在规定的地点支付一定金额（即付款、承兑或议付）的书面保证。

UCP600对信用证所下的定义是：

信用证是指一项不可撤销的安排，无论其名称或描述如何，该项安排构成开证行对相符交单予以承付的确定承诺。

相符交单是指与信用证条款、本惯例（即UCP600）的相关适用条款以及国际标准银行实务一致的交单。

承付是指：

（1）如果信用证为即期付款信用证，则即期付款。

（2）如果信用证为延期付款信用证，则承诺延期付款并在承诺到期日付款。

（3）如果信用证为承兑信用证，则承兑受益人开出的汇票并在汇票到期日付款。

二、信用证的特点

（一）开证行承担第一性付款责任

信用证是开证行对受益人的有条件的付款保证，只要受益人提供合格单据，银行必须首先安排付款，然后再与开证申请人清算。即使开证申请人已破产或明显不能支付信用证款项，开证行也不能解除其对受益人的付款责任。正因为这一特点，信用证才成为一种比较安全的结算方式。

（二）信用证是一份独立、自足的文件，不依赖于贸易合同

信用证虽然是依据贸易合同中的支付条款而开立的，却具有不依赖于贸易合同的独立性，一旦经有关当事人接受，就与贸易合同无关了。即使信用证中含有对此类合同的任何援引，银行也与该合同无关，且不受其约束。有关当事人必须按信用证指示办理有关事项，才能获得信用证项下的应有权益。信用证交易已与贸易合同交易相分离，成为一项独立的关于银行支付的交易，这就是信用证的独立性，也称独立抽象性原则。

（三）信用证业务只处理单据，不涉及商品

银行承担信用证项下付款责任的唯一先决条件，是受益人提供符合信用证要求的全套合格单据。银行唯一的责任，就是根据信用证的条款，按照所收单据的表面状况进行审查。只要单据表面上符合“单证一致、单单一致”的要求，银行就应承担付款责任，如果表面上不符合，银行就有权拒付。

由于信用证具备以上性质，有人认为信用证是单据交易（Sale of Documents），亦有人认为，在信用证业务中银行“四不管”，即不管贸易合同、不管货物、不管单据的真伪、不管是否履约。这些看法尽管不够全面，但可以帮助人们从某个方面了解信用证的性质。

案例 5-1

开证申请人因货物质量问题要求开证行拒付案

我国某公司从外国某商进口一批钢材，货物分两批装运，支付方式为不可撤销即期信用证，每批分别由中国银行开立一份信用证。第一批货物装运后，卖方在有效期内向银行交单议付，议付行审单后议付货款，中国银行也对议付行作了偿付。我方在收到第一批货物后，发现货物品质不符合合同规定，要求开证行对第二份信用证项下的单据拒绝付款，但遭到开证行拒绝。试分析开证行拒绝是否有道理。

案例分析及相关知识点

三、信用证的作用

信用证对各方当事人来说，主要有以下作用：

（一）融资作用

信用证是安全可靠的融资工具，表现在：对进口商来说，在申请开证时不用全额交付开证保证金，只需交付一定比例的开证保证金，有的甚至可以凭开证行的授信额度开证，避免流动资金的积压。对于出口商来说，它收到有效信用证后，可以凭信用证向其往来银行申请打包贷款。在货物出运后，还可以将符合信用证条款的单据提交指定银行叙做押汇，提前取得货款。

（二）监督作用

进口方通过信用证条款控制出口商的装货日期，使货物的销售能适应时令。通过适当的检验条款，保证货物质量和数量符合合同要求。出口方只要按时发货，提交全套符合信用证条款的单据，就可以从开证行获得货款。万一进口商拒付货款，开证行也有责任退回代表货权的单据，出口商也还可以控制货物，减少损失。

四、银行在信用证中所扮演的角色

信用证业务由于银行的参与，极大地提高了其信用程度，受到交易双方的欢迎。在信用证业务中，银行充当了买卖双方的中介角色，买卖双方都希望通过银行来保护自己的利益。但是，根据 UCP600，银行的职责范围是有清晰界定的，那些不在银行控制范围之内，或不在银行职责范围之内的问题，银行是无须承担责任的。

（1）银行按照信用证买方给出的特定指示行事。对于因为买方的疏忽而没有在信用证中加注的指示，或者那些因为买方认为其一贯如此操作而省略的指示，银行概不负责。因此，买方应认真准备开证申请书，确保提交给银行的指示完整、清晰。

（2）银行应本着善意的原则，仔细审核卖方提交的单据表面上是否和信用证所要求的单据一致。银行不对提交单据的真伪负责。

（3）银行不对第三方的行为负责，也不负责对第三方的行为作出解释。第三方一般包括货运公司及其代理人、海关、保险公司及其他银行。对于因不可抗力、自然灾害、暴乱、战争、叛乱、罢工、工厂倒闭及其他非银行自身原因所导致的交货延误或一切后果，银行不承担责任。

（4）银行对于信息、信件、单证等在传递过程中发生的延误或遗失不承担责任。

（5）在信用证业务中，银行只处理单证而不关心货物，银行不对货物的品质和数量负责。它们唯一关心的是，提交的单据在表面上看来和信用证的相关条款要求一致。有关货物品质和数量的任何争议由买卖双方解决。

（6）只要提交的单据从表面上看单证相符、单单一致，银行将接受这些单据并履行付款责任。

在信用证业务中，买卖双方应相互了解，不要过度依赖银行，在进行合作之前，要进行交易对手资信状况的调查，同时交易各方当事人都应自始至终地担负起各自的责任。

第二节 信用证的申请和开立

一、信用证的申请

买卖双方签订合同后，买方应该按照合同的规定及时向银行申请开立信用证。申请人需填写信用证开证申请书，作为开证行开立信用证的依据。根据《标准跟单信用证格式》（ICC516）的范例，开证申请书包括如下项目：

（1）申请人；（2）开证行；（3）申请书的日期；（4）交单的有效日期和地点；（5）受益人；（6）信用证开立方式（航空邮寄、简电通知和电讯开立）；（7）信用证的种类；（8）保兑；（9）金额；（10）使用信用证的指定银行；（11）分批装运；（12）转运；（13）货物保险；（14）运输细节；（15）货物描述；（16）贸易条件；（17）单据要求；（18）交单日期；（19）附加指示；（20）资金结算；（21）申请人签章。开证申请书范例如附样 5－1 所示。

附样 5－1 **开证申请书范例**

IRREVOCABLE DOCUMENTARY CREDIT APPLICATION

TO：BANK OF CHINA Date：

<table>
<tr><td colspan="2" rowspan="2">Beneficiary（full name and address）</td><td>L/C No.
Ex-Card No.
Contract No.</td></tr>
<tr><td>Date and place of expiry of the credit</td></tr>
<tr><td>Partial shipments
□ allowed
□ not allowed</td><td>Transshipment
□ allowed
□ not allowed</td><td>□ Issue by airmail
□ With brief advice by teletransmission
□ Issue by express delivery
□ Issue by teletransmission（which shall be the operative instrument）</td></tr>
<tr><td colspan="2">Loading on board/dispatch/taking in charge at/from
Not later than
For transportation to</td><td>Amount（both in figures and words）</td></tr>
<tr><td colspan="2" rowspan="2">Description of goods：

Packing：</td><td>Credit available with
□ by sight payment
□ by acceptance
□ by negotiation
□ by deferred payment at ______ against the documents detailed herein
□ and beneficiary's draft for ______% of the invoice value
at
on</td></tr>
<tr><td>□ FOB □ CFR □ CIF □ or other terms</td></tr>
</table>

Documents required:(marked with ×)
1. ( ) Signed Commercial Invoice in ________ copies indicating invoice No. ________, contract No. ________.
2. ( ) Full set of clean on board ocean Bills of Lading made out to order and blank endorsed, marked "freight ( ) to collect/ ( ) prepaid ( ) showing freight amount" notifying ________.
3. ( ) Air Waybills showing "freight ( ) to collect/ ( ) prepaid ( ) indicating freight amount" and consigned to ________.
4. ( ) Memorandum issued by ________ consigned to ________.
5. ( ) Insurance Policy/Certificate in ________ copies for ________ % of the invoice value showing claims payable in China in currency of the draft, blank endorsed, covering [( ) Ocean Marine Transportation/ ( ) Air Transportation/ ( ) Over Land Transportation] All Risks, War Risks.
6. ( ) Packing List/Weight Memo in ________ copies indicating quantity/gross and net weight of each package and packing conditions as called for by the L/C.
7. ( ) Certificate of Quantity/Weight in ________ copies issued by an independent surveyor at the loading port, indicating the actual surveyed quantity/weight of shipped goods as well as the packing condition.
8. ( ) Certificate of Quality in ________ copies issued by ( ) manufacturer/ ( ) public recognized surveyor/ ( ).
9. ( ) Beneficiary's certified copy of FAX dispatched to the accountee within ________ days after shipment advising ( ) name of vessel/ ( ) date, quantity, weight and value of shipment.
10. ( ) Beneficiary's Certificate certifying that extra copies of the documents have been dispatched according to the contract terms.
11. ( ) Shipping Company's Certificate attesting that the carrying vessel is chartered or booked by accountee or their shipping agents.
12. ( ) Other documents, if any.
a) Certificate of Origin in ________ copies issued by authorized institution.
b) Certificate of Health in ________ copies issued by authorized institution.

Additional instructions:
1. ( ) All banking charges outside the opening bank are for beneficiary's account.
2. ( ) Documents must be presented within ________ days after the date of issuance of the transport documents but within the validity of this credit.
3. ( ) Third party as shipper is not acceptable. Short Form/Blank Back B/L is not acceptable.
4. ( ) Both quantity and amount ________ % more or less are allowed.
5. ( ) Prepaid freight drawn in excess of L/C amount is acceptable against presentation of original charges voucher issued by Shipping Co. /Air line/or it's agent.
6. ( ) All documents to be forwarded in one cover, unless otherwise stated above.
7. ( ) Other terms, if any:

Advising bank:
Account No.: with (name of bank)
Transacted by: (Applicant name, signature of authorized person)
Telephone No.: (with seal)

二、信用证的开立

根据信用证信息的传递方式，信用证可以分为信开信用证和电开信用证。电开信用证还可以分为简电通知、全电开证和 SWIFT 开证等三种。

（一）信开信用证

信开信用证也可称为以邮寄方式开立的信用证（Mail Credit）。开证行将完整的信用证正本邮寄给通知行，请其通知受益人。对于装运日期较长或金额较小的信用证通常以信开邮寄的方式开出。

（二）电开信用证

电开信用证也可称为以电讯方式开立的信用证（Teletransmission Credit），包括用电传（By Telex）、电报（By Cable）或 SWIFT 发至通知行，经通知行审核相符，将电开信用证通知受益人。

电开信用证可以分为简电通知、全电开证和 SWIFT 开证三种。

1. 简电通知

简电通知（Brief Cable Advice）有时也称预先通知，是开证行通过通知行告诉受益人准备开立或已经邮寄出的信用证的简单情况，如证号、合同号、金额、装期、效期等，目的是让受益人趁早备货待运。

既为通知，就不是有效的文件，受益人不能凭此装运货物，银行不能凭此付款/承兑/议付，必须等待收到有效文件即证实书后方可发货，银行才可按证实书的要求接受单据。所以发简电通知的开证行应该毫不延迟地向通知行寄送有效信用证，且条款不能与简电通知相矛盾。

2. 全电开证

全电开证（Credit Opened by Full Cable/Telex）的电报全文就是整个信用证内容，除非开证行在电文中注明“待证实书生效”，否则，电报本身就是一个完整的、有效的信用证，无须等待开证行另寄证实书，受益人便可凭此发运货物和向指定银行交单，指定银行也可凭此付款/承兑/议付。

3. SWIFT 开证

利用 SWIFT 系统设计的特殊格式，通过 SWIFT 系统开立的信用证被称为 SWIFT 信用证，也有人称之为环银电协信用证。

现在世界上 SWIFT 成员行在开立、修改信用证时几乎都通过 SWIFT 系统进行，标志着跟单信用证业务从纸质信用证时代演变到了电子信用证时代。

SWIFT 电文格式第七类是跟单信用证和保函，其中 MT700/701 是由开证行发送给通知行的，用来列明发报行（开证行）开立跟单信用证条款的电文格式，其中 MT701 是简电开证格式，MT700 是全电开证格式，详见表 5－1 和表 5－2。

表 5－1　MT701 SWIFT 简电开证格式

M/O	Tag（代码）	Field Name（栏位名称）
M	27	Sequence of Total（报文页次）
M	20	Documentary Credit Number（跟单信用证号码）

续表

M/O	Tag（代码）	Field Name（栏位名称）
O	45B	Description of Goods and/or Services（货物/服务描述）
O	46B	Documents Required（单据要求）
O	47B	Additional Conditions（附加条件）

说明：M=Mandatory（必选项目），O=Optional（可选项目）。

表 5-2 MT700 SWIFT 全电开证格式

M/O	Tag（代码）	Field Name（栏位名称）
M	27	Sequence of Total（报文页次）
M	40A	Form of Documentary Credit（跟单信用证形式）
M	20	Documentary Credit Number（跟单信用证号码）
O	23	Reference to Pre-advice（简电通知书编号）
O	31C	Date of Issue（开证日期）
M	31D	Date and Place of Expiry（到期日及地点）
O	51a	Applicant Bank（申请开证银行）
M	50	Applicant（申请人）
M	59	Beneficiary（受益人）
M	32B	Currency Code，Amount（币别、金额）
O	39A	Percentage Credit Amount Tolerance（信用证金额浮动允许范围）
O	39B	Maximum Credit Amount（信用证金额最高限额）
O	39C	Additional Amount Covered（附加金额）
M	41a	Available with... by...（指定的有关银行及信用证兑付方式）
O	42C	Drafts at...（汇票付款期限）
O	42a	Drawee（汇票付款人）
O	42M	Mixed Payment Details（混合付款条件）
O	42P	Deferred Payment Details（迟期付款条件）
O	43P	Partial Shipments（分批装运条款）
O	43T	Transshipment（转运条款）
O	44A	Loading on Board/Dispatch/Taking in Charge at/from（装船、发运和接管的地点）
O	44B	For Transportation to...（货物发送最终目的地）
O	44C	Latest Date of Shipment（最迟装运日期）
O	44D	Shipment Period（装运期）
O	45A	Description of Goods and/or Services（货物/服务描述）
O	46A	Documents Required（单据要求）

续表

M/O	Tag（代码）	Field Name（栏位名称）
O	47A	Additional Condition（附加条件）
O	71B	Charges（费用负担）
O	48	Period for Presentation（交单期限）
M	49	Confirmation Instructions（保兑指示）
O	53a	Reimbursing Bank（偿付行）
O	78	Instructions to the Paying/Accepting/Negotiating Bank（给付款行、承兑行或议付行的指示）
O	57a	"Advise Through" Bank（通知行）
O	72	Sender to Receive Information（附言）

说明：M=Mandatory（必选项目），O=Optional（可选项目）。

三、信用证的修改

信用证开出后有时由于出口商、进口商、银行方面的原因，还得修改。信用证修改的原因大多数出于受益人的要求，常见的是信用证与合约不符，或者受益人认为某些条款无法办到，也有的是由于政治、经济上的原因，不能按照来证条款的规定办理。出于进口商方面要求的，一般来说主要是由于进口地或国际上某些情况变化，必须修改方能进口。

对于不可撤销的信用证，任何一方要求对其进行修改，都必须经过各当事人的同意方能生效。当修改项目不止一项时，则必须接受全部项目，否则全部项目退回，不能只接受其中一项，而拒绝其他项。至于修改的途径和做法，则不论修改出自何方，一律都要求按照信用证原来的寄递途径寄递，如由出口方提出时，出口方应请进口方向开证行申请修改，再由原开证行经通知行通知受益人。如果是由进口方提出修改，也应由进口方向开证行申请，然后经原开证行通过通知行通知受益人。修改后的责任以及受益人是否接受，按国际商会 UCP600 第 9 条有关规定办理。

信用证最常见的修改事项有：

（1）更换受益人名称和地址。

Beneficiary's name and address changed to ________ instead of previously stipulated.

（2）延长装船日期及信用证有效期。

Shipment and validity date extended to April 20，2024 and May 5，2024 respectively.

（3）金额与货物数量的增减。

Increase (decrease) L/C amount by ________ to ________ and quantity of commodities increase (decrease) by ________ to ________.

（4）修改价格条件，CIF 改为 FOB。

Price term amended to be on FOB basis instead of CIF.

(5) 请对此信用证加保兑，保兑费由申请人/受益人承担。

Please add your confirmation to this L/C. The confirmation charges, if any, are for applicant's/beneficiary's account.

(6) 更改装运港或卸货港。

Shipment from ________ to ________ instead of previously stipulated.

(7) 保险种类的修改。将保险险别由《协会货物保险条款》(B) 条款改为 (A) 条款。

Insurance covering Institute Cargo Clauses (A) instead of Institute Cargo Clauses (B).

(8) 准予分批装运。

Partial shipments allowed.

(9) 准予转运。

Transshipment allowed.

(10) 保险费改由受益人负担。

Insurance premium to be paid by beneficiary.

(11) 所有银行费用由受益人负担。

All banking charges are for beneficiary's account.

(12) 修改为可转让信用证。

This credit is transferable.

(13) 删除某条款。

Delete the clause "________".

案例 5-2

信开信用证伪造案

T公司是一家专业生产旅游产品的公司，开展自营进出口业务已经有好几年。去年T公司与非洲一家公司达成了一笔出口合同，T公司销售一批旅游用品到尼日利亚，价格条款为FOB上海。由于尼日利亚曾出现公司信誉不佳导致损失的案例，因此T公司要求该笔贸易的结算方式采用不可撤销的即期信用证。该客户同意了T公司的要求。在该合同达成大约一个月以后，T公司收到了一份从英国寄来的挂号函件。该函件的内容为一份伦敦的渣打银行开出的不可撤销的即期跟单信用证，金额为33 200.00美元，通知行为伦敦国民西敏寺银行。该信用证可以自由议付，在英国到期。该信用证将运输方式由合同中规定的海运改成了空运。

T公司收到信用证后，立即与客户联系。该客户说由于他们急需这批货物，于是将运输方式改成了空运。虽然合同中的价格条款为FOB上海，但考虑到反正运输费用由客户支付，所以T公司也就没有坚持海运的运输方式，随后就按照买卖合同的约定组织生产。T公司将货物生产完毕之后，正好处于圣诞节前各家航空公司都爆舱之时，T公司28个立方米的货物根本无法空运出去，只好通过海运方式将货物运走。

为了能早点收到货款，T公司抓紧时间做好全套议付单据，并把单据交到中国银行议付。由于T公司提交的单据存在不符点，为了降低公司的收汇风险，中国银行建议帮T公司向开证行电提不符点。于是中国银行与开证行联系：“贵银行开立的×××号信用证，已经交到中国银行×××分行。该单据显示是海运而不是空运，询问贵银行能否接受这个不符点。”渣打银行收到中国银行的电报之后回复，它根本没有开立这份信用证。

中国银行收到渣打银行的该电文之后，立即通知了T公司。T公司赶快通知船公司尽快将这批货物运回中国。船公司收到T公司的退运申请后，就在当时离船位置最近的港口将T公司的货物卸下，并将货物退运到国内。T公司总算避免了更大的经济损失。

案例分析及相关知识点

第三节　信用证的业务流程

一般来讲，一笔交易采用信用证方式结算，大体上要经历如图5-1所示的各个环节。

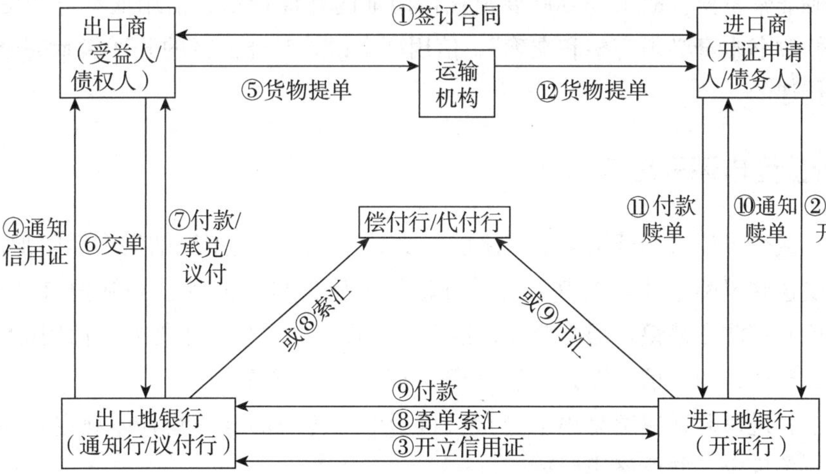

图5-1　信用证业务流程图

上述流程用文字进一步说明如下：

①买卖双方签订贸易合同；

②进口商申请开立信用证；

③开证行接受申请开出信用证；

④通知行向受益人通知信用证；

⑤出口商按信用证规定发货；

⑥受益人向指定银行交单；

⑦指定银行根据自己的义务付款、承兑或议付；

⑧指定银行向开证行寄单索汇或向开证行寄单并向偿付行索偿；

⑨开证行向交单行或偿付行付款；

⑩开证行通知申请人赎单；

⑪申请人付款赎单；

⑫申请人提货。

以上业务程序是环环相扣的，顺利进行结算必须做好每一环节。

一、买卖双方签订贸易合同

信用证业务与合同无关，但合同必定是信用证的基础，是申请人申请开证和受益人审证的依据。实务中很多都是由于合同条款定得不好而引起了纠纷，所以，在签订贸易合同时，就要充分考虑支付方式的履行。

二、进口商申请开立信用证

以信用证方式结算的贸易合同签订后，进口商必须在合同规定的期限内，向当地信誉良好的银行申请开立信用证。在申请开证前要准备好必要文件，并填写好开证申请书。

开证申请书（Application for Letter of Credit）是开证行开立信用证的依据，其内容的完整、明确非常重要，故 UCP600 要求“信用证的开证指示、信用证本身和信用证的修改指示及修改书本身必须完整和准确”，信用证申请人对开证行的开证指示完全是依靠开证申请书传递的。

三、开证行接受申请开出信用证

开证行在接受申请人的开证申请书之前，要对为其开立信用证的潜在风险加以分析，如果能够承受这些风险，才能为其开证。开证行为保护自己的利益和维护自己的信誉，在开立信用证时都非常谨慎，通常要经过以下几个环节把关后，才能开立信用证：

（1）审查申请人的资信、能力，包括营业执照、公司章程等。

（2）售汇。进口开证属贸易项下经常项目用汇，各国都有一些具体规定，开证行应熟悉国家的有关规定，并严格遵照执行。

（3）授信。指开证申请人存入开证保证金。已有开证行授信的申请人，开证行要扣减授信额度，也可以以第三人作担保开证，还可以以承兑汇票及其他担保品作质押开证。

（4）缮制信用证。根据开证申请书的内容，包括受益人的名称、地址，信用证金额，货物描述，所提交的单据名称、份数，装运港和目的港等缮制信用证。总之，开证行是按照申请书的要求和指示开立信用证的。

（5）选择通知行（指定银行）。一般为自己的分支机构或代理行。

（6）审核信用证。经甲、乙两级签字人审证。

（7）签发。在经过上述业务环节的审核后，在确认信用证条款和条件符合开证行所在国的政策和法律、法规之后，就可以签发。

四、通知行向受益人通知信用证

当通知行收到开证行函开或电开信用证时，首先是合理审慎地鉴别信用证表面真伪，即函开核印鉴，电开核密押。为了受益人的利益，要对信用证进行审核。关于审证的内容，详见本章第六节。通知行在加注自己的参考号后，按开证行的指示通知受益人。

五、受益人审证、发货、制单

（一）受益人审证、发货

受益人接到经通知行通知的信用证后，首先要对信用证进行审核，在确定来证与合同一致后再发货。如来证与合同不符，必须立即联系他的贸易伙伴——信用证申请人要求修改信用证。

（二）受益人缮制单据

受益人取得了检验证书、货运单据和保险单据等后，就要缮制发票、装箱单等信用证要求的其他有关单据。关于单据的缮制，详见本书第七章和第八章。

六、受益人向指定银行交单

受益人备妥全部单据后，应立即到银行交单，并要保证所提交单据与信用证一致。除自由议付信用证外，受益人必须到信用证指定的银行交单，也可到保兑行或直接到开证行柜台交单。

七、指定银行根据自己的义务付款、承兑或议付

根据信用证的兑付方式，受益人如果向指定保兑行或付款行交单，后者审单无误后要向受益人进行无追索权的付款；如受益人向议付行交单，无论是信用证限定的议付行还是受益人自己找的议付行，受益人只能得到凭单据抵押的银行融资垫款，术语叫议付或押汇。议付行对垫款是有追索权的。

八、指定银行向开证行寄单并索偿

如果是议付信用证，议付行凭与信用证相符的单据向受益人垫款后，就可以在向开证行寄单的同时，向偿付行索汇。如果是其他种类的信用证，指定银行按信用证注明的索偿指示或按开证行事先安排好的索偿方式索偿。

九、开证行向交单行或偿付行付款

开证行接到议付行寄来的单据后，应立即审核单据，并在合理的时间内（从收到单据的翌日起算七个工作日）付款或提出拒付。开证行的义务是审核单据，并凭表面与信

用证条款相符的单据付款，但如果开证行发现不符点，而且是实质性的，可以拒绝接受单据，也可以自行决定拒付或征求申请人意见。

十、开证行通知申请人赎单

开证行对议付行付款之后，马上通知申请人赎单（Redeem Documents）。

十一、 申请人付款赎单

申请人在接到开证行的赎单通知后，必须立即到开证行付款赎单。赎单前在审核单据时发现不符点，也可以提出拒付，但拒付的理由必须是单据中的问题。

十二、 申请人提货

申请人赎单后就可以安排提货、验货、仓储、运输等事宜。一笔以信用证为结算方式的交易即告结束。

案例 5-3

信用证修改案

我某进出口公司出口一批轻纺织品，合同规定以不可撤销的即期信用证为付款方式。买方在合同规定的开证时间内将信用证开抵通知行，随即转交给了我进出口公司。我进出口公司审核后发现，有关条款与合同不一致。为争取时间，尽快将信用证修改完毕，以便办理货物的装运，我方立即通过通知行电告开证行修改信用证，并要求将信用证修改书直接寄交我公司。我方的做法是正确的修改方法吗？可能会产生什么后果？

案例分析及相关知识点

第四节　信用证的基本内容

一、信用证的格式

所谓信用证的格式，是指开立信用证的规格和式样。

银行开立信用证的传统方式是在一份印有固定格式的空白信用证上填写有关内容，并以信件形式寄出，因此称为信用证。但各家银行使用的信用证格式各不相同，形式各异，容易引起误解。因此，制定出一套能满足各方业务需要、内容明确、文字简洁、条款完整的信用证格式，就成为各国银行界和法律界非常关注的课题。国际商会一直致力于统一信用证格式，早在 1986 年就以第 416 号出版物颁布了信用证标准格式，称为“416”格式。为了适应《跟单信用证统一惯例（1994 年修订本）》（UCP500）的需要，国际商会于

1993 年又以第 516 号出版物颁布了新的标准跟单信用证格式，称为“516”格式。

二、信用证的基本内容

各国开立信用证的格式不尽相同，但基本内容是一样的。附样 5 - 2 基本上是按“516”标准格式的要求开立的一份信用证，现以这份信用证为依据，具体介绍跟单信用证的基本内容。

附样 5 - 2　　　　跟单信用证范例

<table>
<tr><td colspan="2">Irrevocable Documentary Credit ①　　　　No. ICMLC 382675 ②</td></tr>
<tr><td colspan="2">Date and Place of Issuing: May 4th, 2024, Singapore ③</td></tr>
<tr><td>Name of Issuing Bank ⑤
United Overseas Bank Ltd.
80 Raffles Place,
8th Storey UOB Plaza 1,
Singapore 048624</td><td>Expiry Date ④
July 30th, 2024
Place for Presentation
In Beneficiary's Country</td></tr>
<tr><td>Applicant ⑥
Tipson Industrial Trading Co. Ltd.
15 Gul Street 4,
Singapore 629241</td><td>Beneficiary ⑦
Hunan Machine Tool Works,
114 Xinkaipu, Changsha,
Hunan, China</td></tr>
<tr><td>Advising Bank ⑧
Bank of China,
Changsha 410001,
Hunan, China</td><td>Amount ⑨
USD34 020.00
Say United States Dollars
Thirty-four Thousand and Twenty Only
INCOTERMS: CIF.</td></tr>
<tr><td>Partial Shipment⑪
☐ all allowed　☑not allowed
Transshipment ⑫
☐ all allowed　☑ not allowed</td><td rowspan="3">Credit Available Nominated Bank ⑩
☐ by payment at sight
☐ by deferred payment at
☐ by acceptance of draft at
☑ by negotiation at any bank in beneficiary's country
Against the documents detailed herein and beneficiary's draft at sight drawn on the issuing bank bearing the issuing bank's name, number and the issuing date of this credit for 100% invoice value</td></tr>
<tr><td>Insurance Covered by Buyer ⑬</td></tr>
<tr><td>Shipment as Detailed in UCP600
Article 46 ⑭
From: China Port
To: Singapore
Not later than
July 24, 2024 ⑮</td></tr>
<tr><td colspan="2">⑯～⑳</td></tr>
<tr><td colspan="2">Documents required in triplicate unless otherwise stipulated
1. Signed commercial invoice indicating L/C No. ________ and the Contract No. ________.
2. Full set clean on board ocean bills of lading made out to the order of the issuing bank marked “Freight prepaid” and notifying the applicant.
3. Insurance policy/certificate blank endorsed. For 110% of CIF invoice value covering Institute Cargo Clauses (A) and Institute War Clauses (Cargo) with claims payable at Singapore.</td></tr>
</table>

续表

4. Packing list indicating the contract number and the credit number. 5. Certificate of quality issued by a public recognized surveyor. 6. Certificate of origin issued by China Chamber of International Commerce. 7. Beneficiary's certificates certifying the following documents have been sent directly to the applicant within 4 days after the date of shipment. a. Two copies each of invoice and packing list. b. One copy of insurance policy/certificate. Covering shipment of： 1 unit G5332 2000 block vertical band saw machine 1 unit G5333 2000 block vertical band saw machine As per Contract No. SC 2020 HJZY-C01 Documents to be presented within [15] days after the date of shipment but within the validity of this credit. ㉑ Special conditions：㉒ All bank charges outside Singapore and reimbursement charges are for beneficiary's account. All documents should be issued in English language. Instruction to the Negotiating Bank：㉓ Upon receipt of documents in compliance with the terms and conditions of this credit，we will reimburse you in accordance with your instruction. This credit is subject to the Uniform Customs and Practice for Documentary Credits，2007 Revision，ICC Publication No. 600. ㉔ Name and signature of the Issuing Bank ㉕

以下是对附样 5－2 各项所作的解释：

（一）信用证格式项目

1. 信用证的可撤销性（Revocability）①

信用证应明确注明其为可撤销信用证还是不可撤销信用证。如果未表明其可撤销性，则按国际商会 UCP600 的规定，应以不可撤销信用证办理。

2. 信用证的编号②

编号是各种文件必不可少的项目。信用证的编号由开证行自行编制。

3. 开证时间、地点③

开证日期应在信用证上清楚注明，但有些电开信用证未标明日期，则以电讯文件的发送日期为开证日期。开证地点就是开证行所在地点。

4. 信用证的到期日和交单地点④

信用证都明确规定到期日（Expiry Date）为某年某月某日。信用证有效期（Validity）的长度应能使受益人合理地安排货物出运。

信用证的到期地点也就是信用证的交单地点。UCP600 规定，承付、议付银行所在地就是交单地点。由任何银行付款、承兑、议付信用证的交单地点是任何银行所在地。除规定的交单地点外，开证行所在地也是交单地。对于由开证行付款或延期付款的信用证，交单地点在开证行（信用证截止日也在开证行）。受益人一定要计算好邮程、提前寄单，以便在信用证截止日前将单据寄到开证行。如果发生邮寄延误，单据在信用证截止日后到达开证行，就产生了“信用证效期已过”的不符点。

5. 当事人的名称和地址

信用证上应注明的基本当事人有四个：开证行（Issuing Bank）⑤、开证申请人（Applicant）⑥、受益人（Beneficiary）⑦、通知行（Advising Bank）⑧。

6. 信用证的金额与币种⑨

信用证金额是开证行承担付款责任的最高金额，如果交来的单据超过该金额就构成不符点，开证行必会拒付。有些信用证在规定金额时带有表示估计的词语，如“about”（约）、“circa”（大致）、“approximately”（近似）等，这表明实际支用额可以在规定金额下 10%的范围内浮动。

7. 信用证的支付方式（Availability）⑩

信用证的支付方式有四种：即期付款（By Payment at Sight）、延期付款（By Deferred Payment）、承兑（By Acceptance of Draft）与议付（By Negotiation）。除承兑方式必定要求有汇票外，其余三种方式可以使用汇票，也可以不使用。如果信用证要求受益人提供汇票，则需注明汇票的付款期限（例如即期或见票后若干天）、金额（例如100%发票金额）、付款人（例如开证行）等要件。另外，信用证还需规定在哪家银行支用信用证款项，若在非开证行支用，则必须说明指定银行（Nominated Bank）。除了在公开议付信用证中可以规定由任何银行充当指定银行外，其他信用证的指定银行必须在信用证中予以确定。

案例 5－4

信用证有效期与交单期案

具体案例一：

信用证要求货运代理人的装运证明（Forwarder's Certificate of Shipment），且规定：“DOCUMENTS TO BE PRESENTED WITHIN 10 DAYS AFTER SHIPMENT DATE INDICATED ON THE FORWARDER'S CERTIFICATE OF SHIPMENT”（单据须在货运代理人的装运证明上标明的装运日期后 10 日内提交）。货运代理人的装运证明上标明的装船日期为 2024 年 5 月 1 日，信用证有效期也是 2024 年 5 月 1 日，受益人在 2024 年 5 月 5 日交单，保兑行提出迟期交单的不符点拒付。

具体案例二：

信用证规定的运输单据为货运代理人的货物收据（Forwarder's Cargo Receipt）。收到单据后，申请人单证人员经过审核，发现了迟交单的不符点。因为货运代理人的货物收据上标明的装运期为 2024 年 10 月 1 日，而议付行的交单面函显示单据在 2024 年 10 月 30 日提交。按照 UCP600 的规定，在信用证没有规定装运日后的交单期限时，单据不得晚于装运日后 21 天提交。申请人遂要求开证行以迟期交单为不符点发出拒付通知。

具体案例三：

我某进出口公司收到国外信用证一份，规定：最迟装船日为 2024 年 6 月 15 日；信用证有效期为 2024 年 6 月 30 日；交单期为提单日期后 15 天但必须在信用证的有效期之内。后因为货源充足，该公司将货物提前出运，开船日期为 2024 年 5 月 29 日。6 月 18 日，该公司将准备好的全套单证送银行议付时，遭到银行的拒付。

具体案例四：

某出口公司接到一张信用证，该信用证规定，信用证有效期为 7 月 29 日。该公司备好全套单据打算 7 月 29 日上午向议付行交单议付。但由于 7 月 28 日该地区发生大地震，议付行 7 月 29 日无法营业。出口方能否要求议付行在下一个银行工作日议付？

案例分析及相关知识点

（二）关于运输的规定

1. 有关分批装运的规定

信用证应依据贸易合同的规定，明确指出是否允许分批装运（Partial Shipment）⑪。如果未作规定，可理解为允许分批装运。

案例 5-5

信用证项下分批装运案例

信用证规定装货地点为中国的任一港口，运往伦敦，禁止分批装运。受益人在该信用证下同一次提交了三套运输单据，装货港分别为青岛、上海和广州，装船日期分别为 1 月 5 日、1 月 10 日与 1 月 15 日，使用了同一航次的同一艘船，卸货港同为伦敦。受益人咨询议付行，如此装运是否算分批装运？装运日之后 21 天交单期以哪一份提单的装运日期为准进行计算？

案例分析及相关知识点

2. 有关转运的规定

信用证同样应明确规定是否允许转运（Transshipment）⑫。若允许转运或不作规定，则表明货物可以转运，但必须以同一运输单据包括全程运输为条件。若禁止转运，银行仍可以接受表明货物将发生转运的运输单据，前提条件是该批货物以集装箱、托盘、子母船等成组化方式运输，并且同一运输单据包括全程运输。另外，无论信用证是否允许转运，银行都将接受带有承运人有权转让条款的运输单据。

3. 有关保险的规定⑬

【即问即答 5-1】

信用证规定装货港为上海，卸货港为伦敦，不允许转运。提交的海运提单注明收货地为昆明，通过火车将货物运到上海装船，卸货港为伦敦，最后通过卡车将货物运往最终目的地牛津。试问提单是否发生了转运。

即问即答解析及相关知识点

信用证应指明货物运输保险由哪一方承担。如果由卖方承担，在单据中应明确对保险单据的要求。

4. 有关港口的规定⑭

信用证应规定装运港（Port of Loading）与卸货港（Port of Discharge）的名称。有些信用证为方便受益人在组织货源后就近发运，并不限定具体的装运港，而只是广泛地规定受益人所在国的港口。但是卸货港必须明确，否则会使交货发生实际困难。此外，有些信用证还规定了其他一些港口或地点，例如转运港（Port of Transshipment）、货物接管地（Place of Taking in Charge）、最终目的地（Final Destination）。在以集装箱、托盘等成组化运输货物，或者使用联合运输单据时，常常会存在出现多处地名的情况。

5. 最迟装运日（the Latest Date of Shipment）⑮

装运日期是指装运完毕的截止日期，而非开始装运的日期。通常以运输单据的出立日为装运日，有些情况下还应以运输单据中批注的装运日期为准。

本附样中⑯～⑳项是关于单据的要求和货物的描述。

【即问即答 5－2】

我方向马来西亚槟城出口一批货物，国外开来的信用证上规定“立即装运”，我方也未提出异议。请问在这种情况下，我方何时装船为好？

即问即答解析及相关知识点

（三）关于单据的要求（Documents Required）

1. 基本商业单据

基本商业单据是指商业发票、运输单据，以及在到岸价条件下卖方应提供的保险单据。这是受益人在信用证交易及一般的进出口交易中都需提交的单据。

2. 其他商业单据

除基本商业单据以外，其他商业单据的种类、名称、内容的要求是极其繁杂多变的，并无一定之规。这些单据可能是进口商就货物或交易的某些细节而要求出口商提供的，也有可能是进口商为满足进口国政府或海关的特定要求，或为享受某些特定优惠而要求出口商提供的凭证。比较常见的单据有：装箱单、磅码单、商检证书、产地证、海关发票、领事签证发票、船公司证明、电报抄本、受益人声明等。

（四）关于商品的描述

关于商品的描述（Covering Shipment of...），一般应包括品名、规格、数量、单价、价格条件、包装和唛头（Shipment Marks）以及号码。商品描述应简洁明确，避免过于烦琐，它应该完整无误地出现在发票上，但是其他单据在提到该项货物时可以采用不矛盾的统称。

（五）其他事项

信用证中除以上必备的项目以外，还有许多其他事项。常见的有以下内容：

1. 交单期㉑

信用证中除了规定有效期、最迟的装运期外，还必须规定交单期。交单期意指受益人向指定银行提交单据的最后期限。UCP600 第六条指出：信用证必须规定一个交单的截止日。规定的承付或议付的截止日被视为交单的截止日。

2. 特别条款㉒

特别条款大多是根据贸易合同的特殊安排或进口商的特别要求而加列的，其内容、效力以及对受益人的影响要依具体情况而定。有些特别条款规定了信用证的特别使用方式，例如预支、转让、循环等，从而形成了相应的特殊信用证；有些特别条款是对有关费用的安排及所有单据用何种文字制作的要求。

3. 开证行对指定银行的指示㉓

指定银行是指由开证行委托或指定进行信用证有关业务的银行，包括通知行、付款行、承兑行及议付行。对通知行的指示主要是说明该行是否被要求对信用证给予保兑(Confirmation)。对其他行的指示可能包括：(1) 关于背批的指示，即要求指定银行将付款、承兑或议付的金额在正本信用证背面作必要的记录，以防止超额支用、重复支用。(2) 关于寄单的指示，即应一次寄单还是分两批寄单。若分批寄单，每批寄单的种类及份数。(3) 关于索偿的指示，即应向哪家银行索偿以及采用航索还是电索。

4. 国际商会《跟单信用证统一惯例》的适用条款㉔

由于国际商会《跟单信用证统一惯例》并不具备法律的强制性，只在愿意接受其约束的当事人之间发生效力，因此按照国际商会《跟单信用证统一惯例》办理的信用证必须明确注明适用《跟单信用证统一惯例》的条款。由于国际商会《跟单信用证统一惯例》的广泛接受性，大多数银行已不愿意处理不适用国际商会《跟单信用证统一惯例》的信用证了。在利用 SWIFT 系统开立的信用证文本中并不注明参照国际商会《跟单信用证统一惯例》办理，因为《SWIFT 用户指南》中已明确规定，若无特别说明，则利用 SWIFT 系统开立的信用证都适用这一惯例，所以因有约在先，无须重复。

5. 开证行授权签字或电讯密押㉕

通知行有义务认真审核信用证表面的真实性。如通知行决定通知信用证给受益人，对信函开立的信用证，通知行必须核对印鉴是否相符，对电报或电传开立的信用证，必须核对密押是否相符。如相符，通知行必须在信用证上加盖“印鉴已符”或“密押已符”之印章，即证明该信用证是真实的；如不符，通知行必须在信用证上加盖“印鉴不符”或“密押不符”之印章，可以将信用证通知受益人，但在通知书上嘱受益人“押/印不符，出运前请洽我行”，同时去电开证行，要求开证行尽快证实所开信用证的真实性。如通知行决定不通知信用证，它必须毫不延误地告知开证行。

第五节 信用证的当事人及其权利与责任

根据国际商会 UCP600，信用证结算方式首先涉及三方当事人，即开证行、开证申请人及受益人。但在实务中，还有通知行、付款行、议付行、承兑行、偿付行和保兑行等。这些当事人并非同时出现在一张信用证中，而是根据信用证的类别而定，比如信用证不要求保兑时，就不需要保兑行。

当事人围绕着信用证交易相互形成错综复杂的关系，从而形成相互间的权利与义务。

一、开证申请人

开证申请人（Applicant）是指要求开立信用证的一方，一般是进口商，他申请开证是因为与出口商签订的贸易合同中商定以信用证为结算方式。申请人应根据合同条款，在合理的时间内开出信用证。当符合信用证条款的单据到达开证行时，要及时付款赎单。赎单后，进口商便拥有货权，待相关的货物抵达时，就可去提取货物，达到开证的最终目的。但对不符合信用证条款的单据，进口商有权拒绝付款赎单。

二、开证行

开证行（Issuing Bank）是指应开证申请人的要求或代表自己开出信用证的银行。开证行有权收取开证手续费，有权要求申请人交纳开证保证金。开证行应根据开证申请书的条款，正确、完整、及时地开出信用证。信用证开出后，开证行在单证相符的情况下承担第一性付款责任。开证行审核单据以决定是否接受或拒绝单据的时间不应超过从其收到单据的翌日起算 7 个银行工作日，而且仅限于审核信用证规定的单据。开证行履行付款责任后，如进口商无力付款赎单，开证行有权处理单据或货物。如果售得货款不足抵偿其垫款，开证行有权再向进口商索取不足部分。

三、受益人

受益人（Beneficiary）是指接受信用证并且享受其权益的一方，一般为出口商。受益人收到信用证后，应及时与合同核对，对信用证进行审核，如发现信用证条款与合同不符，要及时提出修改或拒绝接受。而受益人一旦接受了信用证，就有备货、发货、备齐单据的义务和提交单据给指定银行要求付款、议付或承兑的权利。

四、通知行

通知行（Advising Bank）是指应开证行的要求通知信用证的银行，一般是开证行的代理行或分支机构，通常与受益人在同一地。当通知行收到开证行的信开或电开信用证时，应当合理谨慎地审核所通知信用证的表面真实性，如核对印鉴或密押，并根据开证行的要求缮制通知书，及时、正确地通知受益人。

五、保兑行

保兑行（Confirming Bank）是根据开证行的授权或要求对信用证加具保兑的银行。保兑行通常由通知行兼任，但也可以由其他银行，如出口地、开证地或国际金融结算中心的著名银行来担任。被开证行授权的银行一旦在信用证上加具保兑，便承担与开证行相同的责任。只要规定的单据被提交给保兑行，或被提交给任何指定银行，并构成相符交单，保兑行就必须承付，或无追索权地议付。

根据国际商会 UCP600，被邀请对信用证加保兑的银行可以不保兑此信用证，但它必须毫不延迟地通知开证行。

六、付款行

付款行（Paying Bank）是开证行指定的担任信用证项下付款或充当汇票付款人的银行，是 UCP600 中的指定银行之一。由于付款行通常是在信用证业务下汇票的受票人，故又称受票银行（Drawee Bank）。付款行可以由开证行兼任，也可以由保兑行或出口地或第三国的其他银行担当。由于付款行是开证行在信用证中指定的，付款行本身未作付款承诺，所以付款行有权不付款。付款行根据表面上符合信用证条款的单据付款，即为终局性的付款。

七、议付行

议付行（Negotiating Bank）是根据开证行的授权买入受益人提交的符合信用证条款规定的汇票及（或）单据的银行，是 UCP600 中的指定银行之一。根据 UCP600 的定义，议付（Negotiation）是指指定银行在相符交单下，在其应获偿付的银行工作日当天或之前向受益人预付或者同意预付款项，从而购买汇票（该汇票的付款人为该指定银行以外的其他银行）及/或单据的行为。

议付，又称押汇，是指在议付信用证项下，受益人依据信用证规定发货和备齐单据后，将单据交到议付行，一方面请其向开证行或其他指定银行收取货款，另一方面请其融通资金，将货款先行垫付受益人（需扣除垫款利息和手续费）。只要单据与信用证要求相符，且开证行的资信良好，议付行一般都会同意垫付货款，即押汇成立。因此，押汇实际上包含委托代收货款和凭单据抵押借款两重意思。押汇是国际贸易融资的一种常用方式。

八、偿付行

在信用证中指定的代开证行向议付行或付款行清偿垫款的银行就是偿付行（Reimbursing Bank）。偿付行是 UCP600 中的指定银行之一。被指定的偿付行是开证行的账户行。信用证指定偿付行时，开证行开出信用证后应立即向偿付行发出偿付授权书，通知授权付款的金额、有权索偿银行的名称等内容。

处理好信用证各当事人之间的权利和责任关系，应首先以信用证条款的规定为依据，其次应参照国际上有关的法律法规。比如国际商会 UCP600 就是各当事人应严格遵守的准则。

第六节　信用证的审核和信用证项下不符单据的处理

一、信用证的审核

出口商在收到信用证后，应立即检查信用证，以确定该证与它和买方订立的原始销售合同一致，并且自己能够满足信用证中所列条款与条件。在必要的情况下，需要修改信用证条款，由于信用证修改需要花费很长时间，卖方在收到信用证后应立即审核，如有需要尽快修改。

受益人在审核信用证时，要确保：

（1）买卖双方的名称和地址是正确的；

（2）信用证金额与合同金额一致，包括单价、运输费用、手续费和发票总额；

（3）货物描述与销售合同的内容一致；

（4）信用证的兑付方式与合同中该项约定一致（即期付款、延期付款、承兑和议付）；

（5）装运期、有效期和交单期都已留有充足的时间，以利于卖方履行订单、发运货物、备妥提交给银行的各种单证；

（6）分批装运和转运的规定是正确的；

（7）发货地点、货物接管地、装运或卸货的最终目的港都是买卖双方约好的地点；

（8）保险责任范围和由谁来支付保险费同买卖双方的约定一致；

（9）有关汇票受票人的指示和汇票的期限（到期日）正确；

（10）信用证保兑是否符合双方的商定；

（11）信用证中没有软条款、非单据化条款等无法接受的条款；

（12）卖方可以按要求的格式获得所有规定的单证；

（13）卖方了解或知晓开证行（保兑行）的情况。

信用证的审核一般是由受益人去做，通知行只负责核对信用证的真实性并进行通知，并无审核信用证的义务，但在实务中通知行往往为了受益人的利益而审核信用证。银行主要负责审查信用证的可靠性和有效性，其审查的重点包括：

1. 审查开证行资信

开证行资信主要取决于：

（1）资产的大小；

（2）银行分支机构的多寡；

（3）历史的长短；

（4）往来关系的好坏，业务的多少，过去的业绩等。

银行对开证行的资信调查，要靠平时资料的积累。对一些大银行的资信情况，则可以从其信用等级中了解大概。国际金融界每年都对世界性大银行的资信进行评级，譬如：最高评级为 AAA 或 Aaa，最差为 D。若一家银行被评为 C 级或 D 级，则其资信属于差的行列。

开证行资信不清楚的，在仔细查清其资信后才能使用信用证；开证行所在国与出口商所在国无外交往来的，一般不接受；对于资信欠佳的银行或政治局势紧张或外汇汇率动荡的国家开来的信用证，应建议受益人分批出运以尽量分散风险，或请其他银行对信用证加以保兑。

2. 审核信用证的有效性

当信用证以电讯方式发送至受益人时，如果电讯中声明“详情后告”或类似词语，或声明邮寄证实书为有效信用证文件，则该电讯内容还不是有效信用证，应等待信用证生效后方可使用。

3. 审核信用证的责任条款

开证行在信用证中应有保证付款的明确表示。凡是按照 UCP600 开立的信用证都有明确的保付条款。如开证行为减轻其应负责任而附加各种保留或限制，这种信用证对出口商的安全收汇没有保证，应要求开证行删除后才能接受。

4. 索汇路线和索汇方式的审查

信用证的索汇路线必须正常、合理，若索汇路线迂回、环节过多，应与开证行联系进行修改。大额信用证可要求加列电索条款。

在审核工作中如发现有些问题需要对外交涉修改，应参照国际上的习惯做法，根据具体情况，由银行或由信用证受益人及时向开证行或申请人交涉。

1. 交涉

凡属开证行的资信能力与来证金额不相称需要经其他大银行保兑或偿付行确认偿付或加列电索条款，以及开证行所承担的付款责任不明确，或有银行重点审查的其他问题，都由通知行负责对外交涉。在交涉未妥时请出口公司暂勿办理货物出运。

对于来证条款含糊不清、残缺不全、条款间相互矛盾等错误，由通知行联系开证行要求澄清。

关于贸易条款，单证的要求以及其他有关特殊问题如与合同不符或不能办到者，由受益人负责与客户交涉修改。

2. 催询

经通知行交涉、由开证行办理的事宜，如修改或澄清有关问题等均应由通知行专册登记考察，及时催询，已洽妥者要及时通知受益人。

由受益人出面交涉修改的问题，通知行应及时向其了解情况，促进问题的尽快解决。

二、信用证项下开证行对不符单据的处理

银行收到单证后，应该自收到单据的次日起 5 个工作日内审核完毕并通知向其交单的一方，决定接受还是拒收这些单据。如果信用证项下的单据存在不符点，银行通常会有相应的选择和处理方式。具体内容详见第八章“审核信用证项下的单据”的第四节“指定银行和开证行对单据的处理”。

第七节　信用证的种类

信用证是一种重要且应用广泛的结算方式，因此在实务中出现了许多不同的用法。信用证可以按不同的标准进行分类，而这种分类也非绝对，因为许多信用证可以符合多重标准，具备多面性，这也从另一角度说明了信用证及其分类的复杂性。本节将依据一些重要标准对信用证作一归类。

一、根据信用证要求的单据，可以将信用证分为光票信用证与跟单信用证

（一）光票信用证

光票信用证（Clean Credit）是指不需要商业单据，尤其是不需要与物权有关的运输与保险单据，而仅凭金融单据（通常是受益人开立的汇票），或者再加上诸如发票、垫款清单、受益人声明等文件而进行付款的信用证。

（二）跟单信用证

跟单信用证（Documentary Credit）是指凭附有货运单据的跟单汇票或仅凭货运单据进行付款的信用证。跟单信用证的关键是要有代表物权或证明货物已经装运的运输单据，汇票则是可有可无的。出于避免为流通票据缴纳印花税的考虑，跟单信用证不要求汇票的情况已相当普遍了。

二、根据可撤销性，信用证可以分为可撤销信用证与不可撤销信用证

（一）可撤销信用证

可撤销信用证（Revocable Credit）是指开证行可以不经事先通知或征求受益人同意就有权随时修改或撤销的信用证。可撤销信用证应明确标明“可撤销”（Revocable）字样，或明确规定“This credit is subject to cancellation or amendment at any time without prior notice to you”或类似文句。如果可撤销信用证的指定银行在收到开证行发出的修改或撤销通知之前，已经凭符合信用证要求的单据作了即期付款、承兑或议付，或已安排了延期付款，则该修改或撤销就不具效力，开证行仍需根据信用证原条款承担偿付之责。

（二）不可撤销信用证

不可撤销信用证（Irrevocable Credit）是指在其开出以后、失效之前，不经过有关当事人的一致同意，开证行不能单方面进行修改或撤销的信用证。此处所指的有关当事人，对于未经保兑的信用证来说，是指开证行与受益人；对于经过保兑的信用证来说，则还

应包括保兑行。

三、按照信用证的保兑情况，可以分为保兑信用证与不保兑信用证

（一）保兑信用证

保兑信用证（Confirmed Credit）是指带有开证行以外的另一家银行（保兑行）的独立付款承诺的信用证。对于受益人来说，他的利益得到开证行与保兑行的双重保障，只要他能提供符合要求的单据，就可以要求两家银行中的任何一家承担主要付款责任，所以增强了收款的安全性。

一般需要保兑的信用证主要有以下几种情况：（1）信用证金额超过开证行的支付能力；（2）开证行与受益人所在国家的银行无代理行关系；（3）开证行所在国家外汇储备不足或有大量外债；（4）进口国政局动荡或对进出口交易实施严厉的外汇管制。在这些情况下，受益人要求由本国银行或国际著名大银行对信用证作保兑，从而可以转嫁由开证行或进口国引起的风险。

（二）不保兑信用证

不保兑信用证（Unconfirmed Credit）是指仅由开证行承担第一性付款责任的信用证。其可靠性完全取决于开证行的资信。

案例 5－6

信用证保兑案

一信用证于2024年3月1日开立，金额为3万美元，有效期至2025年5月31日，通知行应开证行要求保兑了信用证。2024年4月15日信用证金额增加了20万美元，有效期延展至2024年8月31日。保兑行是否必须对增加额及展期进行保兑？如果保兑行不愿再加具保兑，该保兑行应如何行事？

案例分析及相关知识点

四、根据信用证的兑用方式，可分为即期付款、延期付款、承兑和议付信用证

UCP600第六条b款规定：信用证必须规定其是以即期付款、延期付款、承兑还是议付方式兑用的。这就明确了受益人和付款行、议付行的关系，也明确了开证行和指定银行的关系。前三种信用证对受益人都没有追索权，仅议付信用证的议付行在无法得到开证行偿付的情况下，有权向受益人追索在议付后已垫付的款项及利息。

（一）即期付款信用证

即期付款信用证（Payment Credit at Sight）也即只要受益人提交符合信用证条款的

单据，开证行或其他指定的银行（如有的话）就必须立即支付现款的信用证，因而也有人称其为现金信用证（Cash Credit）。

案例 5-7

浙江某公司与埃塞俄比亚某银行信用证结算纠纷案

基本案情：2021 年 4 月，湖州某公司（以下简称湖州公司）与埃塞俄比亚某公司（以下简称埃塞公司）签订货物销售合同，付款方式为 100%即期信用证，金额为 2 万美元。合同签订后，埃塞公司向埃塞俄比亚某银行（以下简称埃塞银行）申请开立以湖州公司为受益人的信用证，后湖州公司依约发运全部货物并将交单文件寄至埃塞银行，但 12 月底信用证到期后，埃塞银行未履行付款义务，经湖州公司多次催促也未回复。2022 年 3 月，湖州公司从埃塞公司处得知其已从埃塞银行付款赎单并完成清关提货，经再次催告埃塞银行未果后，4 月 8 日向湖州市贸促会求助。湖州市贸促会汇总材料后联系浙江省国际商事法律服务中心（以下简称省商法中心）开展联合调解。

调解过程：省商法中心了解案件情况，审阅湖州公司提供的合同、装运单据、信用证通知书等材料后，4 月 12 日向埃塞银行发出敦促履约函，敦促其尽快支付信用证项下全部款项。考虑到埃塞俄比亚外汇短缺严重，开证行不按期付款情况时有发生，省商法中心同步联系省贸促会驻埃塞俄比亚联络处，希望借助当地资源进行沟通协调。联络处首代热心帮忙，派专人负责跟进此事，多次前往埃塞银行与负责人沟通交涉，经埃塞银行负责人反馈，目前埃塞俄比亚外汇严重短缺，该信用证下的款项正在等待放款，答应会了解进度并尽快安排付款。

调解结果：经省商法中心、省贸促会驻埃塞俄比亚联络处多方、多次沟通协调，埃塞银行最终于 4 月 27 日进行授权付款。经与国内银行确认，湖州公司于 4 月 29 日收到该信用证下的全部款项，对调解结果表示非常满意。

本案的成功解决，得益于贸促会的“外联”优势，省贸促会驻埃塞俄比亚联络处在与银行沟通交涉方面发挥了非常重要的作用，顺利推动了调解的进行。截至 2022 年 4 月，全省贸促系统先后在有关国家设立了 141 家海外联络处，主要职责是为各地贸易投资、招才引智提供服务，其中部分联络处在解决涉外商事纠纷方面也提供了不少帮助。

案例分析及相关知识点

（二）延期付款信用证

延期付款信用证（Deferred Payment Credit）也叫作迟期付款信用证，是指指定银行或开证行在收到合格单据后，按信用证规定在一个确定或可确定的将来时间承担付款责任的信用证。例如，信用证规定在提单后 30 天付款等。

案例 5 - 8

延期付款信用证使用案

一进口商从国外进口大型机械设备，开立信用证时明确规定使用延期付款信用证付款，试分析进口商选用延期付款信用证付款的动机。

案例分析及
相关知识点

（三）承兑信用证

简单地说，要求远期汇票的信用证就是承兑信用证（Acceptance Credit）。

承兑信用证被称作大陆信用证，是最好的组合方式。它具有以下特点：

（1）受益人创造了融资工具——汇票。远期汇票经银行承兑后，就等于银行不可撤销地承担了远期付款责任。

（2）承兑信用证项下的银行承兑汇票可以被无追索权地贴现，即受益人可随时将汇票变现。

（3）承兑行凭符合信用证条款的单据，代表开证行承兑了汇票，就可取得单据。申请人在付款之前就能得到货物。

（四）议付信用证

如果开证行在信用证中授权一家银行或邀请任何一家银行对信用证项下的汇票及/或单据进行议付，并注明“议付兑现”（Available by Negotiation）字样，就是议付信用证（Negotiation Credit）。如果信用证没有指定必须由哪家银行议付，就是自由议付信用证（Freely Negotiable Credit）。

五、特殊信用证

由于各种特殊安排或特殊条款的存在，出现了许多处理程序不同于常规信用证的特殊信用证。主要有以下几种：

（一）可转让信用证

可转让信用证（Transferable Credit）是指开证行允许被指定的转让行在受益人（第一受益人）要求下，将信用证部分或全部转让给一个或数个第二受益人使用的信用证。

按照国际商会 UCP600 的规定，可转让信用证必须标明“可转让”（Transferable）字样。

此外，可转让信用证只能转让一次。如果信用证允许分批装运，第一受益人可以将原信用证分成若干部分，分别转让给两个或多个第二受益人，只要转让的总金额不超过原信用证金额，仍看成是一次转让。但任何第二受益人都无权再将自己得到的部分转让给第三受益人。若出于种种原因，将该部分转回给第一受益人则是允许的，此时第一受益人可以将转回的部分在原信用证有效期内再转给另一个第二受益人。

通过可转让信用证所转让的权利，是受益人凭信用证发货、交单及取款的权利。此类信用证的第一受益人通常是中间商（Middleman），本身无货或只有部分货物，必须按信用证的要求向供货人采购，于是将信用证转让给供货人，使其成为第二受益人，直接按信用证的要求发货，并以第一受益人自身的名义交单取款。

第一受益人应指示转让行按信用证原条款办理转让，但可以有如下例外：第一，信用证金额、单价、到期日、交单期及装运期这五项中的任一项或全部都可以变动，其中金额、单价减少后形成的差额代表中间商的毛利，而有关日期的缩短可以为第一受益人留出一段时间进行必要的单据更换及其他事项。第二，第一受益人可以以自己的名字代替开证申请人名字，以避免让供货商了解国外买方的名字。但若信用证规定申请人名称必须出现在除发票以外的其他单据上，则该要求不得违反。第三，若信用证要求保险单据，而转让后的信用证金额已减少，则投保加成比例可以适当扩大，以维持原证要求的投保额。例如，原证金额为 100 000 元，按 110%投保则保额为 110 000 元，转让后信用证金额已降至 80 000 元，则投保加成比例应扩大至 137.5%，以维持 110 000 元的投保额。除上述三项内容可作修正外，其余条款一律不得变更。

案例 5-9

可转让信用证未标注“可转让”字样案

中国出口商 A 公司与国外某进口商 B 公司签订一笔货物买卖合同，约定将制造商 C 所生产的产品卖给 B 公司，并约定使用信用证付款。当 A 公司接到 B 公司开来的并无记载“可转让”字样的信用证后，将其作为购买制造商 C 产品的支付方式交付给 C 使用。当时制造商 C 并没有对该信用证提出异议，但后因货物价格上涨，约定的交货期限已过，制造商 C 才以 A 公司所交付的信用证未记载“可转让”字样，系不可转让信用证，不能作为出口结汇使用为由，拒绝交货。而 A 公司则认为，在交货期限届满前，早已将信用证交付给制造商 C，制造商 C 对该信用证并没有提出异议，现在又未依约定交货，属于违约行为，应当承担赔偿责任。出口商 A 和制造商 C 都认为是对方有责任，争执不下。

案例分析及相关知识点

（二）背对背信用证

背对背信用证（Back-to-Back Credit），也被称为对背信用证、转开信用证，是指出口商（通常是中间商）以国外买方开来的以该出口商为受益人的信用证（第一证）作抵押，要求第一证的通知行或其他银行开立以供货商为受益人、以自己为申请人的、内容与第一证相似的新的信用证（第二证）。

使用背对背信用证的贸易背景与可转让信用证相似，即出口商是中间商的转口贸易，但两者之间仍有明显差异：

（1）可转让信用证业务中只有一份信用证，只有一个开证行同时对第一和第二受益人承担责任。背对背信用证业务中有两份信用证，有两个开证行分别对第一和第二受益人承担责任。

（2）可转让信用证在转让时，除了允许修改的项目外，其他条款均与原证相同，因而转让后的信用证内容受转让前内容的约束。背对背信用证业务中第二证的内容并不受第一证内容的约束，尤其是可以不出现第一开证申请人的名称，因而为中间商保守了商业秘密。

（3）可转让信用证的转让行可能不承担付款责任，只要它严格遵守信用证要求开出转让指示，就不会有什么风险。背对背信用证的第二开证行承担的风险相对要大一些。如果中间商违约或破产，第二开证行很难直接凭供货商的单据向第一开证行索偿，因此第二开证行除了要求中间商交出第一证的正本外，往往还要求他预留经签字的空白发票或汇票，以便在需要时制作符合第一证要求的单据。

案例 5－10

背对背信用证风险案

某年，内地某公司（卖方）与香港某进出口公司（买方）签订一份出口合同，支付方式为信用证。在规定的时间，香港进出口公司按合同规定开立了以卖方为受益人、金额为10万美元的背对背信用证，开证行为A银行。卖方收到信用证后，装运货物，并备好信用证所要求的全套单据交国内B银行审核。B银行在审核单据时，发现提单“Pre-carriage”一栏显示船名“ASIMONT0161-022S”，“Place of Receipt”一栏空白，“Vessel（Voy No.）”一栏显示船名“EVERREFINE720RW－010”，“装货港”为上海，“卸货港”为印度加尔各答。于是，B银行向卖方提出：提单载货船名不明确。要求卖方修改提单，或在提单作装船批注时注明在装货港所载船名。卖方认为香港进出口公司是老客户，信誉良好，指示银行寄单。此后，A银行提出修改卸货港，修改通知在B银行寄单之后到达，即使卖方接受修改，也无法做到。但A银行坚持修改卸货港。若干天后，B银行收到A银行不符点通知电：提单显示两个船名，但“已装船批注”未标明货物装载船名。并依此拒付。买卖双方几经交涉未果，卖方遂提出仲裁。基于双方的友好合作关系，最终达成以下协议：修改提单，扣款1万美元作为付款条件。

案例分析及相关知识点

（三）对开信用证

在易货贸易、补偿贸易及来料加工等业务中，为了平衡贸易，防止只出不进或只进不出的单向交易，贸易双方会相互向对方开立信用证，而且经手的银行也相同，此类信用证就是对开信用证（Counter Credit；Reciprocal Credit）。

对开信用证业务包含两份信用证，当一方当事人开立以另一方为受益人的信用证后，原受益人向原通知行申请开立第二信用证，俗称回头证，经原开证行通知给原开证申请人，从而将两笔相向交易联系起来。为了防止第一证开出后对方不开立回头证的风险，第一证也可以规定本证暂不生效，待受益人开出合格的回头证、由申请人接受后通知对方银行两证才同时生效。

在实际业务中，我方进口商开出远期信用证，对应着国外开来的出口即期信用证。现将首先开出远期信用证的有关条款举例如下：

This Credit is available by drafts drawn on us at 180 days after bill of lading date.

Payment will be effected by us at maturity of draft against the above-mentioned documents complied with Credit terms and our receipt of the Credit opener's advice stating that a reciprocal Credit in favor of the applicant issued by ××× Bank for account of beneficiary available by sight draft has been received by and found acceptable to them.

当回头证开出时，应加列："This is a reciprocal Credit against... Bank Credit No... favoring... covering shipment of..."，即宣称对开证条款（Declaring Reciprocal Credit Clause）。

（四）循环信用证

循环信用证（Revolving Credit）是指信用证金额被全部或部分支用后可以恢复到原金额而被再次支用，直到规定次数或规定的总金额用完为止的信用证。

循环信用证适用于长期的每年要出运多次相同货物的包销或专卖合同。对于进口商，如果开立一个货物总价的信用证来支付，信用证金额就会很大，开证押金会占用许多资金，但如果每批货分别开立信用证，手续就会很多，循环信用证能解决上述矛盾。

循环信用证又可分为：

（1）按时间循环信用证。如果信用证规定 7、8、9 月份按月循环，那么 7 月份金额用完后，到 8 月 1 日信用证金额就复原以再次被使用。

（2）按金额循环信用证。这种信用证在规定的金额用完后就恢复到原金额以再次被利用。

（3）自动循环信用证。如果信用证中规定，信用证金额用完之后立即恢复，这种信用证就是自动循环信用证。

（4）被动循环信用证。即每期规定金额用完后，必须等待开证行的通知到达后才能恢复到原金额的信用证。

（5）半自动循环信用证。即每次支款后在预先约定的天数内开证行未提出停止循环使用的通知，即可自动恢复成原金额的信用证。

（五）预支信用证/红条款信用证

预支信用证（Anticipatory Credit）是指开证行授权出口地银行（通知行、保兑行或指定银行）在受益人交单之前对其预付部分或全部金额的信用证。由于授权预付的条款过去常用红字印出，以使之醒目，所以此类信用证也被称为红条款信用证（Red Clause Credit）。此类信用证常用于购买紧俏商品。为了在激烈的竞争中抢得货源，买方常常对卖方提供融资以示优惠。此外，很多预支信用证规定预支款用于资助受益人的出口包装费用，因而也将预支信用证称为打包信用证（Packing Credit）。此类预支款同打包贷款（Packing Loan）较相似，但有性质上的差异，因为预支信用证下的预付款得到了开证行的授权，预付银行的风险由开证行承担，最后由开证申请人，也就是进口商承担；而打包贷款未得到开证行的授权，风险皆由贷款行承担。

（六）假远期信用证

信用证中规定受益人开立远期汇票，但又规定“远期汇票可即期付款，贴现息和承兑费用由买方负担”。这种信用证被称为买方远期信用证（Buyer's Usance Credit），我国又称其为假远期信用证（Usance Credit Payable at Sight）。

使用买方远期信用证，对受益人来说，在交单议付后，议付行向开证行索偿可得到开证行的即期付款，并且不承担贴现利息和承兑费用，因而议付行对受益人的议付，也只需扣除一个邮程来回的利息和手续费，等同于即期汇票的议付。

案例 5-11

假远期信用证纠纷案

中国某出口公司与外商成交一笔出口货物。合同约定买方申请开立由买方承担贴现利息和有关费用、由开证行负责贴现的远期信用证。但来证中的规定与合同的约定并不完全一致。来证规定：“Discount charges for payment at 60 days are born by the buyers and payable at maturity in the scope of this credit”（60 天远期付款的贴现费用由买方承担，本信用证范围内的付款将在到期时支付）。试分析出口商贸然接受该信用证会有什么样的后果。

案例分析及相关知识点

第八节　信用证的国际惯例

一、《跟单信用证统一惯例》的形成过程

自 19 世纪 80 年代第一张信用证在英国出现以后，由于它在很大程度上能缓解双方相互不信任的矛盾，解决资金周转不安全问题，在世界范围内逐渐成为一种最为广泛的支付方式。但是，各国法律制度的差异和银行、保险、运输等制度和习惯的不同，导致了各个国家信用证当事人理解和操作上的差异，贸易争端时有发生，影响了信用证业务的推广和运用。

为了使信用证业务有一个统一的操作规范，国际商会于 1929 年在美国代表的提议下制定了《跟单信用证统一惯例》。国际商会于 1931 年组织专门小组对其进行了修改。其后，随着国际贸易的发展，该惯例不断暴露出一些新的问题，国际商会于 1951 年、1962

年、1974 年、1983 年、1993 年、2006 年又对其进行了修改。现行的《跟单信用证统一惯例》于 2006 年修订，并于 2007 年 7 月 1 日实施。目前，《跟单信用证统一惯例（2007 年修订本）》（UCP600）已被 170 多个国家和地区的银行接受，成为全球最重要的惯例之一。

二、UCP600 与 UCP500 的主要区别

UCP600 共有三十九条，其中第一条至第五条为总则部分，包括 UCP600 的适用范围、定义条款、解释规则和信用证的独立性等；第六条至第十三条明确了有关信用证的开立、修改、各当事人的关系与责任等问题；第十四条至第十六条是关于单据的审核标准、单证相符或单证不符的处理规定；第十七条至第二十八条是单据条款，包括商业发票、运输单据、保险单据等；第二十九条是关于截止日或最迟交单日的顺延问题；第三十条至第三十二条规定了有关款项支取的问题；第三十三条是关于交单时间的规定；第三十四条至第三十七条属于银行的免责条款；第三十八条是关于可转让信用证的规定；第三十九条是关于款项让渡的决定。UCP600 与 UCP500 的主要区别如下：

1. 增加了定义条款

UCP600 把分散在 UCP500 中的所有定义集中起来，形成了专门的定义条款。此条款包括通知人、申请人、银行工作日、受益人、相符交单、保兑、保兑行、信用证、兑付、开证行、议付行、指定银行、交单和交单人等十四个定义。其中兑付（Honor）的概念为新增加的概念，议付（Negotiation）的概念是修改后的概念。

2. 增加了单复数同义的描述

UCP600 第三条规定，在适用的条件下，词汇的单复数同义。这一条款是 UCP600 的新增条款。以前我们在阅读 UCP500 条款时，常会遇到诸如 Letter(s) of Credit, Documentary Credit(s), to accept draft(s), a waiver of discrepancy(ies) 等类似的描述，这对单复数的描述虽然严谨，但不够简洁。UCP600 对此作了明确规定，以后在单据的制作中，不必拘泥于单词的单复数形式，单复数同义。

3. 增加和明确了一些介词的含义

UCP600 规定，用于确定装运时期时，to、until、from 和 between 包括所述日期，before 和 after 不包括所述日期。用于确定到期日时，from 和 after 不包括所述日期。这与 UCP500 对介词用法的规定是不尽相同的。

4. 树立了新的审单标准

UCP500 项下单据的审核标准是“单证相符、单单一致”。单据表面是否相符以国际标准银行实务为依据。对于信用证上没有规定的单据，银行不予审核。如果银行收到此类单据，应退还或照转，但对此不承担责任。UCP500 还规定，银行自收到单据次日起，有 7 个银行工作日用于审核单据并决定是否接受。

UCP600 有关单据的审查标准与 UCP500 不尽相同。可以归纳为“单证相符、单单一致、单据必须满足其功能”，即单据除了和信用证条款、UCP600 规定、ISBP 细则一

致以外，还应该体现其应有的功能，例如产地证必须有产地国、装箱单必须有装箱细节等。单据内容的描述不必与信用证完全一致，但不得与信用证内容冲突。审单时间由原来的7个银行工作日缩短为5个银行工作日。

5. 关于申请人和受益人地址的规定

UCP600规定，当受益人和申请人的地址显示在任何规定的单据上时，不必与信用证或其他规定单据显示的地址相同，但必须与信用证中所述及的各自的地址来自同一国家。用于联系的资料（电传、电话、传真机、电子邮箱等）如作为申请人或受益人地址的组成部分将不予置理。然而，当申请人的地址及联系信息作为运输单据中收货人或被通知方详细地址的组成部分时，必须按照信用证的规定予以显示。

6. 关于不符点的处理

UCP600对有关不符点的处理与UCP500不尽相同。根据UCP600的规定，对有不符点的单据，银行有以下处理方法：（1）银行持有单据等待交单人的进一步指示；（2）开证行持有单据直至收到申请人放弃不符点的通知，并同意接受该项放弃；（3）银行将单据退回；（4）银行按照先前从交单人处收到的指示行事。

而按照UCP500的规定，银行对单据不符点的处理只有两种方法：（1）银行持有单据等候交单人的进一步指示；（2）银行将单据退回。

7. 关于运输单据的出具人

UCP600指出，货运单据可以由任何人出具，无须为承运人、船东、船长或租船人，只要其符合第十九条到第二十四条的要求。这一规定顺应了现代运输日益发展的要求，货代、船代、无船运输人都可以出具运输单据。在UCP500项下时，国际贸易界对运输单据的出具人资格长期争论不休。

8. 关于保险和保险单据的出具

根据UCP500的规定，保险单据从其字面上看，必须是保险公司或承保人或其代理人开立和签署的。除非信用证另有授权，银行不接受由保险经纪人签发的暂保单。由于暂保单内容比较简单，又不是保险契约的证明，所以一般不为进口商所接受。为了保护被保险人的权益，UCP600进一步规定，无论何人签发的暂保单都不能接受。

关于投保金额，UCP500规定，除非信用证另有规定，银行将接受的最低投保金额为信用证议付金额或发票金额的110%，两者取其较大者。这意味着如果信用证没有规定投保金额，银行将接受的投保比例为CIF或CIP价格的110%。UCP600则规定，如果信用证对投保金额未作规定，投保金额至少为货物CIF或CIP价格的110%，这意味着在未作规定的情况下，实际投保金额可以高出货物CIF或CIP价格的110%。

9. 关于可转让信用证的规定

与UCP500相比，UCP600关于可转让信用证的最大变化在于明确了第二受益人的交单必须经过转让行，这样就避免了第二受益人绕过第一受益人直接交单给开证行，损害第一受益人的利益。UCP600还规定，当第二受益人提交的单据与转让后的信用证一致，而因第一受益人换单导致单据与原证不符时，转让行有权直接提交第二受益人的单据给开证行。这项规定保护了正当第二受益人的权益，剥夺了第一受益人不当作为赚取差价的权利。

10. 对于转运的规定

UCP600 规定，各种运输单据，如多式联运单据，提单，不可转让的海运单，空运单据，公路、铁路或内陆水运单据，即使信用证禁止转运，注明将要或可能发生转运的，只要全程运输由同一运输单据所涵盖，仍可接受。这一规定顺应了现代物流运输日益发展的要求，避免了在使用 UCP500 时，受益人与议付行、开证行因为信用证禁止转运条款发生的无谓争论。UCP600 将多式联运单据摆在运输单据的首位，表明此种运输单据的使用越来越多。

11. 关于索偿与偿付的规定

根据 UCP600 第十三条“银行之间的偿付安排”的规定，如果信用证规定索偿行向偿付行获取偿付，必须同时规定该偿付是否按信用证开立时有效的 ICC 银行间偿付规则进行。如果信用证没有规定偿付必须按照 ICC 银行间偿付规则，则开证行必须给予偿付行有关偿付的授权，授权应符合信用证关于兑付方式的规定，且不应设立截止日；开证行不应要求索偿行向偿付行提交单证相符的证明。而在 UCP500 第十九条“银行间的偿付约定”中，没有明确规定要按 ICC 银行间偿付规则办理索偿与偿付。

12. 关于单据传递途中遗失的规定

单据在途中遗失常常会损害受益人的利益。UCP600 规定，如果指定银行确定交单相符并将单据寄送给了开证行或保兑行，无论指定银行是否已经承付或议付，开证行或保兑行都必须承付或议付，或偿付指定银行，即使单据在指定银行寄送开证行或保兑行的途中或保兑行寄往开证行的途中遗失。这是 UCP500 没有提及的规定，现在的规定无疑保护了受益人的应得利益。

三、《跟单信用证统一惯例关于电子交单的附则（版本 2.0）》变化解读

（一）eUCP 更新的背景

2019 年 7 月 1 日，国际商会《跟单信用证统一惯例关于电子交单的附则（版本 2.0）》（eUCP 2.0）正式生效，该版本是继《跟单信用证统一惯例关于电子交单的附则（版本 1.1）》（eUCP 1.1）后的首次更新。

根据 eUCP 2.0 的引言介绍，2017 年 6 月 6 日，国际商会银行委员会宣布将启动一个工作小组来评估国际商会现行规则的电子兼容性，以预测和跟进贸易融资的数字化进程。根据评估结果，国际商会银行委员会执委会授权成立起草小组，由高级技术顾问戴维·梅内尔（David Meynell）和加里·科利尔（Gary Collyer）担任联合主席，对 eUCP 1.1 版本进行更新，以确保其“持续的数字兼容性”。

2017 年 9 月 25 日，起草小组向国际商会各个国家委员会递交了 eUCP 2.0 的初稿并征求意见，此后起草小组又分别于 2018 年 3 月 20 日、7 月 20 日和 11 月 6 日递交了 3 次修订稿。在此过程中，起草小组共收到近 2 000 条反馈意见。经过上述四次修改后，

eUCP 2.0 形成了最终稿，并于 2019 年 1 月 31 日送交国际商会各个国家委员会进行投票。投票结果显示，有 50 个国家委员会进行了投票，但其中 1 票为过截止日期的投票，另外 49 票均赞成新版的 eUCP。

（二）eUCP 更新或变化的内容

总体来看，eUCP 2.0 在总的条目上增加了 2 条，从原来的 12 条增至 14 条；新增了包括“交单人”“数据变损”“数据处理系统”等定义；另外在具体条款内修订、增加了若干内容；另对部分条款及条款内容的顺序作了调换和优化。

1. 预先考虑事项

“预先考虑事项”（Preliminary Considerations）是 eUCP 新增的内容，强调了四方面的内容：（1）受益人的交单方式，不在 eUCP 范围内；（2）开证行向申请人提交电子记录的方式，不在 eUCP 范围内；（3）UCP600 中的定义，如 eUCP 未重新定义或修改，则继续适用；（4）在同意开立、通知、保兑、修改或转让 eUCP 信用证前，银行应确保其能审核 eUCP 信用证要求的电子记录。

2. 第 e1 条：eUCP 的范围

eUCP 1.1 在此条中仅有 a、b、c 三款，eUCP 2.0 新增了 d 款，阐明 eUCP 信用证必须注明开证行、指定银行及保兑行（如有）的实体地址，以及向受益人告知实体地址的时间。增加此款的目的，应该有两方面原因：一是根据 e2 条“eUCP 与 UCP 的关系”c 款，如果 eUCP 信用证只允许提交纸质单据，则 eUCP 信用证必须注明银行的实体地址以便受益人可以交单；二是根据 e6 条“交单”e（iii）款，在银行不能正常接收电子记录而尚待提交的电子记录只剩下结束通知时，结束通知可以电讯方式或纸质单据提交。在此种情况下，无疑需要在 eUCP 信用证中注明相关银行的地址，以备不时之需。

3. 第 e3 条：定义

总体来看，本条新增了四个定义，另外对三个定义作了补充性说明。

（1）新增定义内容。

第 a（iv）款“交单人”：交单人（Presenter），意指受益人，或者任何代表其向指定银行、保兑行（如有）或直接向开证行实施交单行为的人。在 UCP600 中，交单人被定义为“实施交单行为的受益人、银行或其他人”，显然，eUCP 2.0 对交单人的定义范围更小。

第 b（i）款“数据变损”：数据变损（Data Corruption），意指任何导致已提交的电子记录全部或部分不能读取的数据失真或丢失。变损（Corruption）其实不算是一个新的概念，eUCP 1.1 第 e11 条“电子记录在提交后变损”阐明了电子数据在提交后变损时各相关方的责任和义务，但并未说明什么是变损。eUCP 2.0 在定义中专门增加了此项定义，有助于实务对相关概念的界定。

第 b（ii）款“数据处理系统”：数据处理系统（Data Processing System），意指计算机化的、电子化的或任何其他自动化的方式，全部或部分地用以处理和操作数据、发起操作或应对数据电文或性能。

第 b（viii）款“再次提交”或“再次提交的”：再次提交（Re-present）或再次提交的（Re-presented）意指，替代或更新已经提交的电子记录。

（2）补充性内容。

第 a（iii）款“交单地点”：eUCP 1.1 关于此条的定义为，电子记录的交单地点意指一电子地址，但对于是什么电子地址没有明确说明。因此，eUCP 2.0 在电子地址前加入了限定条件“of a data processing system”，即数据处理系统的电子地址。

第 b（iii）款“电子记录”：eUCP 2.0 在原定义基础上，增加了“including，where appropriate，all information logically associated with or otherwise linked together so as to become part of the record，whether generated contemporaneously or not”表述，参考翻译为“必要时，包括逻辑关联的或因链接在一起而成为电子记录一部分的所有信息，而无论这些信息是否同时产生”。对于本款定义的新增内容，可以结合《关于审核跟单信用证项下单据的国际标准银行实务》（ISBP821）第 A24 条款理解，该条款指出：如单据包含不止一页，必须能够确定这些不同页属于同一份单据。除非单据另有说明，无论其名称或标题如何，多页被装订在一起、按序编号或含有内部交叉援引即满足要求，并将作为同一份单据进行审核，即便有些页张被视为附件或附文。

第 b（vii）款“收到”：相较于旧版本，eUCP 2.0 修改或增加了不少限定语。一是将旧定义中的“信息系统”（information system）修订为“数据处理系统”（data processing system），将“形式”（form）修订为“格式”（format），使定义更精确的同时，也使 eUCP 的上下文更一致；二是增加了数据系统的地点要求，“at the place for presentation indicated in the eUCP credit”，即要求必须是 eUCP 信用证规定的交单地点处的数据处理系统；三是强调了“收到确认”的来源，“generated by that system”，即必须是该数据系统所生成的“收到确认”信息；四是增加了“收到确认”的排除解释，旧版本中对于“收到确认”，仅指明“收到确认并不意味着对电子记录的接受或拒绝”，eUCP 2.0 则在此基础上进一步说明“并不意味着对电子记录的查看、审核、接受或拒绝”。

4. 第 e4 条

“电子记录和纸质单据与货物、服务或履约行为”这条内容为 eUCP 2.0 的新增条款，阐明银行不处理电子记录或纸质单据可能涉及的货物、服务或履约行为。本条内容可结合 UCP600 第 5 条理解，该条款即强调银行处理的是单据。本条内容是国际商会诸多规则的重要基石，强调信用证、保函等以银行信誉为担保的产品一经开立，银行与买卖双方的关系便独立于基础交易合同。

5. 第 e6 条：交单

本条目主要是对部分条款内容作了补充性的说明。

（1）第 c（i）款。

本款旨在说明“结束通知”这一内容，与 eUCP 1.1 相比，本款主要有两个变化：一是发出结束通知的义务人有变化。eUCP 1.1 规定，“the beneficiary is responsible for providing a notice to the bank to which presentation is made signifying when the presentation is complete"，即受益人有责任向接受交单的银行提供表明交单结束的通知。eUCP 2.0将"beneficiary"换成了"presenter"，即从"受益人"变成了"交单人"。此变化更加符合实务要求，毕竟受益人除亲自交单外，也可以授权他人代为交单，在其他人代为交单时，如仍然要求必须由受益人提交结束通知，显然给受益人与其代理人之间、受益人与交单行之间增加了沟通成本。

二是强调了结束通知的作用。对于银行来说，结束通知意味着两方面的内容：收到结束通知一方面意味着确认交单已完成，另一方面则意味着电子记录的审核期限即将开始。

（2）第c（iv）款。

本款是对"结束通知"的补充性内容，即指定银行向保兑行或开证行转递或提供电子记录时，无须发送结束通知。需要强调的一点是，无论指定银行是否按其指定行事，都不需要发送结束通知。

（3）第d（i）款。

eUCP 1.1要求在信用证项下提交的每份电子记录及纸质单据，必须注明据以交单的eUCP信用证，但是对注明方式未作规定。本条款对此作了补充性说明，即可以通过电子记录本身、附件的或添加的元数据或随附交单的面函作明确提及。

（4）第e（ii）款。

本款为新增内容，主要阐明当电子记录在eUCP信用证按相关规定的延展期限内提交时，指定银行必须在其面函中向保兑行（如有）或开证行声明清楚。本款可结合UCP600第29条"截止日或最迟交单日的顺延"b款理解，因保兑行（如有）或开证行不知晓电子单据延迟交付的原因，指定银行在面函中作相关申明有助于审核电子单据的相符性。

6. 第e7条：审核

本条目内，主要是对审单期限及单据无法审核时的拒付标准作了进一步明确。

（1）第a款。

本款其实是从eUCP 1.1第e7条"拒付通知"a款而来，将该条款从"拒付通知"项下转移至"审核"项下，更符合规则制定逻辑，从条目形式上与UCP600及ISBP821关于单据的审核标准相一致。

（2）第d（i）款。

本款阐明指定银行转递电子记录的行为表明其已确信电子记录的表面真实性。需要特别说明的是，eUCP 1.1要求"指定银行按其指定承付或议付"，eUCP 2.0则放宽了相关要求，即"无论指定银行是否按其指定承付或议付"。

（3）第d（ii）款。

本款为新增内容，主要阐明只要指定银行确定交单相符并向保兑行或开证行转递或提供这些电子记录，则无论指定银行是否已承付或议付，开证行或保兑行都必须承付、议付或偿付该指定银行。至于如果电子单据在指定银行与保兑行或开证行之间，或保兑行与开证行之间无法审核，也不影响开证行或保兑行对指定银行承付、议付或偿付。

对于本条的理解，可以结合UCP600第35条"关于信息传递和翻译的免责"。该条指出，即使单据在指定银行送往开证行或保兑行途中，或保兑行送往开证行途中丢失，开证行或保兑行也必须承付、议付或偿付指定银行。

7. 第 e8 条：拒付通知

与 eUCP 1.1 相比，本条内容更专注于拒付通知相关的要求，旧版本中的审单期限相关内容已被移至第 e7 条“审核”项下。

本条需特别注意的一点是关于纸质单据的退还方式，在 eUCP 1.1 中，银行应向交单人退还单据，而 eUCP 2.0 则应向拒付通知的被通知方退还单据。

8. 第 e10 条：出具日期

本条要求电子记录必须能证明其出具日期，与 eUCP 1.1 相比，本条删除了电子记录的发出日期、收到日期等容易引起歧义和模糊的地方，规则更加清晰明确。

9. 第 e11 条：运输

本条旨在说明证明运输的电子记录的日期问题，与 eUCP 1.1 相比，新版本涵盖了更多的货物运输状态。即从原来的货物装运和发送两种情况，扩大至装运、发送、接管和接收待运四种情况。本条内容可结合 UCP600 第 19 至 25 条关于不同运输方式的单据要求来理解。

10. 第 e12 条：电子记录数据变损

本条主要的变化内容在于第 b（iii）款，该款阐明了银行可将电子记录视为未曾提交的时限。与 eUCP 1.1 相比，判断时限的标准除 30 个日历日外，另增加了两条，即信用证到期日和最迟交单日。这三个日期中，以先到者为判定标准。

从逻辑上看，增加上述两条标准后更符合实务要求。无论超过信用证到期日还是最迟交单日提交电子记录，都将产生不符点。因此，当银行因数据变损要求交单人再次提交电子记录时，交单人必须在同时满足 30 个日历日、信用证到期日和最迟交单日内提交电子记录才有意义。

11. 第 e13 条：根据 eUCP 提交电子记录时的额外免责

本条增加了对银行的免责情形，即数据处理系统无法使用时产生的后果，银行概不负责。但是，需要特别注意的是，银行只能在非自己的数据处理系统无法使用时，才能免责。如果数据处理系统是银行自身的，银行仍然需要承担数据处理系统无法使用所导致的后果。

12. 第 e14 条：不可抗力

本条为新增条款，阐明银行对包括但不限于因天灾、暴动、骚乱、叛乱、战争、恐怖主义行为、网络攻击，或任何罢工、停工，或其无法控制的任何其他原因，无法访问数据处理系统，或设备、软件或通信网络故障导致的营业中断的后果，概不负责。

不可抗力条款已经是现代合约中的保留条款，国际商会现行的规则包括 URC522 第 15 条、UCP600 第 36 条及 URDG758 第 26

中国视角

我国信用证发展历程及
数字金融下的区块链
数字信用证应用

条等，均为不可抗力条款，旨在保护银行的合理利益。eUCP 2.0 新增此条款，再一次体现了国际商会相关规则内在的逻辑性和延续性。

本章小结

尽管在当今社会，新的结算方式层出不穷，但信用证依然是国际结算中最重要的支付方式。信用证以银行信用为基础，为国际贸易的参与方提供结算和融资的功能，极大地促进了国际贸易的发展，其在国际结算中的首要地位至今仍未动摇。

根据 UCP600 的定义，信用证是指一项不可撤销的安排，无论其名称或描述如何，该项安排都构成开证行对相符交单予以承付的确定承诺。在信用证业务项下，开证申请人与开证行的关系受信用证开立申请书的约束，开证申请人与受益人之间的关系受贸易合同的约束，受益人与开证行之间的关系受信用证本身的约束。

在信用证项下，开证行承担第一性的付款责任，所有交易方处理的是单据，而不是单据所代表的货物和服务，尽管信用证是以销售合同为基础开立，但一旦开立，便是一份独立的和自足的文件，不受销售合同的约束。信用证的基本当事人包括开证申请人、受益人、开证行、通知行、议付行、付款行、保兑行、偿付行。

进口商到银行申请开立信用证时，要提交信用证开立申请书，根据《标准跟单信用证格式》（ICC516）的范例，开证申请书包括 25 个项目。开证行开立信用证可以信开，也可以电开。电开包括简电开证、全电开证和 SWIFT 开证等方式。信用证业务的基本操作流程是：申请、开证、通知、议付、偿付、付款和赎单。开证行开立的信用证一般包括如下内容：信用证本身项、汇票项、货物描述项、单据要求项、运输细节项和其他项，其他项包括给议付行、承兑行、付款行的指示，开证行的承诺，以及本信用证受 UCP600 约束的申明等。

信用证有不同的种类。UCP600 实施后，可撤销信用证不复存在，所有信用证都必须是不可撤销的。出口商往往倾向于收到不可撤销的保兑信用证，确保从开证行和保兑行都能得到付款保障。四种基本的信用证类型是即期付款信用证、延期付款信用证、承兑信用证和议付信用证。付款信用证是终局付款，付款行付款后对受益人不再有追索权。议付信用证是有条件付款，议付后如果开证行不履行付款责任，议付行对受益人可以行使追索权。议付信用证包括自由议付信用证和限制议付信用证。当进口商对出口商的商品有长期的、定时的需求时，可以考虑开立循环信用证，循环信用证可以以时间或价值为基础开立。循环金额可分为累积循环和非累积循环。循环类型可分为自动循环、定期循环和通知循环。当在国际贸易中有中间商参与时，可转让信用证和背对背信用证有了存在和应用的必要。对于出口商提供装运前融资的有预支信用证，它又包括红条款信用证等。对开信用证一般用于易货贸易和补偿贸易，两个信用证会同时开立，其中第一个信用证的开证申请人就是第二个信用证的受益人。

关键术语

信用证　　《跟单信用证统一惯例》　　承付　　议付

相符交单	第一性付款责任	自足	开证申请人
受益人	开证行	通知行	承兑行
保兑行	索偿行	偿付行	预先通知
第一受益人	第二受益人	软条款	非单据化条款
电开信用证	信开信用证	简电信用证	全电信用证
光票信用证	跟单信用证	即期信用证	远期信用证
不可撤销信用证	保兑信用证	即期付款信用证	延期付款信用证
承兑信用证	议付信用证	循环信用证	可转让信用证
背对背信用证	预支信用证	红条款信用证	对开信用证

本章思考题

1. 什么是信用证？什么是自足性文件？
2. 什么是信用证的独立性和抽象性原则？
3. 进出口商的销售合同和开证行开立的信用证有什么关系？
4. 议付信用证和付款信用证的区别是什么？什么是承付？
5. 信用证的主要当事人有哪些？他们的权利和义务各是什么？
6. 信用证的四种基本类型是什么？指定银行包括哪些银行？
7. 信用证的主要内容有哪些？信用证业务的基本流程是什么？
8. 什么是假远期信用证？为什么从出口商的角度来看它是即期信用证？
9. 在什么样的情境下会使用到对开信用证、背对背信用证、循环信用证和可转让信用证？
10. 作为主要的国际贸易结算惯例，UCP600 和 UCP500 的主要区别是什么？
11. UCP600 对转让信用证做了什么与 UCP500 不同的特别规定？
12. 为什么预支信用证在有些情况下会被称为红条款信用证？

拓展阅读

保兑信用证是否一定比不保兑信用证好？

第六章
银行保函与备用信用证

学习目标

- 了解银行保函的定义、特点及其功能；
- 掌握银行保函的当事人及业务流程，熟悉银行保函的分类和使用背景；
- 掌握银行保函与备用信用证的相似点与不同点；
- 了解备用信用证的发展历史，掌握备用信用证的概念；
- 掌握备用信用证的种类，熟悉其一般操作流程；
- 掌握备用信用证和一般信用证的联系和区别；
- 熟悉备用信用证和银行保函的相似之处和不同之处。

在第五章，我们讨论和学习了信用证。第五章讲述的信用证是指运用于国际货物贸易的商业信用证。在商业信用证项下，开证行凭出口商提交的商业单据履行付款责任，商业信用证是一种跟单信用证，用于清偿国际贸易中产生的债权债务关系。双方交易中，如果一方对另一方的信用或实力不太了解而想寻求第三方的力量来促成交易，往往会请求第三方充当担保人，向一方（前者）担保另一方（后者）执行双方已签订的合同义务，甚至承诺在后者违约时承担一定的责任，这无疑会大大降低前者可能遭受的对方不履约风险，从而有助于交易的达成。在一个契约社会中，这种担保更多的是以书面的形式出现，所以称为担保函或保函。由于银行是最重要、渗透性最广最深且最易获得的信用部门，所以银行担保书（简称银行保函）是应用最广泛的保函。而备用信用证是用来保证开证申请人履行某项规定的义务，它的实质是一种银行保函，备用信用证也被称为担保信用证。

第一节　银行保函概述

一、银行保函的定义、特点及其作用

（一）银行保函的基本概念

银行保函（Letter of Guarantee，L/G）又称银行保证书，是指银行作为担保人向受益人开立的，保证被保证人一定要向受益人尽到某项义务，否则将由担保人负责补偿受益人损失的文件。有些国外教科书给保函所下的定义是："Guarantee is an agreement/a contract by which one person assumes the responsibility of assuring payment or fulfillment of another's debt or obligation"，即"一个人承担对另一个人债务和义务的保证契约"。

（二）银行保函的特点

（1）担保人的付款责任有时是第一性的，有时是第二性的。第一性付款责任，是指只要受益人满足了银行保函要求的条件，银行就应付款，而无须受益人先行向委托人索要，也无须理会委托方是否愿意支付。第二性付款责任，是指当委托人拒绝付款时，由银行担保付款，或者是在委托人违约时，由银行赔偿受益人的经济损失。值得注意的是，见索即付银行保函在内容上是属于第二性的，即强调在申请人违约的情况下，银行才有付款的责任；在形式上却属于第一性的，因为只要受益人能够提供保函中规定的书面索赔书和单据，银行就会履行付款或者赔偿责任，而无须征得申请人的同意。

（2）保函是不依附于合同的独立的保证文件。只要保函规定的付款条件已经具备，担保行就必须付款，而对合同是否执行不予过问，更不参加合同双方的争议或纠纷。实务中，虽然银行常常开出以执行或未执行合同作为付款前提的保函（如进口保函规定受益人按合同发货才能付款；出口保函规定申请人未按合同发货时才赔偿），但同时规定必须提供某种单据或证明，担保行在收到按保函规定出具的单据或证明时就必须付款，也许事实上合同并未执行。在这里，担保行和信用证的开证行或议付行一样，处理的只是单据或证明文件，而不是合同或货物；而且担保行对单据或证明的处理，也只是表面与保函的规定相符。

（3）保函是一种或有负债，即保函项下的支付不一定会发生，那些担保行仅负第二性付款责任的保函尤其是这样。只有在申请人违约时，担保行才付款或赔偿。

（三）银行保函的作用

银行保函的目的在于以银行信用为保证来监督委托人履行合约中的义务，维护受益人的经济利益，促使交易的顺利进行。其主要作用可以归纳为两点：一是对合约价款支付的保证作用，如付款保函、补偿贸易保函、租赁保函等都体现了保函的这一重要作用；

二是对合同义务履行的担保作用，同时用来作为当合同违约发生时，对受害方的补偿工具或对违约方的惩罚手段，体现这一作用的主要有投标保函、履约保函、质量保函和维修保函等。

二、银行保函的当事人及其权责关系

（一）银行保函的当事人

（1）申请人（Applicant），是指向开出保函的银行申请开立保函的合同当事人。申请书就是申请人与开出保函的银行之间的合同。申请人的责任是在相符索赔（满足“相符交单”要求的索赔）的情况下，担保行按照保函的规定向受益人作出赔偿后，向担保人偿付已赔款项。

（2）担保人（Guarantor），就是接受申请人的委托开出保函的银行，其通过保函向受益人承诺在相符索赔的情况下付款，然后向申请人提出索偿。

（3）受益人（Beneficiary），是指有权依据保函条款向开出保函的银行提出索赔的当事人。只要受益人按保函要求提交相符单据，便可要求担保人支付相应款项。受益人在对方不履行或不完全履行交易合同中规定的义务时，才根据保函中规定的条款提出索偿。

（4）通知行（Advising Bank），是指受担保行的委托将保函通知给受益人的当事人。在实务中，通知行通常由受益人所在地的银行承担，其与担保人建有印鉴密押关系，通知行的责任是核实保函表面的真实性，并不承担任何其他责任或支付。

（5）保兑行（Confirming Bank），是指对保函加具保兑的银行，保证担保人按规定履行赔偿义务。只有在担保行不按规定履行义务时才向受益人偿付，使受益人得到双重担保。

（6）转开行（Reissuing Bank），是指在担保人的保证下，按担保人的要求，向受益人开立保函的银行。转开行开立保函后，当发生符合保函规定条件的事件时，受益人只能向转开行要求赔付。转开行对受益人赔付后，有权向担保人索取赔偿款项。

（7）反担保人（Counter Guarantor），是指为申请人向担保人开具书面反担保函的人。反担保人的责任是保证申请人履行合同义务，同时向担保人作出承诺，即当担保人在保函项下作出付款承诺以后，担保人可以从申请人处得到及时、足够的补偿，并在申请人不能向担保人作出补偿时，负责向担保人赔偿损失。

（二）银行保函当事人之间的权责关系

1. 申请人的责任

（1）在担保行按照保函的规定向受益人付款后，委托人须立即偿还担保行垫付的款项。

（2）负担保函项下一切费用及利息。

（3）如果担保人认为有必要，应预支部分或全部押金。

2. 担保人的责任和权利

（1）一经接受开立保函申请书，就有责任按照申请书开出保函。

（2）一经开出保函，就有责任按照保函承诺条件对受益人付款。

（3）如果委托人不能及时偿还担保行已付款项，则担保行有权处理押金、抵押品、担保品。如果处置后仍不足抵偿，则担保行有权向委托人追索不足部分。

3. 受益人的权利

受益人按照保函的规定，提交相符的索款声明或/和有关单据后，有权向担保行索偿，并取得付款。

三、银行保函的内容

（一）银行保函的主要内容

银行保函的内容应清晰、准确，避免过多的细节。保函必须规定以下内容：

（1）申请人、受益人、担保行（完整名称和地址）。

（2）通知行。

（3）有关交易合同、协议，标书的编号、日期，供应货物的名称、数量，工程项目名称等。

（4）保函的货币名称、金额。

（5）有效日期。如果保函未规定效期，则保函一直有效，直到保函被撤销、赔偿完款项或减额至零为止。另外，根据 URDG758 第 25 条 C 款的规定，如果保函未规定效期，那么保函将自开立之日起三年之后终止。

（6）索赔条件，指赔偿时对提交单据的要求，如索赔书、支付声明以及其他单据。

（7）索赔办法，是指受益人向担保行提出的索赔方式（如信索或电索）和路线（是否通过通知行）等。

（8）赔付金额或最高赔付金额、支付货币和金额递减条款。

（9）索赔书或其他单据是否应以纸质或电子形式提交。

（10）担保行的责任（第一性付款责任或第二性付款责任）。

（11）费用的承担方。

（12）生效条款。一般是开出后立即生效，也有的是在一定日期后或某一事件发生后才生效。

（13）保函中规定的单据所使用的语言。

（14）适用法律或仲裁条款与规则。

（二）反担保函的主要内容

在业务实践中，反担保函的主要内容不会像银行保函那样具体，它不会包括各种细节的描述，而是包含一个总体的承诺。反担保函通常包括两个主要条款：授权指示条款和索偿条款。

授权指示条款举例如下：Please issue under our full responsibility your tender/performance/advance payment guarantee...（请贵方在我方承担完全责任的条件下开立投标保函/履约保函/预付款保函……）

索偿条款举例如下：In consideration of your issuing the said guarantee on our behalf, we hereby undertake to keep you reimbursed subject to the same condition as mentioned above upon our receipt of your claim declaring that you have been called upon to make payment under your guarantee, together with a copy of the beneficiary's demand on you...（鉴于贵行应我方委托开立了上述保函，我方兹承诺，当收到贵行对我方的索赔书，声明贵行已经在保函项下履行了担保付款责任，并随附有受益人对贵行的索赔书时，我方将按照保函中列明的同等条件对贵行偿付……）

反担保函的金额一般与保函的金额相等。反担保函有效期的订立通常要比原保函长15～30天，确保一旦受益人提出索赔要求，转开行有足够的时间在反担保函项下对反担保人提出索赔。

（三）银行保函的附属内容

1. 生效条款

除非保函有不同规定，否则保函自开立之日起生效。在预付款保函、履约保函和付款保函中，保函一旦生效，即使基础合同债务人履行合同义务的期限尚未到来，受益人也可以在保函项下对担保行提出索赔。为了避免这种风险，可以将保函的生效与担保的先决条件联系起来，或者在保函中对保函的生效作出专门规定。例如规定保函自开立之日起X天后生效或者保函自开立之日起X天内不得对担保行提出索赔要求。

生效条款举例如下：

• This performance bond will come into force only when the seller has received a letter of credit acceptable to him.（本履约保函在出口商收到可接受的信用证后开始生效。）

• The guarantee shall become effective as from the date when the applicant is in receipt of the first installment of the said advance payment, and the amount hereunder shall always correspond to the total advanced sum the applicant has actually received.（本保函自申请人收到如上所述预付款的第一笔付款后开始生效，本保函的金额将随着申请人实际收到的预付款数额而相应增加。）

2. 自动展期条款

投标保函与履约保函往往赋予受益人将保函展期的权利，即经受益人要求，保函有效期可以延长。在评标的日期或者最后完成的期限难以确定时，或者受益人和申请人、担保人在保函的有效期难以达成一致意见时，往往使用展期条款。与受益人企图要求无期限保函相比，展期条款有利于担保行和申请人。但是，展期条款也可能使申请人处于一种危险境地，因为受益人经过请求可以使保函无数次延长。虽然见索即付保函中没有展期条款，但申请人依然可能因为受益人提出展期的要求而面临同样的风险。

自动展期条款举例如下：

• This guarantee shall be automatically extended for another three months if the guarantor shall not have received by the end of the validity hereof, any confirmation from the beneficiary that it can be released from its obligation hereunder.（如果担保行在保函到期日

没有收到受益人的确认函，确认担保行的担保责任已经解除，本保函将自动展期 3 个月。）

• At the time during the period in which this guarantee is still valid, if the employer agrees to grant a time extension of the contract to the contractor, or if the contractor shall fail to complete the work within the time of completion as stated in the contract, or fail to discharge himself from the liabilities or damages, it is understood that this guarantee will be automatically extended under the same condition until we receive from you a declaration that it can be null and void and released by you.（在本保函有效期内，如果基础合同的业主同意给承包商合同延期，或者承包商没有在基础合同规定的日期完成工程项目，或者承包商的责任尚未解除，本保函将自动展期，条款与原保函一致，直到我方收到贵方声明，申明保函可以失效，承包商的责任已经解除。）

除了上述展期条款外，受益人可能要求更加苛刻的展期条款，如果担保行未展期，将对受益人予以赔付。示例如下：

• This bond is extendable for the period requested by the beneficiary. Should the guarantor not be able or willing to extend the validity hereof, or the applicant not provide the necessities of extension which leads to the guarantee not to be renewed, then the guarantor undertakes to pay immediately without any need for another demand of the said amount by the order of the beneficiary.（本保函应受益人要求的时期而展期。如果担保行不能或不愿，或者因为申请人未提供必需的条件而导致保函无法展期，受益人无须再行出具索赔书，担保行承担立即支付保函项下的金额给受益人的责任。）

3. 无条件付款条款（主债务人条款）

该条款保证，当受益人提交相符单据时，担保行承担第一性的付款责任；保证担保函是无条件的见索即付保函。条款示例如下：

• The beneficiary shall be the sole and final judge for deciding whether or not the applicant has duly performed his obligation of the contract, and we hereby undertake to pay you immediately upon receipt of your written claim notwithstanding any contestation, defence, or objection from the applicant and without it being necessary for you to produce or adduce any proof or any judicial or administrative proceedings whatsoever in support of your claim.（受益人作为唯一的和最终的评判者，决定申请人是否履行了合同义务。一旦收到贵方的索赔，不管申请人如何抗辩和反对，贵方都无须通过司法程序或行政程序提供任何支持索赔的证明文件，我方将毫不延误地对贵方予以赔付。）

• The guarantor is engaged to pay to the beneficiary any amount up to and inclusive of the aforementioned full sum upon written order from the beneficiary to indemnify him for any liability or damage resulting from the defects or shortcomings of the contractor, or the debts he may have incurred to any party involved in the works under the contract mentioned above, whether these defects or shortcomings or debts are actual or estimated or expected. The guarantor will deliver the money required by the beneficiary immediately without delay and without the necessity of a previous notice or of judicial or administrative proceedings, and without being proved to the guarantor the defects, or shortcomings or debts of the contract.（担保行一旦收到受益人的书面索赔，证明因为承包商的瑕疵或缺陷而导致其遭受损失，或证明其对合同项下的其他方产生的债务，不管这些瑕疵、缺陷、债务是实际已经存在的还是预计将要发生的，担保行都负有对保函项下上述全部金额的赔付责任。贵方无须预先通知担保行，无须启动法律和行政程序证明合同的债务、瑕疵、缺陷，担保行将毫不延误地支付所要求的款项给受益人。）

• We undertake to accept intimation from you as conclusive and sufficient evidence of the existing of a default or non-compliance as aforesaid on the part of the applicant and to make payment accordingly without being necessary for you to prove the correctness of your claim.（我行承诺将贵方的声明作为结论性的和充足的证据，证明申请人违约或其行为与合同规定的不一致，在贵方无须证明索赔正确性的情况下对贵方进行相应赔付。）

在有些情况下，主债务人条款也会被包括在保函条款中。举例如下：

• We hereby agree to stand as a primary obligor, and not merely as a surety to undertake...（我方同意作为主债务人，而不仅仅是保证人，承诺……）

• We undertake as a principal and not as an accessory debtor, to make payment of any amount due hereunder upon our receipt of written demand from the beneficiary.（一旦收到受益人提交的书面索赔文件，我方作为主债务人而不是附属债务人，将赔付任何应付款项。）

4. 担保责任不变条款

为确保保函的效力不受基础合同交易的影响，受益人可要求担保行在保函中加列条款，保证保函的所有条款和条件不被改变和添加。条款示例如下：

• We further agree that no change or addition to or other modification to the terms of the contract or of works to be preformed thereunder or of any of the contract documents, which may be made between the contract parties, shall in any way release us from any liability under this guarantee and we hereby waive our rights to ask for notice of any of such changes, additions or modifications.（我方进一步同意，任何在合同当事方之间发生的合同条款的变更及因为合同文件的变更所引起的合同工程的改变，都不会解除我行的担保责任，我方放弃发生变更要通知我行的权利。）

• The covenants herein contained constitute unconditional and irrevocable direct obligation of the guarantor. No alternations in the terms of the contract and no allowance of time or other forbearance or concession of any other act or omission by the beneficiary, which but for this provision might exonerate or discharge the guarantor, shall in anyway release the guarantor from any liability hereunder.（本合同包括担保行的无条件的、不可撤销的、直接的担保责任。任何合同条款的变更，受益人在时间上以及其他可以接受范围的让步，或因受益人原因所产生的任何疏忽而导致担保人担保责任的额外解除，都不会对担保人的担保付款责任产生影响，担保人仍负担其担保责任。）

• No waiver, extension of time, or modification of any terms or conditions of the agreement between you and the applicant shall in any manner detract from any of our obligation hereunder, nor in any manner whatsoever shall in any such similar actions between you and the applicant void this L/G.（任何权利的放弃、延期及你方与申请人之间协议条款的变更，都不会解除我方的担保责任，你方与申请人之间任何的类似行为都不会使本保函失效。）

案例 6－1

尾款保函主合同修改案

2021 年 2 月 22 日，中国 G 公司（进口商）与意大利 M 公司（出口商）签订合同，合同总价为 5 170 000 美元。合同规定货款结算采用“一、八、一”的结算方式，即合同签订后进口商先支付相当于合同金额 10%的预付款，出口商开立相应金额的预付款保函；进口商同时开立相当于合同金额 80%的进口信用证；设备到港后，进口商再开立相当于合同金额 10%的尾款保函，待设备安装调试合格并运行正常后，再支付保函项下的款项。

2022 年 2 月 29 日，H 银行应客户 G 公司的申请，在收取了 100%的保证金后，为其开立了上述合同项下的金额为 517 000 美元的尾款保函。

2024 年 1 月 8 日，意大利 M 公司传真 H 银行要求支付合同项下的尾款。同日，保函通知行 BANCA N，L BRANCH 也电传 H 银行，其电文为：“We are sending herewith attached docs concerning examination of a. m. yr bank guarantee for an amount of USD517 000 already unpaid by buyer. Please kindly pay without delay remitting funds through... We ensure you that the signature of M SPA（意大利 M 公司即保函受益人）are authentic and valid duly binding the company.”[随函附上买方尚未支付的金额为 517 000 美元的即期银行保函审查附件，请立即通过……汇款支付。我们保证意大利 M 公司（即保函受益人）的签名真实有效，对该公司具有法律约束力。]

H 银行接到保函通知行的电传，仔细与保函索偿条款核对无误后，立即通知 G 公司付款，G 公司以设备在使用过程中发现问题为由，要求 H 银行推迟付款。H 银行当即赶到 G 公司，解释银行必须在七天内付款，因为卖方的索偿完全符合保函的条件。G 公司负责人解释说，合同签订后，曾进行过一次修改，增加了一次设备验收，即在设备安装调试时有一次验收，在设备正常运转一年后又增加了一次验收，合同中尾款的支付条件也已改为两次验收合格后再支付。由于疏忽，经办人员没有对保函进行相应修改。设备第一次验收比较顺利，所以 G 公司项目负责人出具并签署了“The Certificate of Successful Commissioning”。该设备在第一次验收后运行了一段时间，第二次验收时发现了一些问题，G 公司轻信了外方专家的承诺，已在验收单上签字。目前公司正在与外方交涉，请银行一定先不要付款。H 银行对 G 公司的处境表示同情，并同意在最后一天即第七天付款，但第七天必须付款，请 G 公司谅解。第七天，H 银行对外付款。G 公司设备存在的问题，更换零件后也得到了解决，但 G 公司为此多付了 2 万多美元的费用。

案例分析及
相关知识点

5. 担保金额递减条款

银行保函项下担保行的付款责任并不总是一成不变的，它会根据基础合同的完成情况而有所改变。为了显示这种改变，担保行通常会规定在某些事项下保函金额的递减。条款示例如下：

The guarantee amount of the L/G shall be diminished automatically and proportionally in accordance with the value of each shipment as shown in the relevant invoice.（本保函的金额将根据商业发票上显示的已装运货物的价值而自动地、等比例地降低。）

在银行保函中，还有一种与担保金额递减相反的金额保全条款。示例如下：

Any payment hereunder shall be made free and clear of and without deduction，set-off for or on account of any present or future taxes，duties，charges，fees，previous debts，deductions or withholdings of any nature whatsoever and by whomsoever imposed，if such deduction or withholding is inevitable by whatsoever reasons，we promise to hold you compensated for the sum deducted or withheld so as to keep you always in the position to receive the whole amount of your claim.（任何保函项下的支付都是清晰的、无扣减的，不得扣除现有的或将来应付的任何税捐、关税、手续费、费用、先前债务、任何性质的由任何人加予的保留款。如果这种扣减不管因为什么原因是不可避免的，我方承诺对已扣减金额给予你方补偿，确保你方总是收到与索赔书金额相等的赔付款项。）

案例 6-2

保函未列担保金额递减条款多赔付案

国内A公司通过在美国的代理参与该国B公司（即保函受益人）的招标，并随后获得中标通知书，标书中规定货价为100万美元，货物分五次装运。于是A公司（即保函申请人）向C银行（即担保行）申请出具履约保函。担保行审核了有关材料后建议保函申请人A公司联系保函受益人B公司进行以下修改：

第一，标书规定的保函金额为合同货价的20%，比例过高，建议降至10%以下。第二，标书、合同中允许分批装运，建议保函中应当加列保函金额随申请人已经履约情况按照比例递减条款。第三，标书规定中标方（卖方A公司）接到中标通知书后就出具银行保函，然后与招标方（买方B公司）签署合同，招标方根据合同开立延期付款信用证。担保行建议与保函受益人联系，争取先签合同，在收到招标方开来的信用证后，再申请开立信用证项下的履约保函。

保函申请人A公司仅接受了担保行的第三条建议，要求B公司先开立信用证再开立履约保函。在收到保函受益人开来的信用证后，没有再理会担保行对保函的其他修改建议，要求担保行按照保函受益人B公司的要求开立了履约保函。随后，卖方A公司按合同规定运送了全部货物。接到保函申请人A公司货物运输完毕的有关说明后，C银行致电对方银行，要求确认保函失效并解除担保行责任，但随即就接到对方银行的回电：B公司已经递交正式函件，声明A公司违约，要求赔付全部保函金额，B公司所在银行要求担保行偿付，并已经开始计息。经了解得知，保函申请人的第三批货物到港晚了两天，为保函受益人提供了索赔的理由。为了挽回信誉，担保行不得不赔付保函金额20万美

案例分析及
相关知识点

元，并最终向保函申请人追索 20 万美元。

试分析如果保函申请人按照担保行的意见进行了保函修改，其赔付金额可以降低多少。

---

6. 保函退还条款

约旦、巴基斯坦和泰国等国家的法律规定，政府或准政府部门签发的保函，即使保函过期，受益人仍可以在保函失效后三年、五年甚至六十年后提出索赔。面对这种情况，担保行一般会在保函中加列退还条款。示例如下：

• Upon its expiration, this L/G shall be null and void, and shall be immediately returned to us for cancellation. Any action of maintaining the original of this guarantee or any of its amendment shall then give no right to the beneficiary for lodging any more claim hereunder.（保函到期后将自动失效，应立即退还我行注销。过期失效后，任何试图保留正本保函及其修改书的行为都将不会给予受益人进一步索赔的权利。）

7. 法律条款

该条款规定保函所适用的法律。不同国家有不同的法律，因而采用哪种法律作为适用法律就有规定的必要。为了保证保函有适用法律和司法判例，银行保函通常包括法律条款。示例如下：

• This guarantee is governed by the law of ×× Country, and is subject to the exclusive jurisdiction of the court of ××.（本保函受××国法律及××法庭司法判例的约束。）

• This performance bond shall be subject to the law of ×× Country, and the proceedings shall be executed exclusively in the court of ××.（本履约保函受××国法律的约束，在××法庭将仅适用该国惯例。）

第二节　银行保函业务的基本流程与种类

一、银行保函业务的基本流程

一笔银行保函业务从开立到结束一般经过以下几个环节，如图 6－1 所示。

对图 6－1 进一步解释如下：

①申请人向担保人提出开立保函的申请；

②申请人寻找反担保人；

③反担保人向担保人出具不可撤销的反担保保函；

④有时，担保人需要保兑行对其保函加具保兑；

⑤担保人将其保函寄给通知行/转开行，请其通知受益人或重新开立以受益人为抬头的保函；

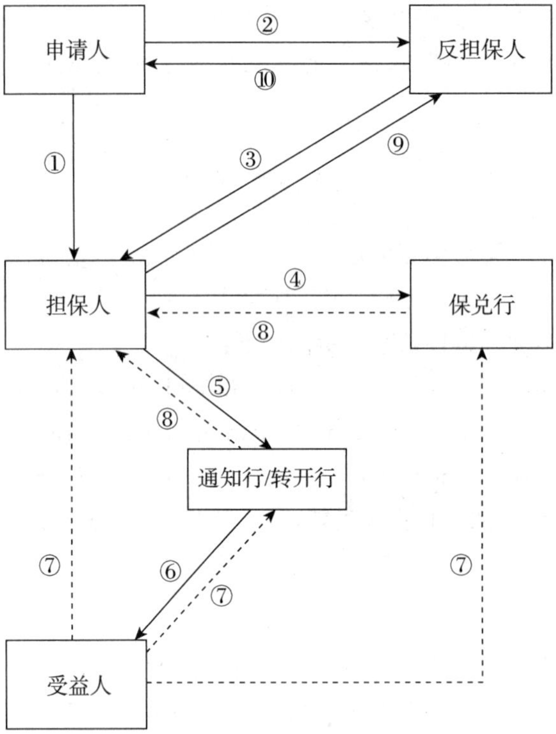

图 6-1　银行保函的基本业务流程

⑥通知行/转开行将保函通知或转开给受益人；

⑦受益人发现申请人违约时，向担保人或转开行或保兑行索赔；

⑧保兑行/通知行/转开行赔付后，向担保人索偿，担保人赔付；

⑨担保人赔付后，向反担保人索偿，反担保人赔付；

⑩反担保人赔付后，向申请人索赔，申请人赔付。

二、银行保函业务的种类

（一）出口类保函

1. 投标保函

投标保函（Tender Guarantee；Bid Bond）是指在以招标方式成交的购买和承建项目中，招标方为了达到制约各投标人行为的目的而要求投标人通过其银行所出具的一种书面保证文件，凭此文件担保行向招标方作出保证，保证投标人在其报价的有效期内不撤销、不改标、不更改原保价条件，并在中标后，按招标文件的规定在一定时间内与招标方签订合同并提交履约保函。

投标保函的目的是确保招标人在投标人提早撤标或修改标书或投标人中标后拒绝签署合同或拒绝更进一步的担保时，对投标人具有索赔权。投标金额在投标文件中约定，通常为投标工程金额的 2%～5%。投标保函的期限通常是短期的，招标方通常需要用比原先预想的多得多的时间来评估各方的标书，这时投标人就会被要求延长效期，而此种延期所内含的风险（如市场和价格结构的变化、通货膨胀等）也不用被低估。投标保函范例参见附样 6－1。

附样 6－1　　**投标保函范例**

投标保函

保函编号：______________

致：______________（受益人）

开立地点：______________　开立时间：______________

鉴于______________（申请人名称）（下称“投标方”）根据你方______________号招标书（下称“招标书”）于____________（日期）递交投标书，应投标方申请，我行在此开立以你方为受益人的不可撤销担保函，担保最高金额为招标标值的__________%，即__________________（担保币种、金额）（大写金额______________）。

我行在此保证，当发生下述任何一种情况时，在收到你方索付通知书和说明投标方违约的陈述后，立即向你方支付______________（担保金额）：

（1）投标方递交标书后，在招标的有效期内撤标；

（2）投标方在通知中标后未能按照招标书的规定同你方签署合同；

（3）投标方中标后，未能按照招标书的规定递交履约保函。

本保函从招标结束之日起生效，至开标之日后 15 天失效。如果投标方中标，则本保函效期自动延长至投标方与你方签署合同并提供了规定的履约保函时止。

本保函下的索付和陈述必须以书面作出，有你方银行见证，并在保函效期内通过我方代理行送达我行。本保函到期后自动失效，无论保函是否退回我行注销，在保函效期后收到的任何索付与陈述均无效。

本保函不可转让或让渡。

担保人：______________银行

法定地址：____________________________________

有权签字人签字：______________________________

案例 6－3

投标保函效期敞口案

某年，保函申请人 J 公司参加法国 B 公司（受益人）的购买设备竞标，并要求 A 银行（担保人）向 B 公司出具投标保函。保函有效期规定：“This guarantee will remain in force up to including 30 days after the period of bid validity. This guarantee is extendable for the period of requested by the beneficiary. If the guarantor not be able or willing to extend the validity hereof, then the guarantor undertakes to pay immediately the said guaranteeed amount to the beneficiary.”（保函将在投标生效后的 30 天内有效，此保函可依受益人所要求的期限而延展，若担保人未能或不愿意办理展期，则担保人在此许诺立即向受益人赔付此保函的担保金额。）银行在未修改该保函条款也未审查招标文件的情况下，对外出具了保函。

由于 B 公司一直无法落实购买货物所需资金，开标后难以定标，在原标有效期届满之前，B 公司延长了招标有效期，同时要求 J 公司延长投标保函效期。

案例分析及相关知识点

A 银行出具的保函由于作出了“要么展期，要么赔款”的明确保证，被迫办理了保函的展期手续，使保函有效期一拖再拖。最后，由于国际市场变化，J公司无法按原报价成交，否则，亏损额将远远超出保函项下的索赔金额。展期后的保函到期后，J公司不同意继续展期，被迫给A银行交付了保函金额的款项，A银行对外赔付。

---

2. 履约保函

顾名思义，履约保函（Performance Guarantee；Performance Bond）即要求担保供货方、劳务承包方诚信、善意、及时地履行合约，倘若这些履行责任者日后未能按合约的规定及时发运货物、提供劳务或完成所承建的工程，以及未能履行合约项下的其他义务，则担保行将向买方或业主支付一笔不超过保函金额的罚款，作为对其损害的补偿及作为对供货方或劳务承包方的惩罚。

履约保函开立的目的之一是用以确保当卖方交货违约或未能完成履约合同条款时，买方对卖方保留索偿权。保函金额按合同约定，通常为合同总金额的5%～20%。保函有效期一般为自合同签订之日起直至合同完成。履约保函范例参见附样6-2。

附样6-2 **履约保函范例**

履约保函

我行编号：____________________
开立日期：____________________
致：××××（以下简称“业主”）
地址：××××

本保函是××公司，地址：××（以下简称“承包方”），与业主于××年××月××日签订的××合同（合同编号：××××）（以下简称“合同”）项下的履约担保。

××银行股份有限公司××分行，地址：××（以下简称“我行”），以及它的继承人、受让人无条件地、不可撤销地并放弃追索权地保证支付业主金额为××（大写××），即合同总价××%（百分之××）的款项，并以此约定如下：

（1）当承包方未能忠实地履行合同项下的义务以及此后合同双方同意的对合同的有效修改、补充和变动（以下简称“违约”），我行将在收到业主签署的声明承包方违约的书面索赔通知纸质原件及本保函正本原件后，按业主要求的方式支付给业主累计总额不超过上述担保金额的款项。

（2）按上述约定支付的金额将是净数，不得扣除现在或将来应付的任何税捐、关税、费用、手续费或任何性质的由任何人加予的保留款。

（3）本保函的规定是我行无条件的、不可撤销的直接义务。合同条款的修改以及业主所允许的时间改变或其他任何让步，除非此项变更会减轻我行的担保责任，否则不能改变我行在本保函项下的责任。

（4）本保函自开立之日起生效，至××年××月××日止失效（以下称“有效期”）。本保函项下的任何书面索赔通知纸质原件及索赔时需提交的本保函正本原件必须在本保函有效期内我行营业时间结束前送达我行上述地址。

（5）未经我行书面同意，本保函不可转让，我行对除业主以外的任何第三人不承担任何责任。

（6）本保函不可转让和让渡。

担保人：____________________银行
法定地址：____________________
有权签字人签字：____________________

案例 6-4

履约保函纠纷案

出口商H公司与进口商D公司签订了金额为87万美元的货物买卖合同，支付方式为T/T，同时合同要求“样品需交由D公司确认”。进口商D公司要求出口商H公司出具银行保函，担保合同的履行。K银行（担保人）应H公司的申请开立履约保函。考虑到H公司是大型国有公司，K银行并未向其收取保证金，只是落实了有关财务抵押措施。该保函规定：“……若因H公司主观原因导致未能按合同约定的最迟装运日期装船装货，银行保证赔款；该保函自签发之日起有效，保函生效后180天或申请人装船后保函失效，以较早者为准。保函金额为87万美元，与买卖合同金额相等。”

合同生效后不久，H公司告知K银行，D公司对H公司的样品无端指责，过分挑剔，总是不予确认。在交货期临近时，K银行建议H公司立即要求D公司延长装运期。但D公司既不确认样品，也不同意延长装运期，并坚持若不按期交货则按违约处理。装运期过后，K银行收到D公司的索赔电传，称H公司未按合同规定的最迟装运日期交货，K银行必须在7日内赔偿。K银行立即与H公司联系，H公司表示，未能按时装船不是由其主观原因所致，而是D公司故意刁难，H公司样品完全达到了合同规定的标准，并随附了中国检验检疫机构出具的检验证明。K银行据此电复D公司：(1) 中国检验检疫机构已经出具了样品符合合同规定标准的检验证明，D公司不确认样品是造成H公司无法装船交货的主要原因。因此，H公司未按合同规定的最迟装运时间装船交货，不是由其主观原因造成的。(2) 对于买卖合同的纠纷，建议双方协商解决，对于样品是否符合标准的争论，如果双方协商不成，可以诉诸法律，请求法院裁决，银行暂不承担赔偿义务。经过多次协商，买卖双方终于达成协议，签订新的合同，进口商暂不索赔，原保函失效。

案例分析及相关知识点

3. 预付款保函

预付款保函（Advance Payment Guarantee）又称还款保函（Repayment Guarantee）。在买卖合同中还可称为定金保函（Down-payment Guarantee）。在大额交易中，买方或业主须在合约签订后的一定时间内，向供货方或劳务承包方支付一笔相当于合同价款之一定比例的预付款作为合约的启动资金或动员费用，由于这笔金额系对履约责任者在履约之前所作的预先支付，买方或业主为了避免日后由于这些履约责任者拒绝履约或无法履约却又不予退款而无端遭受损失，常常会要求供货方或劳务承包方在买方或业主实施支付之前的若干天内通过其银行开出这种还款保函。

4. 质量保函/维修保函

质量保函/维修保函（Warranty Guarantee）是指担保行就合同标的物的质量所出具的一种担保，凭以保证供货方提供的货物和承包方所承建的工程项目在一定时间（即保修期或维修期）内符合合同所规定的规格和质量标准。质量保函/维修保函范例参见附样6-3。

附样 6-3 **质量保函/维修保函范例**

Warranty Guarantee

Warranty Guarantee No. ____________

We have been informed that __________ (name of the principal) with registered address at ________ (location of the principal), has entered into contract No. __________ dated __________ with you, for the supply of ___________ (description of goods and/or services). Furthermore, we understand that, according to the contract terms, a warranty guarantee is required.

At the request of the principal, we, ××× bank, hereby irrevocably undertake to pay you sums not exceeding in an amount of ___________ (amount in figures), say (amount in words) upon receipt by us your first demand in wiring and your written statement stating that the principal is in breach of his obligation under the underlying contract, or the respect in which the principal is in breach.

Your demand for payment must also be accompanied by a third party documents/arbitration award or court judgment justifying that the principal is in breach of his obligation under the underlying contract. Any demand for payment must contain your signatures which must be authenticated by your bankers.

This guarantee shall expire on ___________, consequently...

This guarantee is subject to the Uniform Rules for Demand Guarantees (ICC Publication No. 758).

（二）进口类保函

1. 付款保函

付款保函（Payment Guarantee）是对合同某一方在合同项下的付款责任所作出的担保。它是由买家或业主通过其银行向卖方或承包方出具的一种旨在保证货款支付或承包工程进度款支付的付款保证。付款保函的作用即保证买方或业主履行其对合同价款的支付义务。

案例 6-5

见索即付保函判定案

P 与 B 签订了一份建筑合同，应 P 要求，G 银行开出以 B 为受益人的保函。

（1）保函规定："如果 P 未能履行上述合同项下的契约责任，我行保证赔付你方之损失，最高金额不超过 1 000 万欧元。"（In the event of P defaulting in performance of its obligations under the above mentioned contract (the construction contract) we will pay you the amount of your loss up to a maximum of EUR 10 million.）

（2）保函规定："我们保证凭首次书面要求向你方支付索款要求的金额，最高不超过 1 000 万欧元的款项。"（We undertake to pay you on first written demand the amount specified in such demand up to a maximum of EUR 10 million.）

上述保函属于《见索即付保函统一规则》的适用范围吗？

案例分析及相关知识点

2. 租赁保函

租赁保函（Lease Guarantee）是承租人根据租赁协议的规定，要求银行向出租人出具的一种旨在保证承租人按期向出租人支付租金的付款保证承诺。租赁保函范例参见附样 6-4。

附样 6－4　　租赁保函范例

Lease Guarantee

Lease Guarantee No. ________

We refer to the lease agreement No. __________ between you (the Lessor) and _______ (the Lessee) in respect of __________ (description of leasing of goods or equipments).

We, ××× Bank, at the request of the Lessee, and in consideration of the Lessor entering into the Lease, issue this irrevocable letter of guarantee for an amount not exceeding __________ (amount in figures), say __________ (amount in words) . Should the Lessee fail to pay the rent within the time limit as stipulated in the lease agreement, we undertake to pay the rent within __________ business days after receipt of your first written demand to the extent of the amount of guarantee for the unpaid amount. Such demand for payment must contain your signatures which must be authenticated by your bankers.

The amount of this guarantee shall be automatically reduced in proportion to the sum that has already been paid.

This guarantee shall become effective...

This guarantee is subject to the Uniform Rules for Demand Guarantees (ICC Publication No. 758).

（三）其他类保函

1. 借款保函

借款保函（Loan Guarantee）是指银行应借款人的请求向贷款人或贷款银行作出的一种旨在保证借款人按照借贷合约的规定按期向贷款方归还所借款项以及支付贷款利息的付款保证承诺。一旦出现借款人因某种原因（如破产倒闭、资金周转困难等）而无力偿还时，担保银行将负责履行偿债的职责。借款保函范例参见附样 6－5。

附样 6－5　　借款保函范例

Loan Guarantee

Loan Guarantee No. ________

Referring to the loan agreement dated __________ between you and __________ (hereinafter called the borrower), we hereby issue this irrevocable letter of guarantee in favor of yourselves.

We, the ___________ bank (hereinafter called the guarantor), hereby irrevocably and unconditionally guarantee the punctual payment of any sum not exceeding in total amount of ________ (amount in figures), say ________ (amount in words) (maximum guaranteed amount, inclusive of the principal, interest accrued from the principal and relevant banking charges payable by the borrower in accordance with the provisions of the loan agreement) . We shall, within __________ business days after receipt of your written demand, pay the amount stated in such demand in __________ (name of the currency).

All payments under this guarantee shall be made without set-off or counterclaim and without any deductions or withholdings for any present or future taxes. If any deduction or withholding is required to be made from any such payment, we shall together pay such additional payment as is necessary and permitted by Taxation Laws of P. R. C. to ensure that you will receive the full amount due to you.

The guaranteed sums will be reduced correspondingly as and when payments thereof are made by the borrower pursuant to the loan agreement or by the guarantor. When the guaranteed sum has been paid in full by the borrower or the guarantor, the guarantee shall automatically cease to be in force and shall be returned by the lender to the guarantor for cancellation.

Any amendment or modification of, or extension or renewal with respect to the loan agreement could only be made at our prior written consent.

Each notice and communication hereunder shall be made in English language and shall be made in writing by telex, SWIFT or letter. Each notice or communication shall be deemed duly given or made when dispatched (in the case of letter) or when dispatched and the appropriate answerback received (in the case of telex or SWIFT). All notice to us shall be sent to ____________ (address of the guarantor).

This letter of guarantee, including all matters of construction, validity and performance, shall be governed by and in accordance with the laws of P. R. C.

All disputes arising from the execution or in connection with this letter of guarantee shall be submitted to ____________ (name of the agreed institution) for arbitration in accordance with its rules for procedures. The arbitral award is final and binding upon all parties. The fees and expenses of the arbitration proceeding must be paid in the manner and proportions stated in the written arbitral award of the arbitrators.

This letter of guarantee shall become effective from its issuing date subject to your notice to us advising the Loan Agreement No. ____________ and the date on which the loan agreement becomes effective. The letter of guarantee shall expire on the date on which all payments and other amounts due under the loan agreement have been paid in full. Anyway all claims under this letter of guarantee must be received by us at this office on or before ____________ after which date this letter of guarantee shall automatically become null and void, whether it is returned to us or not.

This guarantee is subject to the Uniform Rules for Demand Guarantees (ICC Publication No. 758).

2. 关税保付保函

关税保付保函（Duty-free Guarantee）又称海关免税保函、海关保函（Customs Guarantee）以及临时进口保函（Temporary Importation Guarantee）。此类保函通常于劳务承包业务项下发生，有时也运用在国内企业、团体在海外举办的各种展览、展销、博览会等业务中。在对外承包工程建设中，往往会需要承建人将大批施工机具、车辆、材料等运进工程所在国，待工程竣工后再行撤离。对于这种临时进口的行为，为了减少退税的麻烦和资金的占压，工程所在国海关或展览会举办国海关一般都接受承建人或出展人通过其银行出具的这种海关保函，凭此同意货物暂时免税入关。如日后发生免税人入关的施工机具、材料及车辆等被转卖或展品被销售的情况，将保障承建人或出展人照章补纳税款。关税保付保函范例参见附样 6－6。

附样 6－6 **关税保付保函范例**

Customs Guarantee

Customs Guarantee No. __________

At the request of ____________ (hereinafter called the principal), we, ____________ Bank, issue this letter of guarantee on our full responsibility in favor of customs to the extent of ____________ (amount in figures), say ____________ (amount in words), to ensure that the exhibition delegation of the principal will pay customs duties for the items sold at ____________ export commodities exhibition in Frankfurt according to the customs regulations of Germany.

This letter of guarantee shall be valid as from its issuance date until 1st Feb., 2024. The guarantee amount under this letter of guarantee shall be automatically reduced according to the payment of customs duties effected by the delegation of the principal to Frankfurt Customs.

We hereby undertake to pay you, if the exhibition delegation of the principal fails to pay the necessary customs duties for the items sold, the sum not exceeding the above-mentioned guarantee amount or any balance under this guarantee upon our receipt of your written demand together with a photocopy of the customs invoice lodged by Frankfurt Customs within the validity of this letter of guarantee. Claims, if any, must reach us before or on the expiry date.

This guarantee is subject to the Uniform Rules for Demand Guarantees (ICC Publication No. 758).

3. 账户透支保函

账户透支保函（Overdrawn Guarantee；Over-draft Facility Guarantee）是指银行对另一家银行或金融机构给予保函申请人的透支便利作出的偿还责任担保。账户透支保函范例参见附样6－7。

附样 6－7 **账户透支保函范例**

Overdraft Guarantee

Overdraft Guarantee No. ________

At the request of __________ (hereinafter called the principal), we, __________ Bank, hereby issue this letter of guarantee on our full responsibility in favor of you to the extent of __________ (amount in figures), say __________ (amount in words), for the purpose of your providing overdraft facility to the account held by the principal. We hereby undertake to refund you, should the principal fail to repay you the overdue amount which has been overdrawn on the A/M account, the amount not exceeding the above-mentioned sum upon our receipt of your written demand within the validity of this guarantee.

This guarantee shall become effective from the issuing date and expire on 20th Aug., 2024. Consequently, any demand for payment under it must be received by us at this office on or before that date. Upon expiry, this guarantee shall automatically become null and void whether or not it is returned to us for cancellation.

This guarantee is subject to the Uniform Rules for Demand Guarantees (ICC Publication No. 758).

4. 保释金保函

保释金保函（Bail Bond；Bail Guarantee）是指银行开出的一种旨在保释由于海事纠纷、运输合同及贸易合同纠纷、因牵扯到某一其他案件而被法院或港务当局扣留的船只或其他财产，以法院、原告或港务当局以及其他有关的债权人或利益受损方为受益人的带有抵押性质的担保付款文件。

三、银行保函与一般跟单信用证的比较

（一）银行保函与跟单信用证的相同点

银行保函与跟单信用证都是由银行根据申请人的要求开出的，同属于银行信用，银行在跟单信用证与保函项下处理的都是单据而不是货物。

（二）银行保函与跟单信用证的不同点

（1）从银行付款的角度来说，在银行保函项下，当申请人违约时，担保行一经收到受益人的书面索赔及证明申请人违约的声明即须付款（除非保函另有规定）；而在跟单信用证项下，开证行则凭完全与信用证条款相符的单据（如提单、发票、装箱单、保险单等）付款。

（2）从银行的责任来说，银行在跟单信用证项下的付款责任是一样的，而在保函项下的付款责任既有第一性的，也有第二性的。在担保的付款类保函项下，银行承担第一性的付款责任，而在担保履约赔偿金的信用类保函项下，银行承担第二性的付款责任。

（3）从使用范围来说，保函既可作为独立的法律文件，又可作为合同的从属文件对商业信用进行补充。而信用证只是一种支付方式，是独立于合同之外的银行信用，故保函的应用范围比信用证广泛。

（4）跟单信用证遵循的国际惯例为国际商会的《跟单信用证统一惯例》，而银行保函除了《见索即付保函统一规则》，目前尚没有国际公认的准则。

（5）跟单信用证项下所支付的款项均为货物价款，而保函项下支付的款项既可以是合同价款，也可以是履约赔偿金或退款。保函从属性上可以分为两种：一种是担保支付货款的付款性保函，这与信用证的特点一样，同为结算方式之一；另一种是担保在申请人违约或在受益人履约情况下作出赔付的信用性保函，这个作用超出了跟单信用证的使用范围。

（6）跟单信用证项下的付款有多种形式，根据信用证的性质、种类明确注明，如主动借记、授权借记、向第三方索赔、请其贷记等；而保函项下的索赔只有一种，即担保人见单后根据受益人的要求付款。

（7）跟单信用证的到期地点可以是受益人所在地、开证行所在地或付款行/承兑行/限制议付行所在地，而保函的到期地点一般均为担保行所在地。

（8）跟单信用证项下要求的单据通常为货运单据及其相关单据，而保函项下的单据既可以是货运单据，又可以是其他证明文件，或受益人出具的书面索偿函等。

第三节　备用信用证概述

一、备用信用证的定义

备用信用证（Standby Letter of Credit），简称备用证，是一种特殊形式的信用证。国际商会第 515 号出版物《国际商会跟单信用证操作指南》对备用信用证的定义如下：

备用信用证是一种跟单信用证，或者类似的安排，无论其如何命名和描述：

（1）偿还开证申请人的借款或预付给开证申请人或支付款项给开证申请人；

（2）对开证申请人承担的债务进行支付；

（3）对开证申请人履行合同的违约行为进行支付。

备用信用证通常用于投标、还款、履约保证金的担保业务。在备用信用证项下，只要受益人向指定银行提交备用信用证规定的汇票及/或开证申请人未履约的声明或证明文件，即可取得开证行的偿付。以前将备用信用证归类于光票信用证，但在《跟单信用证统一惯例》1983 年修订后，正式将备用信用证纳入了该惯例，属于跟单信用证的一种形式。按照该惯例的有关解释，所谓“跟单”是指除汇票、本票、支票之外的所有单据，而不仅仅是装运单据。违约证明也是一种单据，因此备用信用证也属于跟单信用证。

1984 年实施的 UCP400 和 1994 年实施的 UCP500，尽管把备用信用证和商业信用证统称为信用证，但其只是将备用信用证作为信用证的类别之一，且“只在适用范围内”可用。随着备用信用证的推广，其与商业信用证在功能上的差异日益明显，误解及纠纷日益增多，迫切需要对其进行规范。由美国银行法律与惯例协会起草的适合备用信用证的规则《国际备用证惯例》（ISP98）于 1999 年 1 月 1 日生效，于 2007 年 7 月 1 日颁布实施的 UCP600 也规定其可适用的范围包括备用信用证。

二、 备用信用证的性质

（一）不可撤销性（Irrevocable）

备用信用证一经开立，除非有关当事人同意或备用信用证内另有规定，开证人不得撤销或修改其在备用信用证项下的义务。

（二）独立性（Independent）

备用信用证一经开立，即作为一种自足文件而独立存在。其既独立于赖以开立的申请人与受益人之间的基础交易合约，又独立于申请人和开证人之间的开证契约关系。基础交易合约对备用信用证无任何法律约束力，开证人完全不介入基础交易的履约状况，其义务完全取决于备用信用证条款和受益人提交的单据表面上是否符合这些条款的规定。

（三）单据性（Documentary）

备用信用证也有单据要求，并且开证人付款义务的履行与否取决于受益人提交的单据是否符合备用信用证的要求。备用信用证的跟单性质和商业信用证并无二致，但后者主要用于国际贸易的货款结算，其项下的单据以汇票和货运单据为主；而备用信用证则更普遍地用于国际商务担保，通常只要求受益人提交汇票以及声明申请人违约的证明文件等非货运单据。

（四）强制性（Enforceable）

不论备用信用证的开立是否由申请人授权，开证人是否收取了费用，受益人是否收到并相信该备用信用证，只要其一经开立，即对开证人具有强制性的约束力。

案例 6－6

备用信用证本身条款存在瑕疵案

一份不可撤销即期付款备用信用证规定由开证行即期付款，并在开证行柜台到期。该备用信用证要求以下单据：

（1）以开证行为付款人的即期汇票；

（2）未付款的商业发票副本；

（3）受益人所授权的代表签发的证实所附发票已过期 30 天，并要求申请人付款的声明。

备用信用证到期前五天，申请人通知开证行，申请人不欠受益人任何未付发票，因此开证行不必支付备用信用证项下的款项。

案例分析及相关知识点

备用信用证到期前一天，受益人向开证行提交了备用信用证项下所要求的单据。开证行审单后，向受益人支付了备用信用证项下的款项，并借记申请人账户。申请人对开证行借记其账户提出异议，认为先前已通知开证行其不欠受益人未付发票，开证行没有按照其指示办理，不应该支付该备用信用证项下的任何款项。申请人要求开证行立即贷记其账户，但被开证行拒绝。

三、备用信用证的基本当事人及业务流程

（一）备用信用证的基本当事人

1. 开证申请人

开证申请人是指申请开立或代理他人开立备用信用证的一方当事人。具体来讲，包括以自身名义为自己申请开立信用证的人和代他人以自身名义开立信用证的人。

有时实际申请开立信用证的申请人并不是备用信用证表面所注明的开证申请人。当这两个申请人不同时，ISP98 所定义的申请人不仅包括备用信用证表面所列出的申请人，还包括实际申请人。

2. 开证行

开证行是指开立备用信用证的银行。开证行承担向受益人兑付表面上符合信用证条款的单据的义务。

3. 受益人

受益人是指在备用信用证项下有权支款的指明当事人，包括可转让信用证项下的“受让受益人”。

交单人是指作为或代表受益人或其指定的人提交单据的人。具体来讲，交单人主要包括两种：一是为自己向开证行或被指定银行提交单据要求付款的受益人；二是代表受益人提交单据要求付款的机构。

4. 通知行

通知行是指向受益人通知备用信用证的银行。通知行在通知信用证时，应已按照《跟单信用证统一惯例》检查并确认了信用证的表面真实性，并应正确反映其所收到的内容。

当通知行被指定去通知开证行的备用证时，仅被允许通知备用证而不允许改变备用证的内容。如果通知行错误地通知了备用证，开证行将不受被错误通知信用证条款的约束，而由通知行承担责任。如果通知行决定不通知信用证，必须毫不延误地告诉发出指示的一方。

5. 保兑行

保兑行是指经开证行指定在开证行的承诺上加上其自身对备用信用证的承付保证的银行。保兑行的责任与开证行的责任相分离，保兑行负有与开证行相同的责任和义务，保证备用证获得双重担保。根据 ISP98 的规定，存在保兑行时，当未明确规定单据应提交开证行还是保兑行时，交单人可以任意选择。

6. 转开行

转开行是指接受反担保行[①]的要求，向受益人开出备用信用证的银行。转开信用证通常是根据受益人国家政府或法律的规定及受益人的要求进行，其目的是使海外担保变成国内担保，一旦发生争议和纠纷，不仅索赔迅速，而且可以利用本国的法律进行仲裁。转开行转开备用证后，如发生申请人不履行基础合约的情况，受益人凭备用信用证只能向转开行索偿，而不能向反担保行（指示行）索偿。由于转开行发生赔付后可以凭反担保行开具的反担保备用信用证向反担保行索偿，转开行不承担实际风险，真正的担保人仍是反担保行。转开行通常是受益人所在地的银行。

（二）备用信用证的主要内容

备用信用证虽然种类很多，但其内容基本相同。归纳起来主要有以下几点：

（1）备用信用证申请人的名称和详细地址；

（2）备用信用证受益人的名称和详细地址；

（3）备用信用证开证行的名称和详细地址；

（4）备用信用证通知行（转开行，如有）的名称和详细地址；

（5）备用信用证的编号和开立日期；

（6）备用信用证所依据的基础交易合同/标书的号码、日期和开立事由等；

（7）备用信用证项下开证行承担偿付责任的金额（包括大小写，且大小写必须一致）；

（8）备用信用证的性质，如投标备用信用证或预付款备用信用证；

（9）备用信用证的有效期，包括其生效日期和失效日期；

（10）开证行的责任及申请人、受益人的权利和义务；

（11）备用信用证的索赔文件，以及受益人根据备用信用证的条款向开证行提出索赔应随附的文件；

（12）备用信用证的仲裁条款和适用法律，即在备用信用证项下发生纠纷时，应由哪个仲裁机构仲裁及适用法律等。

案例 6-7

备用信用证包含有条件付款条款案

中国C公司与美国出口商签订进口钢材的贸易合同，使用信用证付款。由于货物数量多、金额大，担心美国出口商不履行合同而遭受损失，C公司要求美国出口商先开立备用信用证。美国出口商请求纽约A银行开立备用信用证。该备用信用证规定："This credit is available by beneficiary's draft drawn on ourselves at sight when accompanied by the following documents: Beneficiary's statement stating that the applicant has failed to fulfill the obligation under contract No. ST113-817."（本信用证可通过受益人向我们开具的即

① 反担保行是应申请人的要求向担保行开出书面反担保的银行。其责任是：向担保行作出承诺，当担保行在保函项下付款以后，担保行可以从反担保行处得到及时足额的补偿。

期汇票兑付，前提是随附受益人证明，证明申请人未能履行合同编号 ST113-817 下的义务。）同时该备用信用证还要求："This credit is not operative unless beneficiary open an irrevocable letter of credit for USD5 610 000.00 in favor of applicant under contract No. ST113-817 and will be expired on July 21st 2024 and such L/C must be advised through us and restricted to us for negotiation."（除非受益人根据合同号 ST113-817 为申请人开具金额为 5 610 000.00 美元的不可撤销信用证，并且该信用证须经由我行进行通知，且仅限于我行进行议付，否则该信用证不生效。该信用证将在 2024 年 7 月 21 日到期。）

于是 C 公司在 2024 年 5 月 31 日，向 B 银行申请并通过 A 银行向美国出口商开立了跟单信用证，金额为 5 610 000.00 美元，受益人是美国出口商，装运期为 2024 年 7 月 6 日，有效期为 2024 年 7 月 26 日。在开出跟单信用证后，美国出口商迟迟不履行合同，于是 C 公司请求 B 银行根据 A 银行 2024 年 5 月 20 日开出的备用信用证向 A 银行索赔，金额是 168 300.00 美元，备用信用证的有效期是 2024 年 7 月 21 日。

7 月 21 日，B 银行向纽约 A 银行寄单索赔。7 月 30 日，A 银行来电称，不接受 B 银行的单据和索赔，理由是 B 银行开出的信用证未注明"限制 A 银行议付"条款。经查，C 公司申请开证时并未要求 B 银行在信用证中加注"限制 A 银行议付"条款。

案例分析及相关知识点

第四节　备用信用证的业务种类

备用信用证已发展成为一种全面的金融工具，其应用范围比一般的见索即付保函更为广泛，一般应用在投标、技术贸易、补偿贸易的履约保证、预付货款和赊销等业务中，也用于带有融资性质的还款保证、履约保证金的担保业务中。近年来，有些国家已开始把备用信用证用于买卖合同项下的货款支付。备用信用证在国际工程承包、BOT 项目、补偿贸易、加工贸易、国际信贷、融资信贷、保险与再保险等国际经济活动中广泛应用，只要基础交易中的债权人认为商业合约对债务人的约束尚不够安全，即可要求债务人向一家银行申请开出以其（债权人）为受益人的备用信用证，用以规避风险，确保债权实现。

因为用途不同，备用信用证的具体内容也不相同，现将比较典型的几种备用信用证举例如下。

一、投标备用信用证

投标备用信用证用于担保申请人中标后履行合同责任和义务。若投标人未能履行合同，开证行需按照备用信用证的规定向受益人履行赔款义务。投标备用信用证的金额一般为投标报价的 1%～5%。投标备用信用证范例参见附样 6－8。

附样 6-8 **投标备用信用证范例**

Bid Bond Standby L/C

Three Million United States Dollars
US$3 000 000.00
Date
Name of Issuing Bank, Address
And Other Identification
To:
Ladies and Gentlemen: ALL DRAFTS DRAWN MUST BE MARKED:

[Insert marking references]

OPENER'S REFERENCE NO.:

BY THE ORDER OF AND FOR THE ACCOUNT OF [insert name of bank customer] (the Obligor), we hereby issue in your favor our irrevocable standby letter of credit for the account of the Obligor for a total maximum amount not to exceed Three Million U.S. Dollars (US$3 000 000.00) available by your draft(s) at sight on us, effective on the date of this Standby Letter of Credit and expiring at our office at [address of issuing bank] at 5: 00p.m. Tokyo time on 27 March 2024, in connection with the bid by the Obligor for the sale of nonperforming loans portfolio held by you on 18 March 2024.

Funds under this credit are available against your sight draft(s) drawn on us, mentioning our credit number as it appears above.

Presentation must be made by delivery to us ON or Before the expiry date of this Standby Letter of Credit of (a) [a written statement signed by you] [an authenticated SWIFT message from you as applicable] stating that: (ⅰ) you have sent the Obligor a copy of the Sell and Purchase Agreement (the SPA) duly executed by your authorized officer and (ⅱ) you have not received the SPA duly signed by the Obligor within 3 days after sending the SPA and (b) the original of this Letter of Credit.

Our liability will be discharged when the Obligor's bid is not awarded as the winning bid and the original of this Standby Letter of Credit has been returned to us for an early termination.

We engage with you that draft(s) drawn under and in conformity with the terms of this credit will be promptly honored on [presentation if presented to us at our office address above, on or before the expiry date] [receipt of an authenticated SWIFT message delivered in accordance with this Standby Letter of Credit as applicable], free and clear of and without deduction for any fees or expenses in respect of this Standby Letter of Credit.

This Standby Letter of Credit is subject to International Standby Practices 1998, International Chamber of Commerce Publication No. 590.

二、 履约备用信用证

履约备用信用证用于担保履行责任而非担保付款，包括对申请人在基础交易中违约所造成的损失进行赔偿的保证。在履约备用信用证的有效期内如发生申请人违反合同的情况，开证行将根据受益人提交的符合备用信用证要求的单据（如索款书、违约声明等）代申请人赔偿保函规定的金额。履约备用信用证范例参见附样 6-9。

附样 6-9 **履约备用信用证范例**

Performance Standby L/C

In consideration of an Agreement between ABC Company with its principal place of business at ______ (hereinafter called Seller) and XYZ Company with its principal place of business at __________ (hereinafter called Buyer) signed by the parties and dated July 1, 20×× (hereinafter called Agreement), we, the undersigned __________, a corporation organized under the laws of the People's Republic of China and with its principal place of business in ___________, hereby guarantee the payment to Buyer by Seller up to the below amount in the measure and to the extent that Seller should fail to carry out all or part of the obligations under the Agreement, provided nevertheless that the total amount of our responsibility under this guarantee is limited to and shall not exceed a sum of __________.

Claims against us on account of this guarantee shall be made by letter, duly signed by authorized representatives of the Buyer and accompanied by either a written admission issued by Seller that Seller has failed to carry out all or some of his obligations and/or liabilities or an official copy of against Seller on an order of a competent court or arbitration tribunal in favor of the Buyer's claim under the Agreement.

This guarantee can not be called upon for failure on the part of the Seller due to:

- reasons beyond the Seller's control of Force Majeure events;
- delays attributable to the Buyer or in the event Seller has remedied its failure within the period given by the Buyer.

This guarantee shall be valid as long as the Agreement is in force but in any case claims according to this guarantee shall reach us no later than Feb. 28, 20××, after which date our guarantee is to be considered as null and void whether or not returned to us.

This guarantee is subject to the International Standby Practices 1998, International Chamber of Commerce Publication No. 590 (ISP98).①

案例 6-8

履约备用信用证挽回损失案

某年四五月间，大陆某外贸进出口公司（卖方）在偶然机会与香港某贸易公司（买方）分别签订了五份进出口合同，合同总金额为 65 万多美元，付款方式全部是托收即期付款交单（D/P at Sight on Collection Basis）。当年 6 月初，前四批货物分两批陆续从上海港装船发出，运到目的港。卖方也陆续分两次将四套总价值为 45 万美元的托收单据通过中国银行某分行寄往香港买方的账户行办理托收。由于这四批货物发货时间紧凑，所以当第四批货物发出后，第一批货款亦将到期，但客户坚持验完全部货物后再付款，因而一拖再拖，以致逾期 1 个月之久。

正当卖方要千方百计追回这四笔货款时，同年 7 月中旬买方又提出要执行第五个总金额为 20 万美元的合同。卖方为了能够追回前四笔货款，又为了能保住客户，正常收汇，提出结汇方式改为即期信用证付款方式，同时又提出对前四笔托收业务的催收。而买方则提出，由于资金不足，执行完第五个合同后再一次付清。为此，买卖双方僵持不下。后经洽商，买方接受了如下条件，卖方同意向买方执行第五份销售合同，向买方提供 20 万美元的货物。买方根据修改后的合同开立一份不可撤销跟单信用证，即期议付，信用证条款由卖方拟定后交买方申请开证。信用证中条款做如下规定：

"We hereby agree with the drawee, endorsers and bona-fide holders of all draft drawn under and in compliance with the terms of this credit that such drafts will be duly honored upon presentment to the drawees. The payment will be the amount of USD200 000.00

---

① 本节备用信用证举例样本来源于：苏宗祥，等. 国际结算. 5 版. 北京：中国金融出版社，2013：658-665。

plus additional payment for the amount of USD450 000.00 under the beneficiary's S/C No：14ST××× on the collection basis which was ensured by the applicant and agreed by the applicant and beneficiary."（我们谨此向汇票的出票人、背书人及任何善意的持票人承诺：当信用证项下单证相符时，我们将对受票人的汇票提示予以支付。我们将会根据14ST ×××号售货确认书确定的托收业务项下的45万美元同时支付，这是开证行保证的，也是受益人和开证申请人同意的。）

基于同样的道理，买方应卖方的要求，同意再开立一份不可撤销备用信用证。若在信用证结算时，还未将前面四笔托收款项付清，卖方可凭信用证项下结汇水单、违约证明及应收金额的汇票执行该不可撤销备用信用证。

但事实上，买方根本不愿意履约付款。在按卖方要求开立了一份不可撤销跟单信用证后，就迫不及待地频频发来传真催促发货，却只字不提前四笔托收款项之事，也不提开立备用信用证的事。卖方则立即发传真明确通知对方，根据买卖双方某年7月13日的合同规定，买方需开立两个信用证，一个是不可撤销跟单信用证，一个是不可撤销备用信用证。买方只有开立了不可撤销备用信用证后，卖方才会执行不可撤销跟单信用证，否则将不会发货。

由于买方在签订了这五个合同之后，立即又将合同标的物卖给了另一客户，而且还是政府招标工程的原材料，若不能按时、按质、按量发货，将要承担高额罚款，因此买方要货心情迫切，但仍坚持，保证在支付第五笔货款时，将前面的四笔托收欠款付清。卖方则坚持初衷，必须收到不可撤销备用信用证后才会发货。

买方在万般无奈之下，最终通过原来开立跟单信用证的银行，开立了一份不可撤销备用信用证，该备用信用证的有效期迟于跟单信用证有效期1个月。卖方在收到备用信用证审核无误后，立即执行了跟单信用证，在上海发运了价值20万美元的货物，并在发货后第3天，按照跟单信用证的要求缮制单据交中国银行议付，并多附上了一套托收项下45万美元的汇票，要求议付行电索共计65万美元。

不出卖方所料，10天后，开证行只支付了20万美元的金额，未能将前四笔托收项下的货款一并议付。卖方立即与买方联系交涉，买方回复资金仍然困难，容一个月后支付，并表示愿意承担利息。显而易见，一个月后，该不可撤销备用信用证将失效，届时，前四笔45万美元的货款又会被无限期拖延下去。卖方立即按照备用信用证的要求，缮制了一套45万美元的即期汇票，随附跟单信用证项下的结汇水单（应为65万美元，实际为20万美元）及一份违约声明书，一并交原议付行向国外追索。10天后，备用信用证的开证行将45万美元付出。这笔业务终于在利用备用信用证的条件下，安全收回拖欠了几个月的四笔托收款，实现了利用备用信用证与托收、跟单信用证的配合，最终追回了逾期货款。

案例分析及相关知识点

三、预付款备用信用证

预付款备用信用证用于担保申请人对受益人的预付款所应承担的责任和义务。预付款备用信用证通常用于国际工程承包项目中业主向承包人支付的合同总价10%～25%的工程预付款的担保，以及进出口贸易中进口商向出口商的预付款担保。预付款备用信用证范例参见附样6-10。

附样6-10　　预付款备用信用证范例

Advance Payment Standby L/C

We, the undersigned, ________, whose registered office located at ________represented by ______.

Whereas the company CCC Limited (hereinafter referred to as Seller) whose registered office located at ________has signed with QQQ Corporation (hereinafter referred to as Buyer) a P. O. No. ________ under the contract No. ________ dated ________for the supply, installation and integration of GSM 1800 national wide network.

Hereby stand jointly and severally surety for account of the Seller in favor of the Buyer for an amount not exceeding in the aggregate of US Dollar ________, plus interest as provided herein, representing ten percent (10%) of the amount of the above mentioned purchase order, should the Seller fail to fulfill its obligation under the above mentioned contract and Buyer reimburse the relative down payment.

Seller shall notify Buyer after each shipment and Buyer shall reduce the value of down payment repaying guarantee by an amount equal to the value of said shipment. After confirmation by the Buyer, the Buyer may only claim the down payment repayment guarantee at such balancing value after the said reduction. In the event that the Buyer fails to confirm the Seller the amount of down payment repayment guarantee has been reduced by an amount equal to the value of each shipment, the Seller may postpone the next shipment accordingly.

The guarantee is to be effective immediately and shall expire at the latest on Dec. 13, 20××. Consequently, any claim under this guarantee should reach us on or before Dec. 13, 20×× at the latest.

Claim under this guarantee will be available for payment against the signed written statement from the Buyer certifying that the Seller has failed to fulfill the contractual obligation under the above mentioned contract. Any claim should be transmitted by registered mail to the following address: ________.

We further engage with you that payment made against your claims will include interest from the date of receipt of the above payment by the Seller till the date we make payment to you at the rate of 1% above one month LIBOR, for USD deposit shown on Reuters screen, reference page "LIBOR01" fixed at 11: 00 a. m. London time on the day you file claim with us.

This guarantee is subject to the International Standby Practices 1998, and as to matters not addressed by ISP98, shall be governed by the law of PRC.

四、融资备用信用证

融资备用信用证能保证付款义务的履行，包括对借款偿还义务的任何证明文件。融资备用信用证广泛用于国际信贷融资安排。境外投资企业可根据所有权安排及其项目运营需要，通过融资备用信用证获得东道国的信贷资金支持。

境外投资企业可要求本国银行或东道国银行开立一张以融资银行为受益人的融资备用信用证，并凭以作为不可撤销的、独立的偿还借款的支持承诺，向该银行申请提供账户透支便利。根据融资协议，企业应在规定的额度和期限内循环使用、归还银行信贷资金。如果其正常履约，融资备用信用证则"备而不用"；如果其违约，融资银行作为融资备用信用证的受益人有权凭规定单据向开证人索偿，后者有义务偿付申请人所欠透支信贷资金。由于融资备用信用证的受益人为东道国商业银行，其信用度比商业受益人高，风险相对较小，加之规范备用信用证运作的国际规则已相当完备，所以银行通常乐于提供账户透支融资支持。在其他形式的商业信贷及官方支持的出口信贷融资中融资备用信用证的应用也相当广泛。融资备用信用证范例参见附样 6－11。

附样 6－11　　**融资备用信用证范例**

Financial Standby L/C

Standby Letter of Credit No. :
Applicant: ____________________
Beneficiary: ____________________
Amount: USD ________ Expiry Date: ____________________
Sir,

At the request of ________, we hereby issue our irrevocable Standby Letter of Credit No. ________ in your favor for a sum or sums not exceeding in the aggregate USD ________ (U. S. Dollar ________ only) to cover your extending the credit facility to ________ (ABC Bank's customer name & address) effective immediately and expiring on ________.

Funds under this Standby Letter of Credit are available to you against your sight draft (s) drawn on us, mentioning thereon our Standby Letter of Credit No. ________. Each such draft must be accompanied by your signed written statement certifying that the amount drawn hereunder represents the unpaid indebtedness and interest thereon due to yourselves arising from granting credit facility to ________ (ABC Bank's customer name).

We hereby undertake with you to honor each draft drawn under and in compliance with the terms of this Standby Letter of Credit, if duly presented with the documents specified to us at our counter on or before the stated expiration date.

The credit will become null and void automatically after the aforesaid expiry date. Claims hereunder, if any, must be received by us on or before the expiry date of this credit.

The credit should be returned to us when the purpose for the issuance of the instrument has been fulfilled.

This Standby Letter of Credit is subject to the International Standby Practices 1998, International Chamber of Commerce Publication No. 590 (ISP98).

五、商业备用信用证

此备用信用证为开证申请人对货物或服务的付款义务进行的保证。如果申请人没有及时履行付款义务，受益人就可凭商业备用信用证所规定的单据，如索偿书、声明申请人违约的声明书、商业发票、运输单据副本等向开证行索款。商业备用信用证范例见附样 6－12。

附样 6－12　　**商业备用信用证范例**

Commercial Standby L/C

Date: ________
To: ________ (Beneficiary=Seller)
Irrevocable Standby L/C No. ________ for ________ (currency and amount) ________

We hereby issue our irrevocable Standby Letter of Credit No. ________ in your favor for account of the ________ (Buyer) for the aggregate amount of ________ (maximum currency and amount in words) expiring on __________.

This standby credit is available to you against receipt at our counter in __________ (place in issuing bank) of your sight draft (s) drawn on us, mentioning thereon this credit No. __________, accompanied with the following written drawing certification in form as follows:

To: __________ (name and address of opening bank)

Re: Irrevocable Standby Letter of Credit No. ________

Please be advised that we are hereby drawing under the above referenced letter of credit on you for __________ (the claimed amount) that

(1) __________ (the name of the buyer) owes us as the date hereof (currency/amount) ________, in connection with __________ for such amount.

(2) We have requested payment from __________ (name of the Buyer) in the amount of ________ (currency/amount) and as of the date hereof they have failed to pay or reimburse us.

(3) This drawing is in the amount of __________ (currency/amount) which is not in excess of the amount for which payment has been requested as set forth in paragraph (2) hereof.

________________ (Name of Beneficiary)

________________ (Signature)

For the purpose of identification, your request for payment and your certification have to be presented through the intermediary of a first rate bank confirming that the signature is legally binding upon your firm.

All banking charges outside issuing bank's country are for account of beneficiary.

The amount which may be drawn by you under this letter of credit shall be automatically reduced by the amount of any drawing hereunder. Partial drawing is permitted.

We hereby engage with you that all drafts drawn and presented under and in accordance with the terms of this letter of credit will be duly honored by us.

Except so far as expressly stated herein this Standby Letter of Credit is subject to the Uniform Customs and Practice for Documentary Credits (2007 Revision), International Chamber of Commerce Publication No. 600.

Issuing Bank ________

Place and Date ________

中国视角

银行签发备用信用证促成商业交易案

第五节 备用信用证与跟单信用证、银行保函的关系

备用信用证不同于一般的跟单信用证。跟单信用证只作为提供货物或服务的付款工具；而备用信用证可以作为货款或预付金违约及其他意外事件的支付工具。跟单信用证是在受益人履行交货义务后开证行付款；而备用信用证是在申请人未能履约时开证行付款，所以备用信用证具有保函的性质，也称作担保信用证。备用信用证与保函也有诸多不同。保函一般用于投标、履约等的担保，规定较简单的单据，并直接付款给受益人；而备用信用证的用途更多，也规定较多的单据，还可有代理参与，并且只有直接付款备

用信用证才用于付款，其他的多用于担保。

一、备用信用证与跟单信用证的关系

（一）备用信用证与跟单信用证的相同点

（1）备用信用证与跟单信用证同属信用证范畴，它们所遵循的国际惯例都是国际商会的《跟单信用证统一惯例》，两者均是独立于基础合同之外的独立文件。

（2）备用信用证与跟单信用证同属银行信用，银行所处理的都是单据而非货物。

（3）备用信用证与跟单信用证均可凭单付款，开证行承担第一性的付款责任。

（4）备用信用证采用与跟单信用证相同的做法，如指定人、通知、接受指示、执行转让、保兑、付款、议付、承担延期付款责任、承兑汇票等。

（二）备用信用证与跟单信用证的不同点

（1）跟单信用证多用于贸易结算货款方面，备用信用证多用于非贸易或贸易上的担保或融资方面。

（2）跟单信用证规定全套各种单据和装期、交单期、效期；备用信用证规定索款要求、违约声明，只有效期，没有装期和交单期。

（3）跟单信用证的主要单据是商业发票、运输单据，种类比较复杂，跟单信用证对货物的运转、仓储进行融资时，一般都凭出示代表货权的单据付款，因此，可以说跟单信用证是以在运货物作抵押的银行信用。备用信用证的主要单据是索款要求、违约或其他提款事由的声明，种类比较简单。备用信用证一般是无抵押的银行信用，在多数情况下，银行只凭一张违约说明和书面索偿付款。

（4）跟单信用证适用 UCP600 的全部内容；备用信用证适用 ISP98，也可适用 UCP600。跟单信用证的付款条件是受益人的履约（单证一致），备用信用证的付款条件是申请人没有履约（违约）。

二、备用信用证与银行保函的关系

（一）银行保函与备用信用证的相同点

（1）银行保函与备用信用证都是银行根据申请人的要求向受益人出具的书面保证文件。两者都是以银行信用来弥补商业信用的不足。

（2）在银行保函及备用信用证项下，银行所处理的都是单据，而不是货物，除非银行事先发现受益人有明显的欺诈行为。银行在通常情况下并不参与申请人与受益人之间的商务纠纷，只要受益人提交了符合保函或备用信用证规定的索赔文件，银行就必须履行赔付义务。

（3）在银行保函及备用信用证项下，银行一般都是在申请人没有履约的情况下才对受益人作出赔付。

（4）银行保函与备用信用证所涉及的当事人基本相同，即主要当事人都包括申请人、担保人和受益人。

（二）银行保函与备用信用证的不同点

（1）银行保函与备用信用证所要求的单据有所不同。备用信用证一般要求受益人在索赔时提交即期汇票及表明申请人未能履约的书面声明；而银行保函则不要求受益人提交汇票，担保行仅凭受益人提交的书面索偿及证明申请人违约的声明即须付款。

（2）保函的付款依据是有关合同或某项承诺未被履行，因此担保银行在确定是否付款时可能被牵扯到商务合同中去，甚至被扯入被保证人和受益人的争议之中。而备用信用证的付款依据是受益人在信用证有效期内按信用证规定提供的声明书或单据，银行与开证申请人和受益人之间的合同无关。简而言之，信用证与单据相联系，保函与履约相联系。

第六节　备用信用证的国际惯例

为了规范备用信用证在全球范围内的业务，国际商会根据备用信用证的特点，在参照《跟单信用证统一惯例》和《见索即付保函统一规则》的基础上，于 1998 年 10 月出版了《国际备用证惯例》（International Standby Practice，ISP98），即国际商会第 590 号出版物（ICC Publication No. 590）。该规则于 1999 年 1 月 1 日正式实施。

ISP98 包含 10 条规则 89 款，对备用信用证各方当事人的权、责，业务中的单据转让、偿付及时效等各方面的问题都作了详尽的、科学的、平衡的规定。并指出，任何备用信用证或类似独立担保书，不论其被如何称谓或描述，只要明确注明根据 ISP98 开立，则适用《国际备用证惯例》。一份备用信用证可同时依据 ISP98 和 UCP600 开立，声明可适用《国际备用证惯例》和《跟单信用证统一惯例》。在这种情况下，ISP98 优先于 UCP600，只有在 ISP98 条款未涉及或另有规定的情况下，才可依据 UCP600 原则解释处理有关条款。

一、备用信用证的单据

（一）暗示的索偿单据

根据 ISP98 第 4.08 款的规定：即使备用信用证未明确要求任何单据，仍应视为在索偿时必须提交单据化的索偿书。此时的索偿书也就是备用信用证项下的单据。而根据 ISP98，备用信用证的汇票和索偿书可以合二为一，或者说，汇票本可以当作索偿书。因此，备用信用证项下的单据是包括金融单据的。

（二）声明的格式

根据 ISP98 第 4.12 款的规定：声明书（包括其他单据中的证明）是备用信用证业务的核心单据，受益人在提出索偿时往往需要同时提交相应内容的声明书。规定如下：

（1）受益人在提交备用信用证所要求的声明书时，无须同时附加任何样本或格式。

例如，当备用信用证附件提供了声明书的空白格式时，受益人只需提交根据该空白格式制作的内容完整的声明书即可，无须同时提交该空白格式。

（2）如果备用信用证要求声明书由某人出具，但未具体规定声明书的形式或内容，则当其注明已声明、担保、证实、宣誓、确认、证明或诸如此类的内容时，即为相符。如果备用信用证对声明书格式没有要求，只要其内容完整且与备用信用证条款不矛盾，就满足备用信用证条款的要求。

（3）如果备用信用证要求声明书由另外一人证明，但未具体规定声明书的形式或内容，则当其看起来已包含受益人之外的另一人的签字，且注明该签字人为证明人时即为相符。开证人对单据签字的真伪和效力没有必要也没有可能进行鉴别，即使该签字系出自申请人之手。因此，开证人不能以签字不符或类似理由对受益人拒付，也不对申请人承担任何有关证实签字真伪和效力的义务。与 UCP600 不同的是，证明人除了要在单据上签字之外，还必须在单据上注明其证明人的身份，如“Zhang Qing，acting as witness”。

（4）如果备用信用证要求声明书须经受益人之外的政府、司法机关、团体或其他机构的代表会签、认证、签证或有诸如此类的要求，但未具体规定声明书的形式或内容，则当其包含受益人之外的另一个人的签字，且注明该签字人的代表身份及其所代表组织的名称时即为相符，如，“Zhang Qin，for and on behalf of CCPIT”。

（三）索偿书

索偿书是基于备用信用证条款，要求偿付备用信用证的“要求”或构成这一“要求”的单据。根据这一定义，索偿书是备用信用证项下的单据，索偿时即使无须提供其他单据也不影响备用信用证“跟单”的特点，这与商业信用证定义的“光票”和“跟单”的概念不同。在以往的商业信用证项下，仅要求提供索偿用的汇票而不是提交其他单据的信用证被称为光票信用证。利用索偿书要求付款，是备用信用证单据化的体现。但为了保护各方利益，建议备用信用证要求受益人在提交索偿书的同时附加必要的其他单据，以避免操作失误或恶意索偿的发生。

ISP98 第 4.16 款规定：

（1）付款索偿书无须独立于受益人声明（Beneficiary's Statement）或其他备用信用证要求的单据。

（2）如果提交单独的索偿书，那么，它必须包含：受益人直接向开证人或其指定人要求付款的索偿语句、索偿书出具日期、索偿金额及受益人签字等项内容。

（3）索偿书可以是汇票或其他指示、命令或付款要求的形式。如果备用信用证要求提交汇票，则汇票无须做成可转让形式，除非备用信用证这样要求。

当备用信用证既要求提交索偿书，又要求提交汇票时，受益人可否将两者合而为一？ISP98 对此作了明确规定：若备用信用证明确要求索偿书必须单独出具，索偿书与其他单据，包括汇票不能合而为一；若备用信用证没有明确规定，则二者可以合并，但此时的联合单据在满足汇票要求的同时必须有受益人在某备用信用证项下向开证人或其指定人索偿的语句。

（四）违约或其他提款事由的声明

ISP98 第 4.17 款规定，如果备用信用证要求提交关于违约或其他提款事由的声明或证明但没有具体规定声明内容，只要声明书包含以下内容即为相符：因备用信用证所描述的提款事件发生而要求付款的申述、出具日期以及受益人签字等。

（五）可转让的单据

备用信用证要求提交可流通的金融单据，包括本票、汇票、投资证券等，它们是付款给来人或付款给一个特定人的指定人，采用背书交付并可以流通转让。

ISP98 第 4.18 款规定，一般情况下，如果备用信用证要求提交可通过背书转让的单据，开证人会明确该单据是否背书及如何背书；但如果备用信用证不作此规定，受益人可以背书也可以不背书。背书时可以空白背书也可以根据其与申请人的事先约定进行其他背书，如指示性背书。

（六）法律或司法文件

ISP98 第 4.19 款规定，如果备用信用证要求提交官方出具的文件、法庭命令、仲裁决定或诸如此类的单据，无论提交的单据是正本还是副本，只要其包含以下内容，即视为与备用信用证条款相符：（1）由政府机构、法庭、仲裁机构或类似机构出具；（2）有恰当的标题或名称；（3）经过签署；（4）标明日期；（5）有政府机构、法院、仲裁机构或类似机构的官员所作的原始证明或由其证实。

（七）其他单据

ISP98 第 4.20 款规定，如果备用信用证要求的单据内容在本惯例中未作具体规定，备用信用证也没有具体规定单据出具人、内容资料或措辞，则当其看起来有合适的名称或起到该种单据根据标准备用信用证实务所应起的作用时，即为相符。

二、备用信用证的时限

ISP98 第 9.01 款规定，备用信用证必须包含到期日；在有合理的提前通知或付款的前提下，允许开证人终止备用信用证。

关于其失效日期，当备用信用证不可撤销且非自动生效时，开证人关于终止备用信用证的通知必须提前发出，且必须在受益人同意的情况下方可终止。当备用信用证为自动生效备用信用证时，开证人必须提前发出通知，且在受益人尚未使用当期备用证时方可终止。

三、备用信用证的自动修改条款

当备用信用证为明确表示其金额可自动增加或减少、效期可自动延长的“自动修改”备用信用证时，该证的修改可在其满足上述条件时自动生效并对各方当事人自动产生约束力，无须在其之外另行出具通知或表示同意。因此，这种自动修改也被称为“未经修改”即生效的修改。

常见的自动修改文句主要有如下两种：(1)“The expiration date of this credit, i. e. January 31, 2024, will be automatically extended for another year on each anniversary of its expiration date regardless of whether any of those dates or any following January 31 falls on a day that is not a business date.”(2)“Automatically extended... for one year from the present or any future expiration date, the letter of credit is valid until the bank notified the beneficiary that it would not be renewed.”

本章小结

除了传统的结算方式汇款、托收、信用证外，新的结算方式诸如保函、保理、备用信用证和福费廷正在国际结算交易中占有越来越重要的位置。

在双方交易中，如果一方对另一方的信用或实力不太了解而想寻求第三方的力量来促成交易，往往请求第三方充当担保人，向一方（前者）担保另一方（后者）执行双方已签订的合同义务，甚至承诺在后者违约时承担一定的责任，这无疑会大大降低前者可能遭受的对方不履约风险，从而有助于交易的达成。银行保函就是能够起到该作用的一种书面文件。银行保函又称银行保证书，是指银行作为担保人向受益人开立的，保证被保证人一定要向受益人尽到某项义务，否则将由担保人负责补偿受益人损失的书面文件。

银行保函的特点体现为可保性、独立性和跟单性。银行保函的基本当事人包括申请人、担保人、受益人、通知行、保兑行、转开行与反担保人。担保行为了规避风险，在出具保函时，往往要求申请人出具反担保函。反担保函的内容不如担保函那么细致，其包含的主要条款是授权指示条款和索偿条款。担保函的基本内容包括申请人、受益人、担保人的名称及地址，基础交易合同号码，保函金额，保函期限及责任条款等。除此之外，大多数保函还包括一些附属条款，例如生效条款、自动展期条款、保函退还条款等。

根据保函在具体业务中的运用，保函可以分为出口保函和进口保函。最经典的三种出口保函是投标保函、履约保函和预付款保函；进口保函包括付款保函和租赁保函等。此外，还有关税保付保函、账户透支保函等其他保函类型。保函作为一种国际结算方式，也有相应的国际惯例指引该业务的健康发展。

备用信用证实质上是一种担保信用证，与保函具有类似的功能，无论其如何命名和描述，都是一种信用或担保安排。开证行对受益人保证，在开证申请人未履行义务时，由开证行承担赔付责任。备用信用证是开证行不可撤销的、独立的、跟单的、强制性的一种担保，开证行的付款责任可能发生，也可能不发生，可“备而不用”，备用信用证由此得名。备用信用证与商业信用证同属于跟单信用证。

备用信用证的当事人包括申请人、受益人、开证行、通知行、保兑行和转开行。与商业信用证相比，商业信用证在受益人提交符合要求的货运单据时开证行履行付款责任，是一种支付工具；而备用信用证只有在开证申请人违约、受益人提交索赔单据时开证行方履行赔付责任，是一种担保工具。常见的备用信用证种类有投标备用信用证、履约备用信用证、预付款备用信用证、融资备用信用证、商业备用信用证等。

关键术语

保函	担保人	反担保函	保兑行	转开行
独立保函	不可撤销担保函	出口保函	进口保函	生效条款
自动展期条款	主债务人条款	担保责任不变条款	备用信用证	
保兑行	转开行	指定人	履约备用信用证	

本章思考题

1. 银行保函的实质是什么？银行保函有哪些特点和作用？

2. 银行保函的基本内容是什么？反担保函包含哪两个主要条款？银行保函的附属条款包含哪些内容？

3. 出口保函和进口保函有哪些主要种类？

4. 银行保函与一般跟单信用证的联系和区别是什么？

5. 什么是备用信用证？备用信用证有哪些主要种类？

6. 备用信用证与商业跟单信用证的区别和联系是什么？

拓展阅读

见索即付保函毁约诉讼案

第七章 国际结算中的单据

学习目标

- 了解国际结算中各种单据的种类和作用，掌握各种单据名称的中英文表示；
- 掌握汇票和商业发票的概念、作用、基本要点和主要内容；
- 了解领事发票、海关发票和形式发票的特点和内容；
- 掌握提单的概念、性质、作用和主要分类；
- 了解提单的主要内容，掌握提单的缮制要点和 UCP600 对提单的有关规定；
- 掌握多式运输单据的概念、作用、基本内容和缮制方法以及 UCP600 对多式运输提单的有关规定；
- 了解空运单据、内陆水运单据和其他运输单据的性质、特点及分类；
- 熟悉保险单据的意义、作用和分类，掌握主要保险单据的填写内容；
- 熟悉原产地证书的意义和作用，掌握原产地证书的种类和各种原产地证书的缮制方法；
- 了解检验证书的意义及签发检验证书的主要机构，掌握常见检验证书的形式和缮制方法；
- 了解包装单据（装箱单、重量单）和证明的分类、性质、作用和缮制方法。

在国际结算业务中，资金的结算和清算是在商业银行的参与和帮助下完成的。银行是单据专家，不是货物专家，交易各方进行的是单据买卖，而不是货物买卖。在最广泛使用的信用证业务结算方式下，银行处理的是单据，而不是单据所涉及的货物、服务及其他行为。单据反映了交易的整体情况，体现了贸易当事人之间的相互关系，是出口商获得销售货款的重要凭证，是银行办理国际结算业务的主要依据。目前国际结算已经发展成为以商业银行为中介的间接结算，凭单据付款是国际结算的重要特点，支付工具、结算方式和单据共同构成国际结算内容的三大板块。

第一节 单据概述

一、单据的概念和种类

单据是反映贸易合同执行情况的一种书面凭证。每一笔国际结算业务所要求提供的单据取决于交易的性质、交易所涉及的商品和服务、交易双方之间的关系及交易所涉及的国家。单据可以由出口商出具，如商业发票、装箱单、重量单、受益人证明，也可以由进口商出具，如客检证书，还可以由进出口商以外的第三方出具，如运输单据、保险单据和原产地证书。从不同的角度划分，单据可以有不同的种类。

（一）基本单据和附属单据

根据单据的作用，单据可以分为基本单据和附属单据。基本单据（Fundamental Documents）是国际贸易的价格术语所要求的单据，包括商业发票、运输单据和保险单据。基本单据是出口商履行合同的证明和收取货款的保证，也是进口商付款的依据和提货的凭证。

附属单据（Supplementary Documents）是基本单据以外的其他单据。包括海关发票、原产地证书、检验证书、装箱单和重量单等。附属单据根据不同国家、不同商品、不同客户的要求而决定是否需要提交。

（二）金融单据和商业单据

根据单据的性质，单据可以划分为金融单据和商业单据。金融单据（Financial Documents）又称票据，是汇票、本票、支票等代表货币的支付凭证，金融单据代表出口商的一种金融债权，是出口商收取货款的重要凭证。商业单据（Commercial Documents）是除金融单据以外的所有单据，包括进出口商自制、运输公司及保险企业签发的商业发票、装箱单、提单、保险单、证明信等，也包括政府机关、社会团体签发的各种官方单据，包括领事发票、国际商会原产地证书、普惠制原产地证书、商检证书、进出口许可证等。

二、单据的作用

单据是国际贸易中买卖双方货款清算所需的凭证。国际贸易中进行的买卖，大多是与货物有关的单据买卖。在信用证项下的交易中，银行只对代表货物的单据进行处理而不过问货物的情况。因此，通常而言，出口商所出具的单据的质量就代表了它将要出售的货物的质量。在国际商会制定的《跟单信用证统一惯例》中有近一半的条款都是有关单据的。

单据在国际贸易和国际结算中具有十分重要的作用。

（一）单据是代表货物所有权的物权凭证

单据中的货运单据往往代表货物的物权，控制货运单据就相当于控制了货物，货运单据的转移也就意味着物权发生了变化，通过单据的转移就达到了货物转移的目的。

（二）单据是当事人履行合同或义务的证明

从法律意义上说，单据是出口商用来表示其已经履行合同义务的证明。单据中有详细的货物描述及出口商履约情况的相关证明，出口商只有在履行合同义务后，才能取得相应的单据。

（三）单据是出口商收取货款、进口商付款提货的依据

出口商除了按合同规定履约外，还可享受收取出口货物货款的权利。其收款的权利也是由单据来体现的。进口商履约的主要义务是支付货款，进口商一般应在收到货物或单据后，在规定的时间内支付货款，至于货款支付的数量、时间、币种等均以发票等单据为依据。进口商在履约付款后可以享受提货的权利，而要提货就必须取得代表货物所有权的单据，如海运提单等。

（四）单据是银行办理国际结算的基本工具

货物单据化、履约证书化，使贸易和结算得以分离，从而为银行办理国际结算创造了有利条件。现代国际结算是以银行为中介进行的，出口商交单、融资和货款的收回，进口商付款赎单和融资都不能脱离银行。单据是银行开展国际结算和贸易融资的重要依据，特别是在信用证结算方式下，银行只管单据，不管货物，是一种单纯的单据业务。

（五）单据是进出口商报关、纳税的重要凭证

如各国海关常根据进口商提交的发票核查进口货物及进行估价征税。

三、单据缮制的基本要求

缮制单据原则上应正确、完整、及时、简明和清晰。

（一）正确（Correctness）

这里所说的正确，至少包括两个方面的内容：一方面是要求各种单据必须做到“三相符”，即单据与信用证相符、单据与单据相符、单据与贸易合同相符；另一方面则要求各种单据必须符合有关国际惯例和进口国的有关法令和规定。通常从银行来说，重点控制“单证相符”和“单单相符”，而对外贸公司来说则除以上三个“相符”外，还有一个

“单货相符”需要严密控制，这样单据才能真实代表出运货物，不致错发错运。

正确的单据必须与有关惯例和法令规定相符。目前，各国银行开来的信用证，绝大多数都在证内注明受国际商会UCP600的约束。在缮制单据时，还应注意进口国对单据或进口货物有无特殊规定。有不少国家对出口商的单据有特殊的要求，如果出单时忽视了进口国的这些规定，就很有可能遭到进口国当局的拒绝接受。银行在审核跟单信用证项下单据时，除了要遵守上述提到的UCP600的规定外，还要严格遵循国际商会《关于审核跟单信用证项下单据的国际标准银行实务》（ISBP821）的有关规定。

（二）完整（Completeness）

单据完整的一种意义是指单据群体的完整性。单据在通过银行兑付或托收时，一般都是成套、齐全而不是单一的。例如，在CIF交易中，卖方向买方提供的单据至少应有发票、提单和保险单。目前国外有些地区开来的信用证所列条款日趋繁复，所需单据类别甚多，除发票、提单、保险单等主要单据外，还有各种附属证明，如检验证书、重量单、装箱单、产地证、邮政收据、电报副本等，必须密切注意，防止遗漏，以保证全套单据的完整无缺。

单据完整的另一意义是要求每一种单据本身的内容必须完备齐全。任何单据都有它的特定作用，这种作用是通过单据本身的特定内容，即格式、项目、文字、签章等来体现的，如果格式使用不当、项目漏填、文理不通、签章不全，就不能构成有效文件，也就不能为相关银行所接受。

（三）及时（Promptness）

各种单据都要有一个适当的出单日期及截止日期。及时出单包括两个方面的内容：一方面是指各种单据的出单日期必须合理、可行。例如，保险单的日期必须早于提单的签发日期或同一日期，提单日期不得迟于装运日期，装运通知书必须在货物装运后立即发出等。这些日期如果搞错了同样会造成出单不符。另一方面，信用证下的单据还应严格按信用证上关于效期、最后装期、交单期及交单地的具体规定办理。如果忽视了任何一点，都可能招致付款人迟付或拒付货款。

（四）简明（Conciseness）

单据的内容应力求简化，力戒烦琐，如果画蛇添足，反而有可能弄巧成拙。国际商会UCP600指出，为了防混淆和误解，银行应劝阻在信用证或任何修改书中加注过多细节的内容，其目的就是避免单据的复杂化。

（五）清晰（Clearness）

单据的外观质量在一定程度上反映一个国家、一个企业的业务和技术水平。如果说正确和完整是单据的内在质量，那么清晰则是单据的外观质量。所谓清晰，主要是指单据的表面清洁、美观大方；单据中的各项内容清晰、易认，各项记载简洁、明了。

四、单据中的贸易术语

在国际贸易实务中，交易双方需要对很多问题进行磋商，包括货物从出运地到目的地的过程中所涉及的装卸、运输、费用和责任等，都可以通过选择贸易术语加以解决。因此，贸易术语不可避免地出现在各种单据中。

（一）贸易术语的含义

贸易术语（Trade Terms）是国际贸易双方所采用的借以表示各自承担的义务、风险和责任范围的术语。贸易术语包含两大内容：一是说明商品价格的构成，是否包括成本以外的主要从属费，即运费和保险费；二是确定交货条件，即说明交易双方在交接货物过程中彼此所承担的责任、费用和风险。

（二）《国际贸易术语解释通则 2020》

最早的国际贸易术语解释规则是由国际法协会于 1932 年修订的《华沙-牛津规则》。这一规则以英国的贸易习惯和判例为基础，对贸易术语进行解释并作了非常明确的说明和规定。在这个规则的基础上，国际商会经过数次修改和调整，于 2019 年 9 月对外发布了《国际贸易术语解释通则 2020》（Incoterms 2020），并于 2020 年 1 月 1 日正式实施。Incoterms 2020 包含了 11 种贸易术语，现将这 11 种贸易术语列示于表 7-1 中。

表 7-1　11 种贸易术语的分组、名称及含义

组别	贸易术语	含义
E 组（起运）	EXW（Ex Works）	工厂交货
F 组（主运费未付）	FCA（Free Carrier） FAS（Free Alongside Ship） FOB（Free On Board）	货交承运人 船边交货 船上交货
C 组（主运费已付）	CFR（Cost and Freight） CIF（Cost Insurance and Freight） CPT（Carriage Paid To...） CIP（Carriage and Insurance Paid To...）	成本加运费 成本、保险费加运费 运费付至…… 运费及保险费付至……
D 组（到达）	DAP（Delivered at Place） DPU（Delivered at Place Unloaded） DDP（Delivered Duty Paid）	目的地交货 目的地卸货后交货 完税后交货

第二节　汇　票

一、汇票的性质

汇票在国际贸易中一般用于出口商（债权人）向进口商（债务人）索取货款，要求进口商见票后立即或在一定时期内向持票人支付一定数额的某种货币。若跟单信用证要求受益人提交汇票，该汇票也就成为信用证项下的单据之一，该类汇票被称为跟单信用证汇票。汇票可能成为信用证要求的单据之一，本质上属于金融票据，信用证项下汇票的具体内容必须按照信用证的要求填制，如汇票的付款期限、金额、付款人、收款人、出票人等必须与信用证的要求严格相符。出现单证不符的情况也可能是由汇票的错误造成的。在付款交单的托收中，汇票可视为应交单据之一。

二、汇票的主要内容和缮制方法

根据日内瓦《统一汇票本票法公约》的规定，跟单汇票必须包括下列内容：

（一）汇票字样（Draft）

汇票一词用英语表示，通常为 Bill of Exchange、Exchange 或 Draft。

（二）编号（No.）

跟单汇票的编号一般填本套单据的发票号码，目的是便于以后核对汇票与发票中相关的内容。

（三）出票日期与地点（Date and Place of Issue）

出票日期与地点常并列于汇票右上方。值得注意的是，汇票出票日期不得晚于信用证的有效期。

（四）汇票金额（Amount）

汇票金额用数字小写和大写分别表明。小写金额位于 Exchange for 后，可保留 2 位小数，由货币名称缩写和阿拉伯数字组成，例如：USD1 450.80。大写金额位于 The Sum of 后，习惯上句首加“Say”，意指“计”；句尾由“Only”示意为“整”，小数点用 point 或 cent 表示。例如：SAY USD ONE THOUSAND FOUR HUNDRED AND FIFTY POINT EIGHT ONLY。大小写金额与币值必须相符，通常汇票金额与发票金额一致。汇票金额不得超过信用证金额，除非信用证另有规定。

（五）付款期限（Tenor）

跟单汇票的付款期限必须与信用证的规定相符。付款期限主要有即期和远期两种。即期付款在“at”与“sight”之间填上虚线或“*”符号，变成“at *** sight”，表示见票即付。远期付款主要有见票后若干天付款、出票日后若干天付款、提单日后若干天付款和定日付款。例如，信用证规定见票后 90 天付款（Available against your draft drawn on us at 90 days after sight），在“at”与“sight”之间填入“90 days after”，意为从承兑日后 90 天为付款期；信用证规定出票日后 8 天付款（Available against presentation of the documents detailed herein and of your draft at 80 days after date of the draft），则在“at”后填入“80 days after date”，将汇票上印就的“sight”划掉，其意为汇票出票日后 80 天付款；信用证规定提单日后 70 天付款（Available by beneficiary's draft at 70 days after the date of B/L），则在“at”后填入“70 days after the date of B/L”，删去“sight”，意为提单日后第 70 天付款。

（六）收款人（Payee）

汇票收款人又称抬头人，是指接受票款的当事人。在信用证支付条件下，汇票的收款人这一栏一般填写的是议付行。具体的填写方法要看信用证中是否有具体的规定。

信用证对收款人的规定通常是通过两种形式表示的：如果来证要求收款人是一家具体的银行，实际上是限制为某一家银行议付；如果来证规定受益人所在国任何银行都可以议付，则受益人可以在自己的国家选择任何一个合适的银行作为收款人。

（七）出票条款（Drawn under...）

出票条款又称出票依据，在信用证中通常有具体规定。在编制汇票时，必须按来证规定的具体条文写，不能简写或省略。这一栏要求填写开证行名称与地址。在制单业务中，常见的错误是只填写了银行名称而漏填地址，这将会影响安全收汇。

如是托收方式下开具的汇票，则一般应注明合同号及签约日期。也有在“Drawn under...”后注明“For Collection”（托收）字样的。

（八）付款人（Drawee）

汇票付款人即受票人，包括付款人名称和地址，在汇票中以“To...”（致……）表示。付款人必须按信用证的规定填制，通常为开证行。如果信用证规定“Drawn on us”或未规定付款人，在“To”后都打上开证行名称和地址。

（九）出票人签章

出票人为信用证受益人，也就是出口商。通常在右下角空白处打上出口商的全称，由有权签字人签名，该汇票才正式生效。如果信用证规定汇票必须手签，应注意照办。

附样 7-1 给出了具体的汇票样式。

附样 7-1 **汇 票**

Drawn under__________

L/C No. ______________

Date__________________

No. ____________ Exchange for____________ Changsha，China____________

At____________ sight of this SECOND of exchange（First of exchange being unpaid），pay to the order of____________ the sum of__________________________.

To：__________

****** （Signature）

三、有关汇票的信用证条款示例

（1）Drawn on us at 90 days sight. 开证行见票后 90 天付款。

（2）Your draft at sight drawn on Bank of China. 中国银行即期付款。

（3）Against beneficiary's draft drawn on applicant at sight. 开证申请人即期付款。

（4）Signed drafts on us at 45 days from B/L date. 开证行在提单签发后 45 天付款。

（5）Drafts at 60 days after date. 出票日后 60 天付款。

（6）Drafts so drawn must be in scribed with the number and date of this L/C. 汇票需注上本证的号码和日期。

（7）Drafts in duplicate at sight bearing the clauses “Drawn under... L/C No... dated...” 即期汇票一式两份，注明根据“××银行信用证××号××日期”的信用证开具。

四、汇票缮制的范例

（一）信用证资料

同第五章第五节附样 5－2 中的 Irrevocable Documentary Credit No. ICMLC 382675。

（二）范例

上述信用证项下的汇票范例见附样 7－2。

附样 7－2　　跟单信用证下汇票的范例

Drawn under UNITED OVERSEAS BANK LTD.，SINGAPORE

L/C No. ICMLC382675

Dated May 04，2024

No. ____________ Exchange for USD 34 020.00 Changsha，China. 7－27－2024

At **** sight of this SECOND of exchange（First of exchange being unpaid），pay to the order of BANK OF CHINA，HUNAN. The sum of SAY US DOLLARS THIRTY-FOUR THOUSAND AND TWENTY ONLY.

To：UNITED OVERSEAS BANK LTD.

SINGAPORE

HUNAN MACHINE TOOL WORKS,

CHANGSHA

陈东

案例 7－1

汇票付款人“us”理解纠纷案

申请人的开证申请书往往使用开证行印就的格式。申请书中关于汇票的付款人栏目往往为空白即“Draft drawn on”，留由申请人填写。申请人认为，但凡申请书，均是申请人向开证行申请，因此，便将汇票栏目中的付款人填成自己，使本栏目成为“Draft drawn on us”。但开证行将申请人选定的汇票付款人由“us”修改为“Issuing bank”。

当进口货物到港后，国内市场价格暴跌。但单证相符，开证行按时付款。申请人欲以“开证行未经申请人同意擅自将申请书中汇票的付款人更改为开证行”为由，拒绝偿付开证行的付款。

案例分析及相关知识点

第三节　发　票

发票（Invoice）通常指的是商业发票（Commercial Invoice），是出口交易中最重要的单据之一。它是在货物出运时卖方开立的载运货物的总说明。发票全面反映了合同的内容，它虽不是物权凭证，但单据中缺少了发票，就不能反映一笔业务的全貌。

一、商业发票

（一）商业发票的作用

（1）商业发票是出口商履约的证明文件。发票是出口商制作的为说明履约情况而提供的单据，它向买方表明了货物的全部内容。进口商则可以根据发票的内容核对价格和所购货物以了解出口商的履约情况。因此，发票在全部单据中起到了中心单据的作用。

（2）商业发票可作为买方付款的凭证。在信用证不要求提供汇票的情况下，开证行根据发票金额付款，商业发票就代替汇票作为支付货款的凭证。

（3）商业发票可作为报关纳税的依据。在货物出运之前，出口商须将商业发票递交海关作为报关文件，海关根据商业发票上所载明的价值等内容来征税。货物抵达目的地后，商业发票也是进口商提货清关的文件之一。

（4）商业发票可作为进出口商记账的原始凭证。商业发票是销售货物的凭证，出口商可通过发票了解销售收入，核算盈亏，进口商可根据发票逐笔记账，按时结算货款。

（二）商业发票的主要内容和缮制方法

商业发票由出口企业自行拟制，无统一格式，但基本内容和缮制方法大致相同。

1. 出票人的名称与地址（Exporter's Name and Address）

出票人的名称、地址应与合同的卖方或信用证的受益人的名称、地址相同。制单时，应标出出票人的中英文名称和地址。一般出口企业印制的空白发票都事先将该公司的名称、地址、电话和传真等印在发票的正上方。

2. 发票名称（Name of Document）

发票名称应用英文粗体标出“Commercial Invoice”或“Invoice”字样。如果信用证指定“Detailed Invoice”或“Receipted Invoice”等发票名称，应照办。

3. 发票编号（No.）

发票编号由出口公司根据本公司的实际情况自行编制，它是全套结汇单据的中心编号。

4. 发票日期（Date）

发票日期应早于汇票、提单和保险单的签发日期，在结算单据中是最早签发的单据。

5. 信用证编号（L/C No.）

信用证项下的发票必须填入信用证编号。

6. 合同编号（Contract No.）

合同编号应与信用证所列明的一致，信用证未规定合同编号，可不填。在其他支付方式下，必须填入。

7. 收货人（Messers）

信用证方式下须按信用证的规定填制，一般是开证申请人。在托收方式下，通常是买方。两者都填写时，名称地址不应同行放置，应分行标明。

8. 运输工具及航线（from... to...）

填写货物实际的起运港（地）、目的港（地）以及运输方式，运输方式用 Per 或 By 表示。如货物需经运转，应把转运港（地）的名称标示出来。例如："Per s. s. "Red Star" from Shanghai to London W/T Rotterdam" "From Guangzhou to Piraeus W/T Hongkong by steamer"。

9. 唛头及件号（Shipping Marks and Number）

发票唛头应按信用证或合同的规定填制，其他单据的唛头应与其一致。如未作具体的规定，则填写"N/M"(无唛头)。如货物运至目的港后再转运内陆城市，可在目的港下方打上"In transit to..."或"In transit"字样。

10. 货物描述（Description of Goods）

货物描述一般包括品名、规格、数量、包装等内容。信用证方式下必须与信用证的描述一致，省略或增加货名的任何字或句子，都可能会造成单证不符。如为其他支付方式，应与合同规定的内容相符。

常见的信用证引导货物内容的词或词组主要有：（1）Description of goods，（2）Description of merchandise，（3）Covering shipment of，（4）Covering the following goods，（5）Shipment of goods。

11. 单价及价格术语（Unit Price and Trade Terms）

完整的单价应包括计价货币、单位价格、计量单位和贸易术语四部分内容。例如：USD100 Per Metric Ton CIF London。价格术语关系到买卖双方风险、费用的划分，也是海关征税的依据，必须正确表述。

12. 总量（Total Amount）

发票总额不能超过信用证金额，对于佣金和折扣应按信用证的规定处理。如果来证要求分别列出运费、保险费和 FOB 价格，必须照办。例如：

CIF Tokyo	USD30 000
Less F	USD250
Less I	USD150
FOB	USD29 600

13. 声明文句及其内容（Declaration and Other Contents）

根据信用证的规定特别需要在发票上注明的内容。例如，某些参考号：Import License No.（进口许可证号码）和 Contract No.（合同号码）。证明文句：We hereby declare that the goods are of pure national origin of the exporting country（兹证明该商品纯产于出口国）。We hereby certify that the contents of the invoice herein are true and correct（兹证明发票中的内容是真实且正确的）。

14. 出票人签章（Signature）

出票人签章，通常是在发票的右下角打上出口公司的名称，并由经办人签名或盖章。如信用证规定手签（Manual Signed），则必须按规定办理。对墨西哥、阿根廷的出口，无论信用证是否规定，都必须手签。

（三）有关发票的信用证条款示例

（1）Invoice to certify that the goods shipped and other details are as per supplier's S/C No. 888 dated March 3rd 2024. 发票应证明装运货物和其他有关细节符合 2024 年 3 月 3 日第 888 号销售合同书。

（2）Beneficiary's original signed commercial invoice at least 8 copies issued in the name of the buyer indicating（showing/evidencing/specifying）the merchandise，country of origin and any other relevant information. 以买方的名义开具，并经受益人签署的商业发票正本一式八份，注明商品名称、原产国和有关资料。

（3）All invoices must show FOB，Freight and Insurance Costs separately. 所有发票均应分别列明 FOB 价、运费和保险费。

（4）Combined invoice is not acceptable. 不接受联合发票。

（5）5% commission to be deducted from the invoice value. 从发票金额中扣除 5%的佣金。

（6）Invoice to certify that the goods shipped are exactly equal to the samples presented to the buyer. 发票上应证明装运货物与已交付买方的样品相符。

（7）4% discount should be deducted from total amount of the commercial invoice. 应从商业发票总金额中扣除 4%的折扣。

（8）All invoices must show break down value：①FOB value；②Freight Prepaid；③Insurance Premium Prepaid. 所有发票都应标明分类价格：①FOB 价格；②预付运费；③预付保费。

（9）Your declaration that no wood container has been used in packing of the goods listed on the invoice is required. 发票上须声明所列货物未使用木制容器包装。

（10）Commercial invoice must indicate the following：①That each item is labeled "made in China"；②That one set of non-negotiable shipping documents has been airmailed in advance to buyer. 在商业发票中必须指明：①每件商品均标明"中国制造"；②一套副本装运单据已空邮给买方。

（四）商业发票的缮制范例

1. 信用证资料

详见本书第五章第五节附样 5－2 中的 Irrevocable Documentary Credit No. ICMLC382675。

2. 范例

商业发票范例见附样 7－3。

附样 7－3 **商业发票范例**

HUNAN MACHINE TOOL WORKS

114 XINKAIPU，CHANGSHA，HUNAN，CHINA

TEL：86 (731) 85413034

COMMERCIAL INVOICE

To：TIPSON INDUSTRIAL TRADING CO. LTD.，
15 GUL，STREET 4，SINGAPORE 629241

L/C No.：ICMLC382675　　INVOICE No.：HJZY2024－01
DATE：JULY 23，2024.

SHIPPING MARKS：SINGAPORE
BAND SAW MACHINE
N. W.
G. W.
DIM
MADE IN CHINA

CIF SINGAPORE

QUANTITY AND DESCRIPTIONS	UNIT PRICE	AMOUNT
COVERING SHIPMENT OF		
1 UNIT G5332×2000 BLOCK VERTICAL BAND SAW MACHINE	USD20 507.00	USD20 507.00
1 UNIT G5333×2000 BLOCK VERTICAL BAND SAW MACHINE	USD13 513.00	USD13 513.00
AS PER CONTRACT NO.：SC 2020HJZY-C01		
TOTAL：		USD34 020.00

TOTAL AMOUNT：SAY UNITED STATES DOLLARS THIRTY-FOUR THOUSAND AND TWENTY ONLY

PACKING：IN TWO (2) WOODEN CASES AND TWO (2) NUDES.

HUNAN MACHINE TOOL WORKS

二、其他发票

除商业发票外，在国际贸易过程中经常遇到的发票还有形式发票、海关发票、领事发票和厂商发票等其他发票。

（一）形式发票

形式发票（Proforma Invoice），又称预开发票，是卖方（出口商）应买方（进口商）的要求，在贸易成交前开具的非正式参考性发票。但一旦买方签了形式发票，该形式发票则具有与合同同等的效力，双方须依形式发票的内容处理相关业务事项。

形式发票的出现主要是为了适应某些买方国家关于申请进口许可证和外汇以及报关等方面的规定。

一般来说，形式发票上除须写明出单人、抬头人、品名、单价、数量、总金额、交货期等外，还应明示“此发票仅供商人申请进口许可证用，本交易以卖方最后确认为有效”，以此条款来约束进口商。

（二）海关发票

海关发票（Customs Invoice）是进口国海关当局规定的进口报关必须提供的特定格式的发票。进口国用它来证明进口货物的产地以便按规定的税率征收进口税，审核进口货物的价值及其当前的国内价值以防止倾销，还可供编制统计资料之用。

海关发票也可称为估价和原产地联合证明书（CCVO，即 Combined Certificate of Value and Origin）、根据某国海关法令的证实发票（Certificate Invoice in Accordance with ×× Customs Regulations）。

缮制海关发票时应注意：

（1）各个国家（地区）使用的海关发票都有专用的固定格式，不能混用。

（2）凡是商业发票上和海关发票共有的项目和内容，必须与商业发票保持一致。

（3）“出口国国内价格”一栏，其价格的高低是进口国海关决定是否征收反倾销税的重要依据，填制时须慎重处理。

（4）如成交条件为 CIF，应分别列明 FOB 价、运费、保险费，且总计应与 CIF 价相等。

（5）签署人和证明人均须以个人身份出现，而且两者不能为同一人。个人签署均应为手签方有效。

（三）领事发票

领事发票（Consular Invoice）是出口商根据进口国驻出口国领事馆的要求填写并经领事馆签章的发票。作为一份官方单据，各国对领事发票的格式、要求有不同的规定，有些国家制定了固定格式，而有些国家仅要求在卖方出具的发票上有该国领事签章即可（该类发票被称为领事签证发票）。

领事发票的主要作用是：

（1）进口国海关贸易管理局核对进口货物及课税的依据；

（2）了解货物的原产地，区别征收进口关税的依据；

（3）方便进口国海关管理统计，并可增加境外领事馆的签证费收入。

（四）厂商发票

厂商发票（Manufacturer's Invoice）是由出口货物的制造厂商出具的以本国货币来计算价格并用来证明出口国国内市场的出厂价格的发票，主要供进口国海关估价、核税、征收反倾销税之用。

如果信用证中未对厂商发票的内容作要求，除单证无矛盾外，应注意：

（1）单证名须显示“Manufacturer's Invoice”。

（2）出单人在发票上须加注“出单人系货物的实际制造商”（We hereby certify that we are the actual manufacturers of the above goods）的证明文句，并签字证实或在出单人前加具表明身份的文字“Manufacturers”并经签字证实。

（3）以出口国币制表示的国内市场价。

（4）除非信用证有特别规定，否则不必缮制唛头。

（五）证实发票和宣誓发票

证实发票（Certified Invoice）也被称为确证发票（Confirmed Invoice），与宣誓发票（Sworn Invoice）的区别仅仅在于名称不同，其内容与作用完全一样。此类发票除了同商业发票一样列明当事人名称、地址，商品名称、规格、货号、单价、总金额、运输标志等常见项目外，还特别地加注有关证明文句。证明的内容视进口商的要求而定，常见的证明事项包括：发票内容真实无误；货物原产地为某某国；商品品质与合同规定相符；本发票内容与某形式发票的内容相同且无更改；价格正确；本发票是唯一的发票；等等。证实发票或宣誓发票的主要作用是：（1）证明发票价格中未含有佣金成分，因此进口商可以此为凭证要求出口商作价外补偿；（2）证明出口商未向进口商开立与本发票内容不同的第二张发票，以便使进口国海关相信出口商未虚报价格以帮助进口商逃税；（3）有些情况下可以代替海关发票用于报关或申请优惠关税。除非信用证规定出口商提供单独的证实发票，出口商必须按信用证的规定行事。信用证没有特殊的规定时，在商业发票上加上一句证明文句来证明发票内容真实正确就可以了。一般证明文句为：“We hereby certify that the contents of this invoice are true and correct”。

（六）收讫发票

收讫发票（Receipt Invoice）是在受益人按信用证的规定已从出口地银行取得款项时才出具的发票，它比普通商业发票多一句收讫文句“Value received under L/C”。

（七）样品发票

样品发票（Sample Invoice）是出口商把样品寄给进口商时出具的清单，供进口商报关之用。

第四节　运输单据

国际货物运输是随着国际贸易的发展而发展的，它是国际贸易的一个重要组成部分。运输单据（Transport Documents）是承运人收到承运货物开出的收据，也是承运人与托运人之间的运输契约的证明。又因为可以凭运输单据提取货物，所以具有物权凭证的作用，因此，运输单据是最重要的商业单据之一。运输单据按照不同的运输方式，有海运提单、航空运单、铁路运单、公路运单和多式或联合运输单据等不同种类。

一、海运提单

（一）海运提单概述

海运提单（Marine/Ocean Bill of Lading）是承运人或他们的代理人在收妥货物或货已装船后签发给托运人的，约定将货物运往指定目的地并交给提单持有人的一种单据。

1. 海运提单的主要作用

在班轮运输的条件下，海运提单的作用主要有以下三个方面：

（1）海运提单是货物收据（Receipt for the Goods），即承运人或其代理人向托运人确认已收到了订单上所有的货物，且已装船或准备装船的收据。

（2）海运提单是运输合同的证明（Evidence of Contract of Carrier），即由于在托运人向承运人办妥运输手续后，他们之间已定有运输合同，所以提单本身不是运输合同，仅是承运人与运输人履行运输合同的证明，提单条款的有关规定是处理双方在运输中的权利、义务问题的主要依据。

（3）海运提单是物权凭证（Documents of Title），即海运提单代表了货物。提单的合法持有人可在目的港凭提单要求承运人交付货物。由于经背书后提单可以转让，所以在载货船舶到达目的港之前，亦可通过转让提单而转移货物所有权凭以向银行申请押汇。

2. 海运提单的当事人

海运提单的当事人主要包括承运人、托运人、收货人和被通知人。

（1）承运人（Carrier）是指与托运人签订运输合同的关系人，也称船方。承运人对运送的货物及货物运送过程中的损坏和灭失负责。承运人不一定是拥有运输工具、实际执行货物运输业务的运输人，它可能是船东，即船舶的所有人，也可能是租船人。提单上一般都有承运人的笺头或印戳，即将承运人事先印在提单上。

（2）托运人（Shipper/Consignor）是指与承运人签订运输合约的关系人，也称货方，也即出口方。在信用证业务中，通常是信用证的受益人。

（3）收货人（Consignee）是有权在目的港领取货物的当事人，通常是货物的买方。提单中这一栏如何填写取决于信用证或合同的规定。提单中收货人俗称提单的开头，一般有三种写法：

①记名开头“Consigned to ×××”（指定收货人）；

②来人开头（也称不记名开头）“to bearer”；

③指示开头，又有：

a. 不记名指示（也称空白开头）“to order”；

b. 托运人指示“to the order of shipper”；

c. 银行指示“to the order of bank”；

d. 收货人指示“to the order of buyer”。

（4）被通知人（Notify Party）不是提单的关系人，它无权提货，是承运人为方便收货人提货，在货到后免费通知的对象。由于指示提单上不出现收货人的姓名和地址，货到后无从通知，因此由通知人与收货人联系，以便收货人及时办理提货的各种手续。被通知人往往是收货人的代理，受收货人的委托后可以提货。

3. 海运提单的种类

海运提单可以从不同的角度加以分类，常见的有：

（1）已装船提单和备运提单。

已装船提单（On Board B/L）是指货物装船后，由承运人签发给托运人的提单，它必须载明装货船名和装船日期。由于这种提单对收货人按时收货有保障，因此，在买卖合同和信用证中一般都规定卖方需提供已装船提单。

备运提单（Received for Shipment B/L）又称收讫待运提单，是承运人在收到托运货物等待装船期间，向托运人签发的提单。由于这种提单没有确切的装船日期，且不注明装运船只的名称，因此，实际业务中较少使用这种提单。

（2）清洁提单和不清洁提单。

清洁提单（Clean B/L）指交运货物的外表状况良好，承运人未加注有关货损或包装不良之类批注的提单。

不清洁提单（Unclean B/L；Foul B/L）指凡承运人加注了表明货物外表存在缺陷之类批注的提单。银行拒绝接受不清洁提单。

（3）记名提单、不记名提单和指示提单。

记名提单（Named Consignee B/L），也称直交式提单（Straight B/L）或收货人开头提单，是指在提单收货人一栏中只写指定收货人名称。这种提单只能由该指定的收货人提货，不可转让。该指定收货人可以是买主、开证行或代收行。收货人凭提单提货时，必须证明身份。

不记名提单（Open B/L），即空白提单（Blank B/L），又称货交来人提单（Bearer B/L），是指在提单收货人一栏不填写具体收货人或指示人的提单，提单收货人一栏留空白，或填写“To Bearer”，这种提单，谁持有谁就可以提货，提单的转让也无须背书。

指示提单（To Order B/L）是在提单收货人一栏内填写“To order of × ×”（凭某某人指示）的提单。在信用证项下，指示提单收货人栏填写的内容是按信用证要求填写的。实务中填写的是“To Order”（凭指示），这种提单习惯上也称为空白抬头提单，需由托运人背书后才能凭以提货。在托收结算时，由于出口商在收货人栏目填写进口地银行，但又必须提交一份可转让的提单，还要控制货权，故以“To Order”为抬头很适合。

凭指示提单转让必须背书。背书可以是空白背书或记名背书。前者是指提单转让人仅在提单上签字盖章，而不注明背书人的姓名。后者是除签章外，还需列明被背书人的名字。以开证行为抬头的提单，须经开证行背书后转让给买方；以买主的指定人为抬头的提单，须经进口商背书；以托运人的指定人为抬头的提单，托运人若做成记名背书，必须以银行为被背书人，否则银行不能接受。国际贸易中大多使用空白抬头、空白背书提单。

（4）直达提单、转船提单和联运提单。

直达提单（Direct B/L）是指货物从装运港直接运抵目的港的提单。

转船提单（Transshipment B/L）是指货物须经中途转船才能到达目的港而由承运人在装运港签发的全程提单。

联运提单（Through B/L）是指经过海运和其他运输方式联合运输时，由第一承运人所签发的，包括全程运输，并能在目的港或目的地凭以提货的提单。

（5）全式提单和略式提单。

全式提单（Long Form B/L）是指提单上除有证明条款之外，还在背面印有承运人和托运人权利、义务等详细条款的提单。

略式提单（Short Form B/L）是指仅有提单正面内容，如船名、货号、标志、件数、装运港、目的港等，而略去了提单背面全部条款的提单。

（6）过期提单与倒签提单。

①过期提单（Stale B/L）。

过期提单又称迟期提单。目前有两种解释：一是从进口商的角度看，货物抵达目的地后收货人才收到的提单为过期提单。因收货人不能在货到时马上提货，很可能要向船方支付过期保险费，故买方一般不接受过期提单。二是从出口商的角度看，在信用证项下，出口商应在规定交单期限内向银行交单，如因业务延迟，使交单在交单期后，根据国际商会的规定，这时的提单算过期提单。如果信用证未规定交单期限，则迟于提单签发日 21 天交单也算过期提单。除非信用证另有规定，银行不接受过期提单。

如果在信用证有效期内出口商交单，而由于路途较短，会出现提单到达晚于货物到达的情况，此时为让收货人早日提取货物，开证行可以允许收货人凭提单保函先行提货。

②倒签提单（Anti-dated B/L）。

倒签提单指承运人应托运人的要求，签发提单的日期早于实际装运日期的提单，以便使提单符合信用证上对装运日期的规定。提单日期对于买卖双方、对于海关办理延长进口许可证、对于海上货物运输保险契约的生效、对于银行向收货人提供垫款及向发货人转账等均有重要意义，所以提单日期必须依据接收货物记录和已装船的大副收据如实签发。倒签提单属伪造单据行为，收货人一旦发现可拒绝提货并诉讼至法庭，扣留船货，直至取得赔偿。

（7）成组化商品提单（Unitized Goods B/L）。

成组化商品运输是一种先进的运输方式。成组化商品运输目前主要有托盘运输和集装箱运输两种。由此出现了托盘提单和集装箱提单。这种提单上一般注明“托运人装货并点数”，这时承运人对每一个货物组合中的小包装数量都不负责任。

①托盘提单（Pallet B/L）。

托盘提单指承运人在发货地将几十件或上百件货物用托盘汇聚成一大件，再装船运往目的地而签发的提单。其优点就是以最简单的设备达到高度的装卸效率。

托盘提单除件数、毛重和体积几栏外，其余项目同一般提单没有什么区别。该提单件数栏填写托盘数量并在括号内加注货物包装件数；重量栏填写未加托盘时货物实际重量和加托盘后重量；体积栏要提供未加托盘和加托盘后尺码。

②集装箱提单（Container B/L）。

集装箱运输起始于 20 世纪初，50 年代后迅速发展，是国际航史上一种全新的运输方式。与传统运输方式相比，集装箱运输大大提高了货运速度，减少了货损货差，提高了货运质量，节省了货物包装费用和运杂费开支，降低了运输成本。

在集装箱提单上常见的 4 种术语为：

FCL（Full Container Load）：整箱货。集装箱内所装的货物属于同一个货主。

LCL（Less Than Container Load）：批箱货。箱内的货物不都属于同一个货主。

CY（Container Yard）：堆场。专门堆放集装箱而不办理装拆业务的场所，由托运人自己装拆箱的货物，在堆场收货或交付。

CFS（Container Freight Station）：货运站。这是办理集装箱货物装拆业务的场所。由承运人自己拆箱的货物均在此交货或交付。

集装箱运输的交接货物方式与一般运输不同，它有如下方式：CY/CY（堆场到堆场，又称整装整拆）；CFS/CFS（货运站到货运站，又称拼装拼拆）；CY/CFS（堆场到货运站，又称整装拼拆）或 CFS/CY（货运站到堆场，又称拼装整拆）等。例如 CY/CFS，表示承运人在起运港的堆场接收托运人自己装的整箱货，在目的港拆箱后将箱内货物交给收货人，收货人并不是租下集装箱将整箱货物运回后再拆箱。

（二）海运提单的主要内容和编制方法

海运提单因船运公司而异，有着不同的格式，但其各栏目和内容基本一致，通常包括正面的记载和背面印载的运输条款。

1. 提单编号（B/L No.）

提单必须注明承运人或其代理人规定的提单号码，以便核查，否则该提单无效。提单号码由承运人或其代理人提供。

2. 托运人（Shipper）

托运人又称发货人，托收项下为合同卖方，信用证项下通常是信用证受益人。如信用证无具体规定，可以以第三方为托运人。本栏应包括托运人的全称和地址，如信用证无规定，地址可以省略。

3. 收货人（Consignee）

托收项下填“To order”或“To order of shipper”。信用证方式下应按信用证的规定填写。例如，信用证规定：

（1）“Full set of B/L consigned to A. B. C. Co.”，此栏填“Consigned to A. B. C. Co.”；

（2）“Full set of B/L made out to order”，此栏填“To order”；

（3）“Full set of B/L made out to order of”，此栏填“To order of ×× Bank”（即开证行名）；

（4）“Full set of B/L made out to order of shipper”，此栏填“To order of shipper”（即托运人的全称）；

（5）“B/L issued to order of applicant ”，此栏填“To order of A. B. C. Co. ”（注：A. B. C. Co. 为开证人名称）。

4. 被通知人（Notify Party）

被通知人是收货人的代理人，托收项下的提单可填合同的买方，在信用证方式下，应按信用证的要求填制。如信用证未作规定，为确保单证一致，此栏可留空。

5. 首程运输工具（Pre-carriage by）

如货物需转运，此栏填入第一程运输工具名。若无须转运，可留空不填。

6. 收货地点（Place of Receipt）

如货物需转运，填写收货地点名称。若无须转运，此栏可留空。

7. 运输工具名称（Ocean Vessel）

填实际货运船名，如为班轮，应加注航次号（Voy. No. ）。

8. 装运港（Port of Loading）

在托收项下，应按合同规定填制。信用证方式应符合信用证的规定，如信用证统一规定为“Chinese Port”，本栏则填具体港名称，如“Dalian”。

9. 卸货港（Port of Discharge）

卸货港一般是目的港，在信用证支付方式下，应按信用证的规定填制；如卸货港有两个以上选择港（例如 London/Hamburg/Rotterdam），只能选择其中一个港口名称；如中途转运，应填转船地。

10. 最后的目的港（Final Destination）

此栏为当次运输的运费截止地。在货物直达条件下，目的港就是卸货港，此栏可不填。

11. 运费缴付地（Freight Payable at）

FOB 成交价格应填目的港名称，CFR 或 CIF 则填装运港名称，此栏也可留空。

12. 提单正本份数（Number of Original B/Ls）

承运人一般签发提单正本两份，也可应收货人的要求签发两份以上。本栏应用英文大写注明（如 TWO/THREE）。每份正本提单效力相同，如其中一份已用于提货，其他各份均失效。

13. 唛头（Marks & Nos.）

按信用证或合同的规定编制，应与发票等单据内容相同。

14. 件数、包装种类（Number and Kind of Packages)

此处填包装数量和包装单位。如为散装货，用“In bulk”表示；如为裸装货，应加件数（例如100头牛，填“100 heads”）；如为多种包装，应分别注明件数和包装单位，并计算其总数，例如：

200 cartons
150 bales
130 cases

----

480 Packages

15. 货名（Description of Goods）

按信用证或合同描述的货名填写，并与其他单据货名相同。

16. 毛重（Gross Weight）

填货物总毛重量，以千克表示。如为裸装货物，应在毛重前加注“N. W.”。提单的重量应与其他单据的重量相同。

17. 尺码（Measurement)

填货物的体积，小数点之后保留三位。

18. 运费条款（Freight Clause)

除非信用证特别规定，本栏只填运费是否支付情况。在CIF和CRF条件下，填“Freight Paid”或“Freight Prepaid”。在FOB与FAS条件下，填“Freight Collect”。全程租船运输时，填“As Arranged”。

19. 大写数字［Total Packages (in words)］

用英文大写表示，应与第14栏内容相同。

20. 运费与费用（Freight and Charges)

除非信用证明确规定需填具体费用与费率，一般此栏不填。

21. 签发地点与日期（Place and Date of Issue)

提单的签发地点应为装运地。提单签发日则是装运日期，应不晚于信用证或合同规定的最迟装运时间。

22. 承运人签字（Signed for the Carrier)

提单必须由承运人或其代理人签字方能生效。如信用证要求手签，应按规定执行。签字时必须表明其身份。

23. 契约文句

契约文句是承运人表示收到货物的正面印定的契约文字，一般包括4个条款。第一，装船条款。印明外表状况良好的货物已装在船上，表示船方收到货物。第二，内容不熟悉条款。印明托运人在提单上填写的货物重量、数量、内容、价值等，承运人概不知悉，表示船方对于填写的货物重量、数量正确与否不负核对之责。第三，承认接受条款。印明托运人、收货人、提单持有人表示同意接受提单背面的印定条款、规定、免责事项。第四，签署条款。印明为了证明以上各项，承运人或其代理人特签发提单一式几份，其中一份凭以提货后其余各份即行失效。

提单背面有许多条款，它在理论上是托运人与承运人双方约定的事项，但实际上是承运人单方印定的。各国航运公司提单的条款大都非常繁杂，有的多达二十条，也有的多达三四十条，且条款文字互不一样，然而其内容却大同小异。

除上述各项以外，提单必须按信用证的要求作背书转让。如来证要求显示特殊文句等，可在空白处予以注明，否则导致单证不符，银行将予以拒收。

案例 7－2

1/3 正本海运提单径交开证申请人案

不可撤销信用证规定如下：全套正本三份提单抬头做成发至申请人的指定人，一份正本提单由载货船只的船长交给申请人。而此时当单据按信用证提交时，开证行因单证不符拒付，但申请人已用从船长手中得到的正本提单提走了货物。受益人钱货两空。

案例分析及相关知识点

二、航空运单

（一）航空运单的性质

航空运单（Air waybill）是由承运的航空公司或其代理人签发的货运单据。它是货物的收据，也是托运人与承运人之间运输契约的证明，但不具有物权凭证的性质。收货人不是凭航空运单提货而是凭航空公司的提货通知单提货。因此，航空运单是不可转让的，在航空运单的收货人栏内必须详细填写收货人的全称和地址，而不能作成指示式抬头。

（二）航空运单的内容及缮制要求

航空运单不是物权凭证，在内容上比海运提单简单，没什么复杂的条款和项目。航空运单应由托运人或其代理人填制。在单据上，应填写如下内容：

（1）航空运单只是货物收据和运输合约，应做成记名抬头。托运人、收货人的名称和地址应填写清楚，并与信用证一致。

（2）航空公司或其代理人的名称。填制航空公司的全称和简称，同时此栏还印有“不可转让”（Not Negotiable）字样。

（3）启运地、转运地、目的地的名称应符合信用证的要求，如不转机，转运地一栏不填。

（4）航班号及飞行日期。飞行日期是计划飞行日期，不一定是实际飞行日期。

（5）航空运费。按信用证规定填“运费预付”（PP，Prepaid）或“运费到付”（CC，Collect）。

（6）申报价值。即托运货物的价值总数，一般可按发票价值填写。如果货物在运输途中由于航空公司的失职而受损，航空公司即按该货值赔偿。托运人无须办理价值声明时，在此栏内填“NVD”（No Value Declared）字样，如果货物受损，航空公司只按原先约定的价值赔偿。

（7）货物的品名、数量、件数、唛头等内容应与信用证一致。

（8）处理情况。按信用证的要求填写通知人的名称、地址、电话，货物的唛头标记、号码、包装方式及其他说明的特殊事项，也可填列发货人对本机货物运输问题的特别指示以及对第二承运人的要求等。

（9）航空运单的号码、签发地点和日期。

案例 7－3

空运单丧失物权案

某年6月，浙江某出口公司与印度某进口商达成一笔总金额为6万多美元的羊绒纱出口合同，合同中规定的贸易条件是“CFR NEW DELHI BY AIR”，支付方式是100%不可撤销即期信用证，装运期是8月间自上海空运至新德里。合同订立后，进口方按时通过印度一家商业银行开来信用证，通知行和议付行都是国内某银行，信用证中的价格术语为“CNF NEW DELHI”，出口方当时对此并没有太在意，在收到信用证后，按规定发运了货物，将信用证要求的各种单据备妥交单，并办理了议付手续。然而，国内议付行将有关单据寄到印度开证行后不久即收到开证行的拒付通知书，拒付理由为单证不符，商业发票上的价格术语“CFR NEW DELHI”与信用证中规定的价格术语“CNF NEW DELHI”不一致。得知这一消息后，出口方立即与进口方联系要求对方付款赎单，同时通过国内议付行向开证行发出电传，申明该不符点不成立，要求对方及时履行偿付义务。但进口方和进口方银行对此都置之不理。在此情况下，出口方立即与货物承运人联系，其在新德里的货运代理告知该批货物早已被收货人提走。在如此被动的局面下，出口方后来不得不同意对方降价20%清偿货款。

案例分析及相关知识点

三、铁路运单

通过国际铁路办理货物运输时，在发运站由承运人加盖日戳签发的运单叫铁路运单（Railway Bill）。

铁路运单以目的地收货人作记名抬头，一式两份。正本随货物同行，到目的地交收货人作为提货通知；副本交托运人作为收到托运货物的收据。在货物到达目的地之前，托运人可凭运单副本指示托运人停运，或将货物交给另外一个收货人。

铁路运输是国际货物运输的主要方式之一，其特点为：运量大，速度快，不受季节气候的影响。因此铁路运输的规模不断上升。

四、公路运单

公路运单是公路货物运输及运输代理的合同凭证，是运输经营者接受货物并在运输期间负责保管和据以交付的凭证。

承运人、托运人要按公路运单内容逐项如实填写，不得简化、涂改。承运人或运输代理人接收货物后应签发公路运单，公路运单经承运人、托运人双方签章后生效。

五、多式运输单据

（一）多式运输单据的概念

多式运输（Multimodal Transport），是以两种或两种以上的不同运输方式将货物运输到目的地。多式运输又称联合运输（Combined Transport），美国称 Intermodal Transport。目前，在 1990 年《国际贸易术语解释通则》和 1994 年执行的 UCP500 中都统一规定使用多式运输一词。因此，Combined Transport 已规范为 Multimodal Transport。

多式运输是在集装箱运输的基础上发展起来的一种新的运输方式。它以至少两种不同的运输方式由运输商将货物从接管地运至交货地，即多式运输将过去的海运、陆运、公路运输、江河运输等互不关联的单一运输有机地结合起来，以完成一笔进口或出口货物在国家间的运输。

使用多种运输方式运送货物时，由多式运输承运人或营运人或船长或其代理人签发的，证明多式运输合同及证明多式运输营运人接管货物并负责按合同条款交付货物的单据，被称为多式运输单据（Multimodal Transport Bill）。多式运输方式中第一程为海运者，通常被称为多式运输提单（Multimodal Transport B/L）。多式运输单据是对货物从起点到终点（门到门）全程负责的单据，代替了传统的港至港提单。

银行对多式运输单据的掌握是：多式运输单据，如果第一程是海运，公司单据须注明已装船，而且符合 UCP600 第 20 条有关海运提单及其他各有关海运单据的规定。

（二）多式运输单据与联运提单的不同点

尽管多式运输单据与联运提单都包含两种以上的不同运输方式，但两者之间仍有不同之处，主要表现在：（1）多式运输单据的第一程可以是陆运，也可以是海运或空运，既可以是陆—海—空联运，也可以是空—海—陆联运或海—陆—空联运，但联运提单的第一程必须是海运，即只能是海—陆—空或海—空—陆联运。（2）多式运输单据的签发人对运输的全程负责，而联运提单的签发

中国视角

全国首笔陆海新通道
多式联运“一单制”数字
提单信用证业务落地

人只对第一程运输负责。但从运输方式来看，多式运输中包括了联运。所以说，多式运输方式范围广，更方便托运人及收货人。

案例 7－4

是多式运输单据还是海运提单？

某信用证规定："Shipment from China to London，combined transport document required"（从中国运至伦敦，要求多式运输单据）。提交的运输单据名称为"Ocean Bill of Lading"（海运提单），收货地为昆明，货物通过火车运至上海，再由装货港上海通过远洋运输运往卸货港伦敦。最后被开证行以提交的不是多式联运单据，而是海运提单为由拒付。试问：开证行的拒付合理与否？

案例分析及相关知识点

六、有关运输单据的信用证条款示例

（1）Full set of B/L. 全套提单（按惯例为 3 份正本提单）。

（2）Full set less one copy on board B/L. 全套已装船提单中至少要有一份副本。

（3）2/3 original clean on board B/L. 3 份正本已装船清洁提单，2 份不流通的副本。

（4）Full set of B/L in triplicate with two non-negotiable B/L. 全套提单 3 份正本，2 份不流通的副本。

（5）Bills of lading must evidence carrying steamer is not Israel and not calling at Israeli Port. 提单应证明载货船不属于以色列国籍，不停泊以色列港口。

（6）3/3 original＋3NN Copies clean on board marine bills of lading issued to order and endorsed in blank marked "freight paid" and notify applicant. 提供已装船清洁提单 3 份正本，加 3 份不流通的副本。做成空白抬头和空白背书，注明"运费已付"，并通知申请人。

（7）B/L must bear a written signature，if signed by a facsimile stamp they can not be acceptable. 提单必须手签，如果用印章签发，不予接收。

（8）Full set of clean shipped on board ocean bill of lading in triplicate，made out to order and endorsed in our favor，marked "freight repaid" and notify applicant. 全套已装船清洁提单一式三份，作空白抬头，并记名背书给我们，注明"运费已付"，通知申请人。

（9）Shipper must send one copy of shipping documents direct to buyer and certificate to this effect is required. 托运人直接邮寄给买方一份运输单据，并应提供上述事实的证明。

（10）Full set of clean on board ocean bill of lading consigned to Banco Popular Espanol Barcelom，marked "freight prepaid"，notify A. B. C. Co. In case transshipment is effected，name and sailing date of 2nd ocean vessel calling Rotterdam must be shown on B/L. 一整套已装船的清洁海运提单，做成以巴塞罗那西班牙人民银行为抬头，注明"运费已付"，

通知 ABC 公司。如转船至鹿特丹，第二船名及日期必须在提单上显示。

七、运输单据缮制的范例与点评——以海运提单为例

1. 信用证资料

详见本书第五章第五节附样 5 - 2 中的 Irrevocable Documentary Credit No. ICMLC382675。

2. 范例

海运提单范例见附样 7 - 4。

附样 7 - 4　　海运提单范例

Shipper HUNAN MACHINE TOOL WORKS HUNAN, CHINA	B/L NO. 中国远洋运输（集团）总公司 CHINA OCEAN SHIPPING (GROUP) CO.
Consignee TO ORDER OF UNITED OVERSEAS BANK, SINGAPORE	Multimodal Transport BILL OF LADING RECEIVED in apparent good order and condition except as otherwise noted the total number of containers or other packages or units enumerated below for transportation from the place of receipt to the place of delivery subject to the terms and conditions hereof. One of the Bills of Lading must be surrendered duly endorsed to the Carrier by or on behalf of the Holder of the Bill of Lading, the terms and the rights and liabilities arising in accordance with the terms and conditions hereof shall, without prejudice to any rule of common law or statute rendering them binding on the Merchant, become binding in all respects between the Carrier and the Holder of Bill of Lading as though the contract evidenced hereby had been made between them. IN WITNESS whereof the number of original Bills of Lading stated under have been signed, all of this tenor and date, one of which being accomplished, the other(s) to be void.
Notify Party TIPSON INDUSTRIAL TRADING CO. LTD., SINGAPORE	
Pre-carriage by　　Place of Receipt	
Ocean Vessel　Voy. No.　Port of Loading XIANGCHANGSHABO 067　SHANGHAI	

Port of Discharge SINGAPORE		Place of Delivery	Final Destination
Marks & Nos. Container Seal No. SINGAPORE	No. of Containers	Kind of Packages (&) Description of Goods G5332×2000 BLOCK	Gross Weight　Measurement

BAND SAW MACHINE N. W.： G. W.： DIM： MADE IN P. R. CHINA	or Packages 1 UNIT 1 UNIT	VERTICAL BAND SAW MACHINE G5333×2000 BLOCK VERTICAL BAND SAW MACHINE	109 296. 00KGS 120 000 CBM

TOTAL NUMBER OF CONTAINERS OR PACKAGES (IN WORDS)　TWO UNITS ONLY

FREIGHT & CHARGES	Revenue Tons	Rate	Per	Prepaid	Collect
Ex Rate	Prepaid at	Payable at		Place and date of Issue CHANGSHA，CHINA	
				2024 - 07 - 24	
	Total Prepaid	No. of Original B(S)/L THREE		Signed for the Carrier 肖扬	

LADEN ON BOARD THE VESSEL
DATE ____________________ BY (TERMS PLEASE FIND ON BACK OF ORIGINAL B/L)
(COSCO STANDARD FORM 11)

第五节　货物运输保险单据

在对外贸易过程中，将有关货物从一方转移到另一方才能完成整个贸易过程。此过程不仅包括了时间的推移，同时也包括货物空间的位移。在上述时间与空间的变化过程中，货物客观上存在着受自然灾害及意外事故损害的可能性，为了避免这种可能性形成对货物权益所有人的损失，有关当事人需要通过购买保险来转嫁这种风险，所以在结算单据中保险单据也成为不可或缺的组成部分。

一、海上货物运输保险险别

保险险别是指保险人对风险和损失的承保责任范围。

在保险业务中，各种险别的承保责任是通过各种不同的保险条款规定的。根据中国人民财产保险股份有限公司制定的《海洋运输货物保险条款》，海上货物保险险别分为两大类——基本险和附加险。

（一）基本险

基本险（Basic Risks）是指保险人对保险货物承担的最基本的保险责任，也是可以由被保险人选择而单独投保的险别。它大体分为三种：平安险、水渍险和一切险。

1. 平安险

平安险（Free from Particular Average，FPA）的英文原意是“单独海损不赔”，即

对全损和共同海损负责赔偿。由于保险业的竞争，现在保险人将意外事故造成的单独海损及货物装卸时的部分损失也列入平安险的责任范围。

2. 水渍险

水渍险（With Particular Average，WPA 或 WA）的英文原意是“单独海损赔偿险”，中英文名称均不能准确反映水渍险的责任范围。水渍险是在平安险的基础上加上自然灾害造成的单独海损，即该险别的责任范围包括了自然灾害和意外事故造成的全部损失和部分损失。

3. 一切险

一切险（All Risks）的责任范围除包括平安险和水渍险的各项责任以外，还包括被保险货物在运输途中由一般外来原因造成的全部损失和部分损失。实际上，一切险是平安险、水渍险和下面将要述及的 11 种一般附加险的总和，但不包括特殊附加险。

（二）附加险

附加险（Additional Risks）是根据商品以及运输途中的各种情况而设立的特别险种。附加险不能单独投保，只能在投保了基本险的基础上加保。附加险分为一般附加险和特殊附加险两种。

1. 一般附加险

一般附加险（General Additional Risks）主要有以下几种：

（1）偷窃、提货不着险（Theft，Pilferage and Non-delivery，TPND）。在保险有效期内，承保货物遭偷窃或运输工具抵达目的地后整件货物由于不明原因而遗失、未交货所造成的损失。

（2）淡水雨淋险（Rain，Fresh Water Damage）。承保货物在运输途中由于淡水（船上淡水管漏水和舱汗等）、雨淋、冰雪融化所造成的损失。该险种实际上是水渍险的补充。

（3）短量险（Risk of Shortage）。承保货物在运输途中由于外包装破裂或散装货物发生散失或实际重量短少而导致的损失。

（4）渗漏险（Risk of Leakage）。承保流质或半流质货物在运输途中由于容器损坏引起渗漏而使商品发生变质、腐烂等损失。

（5）碰损、破碎险（Risk of Clash and Breakage）。承保货物在运输途中因地震、碰撞、受压、颠簸等造成的破损和破碎损失。

（6）混杂、沾污险（Risk of Intermixture and Contamination）。承保货物在运输途中因混进杂物或与其他物质相接触而被沾污所引起的损失。

（7）串味险（Risk of Odor）。承保货物特别是食品在运输过程中因受其他货物影响而引起的串味损失。

（8）钩损险（Risk of Hook Damage）。承保袋装、捆装货物由于装卸不当、使用钩子致使包装破裂、商品外漏或损坏而引起的损失。

（9）受潮受热险（Risk of Sweat and Heating）。承保货物在运输过程中因气温突变或船上通风设备失灵等原因出现舱汗、受潮或发热造成的损失。

(10) 锈损险（Risk of Rust)。承保金属或金属制品货物在运输过程中因生锈造成的损失。

(11) 包装破裂险（Risk of Breakage of Packing)。承保粉、粒、块状货物因搬迁或装卸不当使包装破裂导致的货物损失。

上述 11 种一般附加险的各项责任都包括在一切险内，属于附加险范畴。

2. 特殊附加险

特殊附加险承保由军事、政治、国家法令以及行政措施等特殊外来原因造成的风险与损失。它同一般附加险一样，必须依附于基本险投保，不能独立投保。主要有以下几种：

(1) 战争险（War Risks，WR)。承保由于战争、敌对行为、武装冲突或由此引起的拘留、禁锢、捕获等行为以及使用常规武器所造成的运输货物的损失。

(2) 交货不到险（Failure to Delivery)。承保货物从装上船开始的六个月里仍不能运抵目的地交货而造成的损失。在此情形下，不论任何原因，均按全损赔偿。交货不到不是由于承运人运输上的原因，而是涉及政治、外交等原因。

(3) 进口关税险（Import Duty Risk)。承保货物在运输途中受到承保范围内的损失，但到达目的港后仍按完好货物标准被征收进口关税。该险种对这项货物的受损部分的进口关税负赔偿责任，但以不超过受损部分保险价值的一定百分比为限。

(4) 舱面险（On Deck Risk)。海运货物一般要装载在船舱内，所以基本险都对舱面货物的损失不负责。但有些商品因体积大、有毒性、有污染等情况，只能装于舱面。舱面险就是为了应对这类货物的损失而设立的。保险公司通常只接受在平安险基础上加保舱面险，舱面险的责任除了保险单所承保的险别外，范围可扩大到包括承保货物被抛弃或受风浪冲击而落水等造成的损失。

(5) 拒收险（Rejection Risk)。承保货物在进口时由于各种原因而被进口港或有关当局拒绝进口或没收而发生的损失。投保此险别时，被保险人须保证已取得进口所需的所有许可证件。

(6) 黄曲霉素险（Aflatoxin Risk)。承保货物因发现黄曲霉素而被拒绝进口造成的损失。

(7) 罢工、暴动、民变险（Risk of Strike，Riots and Civil Commotions，SRCC)。承保货物因罢工、暴动、民变人员的行动遭受的损失。

(8) 存仓火险责任扩展条款（Fire Risk Extension Clause)。指我国内地出口到港澳的货物，如需直接卸到保险单所载明的过户银行的仓库，在存仓期间火险责任可延长 30 天，保险公司不另行收费。如发生火灾，保险公司负责赔偿。

二、保险单据概述

（一）保险单据的含义与作用

保险单据是保险人与被保险人之间订立保险合同的一种书面文件，又是保险人出具的承保证明。其主要作用是：当被保险货物遭受损害时，保险单是被保险人向保险人进行索赔的依据，也是保险公司理赔的必要条件。保险单是一种权利的凭证，经背书后可以随货物所有权的转移而进行转让。

（二）保险单据的几种形式

保险单据主要有以下几种形式：

1. 保险单

保险单（Insurance Policy）俗称大保单。一般由保险人根据投保人的投保申请逐笔签发，它是一种正规的保险合同，承保在保单中所指定的经由指定船舶承运的货物在运输途中的风险。

货运险保险单可由被保险人背书后随物权的转移而转让，货物安全抵达目的地或保险单规定的地点后，保险单的效力即告终止。

进口货运险保险单一般由三份正本和两份副本组成，也可根据投保人的要求增设正本或副本保单的份数。

2. 保险凭证

保险凭证（Insurance Certificate）俗称小保单，它是一种简化了的保险单，它同正式保险单具有同样的效力。保险凭证的正面依然载明了保险的基本项目，但背面未列明保险条款。

3. 预约保险单

预约保险单（Open Policy；Open Cover）是一种定期统保契约，也称预约合同或预保协议，是保险人与被保险人事先约定在一定时期内对指定范围内的货物进行统一承保的协议，这种形式适用于经常有大批货物出运的投保人。

被保险人在拥有预约保险单后，每批货物一经装运，就要将该批货物的名称、数量、保险金额、船名、航线等内容以投保声明书的形式及时通知保险人。

4. 联合凭证

联合凭证（Combined Certificate）亦称联合发票，是一种发票和保险单相结合的、较上述保险凭证更为简化的保险单据，但与正式保险单具有同等的效力。

此凭证只有我国采用，也仅适用于对港、澳地区中资银行的信用证项下出口业务，且不能转让。

三、保险单据的内容和缮制方法

我国出口货物运输保险业务中，投保人向保险公司办理保险时，先填制投保单，并随附发票及保险公司要求的其他文件向保险公司申请投保，保险公司对此审核无误并收取保险费后，出具保险单或其他保险单据。

由于保险公司出具保险单是以投保单内容为依据的，因此，投保单的制作十分重要。投保单由保险公司事先印制好，其内容与缮制方法如下：

（1）投保人名称：一般为出口商，信用证如有规定，须符合其要求。

（2）发票号码及标记：应与本套单据及发票同项内容一致。

（3）件数：应按货物包装件数填写，例如500箱。

（4）货物名称：填具体货物名称，与其他单证货名要一致。

（5）保险金额：以CIF发票总额再加10%计算的金额填写。如发票为FOB或CFR金额，则先换算为CIF价后再加一成。

（6）运输工具：海运填船名，铁路和空运填班次与航次。联运应注明联运方式，如陆空联运。

（7）开航日期：按实际出运日期填写。

（8）赔付地及币制：赔付地一般为目的港（地），如有特殊要求可事先说明。币制应与信用证的货币相同。

（9）运输路程：按信用证或合同规定填写，如途中转运须表明转运地名。

（10）承保险别：按合同或信用证要求注明承保险别，如有特殊要求应在此说明。

（11）投保单位签章：一般填出口企业全称，并由经办人签名，注明日期。

四、有关保险单据的信用证条款示例

详见本书第五章第五节附样5-2中的Irrevocable Documentary Credit No. ICMLC382675。

（1）Insurance policy or certificate in duplicate in the name of the shipper and blank endorsed covering the goods for invoice value plus 10%. 出具保险单或保险凭证一式两份，以托运人为被保险人，按发票价值加一成投保，并做成空白背书。

（2）Insurance policy or certificate for 110% of invoice value covering all risks and war risks as per People's Insurance Company of China. 保险单或保险凭证的金额为发票价值的110%，按中国人民保险公司的条款投保一切险和战争险。

（3）Showing claim payable in France issued in the name of shipper endorsed to the French National Bank. 以托运人为被保险人，记名背书给法国国民银行，索赔地点为法国。

（4）Insurance policy or certificate in duplicate and endorsed to the order of Heng Sheng Bank，Hong Kong，covering all risks as per Ocean Marine Cargo Clauses of the People's Insurance Co. of China. 保险单或保险凭证一式两份，记名背书给香港恒生银行，按中国人民保险公司《海洋运输货物保险条款》投保一切险。

（5）Covering air transportation all risks as per Air Transportation Cargo Insurance Clauses of PICC. 按中国人民保险公司《航空运输货物保险条款》投保航空运输一切险。

五、保险单据的缮制范例

（一）信用证资料

参见信用证Irrevocable Documentary Credit No. ICMLC382675（见第五章第五节附

样 5－2)。

(二)范例

保险单范例见附样 7－5。

附样 7－5 **保险单范例**

PICC 中国人民财产保险股份有限公司

PICC Property and Casualty Company Limited

货物运输保险单

CARGO TRANSPORTATION INSURANCE POLICY

发票号 (INVOICE NO.): HJZY2024-01 保单号次:

合同号 (CONTRACT NO.): SC 2024HJZY-C01 POLICY NO.: PYIE202443010093004909

信用证号 (L/C NO.): ICML382675

被保险人:

INSURED: HUNAN MACHINE TOOL WORKS

中国人民财产保险股份有限公司 (以下简称"本公司") 根据被保险人的要求，由被保险人向本公司交付约定的保险费，按照本保险单承保险别和背面所列条款与下列条款承保下述货物运输保险，特立本保险单。

THIS POLICY OF INSURANCE WITNESSES THAT PICC PROPERTY AND CASUALTY COMPANY LIMITED (HEREINAFTER CALLED "THE COMPANY") AT THE REQUEST OF THE INSURED AND IN CONSIDERATION OF THE AGREED PREMIUM PAID TO THE COMPANY BY THE INSURED UNDERTAKES TO INSURE THE UNDERMENTIONED GOODS IN TRANSPORTATION SUBJECT TO THE CONDITIONS OF THIS POLICY AS PER THE CLAUSES PRINTED OVERLEAF AND OTHER SPECIAL CLAUSES ATTACHED HEREON.

标记 MARKS & NOS.	数量及包装 QUANTITY	保险货物项目 DESCRIPTION OF GOODS	保险金额 AMOUNT INSURED
SINGAPORE BAND SAW MACHINE N. W.: G. W.: DIM MADE IN P. R. CHINA:	2 UNITS	BLOCK VERTICAL BAND SAW MACHINE	USD37 422.00

总保险金额:

TOTAL AMOUNT INSURED: SAY U. S. DOLLARS THIRTY-SEVEN THOUSAND FOUR HUNDRED AND TWENTY TWO ONLY

保费: 启运日期: 装载运输工具:

PREMIUM: _______ DATE OF COMMENCEMENT: 2024－7－24 PER CONVEYANCE: OCEAN VESSEL

自 经 至

FROM SHANGHAI VIA ______________________ TO SINGAPORE

承保险别：

CONDITIONS：INCLUDING：INSTITUTE CARGO CLAUSES（A） AND INSTITUTE WAR CLAUSES（CARGO）WITH CLAIMES PAYABLE AT SINGAPORE.

保险单正本数量：

NUMBER(S) OF ORIGINAL POLICY：2

所保货物，如发生保险单项下可能引起索赔的损失或损坏，应立即通知本公司下述代理人查勘。如有索赔应向本公司提交保险单正本（共2份正本）及有关文件。如一份正本已用于索赔，其余正本自动失效。

IN THE EVENT OF LOSS DAMAGE WHICH MAY RESULT IN A CLAIM UNDER THIS POLICY，IMMEDIATE NOTICE MUST BE GIVEN TO THE COMPANY AGENT AS MENTIONED HEREUNDER CLAIMS. IF ANY，ONE OF THE ORIGINAL POLICY WHICH HAS BEEN ISSUED IN 2 ORIGINAL TOGETHER WITH RELEVANT DOCUMENTS SHALL BE SURRENDERED TO THE COMPANY. IF THE ORIGINAL POLICY HAS BEEN ACCOMPLISHED，THE OTHERS TO BE VOID.

NIPPON KOA INSURANCE CO.，LTD
3-7-3KASUMIGASKEKI，CHIYODA-K
TOKYO 100-8956，SINGAPORE
TEL：0081-3-35933111
FAX：0081-3-32313526

保险人：省公司营业部
PICC Property and Casualty Company Limited
电话（TEL）：0731-4405274
传真（FAX）：0731-4322511
地址（ADD）：No. 67 Xiangya Rd Changsha

赔款偿付地点：

CLAIM PAYABLE AT：　SINGAPORE

授权人签名：

SIGNATURE：刘飞

出单日期：

ISSUING DATE：　July 24，2024

第六节　原产地证书

在国际贸易中，世界各国根据各自的对外贸易政策普遍实行出口贸易管制。进口国要求出口国提供证明货物原产地或制造地的文件，即出口货物原产地证明书，它已成为一种国际惯例。

出口货物原产地证明书通常被称为原产地证书（Certificate of Origin），简称产地证，在国际贸易中具有独特的法律效力，在证明原产地方面具有不可替代的作用，是进行国际贸易的一项重要证明文件。

一、原产地证书的意义和作用

原产地证书是证明商品原产地，即货物的生产地或制造地的一种证明文件，是商品进入国际贸易领域的“经济国籍”，是进口国对货物确定税率待遇、进行贸易统计、实行数量控制（如配额、进口证等）和控制从特定国家进口（如征收反倾销税、反补贴税）的主要依据之一。

二、原产地证书的分类

目前，国际上主要按原产地证书的不同用途和适用范围来进行分类。原产地证书主要有两类。第一类是一般原产地证书，第二类是普惠制原产地证书。此外还有纺织品原产地证书、地区经济集团协定原产地证书等。

（一）一般原产地证书

一般原产地证书是原产地证书的一种，用以证明有关出口货物生产地、制造地的一种证明文件，是在国际贸易行为中证明货物“原籍”的证书。中华人民共和国原产地证书（Certificate of Origin of The People’s Republic of China）就是其中的一种。它由商务部统一规定和印制，并由中华人民共和国海关总署或中国国际贸易促进委员会签发。如果信用证或合同对签证机构未作具体规定，一般由海关部门出具。

原产地证书有 12 项内容，下面就其各栏目内容逐项予以说明。

1. 出口商（Exporter）

此栏包括出口商的全称和地址。信用证项下的证书一般为信用证受益人，托收项下的是卖方。

2. 收货人（Consignee）

填本批货物最终目的地的收货人全称和地址。信用证项下为开证申请人。

3. 运输方式和路线（Means of Transport and Route）

填装运港和目的港的名称，并说明运输方式。例如，“From Shanghai to London by sea”。如要转运，须注明转运地。例如，“By S. S. from Shanghai to London W/T Hong Kong”。

4. 目的港（Destination Port）

按信用证或合同规定的目的港名称填制，也可同时列出国家或地区名称。例如，“New York Port USA”。

5. 供签证机构使用（For Certifying Authority Use Only）

本栏供海关部门根据需要加注说明，如补发、后发证书等事项。

6. 唛头及包装件数（Marks and Numbers of Packages）

按信用证中规定的内容进行缮制，且与发票和提单的同项内容一致。

7. 商品名称、包装件数及种类（Description of Goods, Number and Kind of Packages）

填商品的具体品名、包装件数和种类，即外包装数量及其包装方式，如散装货物用“In bulk”表示。

8. HS 编码（HS Code）

HS 是海关合作理事会制定的《商品名称及编码协调制度》的英文 Harmonized Commodity Description and Coding System 的缩写。商务部和海关总署根据 HS 分类编制了《进出口商品名称与编码》，规定了不同商品名称和编码。不同商品应分别标明不同的 HS 编码。

9. 数量及重量（Quantity or Weight）

依据发票和提单有关内容填写。重量中还注明了毛重和净重。例如 G. W. 40 000kg，N. W. 38 000kg。

10. 发票号码及日期（Number and Date of Invoices）

本栏填发票号码和日期，月份应用英文缩写表示。例如，Dec. 3，2024。本栏内容填写完毕，从第六行开始用“*”符号打成横线表示结束。

11. 出口商声明（Declaration by the Exporter）

出口商声明已事先印就，内容为：“下列签署人声明，以上各项及其陈述是正确的，全部货物均在中国生产，完全符合中华人民共和国原产地规则。”在本栏中仅填入申报地点和日期，加盖申请单位章，并由经办人签字，签字与图章不能重叠。

12. 签证机构证明（Certification）

签证机构证明事先已印就，内容为：“兹证明出口商声明是正确的。”签证机构在此注明签证日期和地点，并由授权人签名，加盖签证机构印章，两者不能重叠。

（二）普惠制原产地证书

普惠制，即普遍优惠制，是工业发达国对发展中国家和地区的出口商品，主要是制成品和半成品普遍地给予优惠关税待遇的一种制度。普惠制的重要原则是原产地原则。该原则包括：原产地标准、运输条件和证件要求等。原产地标准：受惠的商品必须是受惠国自产或使用受惠国原材料加工的，如是进口原材料，必须经过实质性的加工。运输条件：商品必须直接运到给惠国，中途不能转卖。证件要求：给惠国只接受联合国贸易和发展会议制定的统一证书，即普惠制原产地证书（Generalized System of Preferences Certificate of Origin，GSP）。

普惠制原产地证书除唛头文字不作限制外，一般用英文填写。

1. 发货人/出口商名称、地址、国家［Goods Consigned from (Exporter's Business Name, Address, Country)］

填写信用证规定的受益人名称、地址、国别。

2. 收货人名称、地址、国家［Goods Consigned to (Consignee's Name, Address, Country)］

填写给惠国的最终收货人的名称、地址和国别。信用证项下一般为开证申请人，如果其不是实际收货人，又不知最终收货人，可能是提单被通知人或发票抬头人。

3. 运输方式和路线（就所知而言）［Means of Transport and Route (As Far As Known)］

填写信用证规定的运输路线和运输方式。例如：By Steamer（海运）、By Train（陆运）、By Air（空运）。如中途转运应注明转运地，例如："Via Hong Kong（China）"。不知转运地则用"W/T"表示。

4. 供官方使用（For Official Use）

签证机构加注说明。

5. 项目号（Item Number）

同批出口不同种类的商品用阿拉伯数字进行顺序编号填入此栏，单项商品用"1"表示或不填。

6. 唛头及包装件数（Marks and Numbers of Packages）

唛头是按信用证规定填制的，并与发票和提单的内容相同。

7. 包装件数、方式和品名（Number and Kind of Packages, Description of Goods）

填写出口货物最大包装件数和商品名称。例如，信用证规定："All shipping documents must show the S/C No. T20031"。此栏应注明 S/C No. T20031 的合同号。

8. 原产地标准（Origin Criterion）

根据货物原材料进口成分的比例填制。"P"表示无进口成分的产品；"W"表示含进口成分，但符合原产地标准的，出口到欧盟、挪威、瑞士和日本的产品；"F"表示含有进口成分，但进口成分的价值没有超过产品出厂价的 40%的、出口到加拿大的产品。

9. 毛重或其他数量（Gross Weight or Other Quantity）

按发票和提单内容填制。以重量表示的商品，此栏填写毛重数量，或再加注件数。散装货物填净重数量，但注明"N. W."。

10. 发票号码及日期（Number and Date of Invoice）

按发票实际内容填制。

11. 签证当局证明（Certification）

签证当局证明已印制，此栏由签证当局盖章，由其授权人手签。出证日期和地点由申报单位填写。签证当局（海关部门）只签发正本。

12. 出口商声明（Declaration by the Exporter）

本栏有三项内容：（1）生产国别："China"已事先印妥；（2）出口国别：填给惠国的国名（即进口国）；（3）出口商申请日期、地点及签章：申请单位盖章，由授权人手签并注明日期和地点。申请日期不得早于发票，不得晚于提单日期。

（三）其他原产地证书

1. 欧洲经济共同体纺织品专用原产地证书

欧洲经济共同体纺织品专用原产地证书（European Economic Community Certificate

of Origin，简称 EEC 纺织品原产地证书），专用于有配额的纺织类产品，系进口国控制配额的主要依据。EEC 纺织品原产地证书与 EEC 纺织品出口许可证的内容完全一致，且均由出口国地方经贸委（中国为中国商务部）签发。

2. 对美国出口的原产地证书

凡出口至美国的纺织品，出口商必须向进口商提供该类原产地证书（Declaration of Country Origin)，作为其用于报关的单据之一。证书主要有 A、B、C 三种格式。

单一国家原产地证明书，简称格式 A，一般适用于使用本国原料并由本国生产的产品；多国原产地证书，简称格式 B，一般适用于来料加工、来件装配的产品；非多种纤维纺织品声明书，简称格式 C，又称否定式声明书，一般适用于纺织品原料的主价值或重量是丝或麻类，或羊毛含量不超过 17%的产品。

三、有关原产地证书的信用证条款示例

（1）Certificate of origin separated. 单独出具的原产地证。

（2）Generalized System of Preferences Certificate of Origin FORM A. 普惠制格式 A 原产地证书。

（3）Certificate of origin shipment of goods of ... origin prohibited. 原产地证书不允许装运……的产品。

（4）Photocopy of original Certificate of Origin of China or GSP FORM A required and such certificate combined with or referring to other documents not acceptable. 提供中国原产地证书或普惠制原产地证书格式 A 正本的影印本，该原产地证书是独立的，不依附于其他单证格式。

（5）Certificate of origin incorporated in the invoice is acceptable. 与发票联合的原产地证书可以接受。

（6）For imports from the People's Republic of China，a separated Certificate of Origin is required along with the advising therein of name and address of the manufacturers. This certificate must be legalized by chamber of commerce. 从中国进口货物应单独缮制原产地证书，并注明厂家名称、地址，由商会签证。

原产地证书范例见附样 7-6 和附样 7-7。

附样 7-6　　原产地证书范例一

<table>
<tr><td>1. Exporter（Full name and address）
SHANGHAI IMPORT AND EXPORT TRADE CORP.
1321，ZHONGSHAN ROAD，SHANGHAI，CHINA
TEL：021-56090054</td><td rowspan="2">CERTIFICATE No. 20200303

CERTIFICATE OF ORIGIN
OF
THE PEOPLE'S REPUBLIC OF CHINA</td></tr>
<tr><td>2. Consignee（Full name and address）
TO ORDER OF BANQUE NATIONALE DE PARIS (CANADA)</td></tr>
<tr><td>3. Means of transport and route
FROM SHANGHAI TO MONTREAL BY S. S. OOCL PUDONG V. 053</td><td>5. For certifying authority use only</td></tr>
</table>

4. Destination port MONTREAL	

6. Marks and numbers of packages R. B. S. S/C T0303 NOS. 1－367 **********	7. Description of goods; Number and kind of packages 100% COTTON DISHCLOTHS AND TEATOWELS ***********	8. HS Code 87.05 ***********	9. Quantity or weight 33 350 DOZENS G. W. 19 111KG ************	10. Number and date of invoices No. 2020 DATE: Sep. 27, 2024 ***********

11. Declaration by the exporter The undersigned hereby declares that the above details and statements are correct, that all the goods were produced in China and that they comply with the Rules of Origin of the People's Republic of China. SHANGHAI IMPORT AND EXPORT TRADE CORPORATION 冯山 OCT. 24, 2024, SHANGHAI Place and date, signature and stamps of authorized signatory	12. Certification It is hereby certified that the declaration by the exporter is correct. ENTRY-EXIT INSPECTION AND QUARANTINE AUTHORITIES OF THE PEOPLE'S REPUBLIC OF CHINA 吕梁 OCT. 24, 2024, SHANGHAI Place and date, signature and stamps of certifying authority

附样 7－7　　原产地证书范例二

1. Goods consigned from (Exporter's name, address, country) SHANGHAI IMPORT AND EXPORT TRADE CORP. 1321, ZHONGSHAN ROAD, SHANGHAI, CHINA TEL: 021－56090054	Reference No. 20200301 GENERALIZED SYSTEM OF PREFERENCES CERTIFICATE OF ORIGIN (Combined declaration and certificate) FORM A Issued in THE PEOPLE'S REPUBLIC OF CHINA (country)
2. Goods consigned to (Consignee's name, address, country) TO ORDER OF BANQUE NATIONALE DE PARIS (CANADA)	
3. Means of transport and route (as far as known) FROM SHANGHAI TO MONTREAL BY S. S. OOCL PUDONG V. 053	4. For official use

5. Item number 1 *******	6. Marks and numbers of packages R. B. S. S/C T0303 NOS. 1－367 **********	7. Number and kind of packages; Description of goods 100% COTTON DISHCLOTHS AND TEATOWELS THREE HUNDRED AND SIXTY SEVEN(367) BALES ***********	8. Origin criterion "P" ********	9. Gross weight or other quantity 33 350 DOZENS G. W. 1 911KG **********	10. Number and date of invoice No. 2024 SEP. 27, 2024 **********

11. Certification It's hereby certified, on the basis of control carried out, that the declaration by the exporter is correct. ENTRY-EXIT INSPECTION AND QUARANTINE AUTHORITIES OF THE PEOPLE'S REPUBLIC OF CHINA 吕梁 OCT. 24, 2024 SHANGHAI Place and date, signature and stamps of certifying authority	12. Declaration by the exporter The undersigned hereby declares that the above details and statements are correct; that all the goods were produced in CHINA and that they comply with the origin requirement specified for those goods in the Generalized System of Preferences for goods exported to CANADA. SHANGHAI IMPORT AND EXPORT TRADE CORPORATION 冯山 OCT. 24, 2024, SHANGHAI Place and date, signature and authorized signatory

第七节　检验证书

一、检验证书的含义及作用

检验证书是由政府机构、制造商或同业公会、公证行或检验鉴定公司、进口商的分公司或代理人按照某种标准对货物进行检验后出具的，证明货物在品质、数量、重量、包装及卫生等方面符合特定标准的书面证明文件。

检验证书的作用是为了确保商品的品质、数量和包装符合合同规定的要求，检查卖方是否已按合同履行了交货义务，并在发现卖方所交货物与合同要求不符时，给予买方拒收货物或提出索赔的权利。

2018 年 4 月关检合并以来，海关在不同商品、监管区域、贸易方式等角度改革检验检疫监管方式。2018 年 7 月 11 日发布的 2018 年第 90 号公告显示，自 2018 年 8 月 1 日起实行单证电子化，自然人、法人或者其他组织（简称“申请人”）向海关办理检验检疫手续，可按照以下要求提供单证电子化信息，无须在申报时提交纸质单证：(1) 国内外相关主管部门或机构出具的单证，实现联网核查或可互联网查询的，只需录入单证编号。尚未实现联网核查且不能互联网查询的，需上传单证扫描件。(2) 海关出具的资质证明及其他单证，只需录入相关资质证明或单证编号。(3) 法律、法规、规章规定应当向海关提交的其他证明、声明类材料，只需依法申明持有相关材料。

二、检验证书的种类

根据进出口商品不同的检验结果或鉴定项目，我国商检机构签发的检验证书常见的有以下几类：

1. 品质检验证书

品质检验证书（Quality Certificate）是证明进口商品的品质、规格、等级、成分、性能等实际情况的证件。

2. 重量检验证书

重量检验证书（Inspection Certificate of Weight）是证明进口商品的重量如毛重、净重等的证件。

3. 数量检验证书

数量检验证书（Inspection Certificate of Quantity）是证明进出口商品的数量的证件。

4. 兽医检验证书

兽医检验证书（Veterinary Inspection Certificate）是证明出口动物产品经过检疫合格的书面证件，它适用于冻畜肉、冻禽、皮张、肠衣等商品，必须由主任兽医签署。

5. 卫生（健康）证书

卫生（健康）证书（Sanitary/Health Certificate）是证明可供食用的出口动物产品、食品等经过卫生检疫或检验合格的证件，例如肠衣、罐头食品、蛋品、乳制品等。

6. 熏蒸/消毒证书

熏蒸/消毒证书（Fumigation/Disinfection Certificate）是证明出口动物产品已经过消毒处理，保证安全卫生的证件。它适用于马尾、羽毛、山羊毛、羽绒制品等。

7. 残损鉴定证书

残损鉴定证书（Inspection Certificate on Damaged Cargo）是证明进口商品残损情况的证件，供索赔时使用。

8. 包装检验证书

包装检验证书（Inspection Certificate of Packing）是证明进出口商品包装情况的证件。

9. 温度检验证书

温度检验证书（Certificate of Temperature）是证明出口冷冻商品温度的证件。

10. 船舶检验证书

船舶检验证书（Inspection Certificate on Tank/Hold）是证明承运出口商品的船舶清洁、牢固以及冷藏效能及其他装运条件是否符合保护承载商品的质量和数量完整与完全要求的证件。

11. 货载衡量检验证书

货载衡量检验证书（Inspection Certificate of Cargo Weight & Measurement）是证明进口商品的重量、体积吨位的证件，是计算运费和装载计划的依据。

三、有关检验证书的信用证条款示例

（1）Inspection Certificate of quality and weight issued by China General Administration of Customs. 由中国海关总署出具的质量和重量检验证书。

（2）This certificate should indicate that inspection had been carried out just before loading. 兹证明在装船前刚实施过检验。

（3）Certificate of weight based on minimum of 5% of the bags showing gross and net weight of the consignment and tare of each bag issued by Shanghai Customs District in one original and four copies. 由上海海关出具签发的最小抽样为5%的重量证书表明毛重、净重和每袋的皮重，证书正本一份、副本四份。

（4）Certifying that weight and quality have been inspected by China General Administration of Customs during all loading operation and ascertaining. 证明在装船期间，重量和质量由中国海关总署检验并附检验结果。

（5）Certifying that packing has been inspected by China General Administration of Customs during all loading operations and ascertaining：① Unit net and gross weight；② Unit and total tare；③ Packing is fit for long sea transportation. 包装证书证明，在装船期间，由中国海关总署检验，检验结果如下：①单位净重和毛重；②单位皮重和总皮重：③包装适合长途海上运输。

第八节　其他单据

出口单证业务中，除上述发票、汇票、保险单和原产地证书等主要单据外，还有装运通知、受益人证明、船公司证明等其他辅助性单据。因为它们也可能是结算单据之一，所以必须按信用证和合同规定进行缮制，否则同样会产生收汇风险。

一、装运通知

（一）装运通知的含义和作用

装运通知（Shipping Advice）是指出口商按信用证或合同的规定，在出口货物装运以后，向收货人或其通知人说明货物装运情况的书面文件。

装运通知的主要作用在于：在CIF价格条件下，装运通知旨在告知进口商做好接货准备工作，及时办理进口报关；在FOB和CFR价格条件下，装运通知还具有提请进口商及时办理保险的作用。在实际业务中，通常进口商与本国保险公司都事先签订预保合同，这时装运通知发到保险公司就起到自动承保的证明。装运通知的副本是向银行议付货款的单据之一。

（二）装运通知的缮制

装运通知由出口商自行拟制，无固定格式，其内容主要视信用证或合同的具体要求而定。

二、受益人证明

（一）受益人证明的含义和作用

受益人证明（Beneficiary's Certificate）是由受益人根据信用证规定证实有关内容的书面证明。受益人证明的种类主要有寄单证明、电抄本和履约证明等形式。在信用证方式下受益人证明有时也是出口单据之一。

（二）受益人证明的缮制

与装船通知一样，受益人证明无固定格式，其内容主要视信用证或合同的具体要求而定（见附样 7－8 和附样 7－9）。

附样 7－8 **受益人证明范例一**

SHANGHAI IMPORT & EXPORT TRADE CORPORATION
1321，ZHONGSHAN ROAD，SHANGHAI，CHINA
SHIPPING ADVICE

FAX：__________ INVOICE NO.：__________
TELEX：__________ L/C NO.：__________
TEL：__________ S/C NO.：__________

Dear Sirs，

We hereby inform you that the goods under the above-mentioned credit have been shipped. The details of the shipment are stated below.

Shipping Marks：

Commodity：__________
Number of Bales：__________
Total G. W.：__________
Ocean Vessel：__________
Date of Department：__________
B/L No.：__________
Port of Loading：__________
Destination：__________

SHANGHAI IMP & EXP TRADE CO.
****

附样 7－9 **受益人证明范例二**

SHANGHAI IMPORT & EXPORT TRADE CORPORATION
1321，ZHONGSHAN ROAD，SHANGHAI，CHINA
BENEFICIARY's CERTIFICATE

FAX：__________ INVOICE NO.：__________
TELEX：__________ L/C NO.：__________
TEL：__________ S/C NO.：__________

To：

Dear Sirs，

We hereby inform you that one set of non-negotiable shipping documents together with the original Form A have been sent to the applicant by airmail within 48 hours after the shipment.

SHANGHAI IMP & EXP TRADE CO.
****

三、有关装运通知、受益人证明的信用证条款示例

（1）Shipper will certify that goods are originally shipped from Shanghai. 托运人须证明已装货物的原产地为上海。

（2）Beneficiary's Certified Copy of telex dispatched to applicant advising name of vessel，quantity of goods and shipment date. 受益人证明提供经证实的电抄，告知开证人船名、数量和装运日。

（3）One copy of invoice and packing list to be sent directly to applicant immediately after shipment，and beneficiary's certificate to be required. 装运后将发票、装箱单副本寄给开证人，并出具受益人证明。

（4）One full set of non-negotiable documents should be sent to buyer by regard. Airmail and certificate to this effect together with the relative postal receipt should be accompanied with the document. 提供一套副本单据的证明，并提供航空挂号收据。

（5）Shipping advice in full details including marks，carton numbers，vessel name，B/L number，value and quantity of goods must be sent on the date of shipment to the following parties：① Consignee；② Applicant；③ Notify party. Copy of this telex required for negotiation. 装运通知应包括唛头、箱号、船名、提单号、货值和货量等内容，并于装船日电告收货人、开证人和被通知人。议付时需提交电传副本。

（6）Beneficiary's certified copy of telex dispatched to the accountee within 2 days after shipment advising number and date of B/L，quantity and value of shipment，name of vessel，sailing date and estimated time of arrival. 经受益人签字证明的电传副本，应在装船 2 天内寄给开证人，告知提单号码和日期、货物数量、金额、船名、开航日期和预计到达目的港的日期。

（7）Shipping advice must be sent by telex to A. B. C. Ins. CO. （Telex No. 521478）with details of shipment including value，name of vessel and date of shipment quoting their Policy No. TT 5421. Copy of this telex be presented with documents upon negotiation. 用电传将装运的详细情况，包括货值、船名和装运日期通知 A. B. C. 保险公司（Telex No. 521478），并付上它们的保单编号 No. TT5421。议付时提交电传抄本。

四、其他单据

（一）运输证明

1. 承运货物收据

承运货物收据（Cargo Receipt）（第一联）正本是托运人与货代公司缔结运输合同的证明和货代公司接收货物的收据，在有些地区如我国香港也被视为物权凭证（凭以提货），因而可作为向银行提交的货运单据。承运货物收据不仅适用于铁路运输，而且可用于其他运输方式。

2. 快递收据

快递或快递化是比一般航邮更快速的递送方式，实行“门到门”和“单到单”的服务，具有迅速、准确、安全、方便的特点。快递投送所需的时间：我国港澳 1 天，日本 1～2 天，欧美 2～3 天。

较有代表性的国际快递公司有：DHL、TNT、UPS、FEDEX、EMS。

快递收据（Courier Receipt）是由专递或快递机构收到寄件人的邮包后签发的凭证。快递收据同样只是运送和收受货物的收据而非物权凭证，不可流通转让，应直接交给指定收件人。

UCP600 第 25 条 a 款阐述了银行接受信用证项下所要求提供的快递收据的条件，而不论收据命名如何：（1）表明快递机构名称，并在我国信用证规定的货物发运地点由该具名快递机构盖章或签字；（2）注明取件或收件的日期或类似词语（除非信用证另有规定）。

3. 邮政收据

邮政收据（Post Receipt）是邮局接受寄件人的单据或邮包寄发后出具的盖有邮戳及寄发日期的挂号凭证。根据信用证的有关规定，有时邮政收据可作为结算单据之一。

UCP600 第 25 条 b 款和 c 款阐述了银行接受信用证项下所要求提供的邮政收据或邮寄证明的条件是：必须在信用证规定的货物发运地点由该具名快递机构盖章或签署并注明日期。该日期将被视为发运日期。

（二）船公司证明

船公司证明是信用证受益人应开证申请人的要求，请船公司出具的具有不同认定内容的证明。

常见的船公司证明有：

1. 船籍和航程证明

船籍证明是说明载货船舶国籍的证明。航程证明用以说明载货船舶航程中停靠的港口。

2. 船龄证明

船龄证明是说明载货船舶船龄的证明。一般信用证中需标明运输船舶（包括工程船）的船龄不得超过 15 年。该证明通常由承运的船代理出具。

3. 船级证明

船级证明说明载货船舶符合一定的船舶标准。该证明由承运人的船代理出具。

4. 船长签发随船单据的收据

有些信用证规定货物装运后要将有关单证交装货船只的船长随船代交收货人并出具收据，收据上需有船长专递单据的承诺。

本章小结

从篇幅上看，单据这一章是包含内容最多的一章。在复习和回顾这一章时，如果能抓住其脉络体系，搞清楚本章主要介绍的各种单据，在每一种单据中，主要了解和掌握其含义、作用、种类、单据内容和缮制方法，则能起到提纲挈领、事半功倍的效果。

单据体现了不同当事人之间的权、责、利关系，是当事人的履约证明，也是银行办理国际结算的基本工具。单据在国际结算业务中起到非常重要的作用，银行从事的是单据买卖，而不是货物买卖。单据和支付工具（票据）、支付方式共同构成国际结算内容的三大板块。根据单据的作用，单据可以分为基本单据和附属单据；根据单据的性质，单据可以分为金融单据和商业单据。单据的制作应该符合“正确、完整、及时、简明、清晰”的要求。单据上都要体现贸易术语，当前最新的《国际贸易术语解释通则 2020》介绍了 11 种贸易术语，平时使用最多的是 FOB、FCA、CFR、CPT、CIF、CIP 六种。

汇票是国际结算中使用最为广泛的票据，是出票人签发的无条件书面支付命令。汇票必须注明“汇票”字样、无条件的支付命令、金额、付款人的名称、收款人的名称、汇票的出票日期和地点，同时有出票人签章。

商业发票是在货物装运时，卖方开立的凭以向买方收款的货物价目清单。商业发票的主要内容包括：出票人的名称和地址、发票号码、签发日期、唛头、货物数量和描述、货物金额等。商业发票在缮制时要注意与信用证的要求相符合，尤其是货物描述应与信用证的规定完全一致。除了商业发票，还有海关发票、领事发票、形式发票等其他发票。

不同的运输方式产生了不同的运输单据，运输单据是货物运输中最重要的证明文件。根据运输方式的不同，可以分为海运提单、航空运单、铁路运单、公路运单、多式运输单据、邮政收据和快递收据等。海运提单是最重要的运输单据，它是物权的凭证、货物的收据和运输合同的证明。在实务操作中，过期提单、预借提单、倒签提单、不清洁提单、租船提单、收妥备运提单、货装甲板提单都是不可以接受的。根据 UCP600 的最新规定，任何人都可以签发运输单据，只要签发单据符合 UCP600 运输条款的要求。海运提单的承运人是船公司，托运人通常是出口商，收货人通常是凭指示确定，被通知人通常是进口商。海运提单的托运人、被通知人的名称必须与信用证上受益人和开证申请人的名称完全一致，电话号码、邮箱等在其他单据中可以存在的、忽略不计的瑕疵，如果在提单上出现，会被当成不符点处理。航空运单、铁路运输单据、公路运单、邮政收据或快递收据都不是物权凭证，不能转让。

保险单据是保险人与投保人之间订立的保险合同证明文件，反映了保险人与被保险人之间的权利义务关系，是保险人的承保证明。保险单据包括保险单、保险凭证、预约保险单、联合凭证等。国际贸易中最常见的保险单据是保险单，俗称大保单，保险凭证俗称小保单。

原产地证书主要包括一般原产地证书和普惠制原产地证书。一般原产地证书是在实施优惠关税的双边协定国家之间享受最惠国待遇的一种凭证，我国贸促会出具的 CCPIT 原产地证书就属于其中一种。普惠制原产地证书是给惠国在贸易关税方面给予受惠国的一种特别关税优惠制度，FORM A 就是普惠制原产地证书中最常见的一种。

检验证书是由政府机构、制造商或同业公会、公证行或检验鉴定公司、进口商的分公司或代理人按照某种标准对货物进行检验后出具的，证明货物在品质、数量、重量、包装及卫生等方面符合特定标准的书面证明文件。包括品质检验证书、数量检验证书、重量检验证书、卫生（健康）证书、兽医检验证书、熏蒸/消毒证书等多种形式。

证明是根据信用证的要求，由信用证规定的一方出具的，证明其已履行了买卖合同项下的某项义务，或满足了信用证某项要求的一种书面证实文件。常见的有船公司证明（包括船龄证明、船籍证明、大副收据、船长收据等）、受益人证明、装运通知等。其中，最常用的是船公司证明和受益人证明。

关键术语

单据	基本单据	附属单据	金融单据	商业单据
汇票	商业发票	领事发票	海关发票	形式发票
海运提单	已装船提单	收妥备运提单	清洁提单	不清洁提单
倒签提单	预借提单	过期提单	指示提单	多式运输提单
海运提单	租船提单	航空运单	铁路运单	公路运单
邮政收据	快递收据	保险单	保险凭证	联运提单
预约保单	原产地证书	FORM A	船公司证明	受益人证明

本章思考题

1. 国际结算中的单据有哪些基本作用？请简述单据的分类和缮制合格单据的基本要求。

2. 信用证项下的汇票通常以谁作为付款人？哪种类型的信用证不要求受益人提交汇票？

3. 商业发票必须签字吗？请简述形式发票、领事发票、海关发票存在的意义和作用。

4. 什么是海运提单？它有哪些作用？海运提单有哪些基本种类？

5. 什么是清洁提单？为什么在海洋运输中，一般都要求出口商提交清洁已装船提单？

6. 通常情况下，在信用证业务中，受益人、开证行和开证申请人一般标注在海运提单的什么位置？

7. 什么是过期提单？什么是预借提单？什么是倒签提单？什么是收妥备运提单？什么是货装甲板提单？什么是租船提单？它们在国际贸易结算中有什么危害？

8. 航空运单、铁路运单、公路运单、邮政收据是物权凭证吗？在这几种运输方式下，进口商凭什么提货？

9. 什么是保险单据？什么是大保单？什么是小保单？

10. 原产地证书的主要种类有哪些？

拓展阅读

保费支付条款是否构成
银行审单责任和义务

第八章 审核信用证项下的单据

学习目标

• 熟悉信用证项下单据审核的基本原则与尺度，掌握对非单据条件和信用证未规定单据的处理；

• 熟悉并熟练掌握单据审核要点清单；

• 理解审单工作方法，并能在金融实践中理解运用；

• 掌握开证行和指定银行对单据的处理；

• 掌握制单过程中的常见不符点，并能在金融实践中及时发现和规避。

"信用证是银行有条件的付款承诺"，这个条件就是单证相符。在信用证结算方式中，银行付款的唯一依据是符合信用证条款的单据。只要单据符合信用证的要求，开证行就必须接受单据，履行其付款义务；只有在单证相符的条件下，受益人或议付行才有权向开证行要求付款。可见，无论是付款还是收款，单据是决定因素，对信用证项下单据的审核至关重要。单据审核的目的是顺利完成一笔交易，最终结清买卖双方的债权债务，这种结清完全要靠单据的流动来完成，因此，审单后如何处理单据也就成了信用证各当事人关注的焦点。

纵观当今出版的国际结算著作，在介绍和分析完单据后，鲜有对国际结算的单据审核作进一步论述分析的，审核单据的相关内容只在国内国际结算学科创始人苏宗祥教授等人的专著中有分析阐述。信用证的审单是一门专业性十分强的高技术含量工作，审单者在全面了解各种结算工具和结算方式后，还必须对各类贸易术语和国际惯例有深入的理解和掌握，才能为安全收汇和正当付款提供保障。

第一节　单据审核的基本内容

在办理信用证业务过程中，出口地银行需要审核单据，进口地银行也需要审核单据，所以各方人员都应具备该项知识和技能。本节主要讲述审单的基本内容和注意事项。

一、汇票的审核内容

汇票作为支取信用证金额的凭证，依附在汇票下的是全套单据，故也被称为跟单汇票。在信用证要求提交汇票的情况下，银行必须像审核其他单据一样审核汇票，使其符合信用证要求。对汇票审核的一般内容如下：

（1）汇票载有正确的信用证号码；

（2）汇票出票日未过信用证有效期；

（3）签字人或出票人的名称与受益人的名称一致；

（4）付款人是否正确；

（5）金额大小写一致；

（6）汇票的期限符合信用证的要求；

（7）收款人应是受益人或交单行；

（8）是否已正确背书；

（9）包括信用证要求的所有必需条款，如利息条款等是否已得到体现；

（10）开立金额不超过信用证可使用余额；

（11）汇票金额与发票金额一致；

（12）除非信用证授权，不开立“没有追索权”的汇票。

二、发票的审核内容

商业发票是全套单据的中心，其他单据如运输单据、保险单据、包装单、检验证书等都是为了支持商业发票而开立的，因此银行对商业发票的审核给予足够重视。

（1）由信用证受益人出具的发票，具有受益人的函头，包括名称、地址；

（2）除非信用证另有规定，发票必须做成以申请人为抬头人；

（3）不可加注为“形式发票”或“临时发票”；

（4）货物描述和信用证的商品描述相符，如名称、品质、单价、数量、重量以及包装等；

（5）发票上提供的其他资料如唛头、号码、运输通知等符合信用证的要求且与其他单据一致；

（6）发票金额不超过信用证余额并与汇票一致；

（7）信用证的金额、单价及商品的数量单位前面如加有“about”“approximately”“circa”（约、近似、大约）或类似词语，发票金额、单价、数量可有不超过10%的增减或伸缩性；

（8）如果信用证和合同中规定的单价含有“佣金”（Commission），发票要照样填写，不应以“折扣”（Discount）字样代替；

（9）如信用证无特殊规定，发票不许列入包租、佣金、电报费等额外费用；

（10）提供与信用证要求一致的发票份数；

（11）发票无须签字，如信用证要求发票需签字、要有公证人的证实及合法化证明等，应保证照办。

三、运输单据的审核内容

运输单据具体反映了与货物有关的当事人之间的权利、义务关系，因此，对运输单据特别是对代表物权的海运提单的审核即成为重要内容。

（1）运输单据的种类与信用证的要求相符。

（2）提单的托运人一般为信用证的受益人。如果信用证无特殊规定，以买卖双方之外的一方作为托运人的第三者提单亦可接受。

（3）收货人名称应符合信用证要求。对于仅仅作为证明收据的运输单据，往往在信用证中规定开证行本身为收货人；对作为物权凭证的海运提单，信用证中对收货人一栏，即提单的抬头有明确规定，严格按信用证要求办。

（4）提单如有被通知人，他的名称与地址要符合信用证要求。

（5）提单的装船批注。信用证一般都要求已装船提单。“已装船”（Shipped on Board）字样应有所体现，并注明船名和装船日期。提单的装船日不得迟于信用证规定的装运期。当信用证未规定装运期时，提单的签发日期不得迟于信用证的有效期。

（6）运输单据上的价格条款或有关运输的记载应与信用证和发票一致。如 CIF 或 CFR 等，应注明“Freight Prepaid”或“Freight to be Paid”。

（7）运输单据如需要背书，应确保其背书正确。如提单抬头被写作“To Order of Shipper”、“Shipper's Order”或“To Order”，应由发货人作空白背书。如规定以开证行的指定人为抬头，则还应由开证行背书。

（8）货物的描述一般符合信用证所说明的货物描述，货名、唛头、号码、数量、重量以及其他规格，要与表现在其他单据上的内容相同。

（9）提单的份数。除非信用证另有规定，提交的提单应为全套。审单时，注意清点正本提单份数一致。如信用证要求提供副本提单也应如数照办。

（10）提单上的起运港是否与信用证的规定相符。

（11）提单上的卸货港是否与信用证的规定相符。

（12）提单上的转运路线是否符合信用证规定。

（13）有些信用证要求提单副本也须签字，要审查是否办到。

（14）提单的特殊记载内容非信用证所允许，如“货装甲板”（Goods Shipped on Deck）的批注。

四、保险单的审核内容

（1）保险单的种类。如信用证要求的是保险单，银行不受理保险凭证或预保单项下的保险证明书或保险声明；如果信用证要求保险凭证或预保单项下的保险证明书或保险声明，保险单可作为代替。

（2）保险单份数。保险单据如出具一份以上正本，则全部正本均应交银行。也就是说，不管信用证规定或未规定“全套”保险单据，只要保险单上注明正本的份数，受益人应向银行如数提交正本保险单。

（3）保险单的签发。保险单应由保险人，即保险公司或保险商或其代理人出具签发。

（4）发票号码和保险单号码。保险单上填写的发票号码应与承保货物的发票号码一致，以体现不同单据间的关联性。

（5）被保险人，也称保单的抬头。如果被保险人的名称不是保兑行、开证行或买方，他应有适当的背书。

（6）货物描述。品名可用货物统称，唛头、包装、件数需与发票一致，并且与运输单据相符。

（7）保险的货币及金额。除非信用证另有规定，保险单据必须使用与信用证相同的货币开立。投保金额要符合信用证要求，投保金额最低不少于 CIF 或 CIP 价格的 110%。如果无法确定 CIF 或 CIP 价格，应以信用证金额或发票金额两者中较大者的 110%作为最低保险金额。如从信用证或单据得知最后的发票金额仅是货物总价值的一部分（例如由于折扣、预付或由于货物部分价款将晚点支付），也必须以货物的总价值为基础计算保险金额。

（8）保险单和费率。一般无须写明具体的保险费和费率，这两栏大都已印定“根据约定支付”和“按约定”。

（9）装载工具名称、开航日期、航线起讫地点，各项记载与提单一致。

（10）承保险别。投保信用证指定的险别。如果信用证要求“一切险”，则只要提交任何带有“一切险”条款或批注的单据即可。如果保险单据标明投保《协会货物保险条款》（A）条款，即 ICC（A），也符合信用证关于“一切险”条款或批注的要求。

（11）保险责任在保险单据上必须表明，至少覆盖从信用证所规定的货物装运、发运或接管地到卸货或最终目的地之间的路程。

（12）检验代理。一般为保险公司在目的地的代理检验人，以便在货物受损、被保险人索赔时，就近勘察，确定赔偿责任。

（13）赔偿偿付地点。此款按信用证规定填写。如无规定，应以货物运抵目的地或其邻地为赔付地点。如信用证要求赔偿给某一指定公司，应在赔付地点之后加注。

（14）出单公司地址。一般在受益人所在地。

（15）出单日期。一般为保险人责任开始日，保险单据的日期不得晚于货物在信用证规定的地点装船发运或接管的日期。

（16）保险单据的记载若有任何更改，应被适当证实。

五、原产地证书的审核内容

（1）原产地证书是独立的单据，不与其他单据联合（信用证允许联合的除外）；

（2）按信用证的要求，原产地证书应已被签字，公证人证实合法等；

（3）原产地证书上的资料与其他单据一致；

（4）原产地证书上应载明原产地国家符合信用证要求。

六、检验证书的审核内容

（1）确保检验证书由信用证上指定的检验机构（如果有的话）出具；

（2）确保检验证书被签字；

（3）确保符合信用证对检验内容的要求；

（4）确保检验日期或检验证书签发日期（若无检验日期）符合信用证要求；

（5）除非信用证准许，确保检验证书没有包含关于货物、规格、品质包装等不利的声明。

七、包装单的审核内容

（1）确保包装单是独立的单据，不要与其他单据联合起来（信用证允许联合的除外）；

（2）确保包装单符合信用证要求；

（3）确保包装单上的资料与其他单据上的一致。

八、重量单的审核内容

（1）确保重量单是独立的单据，不与其他单据联合起来（信用证允许联合的除外）；

（2）确保重量单被签字；

（3）确保重量单上的资料与其他单据上的一致。

【即问即答 8-1：单据签字纠纷案】

A公司是一家棉花出口公司，使用A公司原始信纸格式缮制装箱单、尺码单及经认证的重量单。B银行为议付行。A公司在货物装船后凭全套单据向B银行申请议付时，B银行声称有以下不符点：

（1）即使装箱单实际上是正本，也必须加盖正本印章；

（2）尽管信用证没有要求经过签字的单据，装箱单和重量单还是应该在单据指定位置签字。理由是：既然单据上留有签字的位置，这份单据就应该签字。而A公司仅在要求提交经过证实的重量单时才在这一位置签字。

即问即答解析及相关知识点

九、寄单面函的审核内容

当指定银行依上述内容审核各种单据符合信用证规定后，需向开证行寄单索偿，索偿时需附寄单面函（即指定银行寄送给开证行凭以索赔的通知单）（Documentary Remittance），寄单行还应对寄单面函进行审核。

（1）面函是指定银行的；

（2）载有正确日期；

（3）面函及所附单据是相关信用证所要求的，并且单据齐全；

（4）单据金额与面函一致；

（5）付款指示明确且易于理解；

（6）是否提及有任何不符点，是否凭担保函或有保留的付款、承兑或议付。

案例 8－1

信用证金额确认案

某年 7 月 29 日，中国 ZS 银行接到 A 公司（受益人）提示的议付单据。开证行为韩国 LY 银行，原信用证通知金额为 USD12 500.00，附带一次修改，对信用证的货物描述进行修改，将金额增加至 USD24 857.42，信用证允许分批装运。信用证规定有偿付行，并且要求偿付时提示汇票。受益人所制发票金额为 USD24 857.42，汇票金额为 USD12 500.00。因为已经过了装运期，ZS 银行按单证不符出单。在向开证行寄单索汇时，议付行 ZS 银行将汇票撤出，按发票金额 USD24 857.42 制作了银行面函索汇。8 月 2 日，ZS 银行收到 A 公司电话，称韩国客商拒绝付款，因为该银行面函金额有误，金额应为 USD12 500.00，其余金额早已通过电汇汇过来了，因此要求 ZS 银行承担所有往来电报费及延期收汇的责任。ZS 银行随即调出信用证查看，发现信用证在附加条款中规定："USD12 500.00 by sight L/C，balance by T/T after inspection of goods at mill"（通过即期信用证支付 12 500 美元，余额在工厂验货后通过电汇支付）。ZS 银行认为，上述规定出现在附加条款中，未对议付行作出任何明确指示，并且受益人发票也没有做任何说明。受益人认为银行有失误，银行认为受益人有责任，双方争执不下。试分析该案例中各方的责任。

案例分析及相关知识点

第二节　审核单据的原则、尺度和方法

审单，即审核信用证下的单据，因为在信用证结算业务中，各当事人处理的是单据，而不是与单据有关的货物或服务，因此审单至关重要。为了保护各当事人的权利以及规范信用证各当事人的行为，国际商会关于跟单信用证的历次出版物中，都对单据及单据审核作出了具体的规定，如前边章节已提到的 UCP600 以及本章第六节将要介绍的 ISBP 等。本章谈及的单据与单据审核内容，均以国际商会 UCP600 及 ISBP 的有关规定为依据。

一、审单原则

根据国际商会 UCP600 和 ISBP 的有关规定，银行要合理谨慎地审核单据，以确定其表面是否符合信用证的条款。单据表面符合信用证条款，包括所要求的单据与信用证相符以及单据与单据之间一致两层含义，即通常所说的单证相符、单单一致。

（一）单证相符

单证相符是指受益人提交的单据必须在表面上完全符合信用证要求，即信用证的条款在单据上得到体现；信用证的要求必须从单据上得到已照办的证实。

例如，信用证要求提供装箱单（Packing List）并规定货物装于木箱中（Packed in Wooden Cases），而受益人虽提供了装箱单，但文字表述为货物装于纸箱中（Goods Packed in Cartons），则这份单据表面与信用证要求不符，即单证不一致。

（二）单单一致

各种单据之间所表示的内容必须一致，只能相互补充，不能彼此矛盾，体现出每一单据在表面上与其他单据有一种联系。例如所有单据中引用的信用证号码要一致，货名、唛头要一致等。

（三）单证相符、单单一致的程度

审核单据要达到的单证相符、单单一致的程度，可以分为严格一致和实质一致两种情况。所谓严格一致的原则（Doctrine of Strict Compliance），是指单据和信用证条款之间、单据和单据之间、一个字与一个字之间、一个字母与一个字母之间的相符，即使是拼写错误，也构成不符点。单据就像是信用证条款的“影子镜像”（Mirror Image），其结果会造成大量的不符点问题和诉讼的激增。要求单证严格一致是很难达到的，也是不易实行的。所谓实质性一致的原则（Doctrine of Substantial Compliance），是指单据允许有差异，只要差异不构成对信用证内容的实质性违背，不违反“公平、合理、善意”的单据处理原则就可以。单据只有在有实质性不符点时才构成单证不一致。要求单证实质性一致是比较实用的。

在实务操作中，一般不符点和实质不符点有时是很难划分清楚的。不同的银行、不同的案情、不同的法院判决有着不同的看法。国际商会第 535 号出版物上有一个经典案例解读了单证不一致。信用证规定：“Country of Origin：E. E. C. Countries”。商业发票上显示：“Country of Origin：E. E. C. ”。从发票上下文来看，E. E. C. 成了一个国家（Country），而信用证要求为欧共体的许多国家（E. E. C. Countries），开证行认为单据上的一个国家（Country）和信用证上的许多国家（Countries）之间存在单证不一致，拒绝付款。

国际商会对该不符点进行了判例分析。它认为发票上原产地不可能是 E. E. C. 的许多国家，而是其中的一个国家，故商业发票把 E. E. C. 当成一个国家是对的，该表示不构成单证不符。国际商会同时认为，开证行意图将 E. E. C. 的一个特定会员国作为产地国家，它应该明确规定该国家的名称，但信用证没有这样规定，违背了 UCP“信用证本身必须完整和明确”的规定。国际商会最后认为，开证行认为的不符点不正确，不能成立。

在另一个案例中，受益人提交的单据中将开证申请人的名称“Steel Company”错误拼写成了“Steal Company”，只有一个字母的差异，但公司的性质由“钢铁公司”变成了“小偷企业”，这就构成了实质性不一致。可见，在实务操作中，同样是信用证和单据之间的细微差别，但有可能有的是非实质性不符点，有的是实质性不符点，受益人交单必须合理谨慎行事。

根据 UCP600 第 14 条 a 款的规定，按指定行事的指定银行、保兑行和开证行在审单时必须根据单据本身确定其是否在表面上构成相符交单。这里强调了基于单据本身进行判断，而不能越过单据本身去考虑基础合同或其他交易或货物情况从而影响判断，这是与 UCP600 第 4 条、第 5 条所反映出的信用证独立性原则相一致的。它强调是否在“表面上”（on the face）构成相符交单，而对单据代表的货物是否和基础合同上的相符，货物是否真实存在、真实出运，单据是否伪造或单据记载内容是否真实等，不负责调查审核。这里的措辞“表面上”并无单据的正面（与背面相对）之意，而是应理解为单据直接呈现在审核者面前的表面内容，不涉及单据的真实性和所代表的货物等。这又是和第 34 条关于单据有效性的免责条款相一致的。

相符交单的概念在 UCP600 第 2 条定义中作了简单的概括，即单据必须与信用证条款、UCP600 中的相关条款以及国际标准银行实务相符。UCP600 第 14 条 d 款进一步规定了审单标准：单据中的数据，在与信用证、单据本身以及国际标准银行实务参照解读时，无须与该单据本身中的数据、其他要求的单据或信用证中的数据等同，但不得矛盾。

案例 8－2

单据是否表面相符争议案

某年 9 月 1 日，某省 H 公司授权下属独立法人的 G 公司办理国际结算业务。当年 12 月 10 日，G 公司与某市物资公司签订进口代理协议，由 G 公司代理物资公司向银行申请开立信用证。同日，G 公司向中国工商银行某省分行（开证行）申请开立信用证。12 月 22 日，开证行开立了远期 80 天不可撤销跟单信用证。信用证的开证申请人是 H 公司，受益人是香港 C 公司，通知行是香港南洋商业银行。信用证条款约定，由申请人签发的货物收据，申请人的签字必须与开证行持有的签字样式相符。12 月 31 日 H 公司证实收到信用证项下货物并由 G 公司的工作人员李明哲在货物收据上签名。受益人 C 公司通过议付行将信用证项下的单据提交开证行请求付款。开证行审单后发现，H 公司预留在银行的货物收据的签字样本上是“胡虎”，而受益人提交的货物收据上的签字却是“李明哲”，遂于次年 1 月 26 日以货物收据上的签名与开证行的预留签字样本不符为由予以拒付，同时将拒付通知了 G 公司。

本案涉及的另一份相似信用证也规定，由申请人签发的货运收据的签名必须与开证行的预留签字样本相符。H 公司在开证行预留的货物收据签字样本为，在同一张样本上盖有两个 H 公司的公章，其中一个章附有

案例分析及
相关知识点

“胡虎”的签名，另一个章附有“李明哲”的签名。1月31日，H公司证实收到信用证项下的货物并由G公司的李明哲在货物收据上签名。受益人提交单据要求付款。开证行审单后发现受益人提交的货运单据上只有H公司公章和李明哲一人签字，没有胡虎的签字，遂于2月26日以“货物收据上的签名与开证行预留签字样本不符”为由拒付。受益人坚持认为单证相符，开证行拒付不当，遂起诉开证行，要求其兑付信用证。试分析法院该如何判决。

二、审单尺度

（一）审单时间

UCP600将银行审单时间由原来UCP500的“合理时间，最长不超过7个银行工作日”改为“指定银行、保兑行及开证行各有自交单次日起至多5个银行工作日用以确定交单是否相符”。此处“交单次日”是以相关银行收到提交的单据为准，即交单以单据到达收件人才算完成。至多5个银行工作日的审单时间不会因为在交单日当天或之后信用证过期或超过最迟交单期而缩减或受到影响。举例来说，假设根据信用证最迟交单日为3月25日，信用证于3月26日在开证行到期，单据于3月20日到达开证行，适逢3月21日和3月22日是周六和周日，则开证行仍然有从3月23日起计算最长5个银行工作日来审核单据，即该行最迟可于3月27日确定是否接受单据，这一时期不因此时已经超过最迟交单日和信用证有效期而被缩减至3月25日或3月26日。

（二）单据出具日期

根据UCP600第14条i款的规定，单据的出具日期可以早于信用证的开立日期，但不能迟于信用证规定的交单日期。这是因为先发货并缮制单据、后开立信用证是符合贸易实务的做法的。

案例 8－3

发票日期晚于信用证有效期案

信用证到期日为2023年10月2日，单据于2023年9月28日寄开证行，注明单证相符。但发票的日期显示为2023年10月22日，开证行以下列不符点拒付：the invoice dated after L/C expiry date（发票日期晚于信用证到期日）。

案例分析及相关知识点

三、审单方法

（一）审单记录表

审单记录表提供从受益人交单直到单据寄出提交开证行这段时期的历史记录。将审单记录表放在桌面右边，将单据放在桌面中间。单据的顺序是：（1）汇票；（2）商业发票；（3）装箱单；（4）提单；（5）保险单；（6）其他单据等。要有固定的开头次序和固定的末尾次序，中间次序任意，然后把信用证放在桌面左边。

（二）信用证的可用性

信用证的可用性是指交来的单据可以有效地符合信用证的条款和条件，并有充足的信用证余额。必须查看：

（1）它是本套单据的信用证；

（2）它是致受益人的正本信用证；

（3）该信用证仍在有效期内；

（4）它的未用余额足够这笔出口业务使用；

（5）如有信用证修改，是否完整无缺地附在信用证后面。

（三）横审法

横审是根据信用证的条款逐字逐句地审核各种单据的内容，解决单证一致的问题。应注意：

（1）当信用证有修改时，应先确认受益人对修改书是否书面表示拒绝或接受，然后再根据原信用证或原信用证的修改书审核有关单据。

（2）仔细分析信用证，信用证中每涉及一种单据，即按单据条款审核对应的单据，以达到单证一致。如果发现有与信用证不一致之处，应做好记录，以免遗漏。

（3）阅读信用证文句，并与单据核对。

（4）按信用证有关条款审核完所有单据后，剩下的则属于信用证未规定的单据，应退还交单人，或将其照转，相关银行不承担责任。

若信用证项下的单据与单据之间表面上出现彼此不一致，将被视为单据表面上与信用证条款不符。

（四）纵审法

纵审是以商业发票为中心，与其他单据对照，要求单据与单据之间所共有的项目相互一致，达到单单一致的目的。

（1）将被核对的单据全部阅读一遍，然后以发票为中心，与其他单据逐个核对，核对涉及发票的相同资料是否一致；

（2）将提单与保险单核对。

纵审的目的是要做到单单一致，经过横审和纵审没有发现不符点，或发现的不符之处已经改妥，即可确认单据全部相符。

（五）背面批注

信用证议付后，议付行需在信用证背面作批注，注明议付金额。背书通常包括议付日期、BP 业务编号[①]、议付金额、信用证余额、议付行、审单员签章等。对余额已经为零的信用证要加盖“用罄”戳记。

四、出口地指定银行审单实务操作方法

出口审单基本程序可以分为接单、审单、计费和缮制议付通知书及寄单四个环节。

（一）接单

出口地指定银行接收出口商提交的信用证和全套单据，清点单据的种类和份数是否齐全，注明收单日期，根据轻重缓急及时安排审单。出口商在交单时要填写一式两份的单据签收清单，银行接收单据后要签收，以分清责任。对于快到效期的出口交单，出口商可请银行先行审核能够提交的单据，待装船后，再把提单送交银行审核。

（二）审单

出口地银行收到单据后，对单据进行整理排列，一般顺序是：汇票、商业发票、装箱单、提单（全套正本）、保险单和信用证正本及修改书等。然后按照横审法和纵审法对单据进行逐项审核，并在审单记录表中及时记录存在的问题和不符点，及时通知出口商对存在的问题和不符点进行修改。审单完毕后，在信用证背面进行批注。如果信用证余额已经用完，应收回归档；如果是部分议付，则应将议付金额、日期、余额在背面予以注明。以后进行每笔议付时，均需逐笔批注。

（三）计费

出口地银行按银行规定的收费种类和费率表计算应收费用。出口地银行收取的费用通常包括：信用证通知费、预通知费、信用证修改通知费、保兑费、议付费、邮电费等。

通知费一般在议付时收取，也可在通知信用证正本和修改书时计收。通知行如果为保兑行，则只收取保兑费，通知费免收，如议付行只审单、寄单而未作议付，可酌情收取验单费。在付款信用证项下，因为付款是无追索权的，出口地银行收取的付款费会略高于议付费。如果信用证项下有转让费和承兑费，转让费应该由第一受益人承担，承兑费通常是由承兑行向开证行收取。如果信用证规定所有费用及佣金都由受益人承担，则上述所有费用，包括转让费和承兑费，都直接向受益人收取。

（四）缮制议付通知书及寄单

出口地银行审单完毕，对于合格单据，即可缮制议付通知书并寄单索汇。议付通知书一式多联，其中第一联和第二联随单据寄送开证行，当议付信用证项有信索条款时，第三联作为索汇函寄往偿付行，其余各联作为议付行的传票附件或归档备查。

---

① BP 业务编号是信用证议付（出口押汇）业务参考编号，BP 是 bill purchased 的缩写。

第三节 交 单

信用证项下有两次交单，第一次是受益人向指定银行交单，第二次是指定银行向保兑行或开证行交单。

（一）交单的有效日期

所有信用证都必须规定一个交单的有效日期和有效地点。当信用证交单的有效地点是出口商所在地时，受益人可以在交单有效期的最后一天，在银行营业时间的最后时刻交单，指定银行可以在信用证有效日期以后审单议付。当然，这样做有一个前提条件，那就是提交的单据一定要是相符交单，否则，在出现受益人可以解决的单证不符时，会因信用证已过期而使受益人丧失修正不符点的权利，这样做对受益人来说风险还是很大的。银行在有效期后5个工作日内审单议付完毕，在议付通知书（也称议付面函）上注明："The compliant documents were presented to us within the validity of the credit"。

（二）最迟交单日期的订立

信用证有两个交单有效期和一个装运有效期，合计三个有效日期。第一个交单有效日期是受益人交单给银行的时限。第二个交单有效日期是在运输单据装运日期后的一个时限，在这个时限内，受益人应提交包括运输单据在内的全套单据。如果该最迟交单日期没有在信用证中规定，应在运输单据装运日后21天内交单。最迟交单日期短于有效期限和最迟交单日期长于有效期限都是不够严谨周密的开证，最迟交单期限就是信用证的有效期限时，有效期限和最迟交单期限的全长都可以用到，这才是较好地订立最迟交单日期。开证行如果不适用UCP600默认的最迟于运输单据装运日后21天内交单的规定，即欲缩短交单期限，必须在信用证条款中有所规定。例如信用证规定："Documents must be presented within 10 days after the issuing date of B/L but within the validity date of the credit"。

（三）交单的有效地点

交单的有效日期和交单的有效地点密不可分，由于世界各地存在时差，只有确定了交单地点，交单期限才能最后确定。当信用证指定出口商所在地银行对信用证承兑、付款或议付时，出口商所在地指定银行处就是交单的有效地点；当信用证为自由议付信用证时，任何对信用证作出议付的银行的所在地就是交单的有效地点。不管信用证类型如何，是否有指定银行，所有信用证都可以在开证行兑付，即受益人可以直接交单到开证行，因此在任何情况下，开证行所在地都是信用证交单的有效地点。

为了方便受益人交单，一般信用证的有效地点都会规定在出口商所在地指定银行所在处，由于指定银行与受益人在同一地点，交单时间较好把握。如果受益人选择将单据直接交开证行，或将信用证交单有效地点规定在开证行，受益人一定要计算好单据在途邮程，确保单据在最迟交单日前到达开证行。

（四）单据传递中的风险转移

当受益人把单据提交给指定银行请求承付或议付时，指定银行审单相符并办理承付或议付后，单据将被传递给开证行要求偿付。单据在传递过程中如果发生遗失，在信用证完成议付之前，风险由受益人承担；在议付完成之后，单据风险将转递给开证行承担。

案例 8－4

开证行丢失单据对外赔付案

某年5月8日，某开证行应国内A公司的申请开立了以韩国S公司为受益人的第LC22000号信用证，金额为63 500美元。9月18日，开证行收到一份由汉城（现在的首尔）C银行发来的催收货款的电报，称议付单据已于8月21日通过快递寄出，但款项尚未贷记其账户。同时，申请人也查询开证行是否收到全套进口单据，并声称船只已于8月26日抵港，港口方面已经开始催其提货并开始计提滞期费。开证行立即查阅了收单记录，并与本系统收发部门联系，均未发现收到此套单据的收单记录，于是便一边告知申请人单据可能在路上耽误，另一方面向议付行查询。9月28日，申请人向开证行提交了一份由受益人驻京商务代表处提供的开证行签发上述单据的快邮收据影印件。经收发部门确认，快邮收据上显示的图章为开证行下属某营业部专用。开证行立即查询该营业部。经核查得知，该营业部的确已于8月24日签收了此套单据，但却不知去向。为了避免事态进一步恶化，开证行立即采取以下措施：首先，立即致电议付行索要付款指示，表明准备付款，尽管没有收到相关单据；其次，出具提货担保交申请人凭以办理提货，以免造成更大的滞期费损失。10月6日，议付行复电，告知付款路线并称保留追索迟付利息的权利。根据议付行的指示，开证行于10月9日办理了付款手续。议付行于11月18日来电追索迟付44天的利息，按年息5.875%计算，计息498.50美元。因为此笔业务确系开证行工作疏忽所致，开证行决定对外赔付，但只同意按LIBOR利率赔付，并扣除了6天的合理银行工作日，共赔付303.90美元的迟付息，此案就此了结。

案例分析及相关知识点

（五）受益人直接向开证行交单

当信用证授权另一家银行为指定银行时，如果受益人愿意，他可以直接向开证行交单，请求付款。

受益人直接向开证行交单出现于以下情况：（1）在直接付款信用证（Straight Letter of Credit）项下；（2）当信用证是自由议付信用证时，受益人找不到或不愿意找议付的银行时；（3）当信用证金额巨大时。

受益人直接向开证行交单要自行承担单据寄送途中的遗失风险，当单据出现风险时，无法再对单据进行修改，同时要匡算合理的单据在途时间，确保在信用证有效期到期之前单据已经寄达开证行。因此，除非以上提及的特殊原因，一般建议受益人向出口地指定银行交单。

案例 8－5

单据有效性等不符点案

I 银行开立了一张不可撤销信用证，经由通知行 A 通知给了受益人。该信用证对单据方面的要求如下：(1) 商业发票；(2) 装箱单；(3) 由 SSS 检验机构出具的检验证明书；(4) 海运提单表明货物从 PPP 港运至 DDD 港，提单做成开证行抬头。受益人在货物出运后将全套单据送至 A 银行议付，A 银行审单后指出下列不符点：(1) 检验证书的出单日期迟于货物装运日，并且未能指明具体货物的检验日期；(2) 装箱单上端未印有受益人公司、地址等文字，且装箱单未经受益人签署；(3) 提示了运输行收据而不是信用证上所要求的提单。A 银行将上述不符点通知受益人，受益人要求其电传 I 银行请其授权付款。I 银行与申请人联系后，申请人不愿取消此不符点。I 银行告诉 A 银行其拒绝付款的决定，并保留单据听候指示。

案例分析及相关知识点

第四节　指定银行和开证行对单据的处理

一、指定银行对相符单据的处理

指定银行在审核单据、确保单证相符后，在议付信用证项下，对受益人办理议付/承付，对开证行寄单索汇。如果议付信用证要求提交汇票，那么被指定议付行议付的就是汇票；如果议付信用证未要求提交汇票，那么被指定议付行议付的将是单据。无论议付信用证是否要求汇票，被指定议付行的议付行为都是有追索权的。在付款信用证项下，被指定付款行要对相符单据予以付款，付款信用证不要求提交汇票，付款行的付款是无追索权的。在承兑信用证项下，当单证相符时，被指定承兑行要对相符单据承兑汇票，该承兑汇票可以在福费廷市场贴现而获得融资。汇票承兑后，承兑行一方面将已承兑汇票退还受益人保管，另一方面寄单给开证行，通知开证行汇票已承兑，请开证行于到期日偿付承兑行。汇票到期后，承兑行凭持票人持有的汇票予以付款，此付款无追索权，同时获得开证行的偿付。当承兑行与开证行是同一家银行时，开证行承兑汇票后立即发出承兑通知电文给受益人。

二、指定银行对不符单据的处理

受益人提交了不符合信用证要求的单据时，议付行或其他指定银行按照下列方法之一处理：

（1）将所有单据退还给交单人更改，以便在信用证有效期内和最迟交单期内再次交单。

（2）仅仅退还不符单据，让交单人更改，以便在信用证有效期内和最迟交单期内再次交单。

（3）将所有单据退还交单人，请他直接寄开证行。

（4）在交单人的授权下将信用证项下的不符单据以等待批准接受的方式寄送给开证行，要求审查和批准接受单据或拒绝接受单据（亦称表提）。

（5）如果交单人准许，可以以电报、电传或其他电讯方式通知开证行，要求凭不符单据授权付款、承兑或议付（亦称电提）。

在实务操作中电提方法运用较多，电提报文举例如下：

DOCUMENTS PRESENTED UNDER YOUR L/C NO. ________ BILL's AMOUNT USD________ OUR REF. NO. ________ ALL TERMS COMPLIED EXCEPT

• NO UNIQUE P/L

• LATE SHIPMENT

• LATE PRESENTATION

PLEASE CABLE US WHETHER WE CAN NOGOTIATE DOCUMENTS

开证行电复同意接受不符点或授权议付时，电文中要注明“If Otherwise in Order”，确保开证行在收到单据时没有发现其他不符点。

（6）关于“保留承付/议付”和“凭保承付/议付”。

UCP500 中有“Negotiation under Reserve”“Negotiation under Indemnity”等规定，UCP600 予以废除了。根据 UCP600，开证行对指定银行的付款责任、承担延期付款责任、承兑或议付的责任基于交单人提交的相符单据。如果指定银行已经发现单据存在不符点，就不应对其承付或议付。假设该行在单证不符的情况下仍然承付或议付了单据，不管如何保留，或凭怎样的担保，都是该行对受益人的一种融资安排，而不是信用证项下的授权行为，与开证行和保兑行无关。在 UCP600 颁布后，指定银行对不符单据的处理就不再有“保留承付/议付”和“凭保承付/议付”的做法，此后的银行合同文本和函电往来中，“Negotiation under Reserve”“Negotiation under Indemnity”也不应再出现。

（7）寄单托收。

指定银行将带有不符点的单据以跟单托收的方式寄给开证行，指定银行放弃 UCP600 的使用，以 URC522 来指引业务操作，货款的支付以开证申请人是否接受单据为准，开证行不起作用，成为代收行。

信用证项下带有不符点的单据寄送开证行应采用寄单待批准（Forwarding Document for Approval）方式，不建议采用寄单托收方式。寄单托收失去了 UCP600 对其提供的保护，对指定银行和受益人都是不利的。

三、开证行对单据的处理

（一）审核单据

当开证行收到提示单据时，必须严格按照 UCP600 等国际惯例和制度标准来审核单据。根据 UCP600 第 14 条的规定，单据的审核应遵循如下标准：

（1）开证行应仅根据单据本身来确定所提交单据是否在表面上构成相符交单。

（2）开证行从收到单据的次日起，最多有 5 个银行工作日来确定交单是否相符。

（3）如果单据中包括一份或多份正本运输单据，受益人必须在发运日后 21 天内交单，且交单日期不得迟于信用证的到期日。

（4）单据中的数据和内容，在与信用证、单据本身及 ISBP 参照解读时，无须与该单据本身的数据、其他要求的单据或信用证中的数据完全等同，但不得矛盾。

（5）除商业发票外，其他单据中的货物、服务或履约行为的描述，可使用与信用证中的描述不矛盾的概括性用语。

（6）如果信用证要求提交运输单据、保险单据或商业发票之外的单据，却未规定出单人及数据内容，则只要提交的单据看似满足所要求单据的功能，银行将接受此类单据。

（7）提交的非信用证要求的单据将不被理会，并退还给交单人。

（8）如果信用证含有一项条件，但未规定用以表明该条件得到满足的单据，银行将视作未作规定而不予理会。

（9）单据的日期可以早于信用证的开立日期，但不得晚于交单日期。

（10）当受益人和申请人的地址出现在规定单据中时，无须与信用证或其他单据的记载完全一致，但必须与信用证所规定的相应地址在同一个国家。地址的细节描述（传真、电话、电子邮件及类似细节）可以在单据之间存在不一致，但是，运输单据上收货人或被通知人的地址，包括传真、电话、电子邮件等联络细节，必须与信用证的规定完全一致。

（11）任何单据上的托运人或发货人（shipper）可以不是信用证的受益人。

（12）运输单据可以由任何人出具，无须为承运人、船东、船长或租船人，只要其符合 UCP600 第 19～24 条的相关规定。

有时开证行在收到提交的单据时，指定银行已经在寄单面函上注明不符点，申明寄单等待开证行的批准，作出赔偿担保申明，请求开证行保留付款权利，这种做法俗称为“表提”交单。开证行应严格按照自己遵循的审单标准再次审单，在 5 个工作日内审单完毕，并将发现的不符点一次性提完，向指定银行发出拒付通知。

（二）开证行对不符单据的处理

当开证行审单发现单证不符时，它可以征求开证申请人的意见，如申请人同意接受不符点，则开证行可以凭此付款；如申请人不接受单据，开证行可拒绝单据，发出拒付通知。开证行的拒付必须参照 UCP600 的规定，做到如下几点：

1. 拒付必须以单据为依据

开证行以单据表面所示，审核与信用证条款是否相符，如单证不符，可以拒收单据，但不能凭货物不符而拒付。

2. 必须在 5 个工作日内做成接受或拒付的决定

开证行审单不得超过 5 个工作日，发现不符点可自行决定是否拒付，亦可联系申请人请其接受不符点，若申请人不同意接受，应在 5 个工作日的期限之内发出拒付通知。

3. 以电讯方式通知寄单行

以 SWIFT、Cable、Telex 等方式通知寄单行，不得采用邮寄方式。通知必须是开证行拒付，不是买方或申请人拒付，电文不可使用“Buyers refuse...”或“Our customer rejects...”，确保是站在银行的立场而不是进口商的立场拒付单据。

4. 说明全部不符点

拒付通知书必须在第一次电文中说出所有不符点，第一次未提出即表示弃权，不允许有第二次提出新增不符点的机会，不然将遭到对方反驳。

5. 对如何处置不符单据进行说明

拒付通知中要明确说明对不符单据的处置方式。UCP600 第 16 条 c 款给出了相关银行必须在拒付通知中声明的四种对不符单据的处置方式，允许银行根据实际情况进行选择。

（1）在拒付通知中申明“The bank is holding the documents pending further instruction from the presenter”。如果使用本选择，在交单人没有明确指示的情况下，即使申请人表示接受单据，银行也不能放单给申请人。

（2）在拒付通知中申明“The issuing bank is holding the documents until it receives a waiver from the applicant and agrees to accept it, or receives further instructions from the presenter prior to agreeing to accept a waiver”。本选择明确允许开证行在接到交单人的进一步指示前，当申请人表示接受不符单据时，可以自行决定放单给申请人，这是目前实务操作中的通常做法。

（3）在拒付通知中申明“The bank is returning the documents”，表明拒付银行将会把不符单据直接退还给交单人。

（4）在拒付通知中申明“The bank is acting in accordance with instructions previously received from the presenter”。这一选择明确允许了交单人向相关银行发出适当的对单据进行处置的指示。如果交单人在交单面函中已经对单据的处置作出了具体指示，相关银行应按照此指示行事。比如，交单银行在面函中指示保兑行，如发现单证不符径寄开证行，此时保兑行应按要求转递单据到开证行，同时在拒付通知中告知；又如，交单行可在寄单面函中通知开证行，若在 10 个工作日内未收到申请人对不符单据的接受通知，则将全套单据退回等。

6. 拒付后对单据的处理

当开证行拒付单据后，若长时间代交单人持有单据则存在单据丢失和受损的风险，还会产生保管和人工费用。开证行拒付后暂时代交单人保管单据并听候其进一步指示，完全是便利交单人下一步行为的友善行为。交单人应在最快的合理时间作出对拒付单据的处理决定和与开证申请人的协调安排，否则拒付银行没有长期代为保管单据的义务，可以主动退单。

7. 开证申请人放弃不符点，接受单据

信用证是结算工具，不是拒付工具，信用证的设立是为了便利国际结算业务的开展，为交易双方提供安全保障，而不是为了设置障碍，阻碍国际结算的发展。在大多数正常的国际结算交易中，开证行都会力图与开证申请人联系，寻求其对不符点的放弃，最终实现付款。在信用证有不符点的情况下，受益人将处于明显不利境地，银行处理单据的不符点手续费、往来电传电报费都会在最终付款中扣除。而且在进口商接受有不符点的单据时，很有可能提出货物降价的要求，出口商也会遭受很大的损失。

四、对“非单据化条件”单据的处理

（一）“非单据化条件”单据的处理依据

如果信用证的某些条款不要求任何单据，而是与事实有关，银行认为这是非单据化条件。UCP600 第 14 条 i 款对此的规定是：提交的非信用证要求的单据将被不予理会，并可退还给交单人。此规定说明，相关银行对额外单据不予审核，不能以额外单据中的不符之处为由而拒付。这和开证行或保兑行的承付或议付责任一致，因为其承担承付或议付责任都仅是针对信用证规定的单据，这也是信用证独立抽象原则的一种体现。

（二）非单据化条件举例

（1）直到装船时，载货船只的船龄不超过 15 年。The age of carrying vessel at the date of loading is no more than 15 operating years.

（2）装运船只应是英国国籍或挂英国国旗的船只。Shipment is to be made by a vessel of U. K. nationality or by vessel flying her flag.

（3）装船后受益人必须立即通知申请人装货细节。Beneficiary must immediately advise the applicant of details of shipment after loading on board.

（4）货物不得是以色列产地（阿拉伯国家的信用证）。Goods must not be of Israeli origin.

（5）载货船没有在以色列注册，或不是以色列国民所有，或不是居住在以色列的人所有，以及行驶至沙特阿拉伯途中，不停靠或经过任何以色列港口（阿拉伯国家的信用证）。The carrying vessel is not registered in Israel or owned by nationals or residents of Israel and will not call at or pass through any Israel port en route to Saudi Arabia.

（6）货物将由快船装运或按班轮条件装运。Shipment will be effected by fast or on liner terms.

（三）与规定单据有关联的条件不是非单据化条件

尽管 UCP600 第 14 条规定对于非单据化条件，银行将视为未作规定而不予理会，但当信用证中的某项条件清楚地与某种规定单据相联系时，该条件就不能被视为非单据化条件了。例如，信用证中一项条件提到货物应是“中国出产”的被视为非单据化条件，银行在审单时可以不予理会。可是，如果上述信用证同时规定受益人必须提供原产地证，则“中国出产”这一条件不再是非单据化条件了，这是因为产地证必须明确货物的原产地。具体到该信用证货物的原产地应为中国，提供的原产地证中应清楚地标明“中国出产”。

对于受益人和指定银行来说，当发现信用证中的某项条件未明确在哪种单据中满足但又似乎与某种单据有关联时，切莫轻易将其作为非单据化条件而置之不理，应及时向开证行询问，加以确认。

五、对信用证未规定单据的处理

对信用证未规定单据的处理，UCP600 较 UCP500 有所变化。UCP500 第 13 条 a 款规定：银行将不审核信用证没有规定的单据，如果银行收到此类单据，应退还交单人或将其照转，并对此不承担责任。UCP600 第 14 条 g 款的规定是：提交非信用证要求的单据将不被理会，并可退还交单人。此规定删除了 UCP500 中将未规定单据照转的选择，堵住了受益人借信用证交单之机传递其他单据的途径。此规定同时说明，相关银行对额外单据应不予审核，不能以额外单据的不符之处为由拒付。这和开证行及保兑行承付与议付的责任是一致的，因为其承付和议付是以信用证所规定的单据为依据的，这也是和信用证独立性原则相一致的。

考虑到实务中不同当事人对 UCP600 的该项规定有不同见解，为避免节外生枝，受益人要注意在信用证项下仅提交信用证要求的单据，其他文件不要混同在信用证所要求的单据中提交。

第五节　常见的单据不符点

一、信用证本身的常见不符点

（1）信用证过期。

（2）信用证的金额不足以支付货款。

（3）信用证经修改，修改书不齐全。

（4）信用证的货名、单价有误。

（5）信用证的价格术语是 CIF 和 CFR，但目的港却是没有海湾的内陆国家。

（6）信用证漏填开证日期和开证地点。

（7）受益人和开证申请人的名称或地址不详。

（8）信用证条款之间相互矛盾。例如：①价格条款是 CIF 或 CFR，却规定运费待收（Freight Collect）；②运输方式为航空运输，但保险条款却规定为投保海运险；③数量与单价的乘积与信用证总金额不一致；④交易条件为 CIF，却未注明要出具保险单。

（9）信用证印鉴或密押不符。

（10）信用证大小写金额不符。

（11）信用证有关单据要求不合理，如要求单据的种类、份数、背书等出口商难以办到，或其不符合国际惯例或相关国际法律。

（12）开证依据值得商榷。如国际商会的 UCP600 已于 2007 年 7 月 1 日生效，而收到的信用证却注明根据 UCP500 开立。

（13）信用证已转让。

①信用证已全额转让，应由第二受益人直接向开证行交单，在此情况下，第一受益人仍要求由其向开证行交单。

②信用证已部分转让，第一受益人在第二受益人来单并换单之前，擅自要求自行向开证行交单。

（14）未在最迟交单期内提交单据。

二、汇票的常见不符点

（1）汇票的出票日期迟于信用证规定的有效期。

（2）汇票的到期日未能确定。

（3）汇票的金额超过信用证金额。

（4）汇票转让未能正确背书。

（5）汇票规定的有效期限与信用证规定的不符。

（6）汇票的付款人有误，如在信用证项下的汇票以开证申请人为付款人。

（7）汇票的出票人非信用证的受益人。

（8）汇票未足额出票（出票金额不足，short drawing）。

（9）出票人未签字。

（10）未按信用证规定的比例金额开立汇票。

（11）汇票收款人名称不符。

（12）汇票收款人未背书。

（13）汇票币种有误。

（14）汇票未按规定列出利息条款和出票条款。

（15）汇票错记或漏填信用证号码。

（16）汇票金额与发票金额不符。

三、商业发票的常见不符点

（1）出票人名称不符，非信用证的受益人。

（2）发票日期迟于信用证的有效期。

（3）发票未按信用证要求以开证申请人为抬头。

（4）商业发票对货物的描述与信用证不符。

①货名不符。

②唛头及件数与提单不符。

③唛头及件数与其他单据不一致。

④以毛重代替净重计价。

⑤发票上的重量与其他单据不一致。

⑥发票中的货物数量不在规定或信用证允许的增减范围内。

（5）发票金额超过信用证金额，或超出其允许的增减范围。

（6）发票金额与汇票金额不符。

（7）单价超出规定的幅度。

（8）未按信用证要求加具领事签证。

（9）提交的发票份数不足。

（10）在信用证禁止分批装运的情况下，发票显示了分批装运。

（11）在信用证未授权的情况下，发票货物说明有“used”“second hand”“rebuilt”等字样。

（12）价格条件与信用证规定不符。

（13）发票未按信用证要求分列费用支出。

（14）信用证要求发票签字而发票未签字。注意，当信用证未明确要求商业发票要签字时，根据UCP600的规定，发票可以不签字。

（15）商业发票的参考号码与信用证上的不一致。

四、提单的常见不符点

（1）不清洁提单，提单上有不良批注。

（2）信用证规定提交海运提单，提交的却是内陆水路运输单据。

（3）提单收货人名称与信用证的要求不符。

（4）提单上被通知人与信用证的规定不一致。

（5）无证据显示货物已装船。

（6）提单所列货物与信用证所列货物不一致。

（7）提单未在有效期内提示。

（8）提单背书有误。

（9）提单上唛头与信用证的规定不一致。

（10）违反国际惯例，在信用证未规定的情况下使用租船提单。

（11）提单上起运港、卸货港与信用证的规定不符。

（12）提单上的转运路线与信用证的规定不符。

（13）提单上装运船舶的国籍、船龄与信用证的规定不符。

（14）提单上的“已装船”批注没有标明日期，或批注的日期迟于信用证规定的最迟装运期。

（15）提单未注明运费已付或未付。

（16）提单上有“On Deck”的货装甲板批注。

（17）信用证规定允许转运，但提单所示的转运港口与信用证所规定的转运港口不一致。例如，Shipment effected to Hong Kong via Shanghai instead of via Guangzhou。

（18）提单未按信用证规定标明支付运费的金额。

（19）信用证规定的价格术语是CIR或CFR，提单上却未标注有“Freight Prepaid”。

（20）未按规定提交全套有效提单。

（21）信用证规定提交 Straight Bill of Lading，但提交的却是 Bill of Lading Made Out to Order。

（22）信用证要求副本提单也需签字，所提交的副本提单却没有签字。

（23）提单为无装船日期的 Received for Shipment Bill of Lading。

（24）提单上的数量与信用证的规定不符，如短装或超装。

（25）提单上有非信用证所允许的特别记载。

五、保险单据的常见不符点

（1）提示的保险单据种类与信用证的要求不符。

（2）保险的币别与信用证的币种不一致。

（3）保险金额与信用证的规定不符。

（4）保险的种类与信用证的规定不符。

（5）非信用证所指定的保险公司承保的保险单据。

（6）保险不足额。

（7）保险单据上的货物描述与信用证的规定不一致。

（8）承保险别与信用证的规定不一致。

（9）保险单上的装运港和卸货港与信用证的规定不一致。

（10）提交的保险单据低于信用证所要求的级别，如信用证要求提交保险单，而提交的是保险凭证。

（11）保险单的生效日期未从提单装运日期开始计算。

（12）保险日期迟于信用证规定的最迟装运日期。

（13）受益人未在保险单上背书，或背书不正确。

（14）保险单的受益人与信用证所规定的不符。

（15）保险单的理赔地点与信用证的规定不符，或保险单漏填理赔地点。

（16）保险单上的唛头和地点与信用证所规定的不一致。

（17）保险单上未载明船只名称。

（18）未按信用证的规定向保险公司提交装船通知。

（19）未按信用证的要求提交全套保险单据。

（20）保险单的更改未有有效签字确认。

六、其他单据的常见不符点

（一）原产地证书

（1）货物名称与信用证矛盾。

（2）签发机构与信用证的规定不符。例如规定应由商会签发，而实际却由出口商签发。

（3）证书没有签名或盖章。

（4）提交的证书份数不足。

（5）未注明生产制造厂商的名称。

（6）原产地证书日期迟于信用证的最迟有效期。

（二）海关发票

（1）所提供的发票非信用证所要求的官方发票。

（2）所列货物的名称、唛头、代码和件数有一项或多项与信用证不符。

（3）原产地国家或地区名称不符。

（4）出口商或进口商的名称或地址不符。

（5）未按信用证的要求加列特别条款。

（6）商品的数量、单价、总值、净重、毛重中的有关项目与商业发票不符。

（三）装箱单

（1）所列货物的重量、体积、件数、商品名称与其他单据不符。

（2）装箱单上的包装与发票所列不符。

（3）当信用证有要求时，未将每件包装单位的内容分开列明。

（四）重量单

（1）重量单上的唛头与其他单据不一致。

（2）未注明每件包装的重量。

（3）重量单上的内容与其他单据不符。

（五）各种证明和检验证书

（1）未按信用证的要求提供检验证书。如信用证要求提供卫生检验证书，而提供的却是消毒检验证书。

（2）证书签发人与信用证的规定不符。

（3）所列内容与其他单据不符。

（4）检验证书日期迟于装运日期。

（5）所列检验结果与信用证的要求不符。

（6）证书填写项目不完整。

（六）其他方面的不符点

（1）单据未按信用证规定的方式寄发。

（2）提交的单据不齐全。

（3）单据的类别不能接受。

（4）在信用证有要求的情况下，所提交的单据没有按规定签章。

（5）交单金额超过信用证金额。

（6）单据未在规定的时间内提示。

案例 8-6

不符点银行未能一次提完纠纷案

I银行开立了不可撤销的议付保兑信用证，通过A银行（议付行）通知受益人。A银行把信用证通知给受益人时，按信用证授权对该证加具了保兑。信用证要求：（1）全套清洁已装船远洋提单；（2）保险单。受益人将货物装船后，将所需单据提交给A银行，A银行审单后确定单据与信用证的条款不符，理由如下：保险单的日期迟于装船日期。受益人要求保险公司更改保险单以表明保险早于装运日生效，更正后的保险单据提交给A银行，同一天，受益人可凭单据支取信用证金额。

A银行确定由于UCP600规定的交单日期以及信用证都在有效期内，它接受新的交单。A银行在它代为保管的单据中，替换了新的保险凭证。在重新审单时，A银行确定提单还有一个上次交单时未注意到的不符点，提单未表明承运人的名称，且提单是由代理人签字，未注明该代理人所代表的承运人或船长。A银行通知受益人由于发现新的不符点，它依然不能付款。这时，UCP600所允许的21天期限已过，在装船后21天之内，受益人不能更改这个新发现的不符点。

A银行作为保兑行通知受益人它不能无追索权地议付，要求受益人指示如何处理单据。试分析A银行的拒付是否正确。

案例分析及
相关知识点

第六节　国际标准银行实务

众所周知，UCP是关于信用证的总则，所以解决实务中的具体问题需要更多的具体标准。国际商会针对UCP所确定的规则，结合以往的案例处理中的意见、决定及答复，于2002年制定出了《关于审核跟单信用证项下单据的国际标准银行实务》（International Standard Banking Practice for the Examination of Documents under Documentary Credits)，即ISBP645。伴随着UCP600在2007年实施，国际商会对第645号出版物进行了更新，形成了更新后的ISBP，即国际商会第681号出版物——ISBP681。2013年对ISBP645进行了首次修订，实行了ISBP745。该版本提供了一套审核使用UCP600的信用证项下单证的国际惯例，对于各国正确理解和使用UCP600，统一和规范各国信用证单证实务、减少拒付争议的发生具有重要意义。

现行的ISBP821是由国际商会发布的最新版本的审核跟单信用证项下单据的指南，于2023年7月1日正式生效。

ISBP明确并详细解释了如何在日常实务操作中运用UCP规则，因此它填补了UCP所代表的一般原则与信用证实际使用者日常工作之间的鸿沟。ISBP已经构成UCP的附属部分，在单证实务审核中，将两者结合起来，用以审核单据与信用证的相符性。

正如国际商会所指出的，ISBP是UCP标准的具体体现，是UCP所建立的规则与程序的最佳解释，是对国际标准银行实务的概括，自其出版以来，对单证的审核起到了导向作用，成为全球银行、企业、物流运营方及保险公司的得力助手。

ISBP821 的具体内容包括：预先考虑事项，总则，汇票及付款到期日计算，发票，涵盖至少两种不同运输方式的运输单据，提单，不可转让的海运单，租船提单，空运单据，公路、铁路或内陆水运单据，保险单据及承保范围，原产地证明书，装箱单、装箱说明或装箱清单，重量单、重量说明或重量单，受益人证明书，分析、检验、健康、植物检疫、数量、质量和任何其他证明书。

ISBP821 为银行、进出口商等国际贸易参与者提供了详细的单据制作和审核指导，帮助减少信用证业务中的拒付争议。

ISBP821 是基于 ISBP745 的修订版本，不仅新增了部分条款和内容，而且对之前未涉及的单据类型和操作标准进行了明确，例如多式运输单据、保险单据等。并对现有条款进行了优化和细化，确保惯例实务与时俱进。明确了部分争议问题的操作标准，例如单据的签署、运输单据的审核等。

一、新增条款和内容

ISBP821 新增了近十年来国际商会国家委员会批准的典型案例和实务意见，涵盖了自 2013 年以来的实务问题和结论，主要新增和优化了以下内容：

1. 术语定义

明确了“所有单据”的定义范围，确保单据审核时的准确性和完整性。

“所有单据”是指信用证要求提交的所有单据，但不包括汇票。这意味着在审核单据时，除了汇票之外的所有单据都需要按照信用证条款和 UCP600 的要求进行严格审核。

（1）发票：包括商业发票、海关发票、税务发票等。

（2）运输单据：如海洋/海运提单、租船合约提单、多式联运单据、空运单据、公路/铁路/内河运输单据等。

（3）保险单据：涵盖保险单和保险凭证。

（4）其他单据：如原产地证明、装箱单、重量单、受益人证明、分析证明、检验证明等。

在审核“所有单据”时，单据必须符合信用证的具体条款和 UCP600 的要求，确保“单证相符”和“单单相符”。

银行需要确保单据的准确性和完整性，即单据中的所有信息必须正确无误，且包含所有必要的信息。准确性即银行在审核单据时，需核对单据上的信息是否与信用证条款一致，包括金额、日期、货物描述等。完整性是指确保单据中包含所有必要的信息，如签名、日期、货物数量等。

通过明确“所有单据”的定义范围，ISBP821 为银行和企业提供了更清晰的审核标准，有助于减少因单据不符合要求而导致的拒付争议。

2. 签名和标志

对单据的签名要求进行了细化，明确了在何种情况下单据需要签署以及签名的具体要求。

（1）运输单据的签名要求。

海运提单：必须由承运人、船长或其具名代理人签署。签名必须标明签署人的身份，例如“承运人”或“代理人”。如果代理人签署，必须标明代理人是代表承运人、船长或租船人签署。

租船合约提单：必须由船长、承运人或租船人或其具名代理人签署。签名必须标明签署人的身份，例如“船长”或“代理人”。如果代理人签署，必须标明代理人是代表船长、承运人或租船人签署。

公路、铁路或内陆水运单据：必须由承运人或其具名代理人签署。签名必须标明签署人的身份，例如“承运人”或“代理人”。如果代理人签署，必须标明代理人是代表承运人签署。

（2）其他单据的签名要求。

发票：发票通常不需要签署，除非信用证有特别要求。如果信用证要求发票签署，受益人必须确保发票上有适当的签名。

保险单据：保险单据通常不需要签署，除非信用证有特别要求。如果信用证要求保险单据签署，保险人或其代理人必须签署。

证明类单据：证明类单据（如原产地证明、受益人证明等）通常需要签署，以证明其真实性。签署人必须标明其身份，例如“受益人”或“代理人”。

此外，关于签名的具体要求有如下几方面：一是签名的形式，签名可以是手签、摹样签字、打孔签字、盖印、符号或任何其他机械或电子确认方法。任何签名、标记、印戳或标签，只要能够证明单据的真实性，均视为有效。二是签名的识别，签名必须清晰可辨，并且能够明确识别签署人的身份。如果代理人签署，必须标明代理人是代表谁签署。

3. 多式联运单据

新增了关于多式联运单据的具体审核标准，包括单据的出具、承运人的识别、签署要求、装运日期的标注等。这些标准包括以下几个方面：

（1）单据的出具。多式联运单据必须由承运人或其具名代理人出具。单据上必须标明承运人的名称。

（2）承运人的识别。多式联运单据必须明确显示承运人的身份，例如“承运人”或“代理人”。如果代理人出具单据，必须标明代理人是代表承运人签署。

（3）签署要求。多式联运单据必须由承运人或其具名代理人签署。签署可以是手签、摹样签字、打孔签字、盖印、符号或任何其他机械或电子确认方法。

（4）装运日期的标注。多式联运单据必须显示装运日期，或者表明货物已被接收待运的日期。如果信用证要求显示具体的装运日期，单据上的日期必须与信用证要求一致。

（5）其他要求。多式联运单据可以显示货物的发送、接管或发运地点，以及最终目的地。单据上可以显示预期或类似的关于装货港或船名的限定语。

4. 保险单据

对保险单据的审核标准进行了更新，包括保险单据的出具、保险金额的计算、保险范围的确认等。

（1）保险单据的出具。保险单据必须由保险人或其具名代理人出具。单据上必须标明保险人的名称。

（2）保险金额的计算。保险金额必须符合信用证的要求。如果信用证未规定保险金额，保险金额应至少为发票金额的110%。

（3）保险范围的确认。保险单据必须明确显示保险覆盖的范围，包括运输路线和保险条款。保险条款必须符合信用证的要求，例如是否包括战争险。

（4）其他要求。保险单据上必须显示保险生效日期。如果信用证要求，保险单据必须显示保险费用。

通过这些更新和细化的规定，ISBP821为银行和企业在信用证项下的多式联运单据和保险单据的审核提供了明确的指导，有助于减少因单据不符合要求而导致的拒付争议。

5. 其他单据

对一些未在UCP600中具体提及的单据进行了明确，例如装箱单、重量单、受益人证明等。

6. 其他更新内容

（1）新增判例内容：包含自2013年以来国际商会国家委员会批准的典型案例和实务意见，反映了过去十年出现的实务问题和结论。

（2）优化现有条款：对现有条款进行了优化和细化，确保惯例实务与时俱进。

（3）明确争议问题：明确了部分争议问题的操作标准，例如单据未显示信用证号是否可拒付、附船章的运输单据签署是否不符等问题。

这些更新和新增条款旨在更好地指导和规范银行在信用证项下的审单实务，进一步促进贸易便利化。

二、新增一般性规定

ISBP821新增了关于“管理性条款”“发票币种表示”等一般性规定。

1. 管理性条款

ISBP821新增了对管理性条款的规定，明确了信用证中不应包含过多的细节或管理性条款，这些条款可能会导致不必要的后果和支付延迟。例如：

避免过多细节：信用证中不应包含与货物描述相关的过长元素，或包含仅属于基础合同/协议的条款，例如“货物需符合该协议/合同”等，这些条款应避免出现在信用证中。

独立性原则：即使银行之前接受过有不符点的单据（无论是否获得申请人豁免），这并不意味着银行在未来的交易中必须接受类似的不符点。

2. 发票币种表示

ISBP821 对发票币种表示进行了明确，特别是在使用货币符号时的规定。

美元符号的使用：对于以美元开立的信用证，提交仅含“$”符号的发票是可接受的，除非发票本身的数据信息显示受益人居所国不以美元作为货币单位，或其货币单位通常不采用“$”符号，或提交的其他单据表明“$”符号可能指向美元以外的货币。

明确要求：如果信用证要求发票必须标明货币单位（如“USD”），则发票上必须明确显示该货币单位，而不能仅使用货币符号。

通过这些新增的一般性规定，ISBP821 为银行和企业在信用证操作中提供了更明确的指导，有助于减少因管理性条款和发票币种表示等问题导致的争议和拒付。这些规定确保了信用证操作的清晰性和一致性，促进了国际贸易的顺利进行。

三、新增的解释

ISBP821 新增了对细节性条款和单据的解释，例如“单据未显示信用证号是否可拒付”和“附船章的运输单据签署是否不符”等问题。

单据未显示信用证号是否可拒付：ISBP821 在“预先考虑事项”第（viii）条规定，只要开证行收到所有规定的单据，单据上未显示信用证号码或打错信用证号码并不构成拒付理由。这一立场的例外情况是，如果进口国要求在一份或多份单据上显示信用证号码，则需要遵守相关规定。

附船章的运输单据签署是否不符：ISBP821 在新增的条款中明确指出，船长的签字可以附有写明船名和船东的印戳，此时仍将视为由船长签署。这种印戳通常被称为“船舶印戳”，即使印戳内含有与承运人不同的另一实体，只要表明了该实体的身份，也视为有效签署。

ISBP821 还对一些其他细节性条款进行了明确：

副本单据的签署：即使信用证要求所有单据必须手签，副本单据也无须签署。

保险单据的签署：代表保险公司或承保人的代理人或代表签署保险单据时，不要求在保险单据中标明代理人或代表的名称。

这些新增的解释和规定有助于减少因单据细节问题导致的拒付争议，确保信用证操作的清晰性和一致性。

本章小结

俗话说，提出问题比解决问题更重要，而与制造问题相比较，发现问题更困难。信用证项下单据的审核就是专门用于“发现问题”的，通过查找并规避信用证项下单据的不符点，保障出口商安全收汇，保障进口商的合法权益。单据的审核是一项专业技术性很强的工作，它需要审单人员掌握单据的基本缮制，通晓国际惯例和国际法律法规，同时具有丰富的金融实践经验，这些对提高单据审核质量十分重要。

单据审核要达到的目的是单证相符、单单一致。这是审单的基本原则。对于单证一致，可以分为严格一致和实质一致两种情况。按照“严格一致”的要求，单据成为信用证条款的“影子镜像”，一个字、一个字母都不能错，很难达到。“实质一致”项下允许单据有差异，只要差异不损害申请人，符合“公平、合理、善意”的要求就可以。同样是信用证与单据之间的细微差别，有的是非实质性不符点，有的则被界定为实质性不符点，受益人必须合理谨慎行事，根据“表面相符”的原则严格制单。

银行在审核单据时，通常将信用证放在桌面左边，将审单记录表放在桌面右边，将单据放在中间。单据的顺序是：(1) 汇票；(2) 发票；(3) 装箱单（重量单、尺码单）；(4) 提单；(5) 保险单；(6) 其他单据。审单要有固定的开头顺序和末尾顺序，中间顺序任意。横审法确保所有单据与信用证一致，纵审法确保以发票为中心，其他单据相互一致，提单和保单的一致性要再次核对。审单完毕后出口地银行要在信用证背面作批注。出口地银行收到单据后，一般会遵循接单、审单、计费和寄单四步流程。出口地指定银行对于相符单据予以付款、承兑和议付，对于不符单据，会退还单据交受益人修改至相符，对于确实无法相符的单据，可以表提和电提不符点，申请开证行授权承付或议付。凭保议付在 UCP600 颁布后已经不再由银行叙做，如果对有不符点的单据进行议付将是出口方银行的单方行为，与开证行无关，因为开证行和保兑行只对符合信用证要求的单据承担付款责任。出口地银行对不符单据寄单托收的做法也是不受鼓励和提倡的。开证行在收到单据后，应在 5 个工作日内完成对单据的审核，确认单证是否表面相符。开证行对不符单据的处理有四种做法，“开证行保留单据，在接到交单人进一步指示前，当申请人表示接受不符单据时，可以自行决定放单给申请人”是目前实务操作的通常做法。信用证作为结算工具，而不是拒付工具，在正常贸易项下，开证行和开证申请人都会寻求放弃不符点，完成国际结算交易的最终环节。但是否放弃不符点的主动权完全掌握在开证行手上，这对单证不符的出口商收汇具有很大的安全隐患。

如果信用证含有某些条件而未列明需要提交与之相符的单据，则称为非单据化条件。银行在开立信用证时，要避免出现非单据化条件。对于非单据化条件和信用证未规定的单据，银行将不予置理。如果银行收到信用证未规定的单据，应退还交单人，并不承担责任。

信用证项下单据的审核内容和常见的不符点是一个庞大的内容体系，具体内容多，都是细节问题，总结出来总有挂一漏万之感。最常见的不符点包括信用证过期、延迟装运、未在最迟交单期内交单、未按信用证要求而转运、未按信用证要求而分批装运、短装、超装、超支、短支、货物装卸港与信用证不符、货物描述与信用证不符、汇票以开证申请人为付款人、保险日期迟于提单装运日期、提交不清洁提单、提交租船合约提单、提交“货装甲板”提单、提单无已装船批注、已装船批注没有日期、需要签字的单据没有签字、CIF 或 CFR 条件下运费待付、FOB 条件下运费预付等。

信用证项下单据的审核标准是灵活的、不确定的，它存在于 UCP 条款中，存在于国际商会发表的咨询意见中，存在于信用证专家的权威论断中，存在于权威的法院判决中，存在于当地信用证业务的实践中。ISBP 向我们提供了一个很好的指引，对于规范信用证项下单据的审单标准大有裨益。

关键术语

单证相符	单单一致	非单据化条件	影子镜像
严格一致	实质一致	审单记录表	横向审单法
纵向审单法	电提	表提	不符点

本章思考题

1. 什么是严格一致？什么是实质一致？什么是“影子镜像”原则？

2. 审核信用证项下单据的基本方法有哪些？

3. 出口地银行审核单据的基本顺序是什么？出口地银行收到单据后处理的四步流程是什么？

4. 出口地指定银行对于不符单据的“表提”和“电提”有什么不同？具体如何操作？

5. 对于非单据化条件和信用证未规定的单据，银行一般的处理方法是什么？

6. 开证行在收到单证不符的单据时，有哪四种处理不符单据的做法？

7. 为什么保留承付和凭保议付在 UCP600 中被取消了？它们违背了信用证的什么原则？

8. 出口地银行对于信用证项下不符单据的寄单托收为什么不鼓励和提倡？

9. 开证行为什么不愿意接受以收货人为指示抬头的提单？

10. 开证行为什么一般会寻求开证申请人对不符点的放弃？这符合信用证的什么特点？

拓展阅读

韩国外换银行与青岛银行
信用证项下纠纷案

第九章 国际贸易融资

学习目标

- 掌握出口贸易融资和进口贸易融资的主要种类，理解其业务流程及操作方法；
- 掌握假远期信用证、提货担保、信托收据、进口押汇等业务的基本概念及风险点；
- 掌握保理业务的服务项目，了解保理业务中的保理行为；
- 理解保理业务的特征和作用，掌握保理业务的当事人与业务流程，特别要熟悉国际双保理业务的操作方法；
- 了解福费廷业务对出口商、进口商、包买商和担保行的作用和福费廷业务的特点；
- 掌握福费廷业务的基本流程，熟悉包买票据业务的操作方法；
- 了解福费廷业务的费用组成；
- 掌握福费廷业务与保理业务的区别，了解其与票据贴现业务、出口信贷业务及出口押汇业务的区别；
- 熟悉国际贸易融资的创新业务品种，理解其概念及基本流程。

第一节 出口贸易融资

对出口商来说，并不是任何时候都有足够的资金来经营其出口业务，特别是在货物数量多、金额大的情况下，出口商是十分需要贸易融资的支持的。装运前，出口商可能需要资金采购备货或组织生产；装运后，在延期付款条件下，出口商要等 30～90 天甚至更长时间才能收回货款，流动资金被占用，降低了资金周转率，一旦亟须用款，还需另行融资。出口商在货物装运前或装运后都有贸易融资的需求。

一、打包贷款

打包贷款（Packing Credit），又称打包放款，是出口地银行在出口商提供货运单据之前凭其提供的进口方银行开来的信用证正本作抵押向其发放贷款的融资行为。其期限一般为 3 个月，最长为 6 个月。出口商用融资款项购买、包装和出运信用证所规定的货物。这种放款因最初仅向受益人提供包装费用方面的融资而得名。

打包贷款业务具有如下特点：

（1）“单前融资”。若打包贷款为“单前融资”，其发放贷款的时间段为收到信用证之后至向出口地银行提交信用证规定的单据之前。

（2）专款专用。打包贷款的资金只能用于所抵押信用证项下货物的生产或商品收购开支，要求专款专用，不能用于固定资产投资或其他用途。贷款金额一般为信用证金额的 60%～80%。具体金额由打包贷款银行根据出口商的资信及开证行的资信来确定。

（3）期限确定。打包贷款的还款期限不超过信用证有效期后 21 天，一般为 3 个月，最长不超过半年。当出现信用证修改船期和效期，致使出口商不能按原计划行事的情形时，出口商应在打包贷款到期前申请贷款展期。

（4）有追索权。在正常情况下，打包贷款的还款来源是信用证项下的货款回收，如果因故不能从国外收回货款，贷款人必须用其他资金偿还打包贷款的本息。

打包贷款的业务流程如图 9－1 所示。

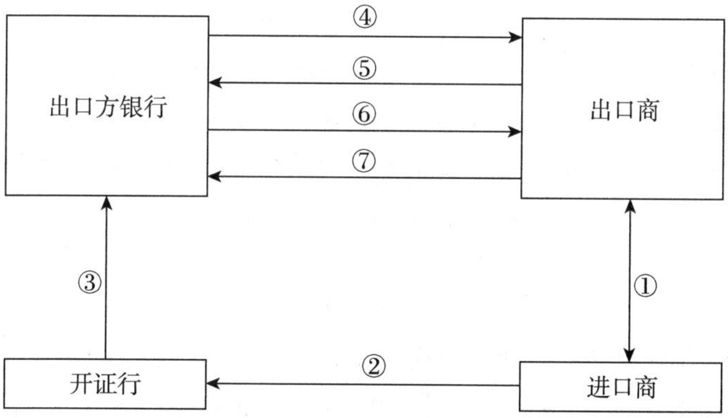

图 9－1　打包贷款流程图

对图 9－1 进一步解释如下：

①进出口双方签订合同并约定使用信用证结算方式；

②进口商向开证行申请开立信用证；

③开证行应进口商的要求开出以出口商为受益人的信用证并委托出口方银行通知出口商；

④出口方银行（通知行）向出口商通知信用证；

⑤出口商将信用证作为抵押交出口方银行申请打包贷款；

⑥出口方银行向出口商提供贷款；

⑦出口商凭信用证规定的单据交出口方银行押汇后归还贷款。

在叙做打包贷款业务时，出口商及打包贷款发放银行要做到：

（1）严格审证、审单。信用证是银行叙做打包贷款的重要依据，所以一定要严格审核信用证，防止假信用证诈骗行为。当收到出口商交来的单据时，同样要严格审核单据，确保单证相符、单单一致，避免无法收汇。如果打包贷款的货币为人民币，还应考虑汇率风险。一般打包贷款的币种以本币为主。

（2）防范一证多货问题。不诚信的出口商为了自身的利益与外商串通一气套取银行贷款，用信用证正本抵押在贷款行作打包贷款，又用副本到他行担保交单，逃避打包贷款行的资金监管，使贷款行得不到单据，无法向开证行寄单索汇，导致打包贷款回收受阻。这是借款人的诚信问题，所以在贷款之前，一定要严格审查借款人的资信，不能因为有信用证作抵押而降低对借款人资信的要求。

（3）改办托收悬空贷款。这也是出口商的诚信问题。有些不良商人凭信用证的正本获得银行的打包贷款后，又将本批货物的单据拿到别的银行办理托收，悬空贷款行的债权。贷款行应做好贷前调查，确保借款人的资信可靠。一旦发现欺诈行为，可通过同业公会或相应机构，将贷款申请者列入黑名单，降低或停止其信用额度，如造成资金损失，还可通过法律诉讼途径维护债权。

案例 9－1

议付行打包贷款被骗案

某年7月18日，N银行（议付行）收到澳门I银行开立的一份信用证。在审核信用证表面真实性无误后通知B公司，B公司随即向银行提出叙做打包贷款业务的申请。N银行审核信用证后，发现信用证有一项软条款，即在信用证规定提示的单据中，除正常的货运单据外，还要求一份由申请人出具的确认船名的证明。由于软条款的存在，议付行收款有风险，N银行未同意其打包贷款的申请。此后，澳门I银行修改信用证，将开证金额增加。7月25日，开证行又对信用证进行修改，将全套正本提单改为副本提单，正本提单由受益人直接寄给开证申请人，并增加受益人的寄单证明。7月30日，N银行按照受益人的要求答复开证行，拒绝接受修改。8月11日，受益人将申请人出具的确认船名证明及正本信用证提交N银行，再次申请信用证打包贷款。考虑到船名证明已拿到，软条款风险不复存在，N银行同意叙做打包贷款。8月19日，N银行收到开证行的第三次修改：（1）将信用证的有效地点由议付行改为开证行；（2）任何银行议付有效改为开证行议付有效；（3）申请人出具的确认船名证明的签字必须与开证行的预留签字样本相符，开证行在收到单据后将核实确认申请人的签字。经与B公司接洽，N银行于8月27日答复开证行，受益人拒绝接受修改，并告知上述信用证项下的单据已于8月21日寄出。

案例分析及相关知识点

9月1日，澳门开证行I银行来电提出如下不符点：（1）信用证要求质量和数量证，而提交的是质量证和数量证；（2）申请人确认船名证明未注明是正本；(3) 发票和装箱单上受益人的地址和信用证不符。N银行研究上述不符点后，于9月4日回电反驳，同日N银行收到开证行已强行退单的电文。9月15日，受益人向N银行提交了开证申请人澳门A公司致该公司的电文，电文称："今接船公司传真，告知信用证项下货物仍在码头，而开证行已于9月3日将上述货物的全套单据退回。为避免贵公司的进一步损失，请贵公司接洽船公司，提出对货物的处理意见。"

N银行进一步了解到，该笔货物是滞销产品，其内地采购价大大低于港商进口商的报价；与受益人签订合同的不是澳门A公司，而是一家港商，此前受益人曾向港商支付过高额佣金，在开证行提出不符点后，受益人就与该港商再也联系不上了。至此，受益人B公司和议付行N银行遭受重大风险。

二、出口押汇

打包贷款属于装运前融资，随后介绍的将是装运后融资。出口押汇（Outward Bill）又称买单或买票，它是出口商将代表货权的提单及其他单据抵押给银行，从而得到银行扣除押汇利息及费用后的有追索权垫款。出口地银行收下汇票和单据后，在汇票到期时提交给进口商，请其付款，进口商付款后，银行收回垫付资金，如果进口商拒绝支付垫款，则出口地银行有权要求出口商归还票款。出口押汇主要包括出口信用证押汇和出口托收押汇。两者的区别在于前者押汇行的索汇对象为相对应信用证的开证行，只要开证行资信良好、单证相符，收汇安全性还是有一定保障的；而后者押汇行的索汇对象为进口商，是否收汇完全依赖于该进口商的资信程度，因此收汇风险相对较大。

（一）出口信用证押汇

出口信用证押汇（Negotiation under Documentary Credit）是指在出口信用证项下，受益人（卖方）以出口单据作抵押，要求出口地银行在收到国外支付的货款之前，向其融通资金的业务。银行受理出口信用证押汇的条件是：(1) 出口商须是本行的基本客户，且与本行保持稳定的业务往来；(2) 开证行、付款行或保兑行的所在地及货运目的地不是政局动荡、外汇管制甚严或对外付汇困难的国家和地区；(3) 出口商须提交正本信用证（若该信用证有修改，须同时提交全部修改），且该信用证不属于限制他行议付信用证、附带软条款信用证、90天以上远期信用证、要求提交非所有权运输单据的信用证；(4) 出口商提交的单据必须做到单据齐全、单证一致、单单一致；(5) 出口商须提出相关信用证及单据项下的押汇申请并与押汇银行签订出口押汇合同。

出口信用证押汇的业务流程如图9-2所示。

对图9-2进一步说明如下：

①签署押汇协议。出口商按贸易合同发送货物并取得货运单据后，填制押汇申请书向当地银行申请押汇。当地银行若同意押汇，双方即签订押汇协议。

②提交信用证及单据。押汇协议签署后，出口商就将信用证及证下的全套单据提交给出口地银行（议付行）。出口地银行将依据信用证的需要严格审单。

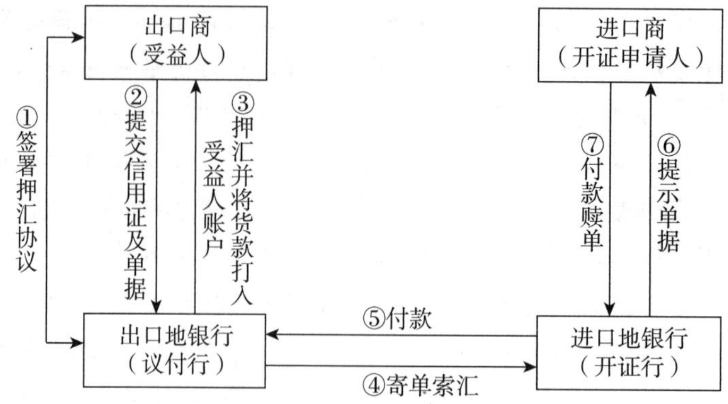

图 9-2　出口信用证押汇的业务流程图

③议付行押汇并将货款打入出口商——受益人账户。议付行在确认单证相符、单单一致且开证行的资信可靠的前提下，决定买入全套单据，即押汇成立。在扣除了自押汇之日起至货款从开证行付到议付行指定的账户之前这段时间的利息及相关手续费后，将净款付给受益人。

④议付行（出口地银行）向开证行（进口地银行）寄单索汇。

⑤开证行付款。开证行在收到议付行寄来的单据后，同样要严格审单。在确定单据符合信用证要求后，开证行将及时向议付行付款。

⑥开证行向进口商提示单据要求赎单付款。

⑦进口商（开证申请人）付款赎单。

信用证项下出口押汇的特点是：（1）"单后融资"。信用证出口押汇为"单后融资"，其融资的时间段为收到信用证并向出口地银行提交信用证规定的单据以后至收到国外银行支付的货款之前。（2）资金用途没有限制。出口信用证押汇的资金用途没有限制，企业可以将资金用于生产、收购、归还银行的打包贷款或其他贷款，甚至固定资产的投资等。（3）融资期限较短。出口信用证押汇期限较短，一般不超过 360 天。在大型设备出口项下，由于收款期可长达 3～5 年，因此，出口信用证押汇从理论上而言，也可长达 3～5 年，但在实务中，采用分批押汇，期限不超过 1 年的办法。（4）出口信用证押汇银行有限制。在银行办理出口押汇将会受到限制的情况：信用证不在同一家银行通知、付款（或承兑）和议付；信用证为可撤销的（或可转让的）；信用证已用于抵押（包括打包贷款）；申请押汇期限超过 90 天；信用证为付款信用证；信用证项下的单据有不符点；信用证的有效地点在国外；信用证的交单期离有效期很近；远期信用证已寄出单据；开证行的信誉不佳以及开证行的国家政局不稳定、外汇管制较严格、资信等级较低、处于战争多发地、开证行处于经营危机中。（5）出口信用证押汇有追索权。银行为企业办理出口押汇后，对企业有追索权。在正常情况下，出口押汇的第一还款来源为信用证项下收回款；在企业不能正常从国外收回货款的情况下，企业必须偿还出口押汇的本金及支付利息，或允许银行主动从其账户扣划出口押汇的本金及利息。

（二）出口托收押汇

出口托收押汇（Collection Bill Purchased）是指采用托收结算方式的出口商在提交单

据时要求托收银行以出口商的汇票和货运单据作抵押，预先支付部分或全部货款，待收回汇票款项后再将款项归还托收行的一种资金融通方式。其融资比例、收取利息的方法（预收）、利息计算公式等与出口信用证押汇相同，还款来源正常情况下为托收项下的收汇款，在不能正常收回国外货款的情况下，企业必须偿还押汇本金及利息。出口托收押汇一般是原币入收款人账。

出口托收押汇包含两种，即付款交单押汇（D/P 押汇）和承兑交单押汇（D/A 押汇）。D/P 押汇是指在出口托收付款交单方式下，出口商在委托托收行代向进口商收取款项的同时，以提交的汇票及随附单据作为质押品，向托收行申请的应收货款融资产品，托收行保留对出口商的追索权，待出口托收款项收妥后即将其用于归还银行借款。D/A 押汇是指在出口托收承兑交单方式下，出口商委托银行寄出远期汇票和随附单据向进口商托收，在收到进口商已承兑的远期汇票或代收行发来的承兑通知后，由托收行提供应收货款融资，并保留对出口商的追索权，待到期托收款项收妥后，即归还银行借款的融资产品。

出口托收押汇的基本做法是，出口商按合同规定装运后制作一整套符合合同规定的单据，开立以进口商为付款人的汇票到托收行交单，要求托收行叙做出口托收押汇。托收行如同意，则买入跟单汇票，按照汇票金额扣除自付款日即托收行买入跟单汇票日到预计收到票款日的利息和手续费，将约定的款项交给出口商，待收到汇票款项后出口商归还所借的款项。

办理出口托收押汇需注意如下问题。对于出口商而言：第一，了解进口商的资信情况。进口商能否按时付款，对出口方十分重要，其资信状况和履约能力不仅直接关系着货款能否按期正常收回，还关系着出口商是否需要在出口托收押汇到期时另外筹措资金的问题，因而，出口商对进口商的履约能力、资信状况需要有较为透彻的了解。第二，选择合适的交单方式。在付款交单方式下，进口商不付款就不能取得代表物权的单据，出口商的收汇风险较小，易取得出口地托收行的押汇；而在承兑交单方式下，代收行凭进口商对汇票的承兑即可释放代表物权的单据，但对到期进口商是否履行付款不承担任何责任，出口商收汇风险大，出口商一般不易从银行取得出口地托收行的押汇。第三，选择代收行。在出口托收业务中，代收行的信誉如何直接关系着出口收款人的收汇安全。在实务中，为了减少收汇风险，相对较容易地从银行取得出口托收押汇项下的融资，如有可能，最好选择出口地银行在国外的分支机构作为代收行。

案例 9-2

出口押汇融通资金案

某年 5 月 14 日，N 银行（通知行、议付行）收到 I 银行开出的受益人为 B 公司（出口商）的一份信用证，并在审查信用证的表面真实性无误后通知了 B 公司。7 月 30 日，N 银行应 B 公司的申请，在审核其提交的单据无误后，为其承做了出口押汇业务。B 公司在与 N 银行签订的押汇协议中规定：(1) 全套货物单据及货权均转让给 N 银行，银行有权根据情况自行处理单据和货物，并可向 B 公司补收不足之差额。(2) 如属 N 银行直接过失（单据中的不符未能审出者除外），造成对方拒付、迟付或扣付，应由N银行承担责任。7月31日，按照B公司的指示，N银行将押汇款扣除费用和利息后划入B公司账户，同时N银行向I银行寄单索汇。8月8日，开证行以单据存在不符点为由拒付，N银行就此通知了B公司。8月21日，开证行通知N银行，开证申请人不接受不符点。11月8日，开证行将全套单据退回N银行，N银行即通知B公司还款，但B公司未能返还押汇款。此时，B公司的出口货物因滞港多日而被国外港口强行拍卖处理完毕。

在此期间，N银行诉至法院，要求B公司返还押汇款及利息。B公司辩称，N银行未尽合理审单的义务，导致单证不符被拒付，依据出口押汇协议第二条以及国际惯例，这属于N银行的直接过失，应由其自行承担责任；此外，拒付发生后，N银行未能及时有效地处理货物，导致货物被强行拍卖，依照出口押汇协议第一条的规定，N银行亦承担处理不当的责任。试分析法院应如何判决。

案例分析及相关知识点

三、票据贴现

票据贴现（Discount）是指在远期汇票已获承兑但到期前，由银行或专门的贴现公司按照贴现利率在扣除了自贴现之日起至汇票到期日这一天止的利息后，将汇票金额的余额提前支付给持票人并保留追索权的一种资金融通的票据行为。

目前银行办理出口票据贴现的业务流程如图9－3所示。

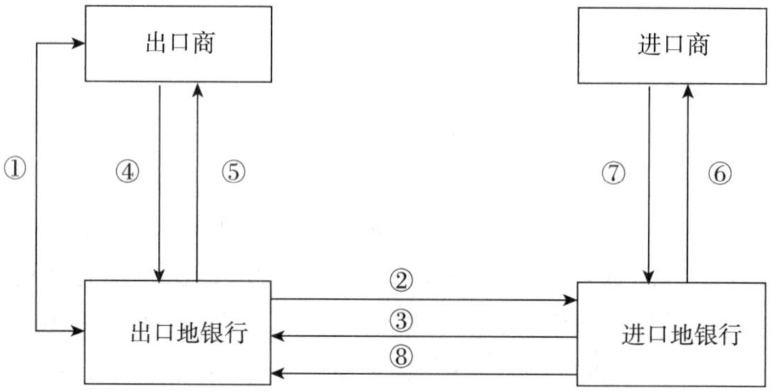

图9－3　出口票据贴现流程图

对图9－3的进一步说明如下：

①出口商与出口地银行签订贴现协议；

②出口地银行向进口地银行提交单据；

③进口地银行向出口地银行承兑票据；

④出口商向出口地银行申请贴现；

⑤出口地银行按照贴现利率扣除贴现利息后，支付贴现净额给出口商；

⑥进口地银行向进口商提示单据；

⑦进口商到期向进口地银行付款；

⑧票据到期进口地银行向出口地银行支付全额票款。

票据贴现具有如下特征：（1）流动性大。贴现后票据所载权益属于银行，银行背书后可随时转让给其他银行或中央银行要求再贴现。（2）票据贴现的无因性。在国际贸易中，各国均承认票据是不要因的证券。在票据流通中，只要票据记载合格，善意地支付了对价的持票人就能够取得票据所载权益。（3）付款期限不得更改。票据上已载明兑现日期，债务人不能要求转期，否则票据所有关系人的作用将因之而丧失。（4）贴现利息于垫款前扣除。贴现费用包括承兑费、印花税和贴现息三种，均已在垫款前扣除。

票据贴现有如下种类和做法：

（1）商业承兑汇票的贴现。即由出口商签发经进口商签名承兑的汇票。由于此类汇票由主债务人即进口商承兑，依靠的仅是商业信用，故银行一般不接受此类申请。

（2）银行承兑汇票的贴现。由于汇票上已经加具了承兑行的承兑签字，因此银行信用介入其中，对已承兑汇票的到期付款承担担保责任，因此贴现行一般予以叙做。

（3）承兑交单托收下以出口信用保险单作为抵押的贴现。在出口托收承兑交单业务中，出口商向国家指定的保险机构投保出口信用保险后，将该保险机构出具的保单作抵押要求银行贴现时，银行要求出口商作出与出口托收押汇情况相同的履约担保，以免发生呆账、坏账时索赔落空。

（4）贴现利息及贴现额的计算方式如下：

贴息＝票面金额×贴现日利率×天数

利率的换算：日利率＝年利率÷360＝月利率÷30

贴现额＝票面金额－贴息

例如：客户交来某银行已承兑、180 天到期、金额为 2 500 000 美元的远期汇票请求贴现（承兑日即为贴现申请日），贴现利率为 8%，贴现银行应扣贴现息为 2 500 000×8%÷360×180＝100 000（美元）；客户的贴现款为 2 500 000－100 000＝2 400 000（美元）。

如果承兑与贴现为同一银行，还需收取承兑费，通常承兑费为 1%，该费率计入贴现率形成综合利率一并扣收，此时，

承兑贴息＝票面金额×综合利率（日利率）×天数

对于上例：承兑贴现行应扣贴息为 2 500 000×9%÷360×180＝112 500（美元）。客户的承兑贴现款为 2 500 000－112 500＝2 387 500（美元）。

【即问即答 9-1：票据贴现提前回款案】

出口商交来某银行已承兑 180 天到期、金额为 2 500 000 美元的远期汇票请求贴现（承兑日即为贴现申请日），贴现率为 8%，出口商能得到的贴现款是多少？

即问即答解析
及相关知识点

第二节　进口贸易融资

进口贸易融资是指外汇银行对本国进口商从国外进口商品时所授予的信用。根据通

常的业务流程，进口商只有在支付货款后才能拿到货运单据提货。在进口商缺乏资金而又急于提货时，其对进口贸易融资产品的需求便显现出来。

一、开证授信

对外开立信用证是银行的主要国际结算业务，开证行承担对出口商的第一性付款责任。进口开证业务的关键风险点在于进口商资信以及银行是否掌握物权。银行可根据风险程度酌情收取保证金。银行与资信状况良好、有清偿能力、有经常性业务往来的企业对于信用证的开立可以签订授信协议，在授信额度内免除进口商部分甚至全部保证金为其开立进口信用证。进口商无须或只需交少量保证金就能获得银行开立的信用证，这样的一种对进口商的融资方式被称为开证授信。

信用证的开证额度是银行核定的给予客户的减免保证金开证的最高限额，只要客户开立的信用证金额不超过这个额度，银行就可减免保证金，减轻进口商的资金压力。开证额度分为一次性额度和循环性额度（总额度）。一次性额度是指银行与进口商就某一笔进口开证业务而签订的一次性额度协议，该笔进口业务结束后，此一次性额度随即失效。对于业务往来不久、银行对其资信情况只是一般了解、单笔业务成交金额巨大、循环授信额度不够使用的客户，可以考虑授予一次性额度。循环性额度又称总额度。银行与进口商签订一个总的进口授信额度协议，由进口商在此额度内循环使用。此额度会根据客户的资信状况及业务发展状况而作必要调整，一般会授予在银行开立账户、有长期业务往来的进口商。

对于保质期较短、容易腐烂的商品，银行会要求较高的保证金比例，部分金额允许客户使用开证额度；对于工贸企业生产所需原材料的进口，银行往往会同意进口商全额使用开证额度，无须缴纳保证金。开证授信的主要业务流程如图 9－4 所示。

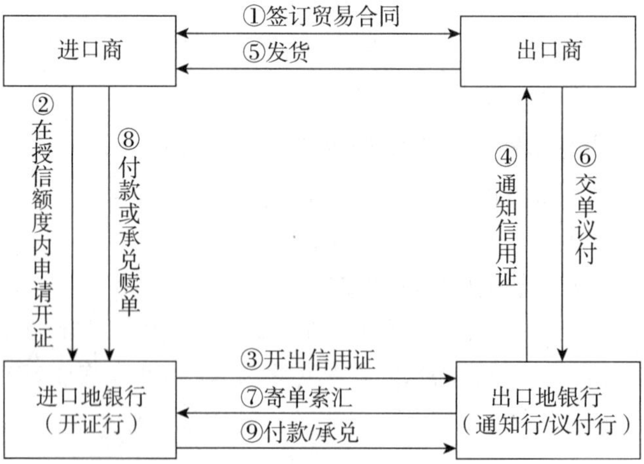

图 9－4　开证授信的业务流程图

对图 9－4 的进一步解释如下：

①进出口商之间签订进出口贸易合同。

②进口商在授信额度内提交开证申请书。
③开证行对外开出信用证。
④通知行向出口商通知信用证。
⑤出口商发货。
⑥出口商缮制信用证项下全套单据，向通知行/议付行交单。
⑦议付行审单后向开证行寄单。
⑧开证行向进口商提示单据，进口商付款赎单或承兑赎单。
⑨开证行对议付行付款或承兑后恢复进口商授信额度。

案例 9-3

授信开证促成商业交易案

国内某贸易公司是一家中小企业，但其业务发展良好，进口渠道稳定，下游生产企业实力雄厚。该公司拟从美国某公司进口一批金额为 600 万美元的生产原料，计划缴纳 100 万美元的开证保证金，其余 500 万美元占用其授信额度，申请对外开立信用证，即申请 500 万美元减免保证金开证的综合授信额度。

银行于 2 月 18 日将信用证开至美国，3 月 25 日价值 600 万美元的进口单据到达开证行。该公司接受单据，并将其余 500 万美元划入其在开证行的结算账户，银行于 3 月 31 日对外付汇。该公司综合授信额度重新恢复到 500 万美元。

案例分析及相关知识点

二、假远期信用证

假远期信用证（Usance Credit Payable at Sight）又称买方（进口方）远期信用证。当买卖双方达成交易后，进口商收到的是远期汇票，要等汇票到期后才付款给开证行，是一笔远期信用证交易；而受益人出具远期汇票、提交相关单据后就可以即期收汇。对于出口商来说这是一笔即期交易，因而得名假远期信用证。假远期信用证的特点是，贸易合同固定即期结算，买方向开证行申请开立远期信用证，受益人提交远期汇票和相符单据，即可即期获得款项；即期付款日与远期汇票到期日之间的贴现利息和承兑费用由买方承担；其实质是卖方的即期信用证，买方的远期信用证。

假远期信用证实质上是开证行对进口商提供的资金融通。越来越多的国内进口商基于各种原因开始充分利用假远期信用证。

1. 转口贸易的需要

国内企业在经营转口贸易的过程中，若国外出口商（最终供货商）要求开立即期信用证，获得即期付款，国外进口商（最终购买商）要求开立远期信用证，延长付款时间，国内中间商就可以通过开立假远期信用证满足三方的结算需求。

2. 充分利用其他企业的授信额度，增加代理进口量

在实务中，有很多企业自有资金不足，又没有足够的授信额度开立信用证，有的企业授信额度较高，无法充分利用，造成闲置浪费。这样，实际进口企业可以委托代理进口企业，占用其多余的授信额度开立信用证。代理进口企业应委托进口企业的要求，申请开立假远期信用证，进口到单后，开证行先行垫付款项，委托进口企业提货出售后，将货款及开证手续费、贴现费及进口代理费支付给进口代理企业，进口代理企业在汇票到期后将货款及相关费用划拨给开证行，履行付款责任。

3. 减少资金占用

充分利用银行的融资能力和信用证的结算杠杆，帮助企业盘活资金。在进口高峰期，进口企业通过开立假远期信用证，既适时抢占了商机，进口了大量货物，又满足了国外出口商的即期付款要求，科学地避免了付款高峰期。

案例 9-4

假远期信用证融资案

A 进口企业拟从国外进口一批价值 100 万美元的货物，采用信用证结算方式。但其自有资金不足，无法缴纳 100%的保证金开立即期信用证，在银行也没有足够的授信额度开立即期信用证。这时国内的 B 企业得知这一信息，主动与 A 企业联系，愿意利用它闲置的授信额度为 A 企业开立假远期信用证帮助其进口货物。试分析该业务应如何具体操作。

案例分析及相关知识点

三、信托收据

信托收据（Trust Receipt）是进口商在付款之前向代收行借取货运单据时开立的以代收行为委托人、以自己为受托人的一种书面信用担保文件，用来表示进口商愿意以代收行受托人的身份来提货、报关、存仓、保险、出售上述货运单据下的货物，货物的所有权及所销售收益均归委托人——代收行所有。进口商出具信托收据的目的是在尚未付款的情况下，向代收行借出货运单据先行提货，这实质上是代收行对进口商的一种融资方式。

信托收据主要用于远期付款交单（D/P at... Days after Sight）的托收业务中，当货物、单据均已到达目的地，而付款期限未到时，进口商无法凭单提货，所以用信托收据这种担保凭证向代收行借出单据，尽早提到货物，这样一方面减少了货物滞留码头的仓储费，另一方面也可早日处理货物，避免因市场变化或货物质量变化而遭受损失。信托收据的作用不仅在于为进口商提供融资便利，还在于为银行债权提供了一种保护机制。信托收据是进口商未付款而先借单提货，在这种情况下，借出单据的代收行承担了进口商提走货物而不按期付款的风险。银行为了保护其债权，限制了进口商对货物的处分权利，尤其强调处分货物的权益应优先偿还银行的款项。为了确保上述条款的实施，银行通常在信托收据中约定有关货物出售后，货款应付至银行指定的账户。

信托收据一般载有以下几方面内容：（1）在进口商付清货款赎回信托收据之前，所借单据项下货物的所有权属于借出单据的代收行。（2）进口商只能以货运单据上的货主（出口商或代收行）之名义提货，将货物存入仓库。如果出售货物，所得货款应存入代收行，以便到期支付货款。（3）如果代收行因借出单据而受到损失，进口商应负责赔偿。（4）如因借单人的原因，导致有关业务进展不正常，代收行可随时取消信托收据，收回单据及货物。

从以上内容可以看出，信托收据具有借据和保证书的双重性质。信托收据不仅适用于跟单托收，也可以用于信用证结算方式。

案例 9-5

信托收据案

我某公司向日本某商以 D/P 见票即付方式推销某商品，对方答复：如我方接受 D/P 见票后 60 天付款，并通过它指定的银行代收则该笔业务可接受。试分析日方提出此项要求的出发点是什么。

案例分析及相关知识点

四、进口押汇

进口押汇（Inward Bill Receivable）是银行帮助进口商解决短期资金周转问题而向其提供的一种资金融通。根据所使用结算工具的不同，可分为进口信用证押汇和进口托收押汇。

（一）进口信用证押汇

进口信用证押汇是开证行对作为开证申请人的进口商所提供的一种资金融通，是对进口信用证项下跟单汇票所作的一种短期抵押贷款。当开证行收到信用证项下全套单据、审单相符后，进口商应立即付款赎单。若开证行收到单据、审单相符后先行付款，进口商凭信托收据取得单据提货并将货物销售后，再偿还银行先行垫付的进口货款本息，这就是进口信用证押汇。

银行受理进口信用证押汇申请的条件是，银行在开立信用证时要收取保证金。然而那些已获得开证授信额度的客户，不仅可以免交或减交保证金，而且银行会进一步给予通融。也就是在收到信用证项下单证时，银行先行为进口商垫付货款对外支付，待它提货销售后，以回收的资金归还银行支付的货款。这对银行而言不仅收取了开证手续费，而且赚取了放款利差；对进口商而言，则可以利用银行信用和银行资金完成商品的进口贸易和国内销售。进口信用证押汇实质上是一种抵押贷款，开证行以信托收据作抵押品。这种贷款只有在银行对进口商充分信任时才能使用。

进口信用证押汇的业务流程如图 9-5 所示。

对图 9-5 的进一步说明如下：

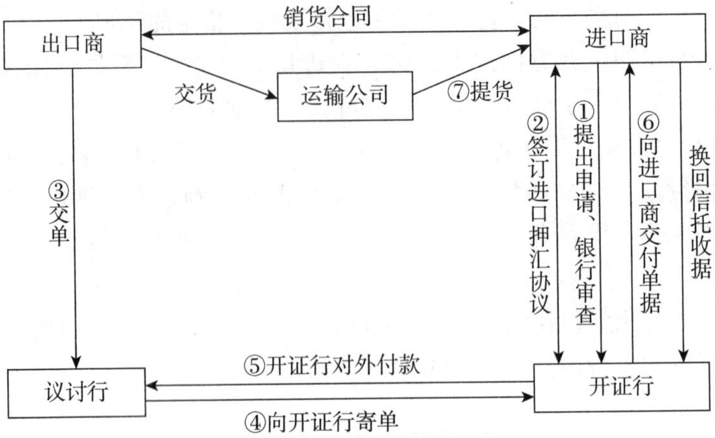

图 9-5　进口信用证押汇的业务流程图

①申请与审查。进口商向当地银行申请开立信用证，在向银行交付一定比例或其他担保物并支付一定金额的手续费、银行审核相关文件后即对外开立信用证。银行根据进口商资信等情况确定押汇额度。

②签订进口押汇协议。进口押汇协议是开证行与进口商之间签订的关于押汇金额、进口商付款义务、押汇期限及利率等条款的书面协议。

③出口商向议付行交单。

④议付行向开证行寄单。

⑤开证行对外付款。开证行收到指定银行（议付行）寄来的单据，进行审核后如符合信用证规定，即先行向议付行付款。

⑥凭信托收据向进口商交付单据。信托收据事实上是将货物抵押给银行的确认书，在进口商向银行付款前，处于代为保管和销售货物的地位。

⑦进口商凭单据提货并销售货物。进口商从银行借出单据并以银行的名义提货，进行加工、销售、转卖。

⑧进口商还贷款本息，换回信托收据。

银行在做进口信用证押汇时尤其需要注意以下几个方面：（1）进口商的信誉风险。银行应进口商的要求，为其开出以出口商为受益人的信用证后，即承担了第一性付款责任，只要出口商提交了单单相符、单证相符的合格单证，银行就必须按其约定即期付款或到期付款，而不论此时进口商因何故拒绝支付。因此，开证行在开证前必须充分评估进口商（开证申请人）的资信状况和贸易活动的真实性及盈利性，以降低自身承担的风险。（2）货物的性质及变现能力。若因货物质量原因、商品市场原因等导致进口商未能把货物销售出去，因而未能实现预期的销售收入，这时银行贷款的按期偿还将受到威胁。（3）被迫垫款风险。进口商因自身财务状况变化或其他原因无力偿还贷款，开证行只能被迫垫款。在被迫垫款中银行必须对进出口商恶意串通以套取银行资金的诈骗行为给予高度重视和防范。

（二）进口托收押汇

进口托收押汇是指代收行向进口商提供短期资金融通，以便它能够在信托项下取得单证，凭以提货、报关、存仓、投保和销售。在进口贸易中，出口商为促成交易，有时会采用对进口商有利的结算方式作为竞争手段。比如，它不要求进口商开立信用证，而是采用托收方式，由自己的银行将出口单据寄往进口地银行，委托它在进口商付款或承兑条件下交单。代收行接受委托后，通知进口商付款或承兑赎单。若进口商需要短期融资，则代收行代进口商垫付资金账单。

进口托收押汇虽然是一种对进口商较为有利的短期融资方式，但银行在做此业务时也要特别注意以下几个方面。(1) 进口商的信誉。通常情况下认为，进口商对商品销售市场的预测应该具有参考价值。它对市场的判断，会对银行作出同意押汇的决定有重要影响。但判断进口商对市场的预测是否真实、理性和善意，是银行面临的风险。(2) 银行缺乏对货物的控制权。由于是托收方式，银行对货物或代表货物的单据没有控制权。押汇后，如果市场发生变化，商品销售失败，进口商无法偿还贷款，那么银行只有垫款。因为它既不能处置货物，又没有保证金可以部分补偿损失，因此，进口托收押汇应慎用。

案例 9-6

进口押汇纠纷案

某年4月7日，I银行（开证行）应A公司（进口商）的申请，开出金额为200万港元的不可撤销即期信用证。4月10日，N银行（议付行）向I银行寄单索偿。4月16日，I银行向A公司发出进口付汇通知。4月17日，A公司向I银行表示同意付款。4月18日，I银行支付了信用证项下的款项，同时将信用证项下的单据交A公司提货。4月30日，A公司向I银行申请对该笔信用证叙做180万港元、期限三个月的进口押汇。5月8日，G公司（担保人）向I银行出具进口押汇额度担保承诺书，承诺对I银行为A公司垫付的进口信用证项下押汇款承担连带担保责任。同日，I银行与A公司、G公司签订进口押汇协议书，约定I银行同意为A公司提供一年期限额度为180万港元的进口押汇，G公司对A公司的还款承担连带保证责任，保证期限为押汇期限届满之日起两年。I银行对进口押汇信用证项下的货物享有质权，若A公司到期不能偿还I银行债务，I银行有权依法处分该批货物。合同签订前，I银行和A公司未告知G公司信用证项下进口货物的单据已交A公司提货之事。合同签订后，I银行于当天向A公司出具一份借款借据，借据载明借款人为A公司，金额为180万港元，借款用途为信用证押汇，到期日为次年8月8日。A公司在借据上盖章确认。此后，A公司将信用证项下的进口货物加工生产后出口销售。I银行在此过程中，未对A公司的货物实行有效监管。还款期限届满后，A公司未能偿还I银行借款。9月9日，I银行向A公司、G公司发出催收函，要求其尽快还款。9月12日，A公司向I银行偿还部分押汇款59万港元，至此，A公司再也无力归还I银行进口押汇的剩余欠款。I银行追讨欠款无果，向法院起诉A公司和G公司，要求归还进口押汇余款。法院判决A公司应偿

案例分析及相关知识点

还I银行121万港元，支付从4月19日（I银行支付信用证项下款项的次日）到应还款之日的利息及逾期利息；驳回I银行对G公司的诉讼请求，G公司不再承担担保责任。依据判决，A公司虽然有还款义务，但已无还款能力，G公司的担保责任又已被解除，I银行最终遭受了巨大损失，不日将押汇欠款121万港元转入预期贷款项目等待核销。试分析I银行的业务处理有何不当之处。

五、提货担保

提货担保（Delivery against Bank's Guarantee）是指当进口货物早于货运单据抵达港口时，银行为进口商出具的、有银行加签的、用于进口商向船公司办理提货手续的书面担保。这种贸易融资特别适用于海运航程较短、货物早于单据到达的情况。提货担保一般会出现在进出口海运航程较近的近洋运输情况下。

提货担保的流程如图9-6所示。

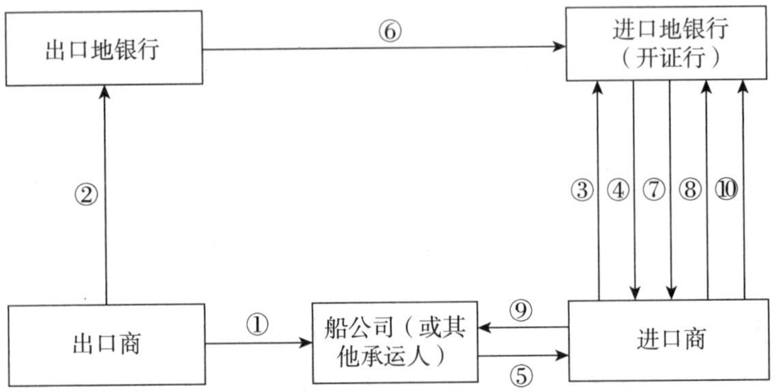

图9-6 提货担保流程图

对图9-6的进一步解释如下：

①出口商将货物交船公司并取得货运单据；

②出口商向出口地银行提交信用证规定的单据；

③因货物先于货运单据到达进口地，进口商向开证行提出提货担保的申请；

④开证行向进口商出具提货担保；

⑤进口商凭开证行的担保从船公司提货；

⑥开证行收到出口地银行寄来的单据；

⑦开证行向进口商提示单据；

⑧进口商向开证行付款赎单；

⑨进口商以正本提单向船公司换回开证行出具的提货担保；

⑩进口商将提货担保退还开证行。

银行办理提货担保的注意事项：（1）办理提货担保的基本前提是：①以信用证为结算方式；②运输方式为海运；③信用证要求提交全套海运提单。（2）申请人应向开证行提交办理提货担保的申请书。（3）申请人需在出具提货担保的银行核定授信额度或单笔授信。(4) 申请人申请办理提货担保时需要提交：①提货担保申请书；②副本发票；③副本提单。(5) 正本提单到达后，申请人应及时用正本提单从船公司换回提货担保，并将其交还出具该提货担保的银行予以注销。

提货担保对于开证申请人来说是有风险的。进口商凭提货担保提取货物后，就丧失了拒付的权利。日后单据到达，即使单据有不符点，也无法拒付，因为正本提单必须要交一份给船公司，从而无法拒付退单。当货物到港后，进口商最好先到码头查看货物情况，确有需要再到银行申请办理提货担保。

对于海运航程较远的远洋运输，如需三四十天的航运时间，单据总是先到开证行，货物后达目的港。在这种情况下，如果进口商到银行申请提货担保，就属于反常情况，开证行需谨慎行事。开证行在签发提货担保书时，一定要确保全套正本提单通过银行系统传递。如果信用证条款规定出口商提交 2/3 套正本提单交单议付，开证行就不能再签发提货担保书，避免进口商凭提货担保书提货后，第三方凭流转于银行体系之外的正本提单向船公司再次要求提货所带来的损失。国际商会第 535 号出版物第 8 号案例就是这样一个例证。信用证规定提交的单据包括全套正本提单，出口商提交单据单证不符，只有副本提单。出口地议付行向开证行电提不符点，请求授权议付。开证行征得开证申请人同意后，接受副本提单交单议付。开证申请人到开证行办理了付款赎单手续，开证行借记进口商账户，偿付了议付行。几天后，进口商找到开证行，声称副本提单船公司不接受，无法提货，请求开证行出具提货担保书，开证行考虑到无正本提单确实无法提货，便签发了提货担保函（注意，开证行此时的业务办理有重大问题，因为其无法控制正本提单）。与此同时，出口商却把正本提单出售转让给第三方。第三方随即凭正本提单向船公司提货。船公司在收到该正本提单后，发现货物早已由进口商凭借开证行签发的提货担保书取走，于是被迫赔付了该第三方货款。随后船公司转向开证行要求赔偿，开证行最后赔付货款，而此时进口商早已逃之夭夭。在进口商的配合下，出口商骗取了两笔货款，即信用证项下的议付款和出售正本提单的对价款。

案例 9-7

进口商骗取提货担保欺诈案

某年 5 月 2 日，甲船公司所属某货轮在香港承运一批货物。货物装船后，甲船公司签发正本提单一式三份。提单载明托运人名称、收货人凭指示、被通知人乙公司名称、装货港香港、目的港珠海港以及相关货物信息。5 月 3 日，货物抵达珠海港，甲船公司通知乙公司提货。乙公司无法提供正本提单，甲船公司拒绝交付货物。5 月 9 日，乙公司向甲船公司出具一份银行印制的提货担保书。提货担保书在提取货物栏记载了信用证号码、货物名称、货物价值、装运日期以及船名等信息。在保证单位栏记载："上述货物为敝公司进口货物。倘若因敝公司未凭正本提单先行提货导致贵公司遭受任何损失，敝公司负责赔偿。敝公司收到上述提单后将立即交还贵公司换回此担保书。"乙公司盖章并由负责人签字。在银行签署栏记载"兹证明上述承诺之履行"，落款为丙银行，盖丙银行

案例分析及相关知识点

国际业务专用章。甲船公司接受了该提货担保书，并凭该担保将货物释放给乙公司。但乙公司提货后没有将正本提单交还船公司，提单最后被退给托运人。

次年4月6日，托运人持正本提单在香港法院以错误交货为由，对船公司提起诉讼，要求赔偿货价损失、利息和其他费用。香港法院判令甲船公司向托运人支付赔偿金并承担托运人所发生的律师费用。

船公司随后提示相应索赔单据向丙银行提出索赔，认为保函申请人乙公司于5月9日凭提货担保书提货后至今未将该项货物的正本提单交还，要求丙银行赔偿货款损失、利息及其他相关费用。丙银行审核相应单据后向甲船公司赔付，并向乙公司提出索赔。

第三节　国际保理业务

近年来，国际保理业务发展迅速，已成为一种应用日益广泛的金融方式。

一、国际保理业务的概念与主要内容

中国视角

国际保理业务的起源、发展与我国保理业务的发展情况

（一）国际保理的概念

国际保理（International Factoring）又称国际付款保理、国际保付代理或承购应收账款，是指出口商以赊销、承兑交单方式销售货物时，保理商买进出口商的应收账款，并向其提供资金融通、销售账户管理、应收账款回收、进口商资信评估及信用风险担保的一系列综合性金融服务方式。

从事该项服务的保理商一般需加入国际保理商联合会（Factors Chain International，FCI），其保理业务员均需通过FCI组织的保理考试，获得FCI颁发的合格证书。

（二）国际保理的服务内容

1. 出口贸易融资

出口保理商为出口商已出运的货物融通资金。保理商根据有关应收账款作出预付款安排或立即付款购买应收账款，使出口商能够及时获得所需要的营运资金。

2. 买方信用担保

保理商对进口商的债务进行核定，预先评估信用额度。在执行保理合同中，保理商要根据每一进口商的资信变化情况、收款考核实绩和出口商的业务需要，定期或经常为每个进口商核准或调整信用额度。凡在信用额度内的销售债权被称为已核准应收账款，超过信用额度的销售债权被称为未核准应收账款。保理商只对已核准应收账款提供买方信用担保服务，对因进口商无力支付而导致的坏账，保理商在已核准应收账款范围内承担赔偿责任。

3. 应收账款的代收和管理

在信用额度内赊销交易项下的应收账款，可委托保理商代收。保理商在合同规定期内收妥货款，扣除手续费后，交付出口商，也可按事先推算出来的平均结算天数，确定给出口商的付款日期。如果进口商因财务上无偿付能力而不能在到期日付款，保理商则承担偿付责任。所以这种方式使出口商能按期从保理商那里取得全部有保证的款项。必须注意的是，保理商代收应收账款中所提供的担保，仅针对财务风险，进口人不能付款的原因必须是财务方面无力偿还债务，包括进口人财务状况不佳或企业倒闭、破产而导致不能履行合同规定的付款义务。如果是由于货物质量低劣、数量短缺等原因引起争议，则应由买卖双方自己解决，保理商不予担保。

4. 出口销售账户管理

保理商在出口商的要求下，可承办出口商应收账款的会计工作，还包括递交清单给卖方和必要的查询工作。此外，保理商收到出口商提交的销售发票后，电脑中设立有关分户账，并输入必要信息和数据，实行电脑化自动处理，承担账务管理工作，诸如记账、催收、清算、计息、收费、统计报表以及打印账单等会计财务工作。

5. 进口商资信状况调查

在任何国际交易中，出口商最关心的就是进口商的资信，所有国际结算交易的最终目的还是为了收回货款，国际保理业务也不例外。在当前国际买方市场的大背景下，出口商在交易中处于不利地位，有时会被迫接受一些苛刻的支付条件。通过对进口商进行销售前的调查，出口商可以根据客户的资信状况制订相应的销售计划和必要的财务方案，有效防范贸易风险。一般情况下，出口商对进口商的资信调查较难做到全面准确。在国际保理业务中保理商将提供这方面的专业服务。由于各国保理公司一般都是FCI的会员，这使得保理商形成了国家间广泛的相互代理网络和有关咨询机构，同时各国保理公司也在国外设立了自己的分支机构和代理机构。这种国际组织机构布局，为保理商提供跨国的贸易资信调查提供了便利条件。

二、国际保理的业务行为

在国际保理业务中，经常发生如下业务行为：

（1）核准。进口保理商根据其对进口商资信状况的评估，向出口保理商承诺对受让的应收账款承担一定限额的坏账风险的行为。

（2）让渡。由出口商向出口保理商让渡应收账款的债权。

（3）融资。出口保理商根据出口商让渡给它的应收账款，在出口商的申请下，对其给予一定百分比的融资。

（4）再让渡。应收账款的受让人将应收账款让渡给另一个人的行为。例如出口保理商将出口商让渡的应收账款让渡给进口保理商，或进口保理商作出进一步的让渡。

（5）出具贷记通知。由于某种原因，出口商为表示同意减少收款金额而向进口商出具贷记通知书的行为。

三、国际保理的业务流程

（一）国际保理业务的当事人

在国际保理业务中，有如下主要当事人：

1. 出口商

出口商（Exporter）指提供货物或劳务，出具发票，向保理商委托其应收账款，申请叙做保理业务的当事人。

2. 进口商

进口商（Importer）是对提供货物或劳务所产生的应收账款负有付款责任的当事人。

3. 出口保理商

出口保理商（Exporter Factor）是对出口商的应收账款叙做保理业务的当事人。

4. 进口保理商

进口保理商（Importer Factor）是同意代收由出口商出具发票表示的并转让给出口保理商的应收账款，依照保理原则，对已承担风险的受让应收账款，有支付义务的当事人。

（二）国际保理业务的运作程序

下面以双保理模式为例，说明保理业务的运作程序，如图 9－7 所示。

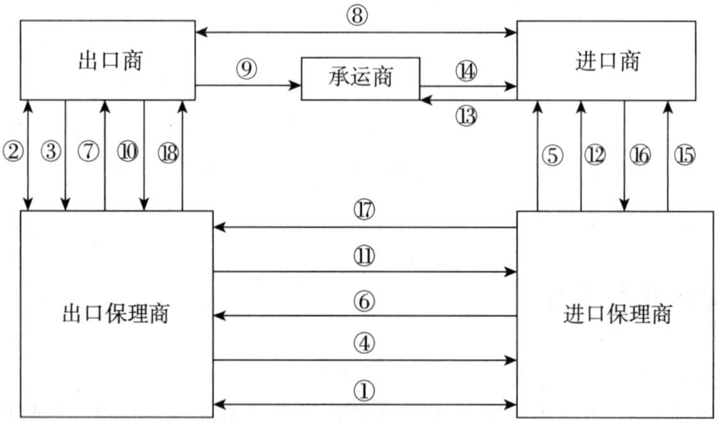

图 9－7　保理业务的运作程序

对图 9－7 的进一步解释如下：

①出口保理商与进口保理商之间的关系属于委托代理关系和应收账款转让关系，这种关系须经双方签订保理商代理合约加以确定。

②出口商与出口保理商订立出口保理业务协议。

③出口商申请与它交易的进口商信用额度。填写“信用额度申请表”并交给出口保理商。

④出口保理商将“信用额度申请表”传递给进口保理商。

⑤进口保理商对进口商进行信用评估，从而确定或批准进口商的信用额度。

⑥进口保理商将它对进口商核准的信用额度或拒绝核准信用额度通知出口保理商。

⑦出口保理商将进口保理商核准的进口商信用额度或拒绝核准信用额度通知出口商。

⑧出口商与进口商签订贸易合同，订明支付方式是 O/A、D/A 或其他类似方式。

⑨出口商按照合同装运日期发运货物。

⑩出口商填制“应收账款转让通知书”一式五联，并在应签字之处加上出口商签字，并交出口保理商。

倘若申请的信用额度全部遭到进口保理商拒绝，则此出口属于无信用额度担保的出口，进口保理商对于应收账款是否付款不承担责任。

⑪出口保理商签署“应收账款转让通知书”，并在发票上盖上“再让渡”印戳，表示出口保理商将该笔应收账款再转让给进口保理商。

出口保理商寄送给进口保理商的单据有 3 种情况：

a. 将应收账款转让通知书、全套单据（包括发票、提单、保险单等）寄给进口保理商。东南亚国家采用此法寄单。

b. 将应收账款转让通知书、发票副本寄给进口保理商。欧美多数国家采用此法寄单。

c. 建立 EDI 信息传输制度时，出口保理商将单据转为 EDI 信息传输给进口保理商。

⑫进口保理商将单据传送给进口商。

⑬进口商把提单交给进口地的承运代理人，要求提货。

⑭进口地承运代理人交付货物。

⑮进口保理商于付款到期日向进口商索取应收账款。如果进口商无力支付款项，按照《国际保理业务通用规则》规定，进口保理商应于到期日后 90 天对出口保理商支付应收账款（担保下的付款）加上迟付利息，其中利息部分还需加倍支付。

⑯进口商偿付款项，如果建立 EDI 信息传输制度，进口商用 EDI 发出支付信息。

⑰进口保理商通过银行将应收账款汇交出口保理商。如果建立 EDI 信息传输制度，进口保理商用 EDI 发出汇款信息。

⑱出口保理商将款项贷记出口商账户。如果出口商获得融资，则出口保理商应扣除预付本息，将余款贷记出口商账户。

四、国际保理的分类

（一）单保理和双保理

根据保理经营机制的不同，保理可以分为单保理和双保理。

1. 单保理

单保理是指只涉及一方保理商的国际保理，通常适用于进出口商双方中有一方没有保理商的情况，一般是在进口国所在地有保理商，而在出口国所在地没有保理商。

在单保理模式下，有时候也存在两个保理商，即进口保理商和出口保理商。虽然办理过程也是由两个保理商合作完成的，但是进口保理商只承担有限的保理服务项目，协助处理贸易纠纷，出口保理商也只负责业务监督、转账和融资。这种机制类似于双保理机制，只是在一定程度上限制了进口保理商的服务功能。这种模式与保理的规范操作是有差异的，目前实践中的单保理多为只有一个保理商的情况。

根据保理商是在进口国还是在出口国，单保理模式可以分为直接进口保理模式和直接出口保理模式。在直接进口保理模式下，通常是出口商直接与进口保理商签订保理协议，由其收取账款和提供坏账担保。这种模式简单直接，费用较低，但是出口商与进口保理商各在一方，如果语言沟通有困难，出口商的融资需求就难以被完全满足。在直接出口保理模式下，出口商与出口保理商签订保理协议，由其收取账款和提供坏账担保。这种保理模式也简单直接，费用较低，出口商与出口保理商在语言沟通、法律运用和商业习惯上没有障碍，出口商的融资需求容易被解读和满足。但是出口保理商面临的风险较大，它将面临两国债权转让方面的法律冲突、进口国可能出现的外汇管制以及了解进口方资信等方面的困难。

2. 双保理

双保理是涉及进出口双方保理商的业务模式。在这种模式下，出口商和出口保理商签订保理协议，将其对进口商的应收账款转让给出口保理商，出口保理商与进口保理商签订协议，向进口保理商转让有关的应收账款，委托进口保理商与进口商联系收款，同时由进口保理商提供坏账担保、债款催收和销售额度核定等。

双保理模式是目前世界上最流行的保理模式，它之所以颇受出口商的青睐，是因为此业务具有其独特优越性。对于出口商而言，它不需要了解进口商所在国的法律制度和交易习惯，它只需要和出口保理商商洽，就可以获得融资和坏账担保，而进口保理商因为与进口商身处一国，对其资信状况的了解更加便利，所作出的额度核定和融资抉择就能更好地规避风险。

（二）到期保理和融资保理

保理按是否提供融资来划分，可分为到期保理（Maturity Factoring）和融资保理（Financed Factoring）。

在到期保理业务中，保理公司根据供应商所通常给予对方的付款期限计算出平均到期日，也即平均预计收款日，并于平均到期日将应收账款的收购价款付给供应商。在融资保理业务中，保理公司一收到代表应收账款的销售发票，就立即以预付款方式提供不超过80%发票金额的无追索权融资，剩余20%的价款于货款收妥后再行清算。

案例 9－8

融资保理计算示例

案例分析及相关知识点

The exporter has obtained an export trade finance of advance payment effected by export factor on 1 June 2024 for 80% of the invoice amount. At maturity i. e. 21 July 2024, the importer paid full invoice amount Euro121 638.00 to the import factor who has credited the same to the account as designated by the export factor and send a credit advice to the latter. Suppose the interest rate is 7% per annum (360 days per year). Upon receipt of such credit advice, how much did the export factor credit to the exporter's account?

(三) 公开保理和隐蔽保理

根据供货商是否将保理业务通知给进口方，可分为公开保理（Disclosed Factoring）和隐蔽保理（Undisclosed Factoring）。

在前一业务中，供应商必须以书面形式将保理商的参与通知其所有客户，并指示它们将货款直接付给保理商。在后一种业务中，保理商的参与对外保密，货款仍旧直接付给供应商。至于融资与费用的清算，则在保理商与供应商之间直接进行。

(四) 无追索权保理和有追索权保理

按是否保留追索权来划分，可分为无追索权保理（Non-recourse Factoring）和有追索权保理（Recourse Factoring）。

保理商根据供应商所提供的客户名单进行资信调查，并为每个客户核定相应的信用额度。供应商在有关信用额度内的销售，因为已得到了保理商的核准，所以保理商对这部分应收账款的收购没有追索权。由于债务人资信问题所造成的呆账、坏账也由保理商承担。在有追索权保理业务中，保理商不负责为客户核定信用额度和提供坏账担保，仅提供包括融资在内的其他服务。如债务人因清偿能力不足而形成呆账、坏账，保理商有权向供应商追索。

案例 9－9

出口保理商扣划反索项下的融资款纠纷案

某出口商 A 出口一批货物给进口商 B，它授权当地的一家出口保理商 C 开展出口保理业务，出口保理商通过联系进口保理商为其提供了 8 万美元的信用额度核准，并很快与出口商签订了《出口保理业务协议》，在出口商提交了相应的发票后，出口保理商向其提供了 80%的信用额度的融资。

但是 10 天后，出口保理商却收到进口保理商发来的贸易纠纷的通知，告知它出口商年初以托收方式发给进口商的相同货物因存在严重质量问题并已经被当局没收，致使进口商已经付款的货物无法提货，与此同时进口商还随附了一张进口国的质量检验当局开立的证明书，因此进口商拒绝支付保理项下的该笔应收账款。出口保理商为了避免损失，很快将出口商账户上的款项重新划归自己的名下。出口商当时没有提出异议，而是寻求与进口商进行磋商，但是五个月后进口商因为经营不善而破产。

案例分析及相关知识点

此时出口商转而对出口保理商提出索赔，它认为出口保理商扣划保理项下的融资款项是不妥的。因为保理项下的货物并没有发生质量问题，出口保理商不能因为其他结算方式下的出口货物存在问题导致进口商没有提到货物就随便划拨本笔保理业务项下的资金。试分析出口保理商有无权利划转已经向出口商融通的资金。

（五）完全保理和部分保理

根据保理商提供的保理业务服务内容，可分为完全保理和部分保理。

完全保理是指保理商提供贸易融资、销售分户账管理、应收账款的催收和信用风险控制与坏账担保服务的保理。部分保理是指保理商向出口商仅提供贸易融资、销售分户账管理、应收账款的催收和信用风险控制与坏账担保中部分服务的保理。

第四节　福费廷业务

1965 年，经济合作与发展组织（OECD）开创了出口信贷业务，福费廷（Forfaiting）是其中的一种形式，主要在向东欧国家和发展中国家出口大型成套设备的贸易中采用，发展非常迅速。

一、福费廷业务的含义及特点

（一）福费廷的含义

福费廷（Forfaiting）这一专业术语来源于法语“à forfait”，在德语中是“forfaiterung”，在意大利语中是“forfeitzazione”，在西班牙语中是“forfetizacion”，这些词语都表示放弃权利及放弃追索。

根据《牛津金融与银行词典》的解释，福费廷是指为出口商提供一种贴现融资，在这种融资方式下，包买商以无追索权方式贴现出口商从进口商那里收到的本票、已承兑汇票和信用证等。融资期限一般为 1～3 年，出口商支付贴现成本后，可以无风险地立即收到货款。

目前银行界对福费廷的定义是，包买商（银行）从出口商那里无追索权地买断由开证行/承兑行承兑的信用证项下的汇票，同时收取利息和手续费，并将该承兑汇票持有到期或继续转卖，银行/包买商到期从开证行/承兑行/保兑行收回汇票金额的行为。简单来说，就是寄单行对经开证行承兑的跟单汇票进行无追索权的买断。

广义的福费廷业务是指银行或专业福费廷公司无追索权地从出口商那里买入由于出口商品而产生的应收账款或未到期债权。狭义的福费廷业务则专指办理福费廷业务的银行在远期信用证项下无追索权地买入开证行已经承兑的汇票或在延期信用证项下无追索权地买断开证行已经承付单据的业务。

福费廷业务分为自营福费廷和转卖福费廷。银行从出口商手中无追索权地买断票据后，持有票据到期，从开证行收回票面金额的情形属于自营福费廷。目前在我国境内大多数银行与海外银行签订了福费廷业务合作协议，可以拿到相对较低的费率，国内银行在买断应收账款后，会转卖给海外银行，以赚取买卖差价，同时加速资金的周转与收回，用收回的资金为下一步福费廷业务融资，这种业务为转卖福费廷。在转卖福费廷业务项下，国内银行被称为一级包买商，海外银行被称为二级包买商。两种福费廷业务都不占用出口商在银行的授信额度。自营福费廷会占用开证行或保兑行的代理行授信额度，转卖福费廷不占用代理行的授信额度。

（二）福费廷业务的特点

福费廷业务具有以下 6 个特点：

1. 福费廷业务有真实的贸易背景，其交易标的物是票据

福费廷业务是对进出口商的货物贸易提供的融资，票据的开立以真实国际贸易为背景，不涉及走私、毒品、军火等非正当交易。目前随着同业竞争的加剧和业务范围的普适推广，少部分国内贸易也进入了福费廷业务的范畴。在福费廷业务交易中，包买商关注的不是货物质量是否符合要求，而是票据是否为要素齐全、权利义务已经确定并已承兑的合格票据。

2. 福费廷业务中债权凭证的买卖无追索权

在福费廷业务项下，出口商取得包买商的资金时，需立即在票据上写明“无追索权”字样从而把与收款相关的一切事项，既包括收款的权利，也包括进口商的信用风险、担保风险、进口国国家风险、利率风险、汇率风险、应收账款账户管理和收款事宜，一并转嫁给了包买商。出口商放弃了对交易票据的一切权益，包买商也同时放弃了对出口商的任何追索，是一种买断行为。

3. 福费廷业务为期限较长的资本性商品交易提供了融资

福费廷业务主要集中于资本性商品的交易，其债权凭证的期限较长，一般情况下都在 18 个月以上，最长可达 10 年，一般以 5 年为多。福费廷业务的融资期限与资本性物资交易的付款期限基本一致。

4. 福费廷业务提供固定利率融资

福费廷业务的融资期限一般是中长期的，能满足出口商对融资期限的需求，而且融资利率固定，能够锁住利率成本，控制利率风险。

5. 福费廷业务需要进口方银行对债权凭证担保

福费廷业务中的债权凭证应有进口方所在地银行的担保。由于融资是无追索权的，除非进口商是政府机构及信誉卓越的大型跨国公司，叙做福费廷业务的票据必须有能够使包买商接受的银行的无条件、不可撤销担保。担保的形式可以是在票据上签章担保，也可以是出具保函。

6. 福费廷业务有债权凭证的二级流通市场

包买商买下出口商的债权凭证后可以在二级市场流通转让。通过在二级市场的交易，包买商将自身的风险转嫁给二级交易商，从而可以避免自身承担过重的资金负担，增加资金的流动性。

案例 9－10

福费廷促成商业交易案

中国A公司专业从事医疗诊断设备进出口业务。随着国内市场趋于饱和，公司必须尽快开发国际市场。公司计划在未来两到三年内，将海外的销售比重提高到40%。在开拓市场的过程中，A公司获悉×国有一家B公司对A公司的产品（一种遥控影像系统）有极大的需求。A公司与B公司进行了实际接触。B公司提出，由于其本身只是经销商，资金的占用量比较大，因此希望在结算方式上能够宽松一些，提出由×国当地的银行做担保，付款期限为两年。但是，从世界权威机构的调查来看，×国政府对那些没有经过国家有关法律直接保证的债务纠纷的处理，通常比较专断，也不重视国际惯例。×国银行国内担保执行情况较好，对向国外付款的担保多次出现争议。

出口商A公司想要获得这份订单，就必须面临两大问题：第一，×国的进口商没有能力通过当地银行融资解决资金问题。第二，×国现行的法律体系使进口商未来对国外付款的不确定性增强。出口商于是试图通过出口信用保险来规避风险，但是，中国进出口银行对×国的经济和政治状况以及长达两年的还款时间条件进行审核后，不同意做出口信用保险。条条道路走不通，难道眼睁睁看着如此宝贵的贸易机会流失？此时，一家中国的福费廷商获悉了这一情况，主动向A公司提出了一个方案：利用×国当地银行的担保，向A公司提供无追索权的全额融资。在福费廷商的帮助下，A公司终于顺利拿下了B公司的遥控影像系统大额订单。

案例分析及相关知识点

二、福费廷业务的操作流程

（一）福费廷业务的基本当事人

福费廷业务涉及的当事人主要有4个：（1）出口商，即提供商品或劳务并将应收票据出售的当事人。（2）进口商，即福费廷业务中的债务人，承担到期支付票据款项的主要责任。（3）包买商，即提供福费廷融资的银行或金融机构。如果业务金额庞大，单个包买商无力承担，可以联合数个包买商构成包买辛迪加，共同承做。（4）担保人，即为进口商的按期支付提供担保的当事人，通常是进口地的银行。

（二）福费廷业务的流程

福费廷的具体业务流程见图9－8。

福费廷业务的流程可以描述如下：

①出口合同的签订、福费廷协议的签订以及银行担保的申请。

如果进出口双方同意采用福费廷方式融资，则出口商应在合同协商早期就与包买商接触，要求后者提供承办包买票据融资的报价，包括贴现率、承担费率、对票据金额与

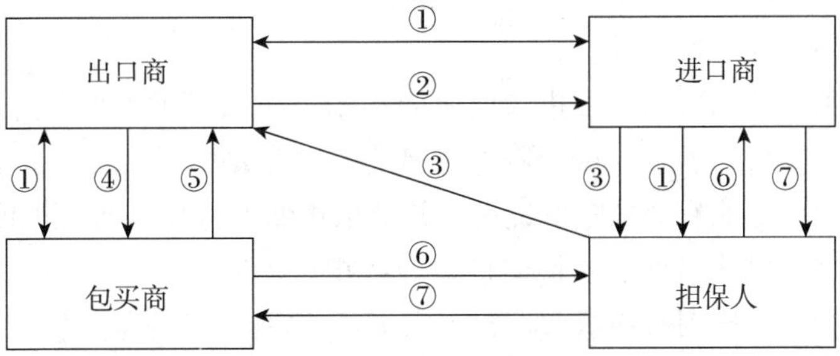

图 9-8　福费廷业务流程图

期限的要求以及对银行担保的要求，同时应向包买商介绍交易的有关内容供后者在决定报价时参考。出口商在收到包买商的报价后，应在选择期内回复包买商是否接受。因此出口商应尽快与进口商就货款（包括延付利息与融资成本在内）、支付方式、支付时间等达成协议。通常选择期的头 24 小时是不收费的，但若出口商迟于该免费期后回复，无论接受报价与否，都需支付选择费。选择期短则几天，最长可达 1 个月，但在汇率、利率剧烈波动时期，包买商为避免过大风险往往不给予选择期。

如果买卖双方同意报价，则买方应及时向担保行申请开立保函或提供票据保证，并将担保行情况通知出口商以便其转告包买商。如果银行同意担保，包买商亦认可该担保行，则进出口双方正式签订贸易合同，出口商与包买商签订包买票据协议。

②出口商发货，并将货运单据（连同汇票）寄给进口商。

如果合同规定买方应预付定金，或者买方有权留置部分合同尾款，则这两项金额不能叙做包买票据业务，因为卖方已收到定金，无须融资，而留置金的支取取决于卖方交货质量，包买商不能获得无条件的、不受争议的债权，故不能对其融资。扣除这两项金额后的净额才可以叙做包买票据业务。出口商按合同规定发货后，将全套货运单据寄给进口商，如果采用汇票作为支付工具，则出口商签发一系列具有不同到期日的汇票，一并交寄进口商要求承兑。

③进口商将承兑汇票或本票交担保行，获得担保后直接寄出口商。

进口商收到货运单据后审查合格，即承兑汇票，或按合同规定签发以出口商作为收款人的本票，交担保行，担保行可单独开出保函，也可以在每张票据上作背书保证，然后寄给出口商。另一种做法是出口商在签约后即开立汇票由买方承担，或由买方开出本票，交担保行背书保证或随付保函后寄往出口地某银行暂存代管。出口商发货后凭有效货运单据要求代管行代填汇票的承兑日期或本票的出票日期，然后连同保函交给出口商。

④出口商将合格的票据作“免除追索”背书后交包买商贴现。

出口商检查买方及担保人的签字的真实性与有效性，以确保票据和担保均有效，但很多情况下出口商都将这些工作委托给包买商办理。

⑤包买商贴现票据。

包买商收到出口商交来的票据及其他文件之后，必须准确审核其真实性与有效性。如果包买商无法审核某些签名，往往要求出口商或进口商的开户行证实，待证实之后才无追索权地买入票据。

⑥包买商将到期的票据经担保人向进口商提示。

⑦进口商经担保人支付票款。

每付一期款项，该期票据即被进口商收回注销。如果保函单独开立，则保函金额相应扣减，待全部票款付清后，保函金额亦扣减为零，自动失效。如果进口商拒付任一期票据，包买商应立即做成有效的拒绝证书，并要求担保人付款。如果担保人违约或破产、包买商无法收款，可以凭票据及担保向进口商或担保人起诉。如果由于不正当交易、无效票据、不合格担保等原因造成退票，包买商仍可考虑向出口商追索。

福费廷业务（包买票据）可以是无信用证项下的融资，也可以是远期信用证项下的业务。根据福费廷业务的特性，包买商从出口商那里购买的是进口商所在地银行所担保的远期汇票或本票。如果票据是出口商在信用证项下所出具，当单证相符、单单一致时，开证行的承兑就是进口商所在地的担保。所以大多数福费廷业务都是在信用证项下叙做的，而且都是对远期汇票无追索权的买断。当然，无信用证项下的融资在实务操作中也是存在的。①

案例 9－11

福费廷业务担保银行风险致损案

C银行与丙公司签订了包买票据协议。2022 年 10 月，C 银行收到 W 国 A 银行 R 国分行开来的 180 天远期信用证一份，受益人为该行客户丙公司，金额为 413 000 美元，信用证于 2022 年 11 月 25 日到期，装运期为 2022 年 11 月 15 日之前。2022 年 11 月 4 日，丙公司发货后，通过 C 银行将货运单据寄交开证行，以换取开证行 A 银行 R 国分行承兑的远期汇票。2022 年 12 月，丙公司将福费廷所需单据提交 C 银行卖断，包括“无追索权”背书的已经 A 银行担保承兑的承兑汇票。2023 年 3 月开证行 A 银行 R 国分行因 A 银行倒闭而停止营业，全部资金被 R 国政府冻结，致使 C 银行垫款无法收回，利益严重受损。

案例分析及相关知识点

第五节　国际贸易融资的创新——供应链融资与跨境贸易融资

一、供应链融资

传统的国际结算融资业务只关注业务所涉及的两端企业——出口商和进口商。在全

① 福费廷业务能否对即期汇票提供无追索权买断呢？实务领域的国际结算专家、中国银行辽宁省分行的姜学军在其编著的《国际结算》（第三版）“国际贸易结算中的融资”中曾提及，福费廷也可以是即期信用证项下的业务。如果严格比照福费廷业务的概念，这一做法是不成立的。中山大学梁琦编著的普通高等教育“十二五”国家级规划教材《国际结算》（第二版）“福费廷业务的操作”谈到票据类型时提及，绝大多数福费廷票据采用由收款人开具的以债务人为付款人并由债务人承兑的汇票形式，或者采用债务人开具的本票形式。陈岩、刘玲主编的《国际结算》中也指出，福费廷是对远期汇票无追索权的买断。

球化背景下，生产分工格局逐渐改变，从企业内部的产供销一条龙模式转化为不同企业间的专业分工，形成清晰的产业供应链不同节点各司其职，从而达到降低成本、提高效率的目的。对应此形势的发展，银行不再局限于向出口商和进口商提供单一的、割裂的贸易融资产品，而逐渐开始针对供应链全过程各个节点，提供综合的金融服务。

所谓供应链融资，是指银行借助核心企业的信用，通过掌控核心企业与上下游企业交易中产生的现金流，为核心企业及上下游各个企业提供包括融资在内的全面金融服务。在这种金融服务中，银行往往需要与保险公司、物流公司、电子商务平台等第三方机构开展合作，实现供应链中物流、资金流和信息流的有效融合，为供应链成员提供包括融资、交付结算等在内的全面服务。银行根据客户的具体需求"量体裁衣"，对融资中的担保方式和服务进行改造和组合运用，通过一套完整的方案帮助企业获得最佳效益。现对这类特色贸易金融产品中有代表性的几种介绍如下。

（一）应收账款池融资

应收账款池融资是指出口商将出口项下的应收账款批量转让给银行，银行对应收账款及回笼资金进行管理，并根据应收账款的流量给予客户综合性融资服务。应收账款池融资针对那些长期向国外多个固定的买家出口货物、出口收汇记录良好且保持有相对固定应收账款余额的中小企业提供。企业可以将因贸易形成的零星应收账款集合成"池"，整体转让给银行，凭以到银行办理开证、押汇。

贷款等多种融资业务无须提供额外抵押和担保。能够进入池内的应收账款，涵盖L/C、D/P、D/A和OA等多种结算方式。

随着"应收账款池融资"的升级发展，目前已有银行推出了"出口发票池融资"业务。升级后的"出口发票池融资"能获得更高的授信和变现额度。池产品还包括"出口退税池融资""票据池融资""国内保理池融资"等业务品种。该业务品种的推出，使银行不仅对应收账款提供了账款催收、期限管理等综合服务，改善了账款的收款情况，节约了企业的管理成本，而且盘活了企业的资金，加速了企业的资金流转。只要将应收账款保持在一定的余额之上，企业还可以在银行核定的授信额度内，批量或分次使用贷款，期限灵活，正常情况下无须担保，减少了企业对外部担保的依赖。

（二）出口退税贷款融资

出口退税贷款融资是指商业银行为解决企业出口退税款未能及时到账而出现的短期资金困难，在对企业出口退税账户进行托管的前提下，向出口商提供以出口退税款作为还款来源保证的短期流动资金贷款。在该融资项下，出口商不必提供额外抵押、保证，只需办理退税账户托管，即可取得银行融资；在合同期和最高限额内，额度可以循环使用，没有使用次数和累计金额的限制，融资金额最高可达出口退税应收款的90%，根据退税进度快慢，贷款期限可以灵活制定，贷款期限一般不超过两年。

申请出口退税融资贷款时，出口商要向银行提交"出口退税账户托管贷款额度申请书"、税务部门颁发的出口企业退税登记证、商务部门和税务部门年审通过的出口退税资料文本。通过额度审批后，根据核定的每笔退税贷款额，与银行签订借款合同，银行发放贷款，退税款入账后专项用于偿还贷款。

（三）现货融资

针对许多企业一方面货物周转量大，行情走俏，急需资金支持，另一方面除货物以外的其他担保品有限，无法从银行获得足够的授信额度的情况，有些银行推出了以货物作质押的融资业务，包括进口开证、押汇、汇出汇款融资和国内综合保险融资等。对银行来说，办理这种融资业务是在不动产抵押和第三方担保等传统手段之外的又一贷款保障，对企业来说，开辟了新的授信渠道，解决了中小企业融资难的问题，也有助于大企业维护客户和提高供应链整体竞争力。银行对作为质押物的货物有一定要求，目前大部分银行只接受金属类、能源类、化工产品及粮油等大宗货物，而且要有物流中的仓储公司负责仓储监督。中国银行的“融货达”就是这种融资方式，即为客户开辟新的“融”资渠道，帮助企业盘活了“货”物，减少对其他担保品的占用，促进企业发展，实现生意兴旺发“达”。

（四）仓单融资

仓单融资又称仓单质押融资，即申请人将其完全拥有物权的货物存放在商业银行所指定的仓储公司，并以仓储公司所出具的仓单在银行进行质押担保，银行据此向申请人提供的对仓单所属的同类货物的短期贸易融资。仓单融资一般适合于流通性较高的大宗货物，特别是具有一定国际市场规模的初级产品，如有色金属及原材料、黑色金属及原材料、煤炭、焦炭、橡胶、纸浆以及大豆、玉米等农产品。

当企业缺乏合适的固定资产作抵押，又难以找到合适的担保单位时，仓单融资可以缓解出口商流动资金短缺的问题。在仓单质押融资中，抵押货物的管理和控制十分重要。由于银行一般不具备对实物商品的专业管理能力，就需要选择有实力、信誉高的专业仓储公司进行合作。同时，银行要确认仓单是否为完全的物权凭证、银行在处理仓单时的合法地位及抵押物价值的评估问题。

（五）订单融资

订单融资是指在采用 D/A、D/P 或 T/T 结算方式时，出口地银行凭出口商提交的有效订单或贸易合同为其发放的短期资金融通，解决了出口商在组织出口货物的收购、加工、生产及运输等装船前环节的流动资金需求。

叙做订单融资时，进出口双方应具有真实的贸易背景，订单（合同）有效且内容清楚、明确。出口方资信状况良好，与买方保持长期良好业务往来，买方最好已获得中国信用保险公司为其核准的买方信用额度，在融资行认可的境外保理商处获得买方保理额度；出口商品应该标准化程度高，价格稳定，价格波动较大或属于鲜活易变质或易于产生贸易纠纷的商品不予办理。订单融资金额一般不超过订单金额的 80%，放款期限根据最迟交货期加上合理的收汇期限确定，原则上不超过 180 天，按实际融资天数计息。融资货币可以是本币，也可以是外币，融资形式包括贷款、开立银行承兑汇票和商业承兑汇票贴现。

（六）出口信用保险融资

出口信用保险融资是指出口商在中国出口信用保险公司或其他信用保险机构投保短期出口信用保险，并将赔款权益转让给银行后，银行向其提供出口贸易融资。在出口商发生责任范围内的损失时，中国出口信用保险公司或其他信用保险机构将根据相关规定按保险单规定理赔后，把应付给出口商的赔款直接支付给融资银行。

投保短期出口信用保险项下的融资非常便利，为众多从事短期一般出口贸易的企业，尤其是中小型企业，带来了巨大的好处。在传统融资模式下，许多企业往往因为不能满足银行的抵押担保条件，无法获得银行的融资授信或所获得的融资授信额不足，相比之下，信用保险项下的融资，使银行可以规避来自进口商的信用风险。贸易融资风险得以分散，收汇风险和贷款损失风险也随之降低。

出口信用保险融资具有很多优点。对银行而言，由于不再以融资客户的抵押、担保为融资的唯一保障，出口信用保险项下的融资业务促进了银行客户群的扩大，中国出口信用保险公司及其他信用保险机构与银行的合作力度加强，银行参与此项业务的积极性不断提高。对企业而言，出口信用保险融资可以提高出口企业在银行的融资授信额，有效解决企业的资金问题，扩大企业销售规模。

（七）风险参与

风险参与是指银行作为风险参与者参与国际结算及贸易融资项下全部或部分债务人的信用风险。根据银行是否融资，分为融资性风险参与和非融资性风险参与。融资性风险参与是指银行在参与风险的同时支付风险参与的款项，非融资性风险参与是指银行不进行融资，如果债务人到期不履行付款义务，银行将按风险参与的比例支付相应的债权款项。

该业务类似于银团贷款中的风险分散机制。由于多家银行的参与，大额的国际贸易融资业务得以顺利进行。风险参与涵盖的业务较多，福费廷、信用证、T/T 汇款、D/A 托收及国内信用证项下的偿付融资、信用证保兑、转开保函、出口信用保险融资、银行承兑汇票项下都可以使用。

二、跨境贸易融资

跨境贸易融资是指在宏观审慎管理框架下银行对境内进出口商提供的与跨境贸易相关的融资或信用便利。银行可充分发挥自身网络布局、产品等优势为进出口企业提供 T/T 融资、押汇、贴现、预付款融资、订单融资等多种形式的国际贸易融资。

（一）进口 T/T 融资

进口 T/T 融资是指银行在货到付款或新型离岸国际贸易项下，应付款申请人的要求，在审核其汇款业务依法合规，并落实合法有效的担保或抵押后，为其办理融资并代办对外付款的行为。

示例 9-1（见图 9-9）：C 企业主要生产、销售通信零件、电线等电子元器件，其业务模式为通过进口方式采购原材料，在境内生产加工，而后将产成品出口销售至境外。2024 年 5 月，C 企业向合作银行 G 提出拟办理进口 T/T 融资需求，并希望银行给予优惠的融资价格。为帮助企业降低综合成本，G 银行一方面充分发挥境内外联动优势，通过引入海外低成本人民币资金成功帮助企业降低融资成本；另一方面提高审批效率，优化线上汇款业务功能，简化汇款手续和汇款单据，减免企业跨境人民币汇款手续费，使得企业实现足不出户即可快速办理跨境人民币汇款。G 银行的进口 T/T 融资服务有效满足了企业的经营周转资金需求，发挥了跨境人民币服务实体经济的作用。

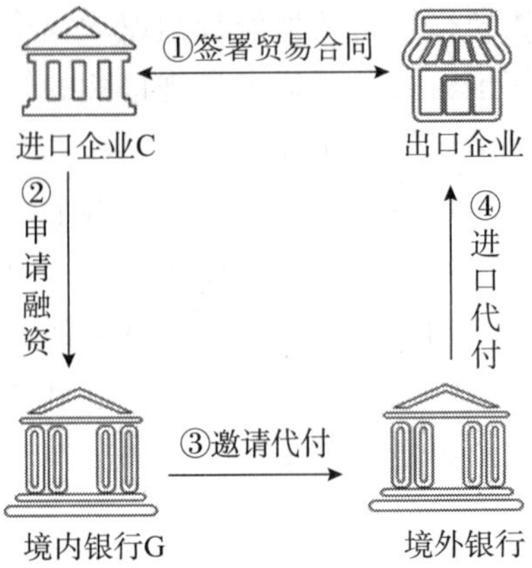

图 9-9　进口 T/T 融资业务流程图

（二）进口代收押汇

进口代收押汇是指银行应代收付款人要求，与其达成进口代收项下单据及货物所有权归银行所有的协议后，银行以信托收据的方式向其释放单据并先行对外付款的行为。

示例 9-2（见图 9-10）：境内某进口企业 C 因业务需要，拟向一家位于奥地利的企业 V 购买一批他国产商品。出于对国际局势的担忧，C 企业与 V 企业协商通过非美元币种结算，故 C 企业向 G 银行寻求相应结算及融资方案。G 银行审核 C 企业的贸易背景后，确认相关结算及融资业务风险可控，符合 G 银行准入要求，于是向企业推荐通过跨境人民币进口代收业务开展贸易结算，并配套办理进口押汇海外代付业务。G 银行发挥网络布局优势，运用海外配置资金压降企业融资成本，获得企业的高度认可。

（三）出口信用证押汇与贴现

出口信用证押汇是指客户将出口信用证项下的全套单据/票据（包括即期单据和远期未承兑单据）项下的款项让渡给银行，并应银行要求向其提供认可的担保措施后，由银行对客户所提交的出口单据/票据进行有追索权融资的行为。

出口贴现是指银行有追索权地对出口信用证项下已经承兑/承诺付款的远期单据进行的融资行为。

示例 9-3（见图 9-11）：A 企业是国内一家润滑油生产商，产品出口欧洲、美国、东南亚、中东等国家和地区。2021 年 4 月，A 企业和新加坡 B 企业签署润滑油销售合同，双方商定以人民币远期信用证为结算方式。2021 年 5 月，新加坡 Y 银行接受 B 企业的申请向 G 银行开出人民币远期信用证，由 G 银行通知 A 企业。2021 年 6 月，A 企业通过 G 银行向 Y 银行交单。因 A 企业大力拓展海外市场，当时资金链较为紧张，所以在收到 Y 银行承兑报文后向 G 银行提出融资申请。开证行 Y 信用良好且在 G 银行核定有金融机构授信额度，故 G 银行采用全额占用 Y 银行授信额度的方式为 A 企业叙做人民币信用证项下贴现融资。该服务方案解决了以远期信用证结算并有融资需求的出口企业的融资需求，并为客户规避了远期收汇带来的汇率、商业、国别等风险，有效改善了企业的现金流。

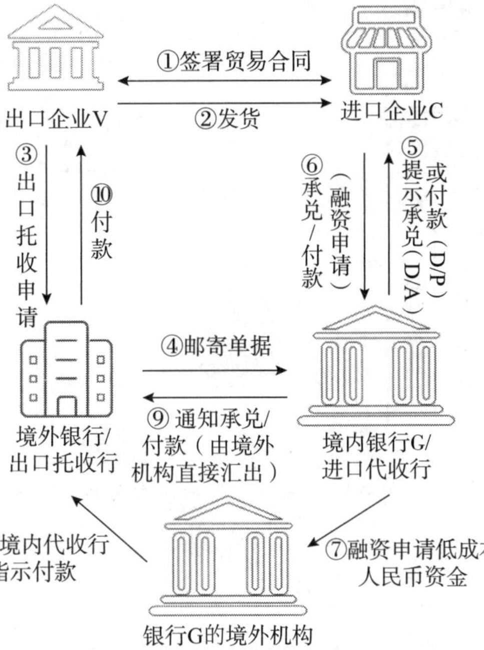

图 9－10 进口代收押汇业务流程图

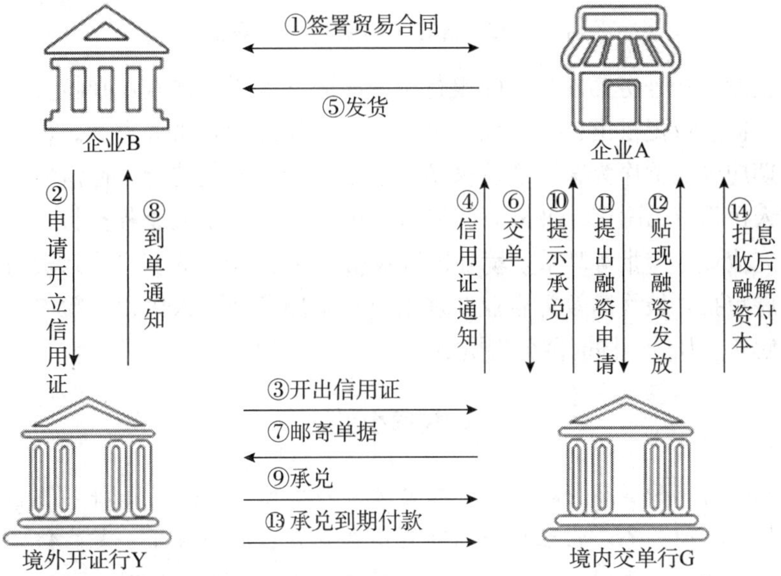

图 9－11 出口信用证押汇与贴现业务流程图

（四）出口订单融资

出口订单融资是指在国际贸易中，银行凭出口商提供的有效贸易订单，以该订单项下的预期应收账款作为第一还款来源，向出口商提供的贸易融资业务。

示例 9－4（见图 9－12）：企业 P 是一家专业从事智能升降办公桌研发、制造和销售的中小企业，经过多年的市场拓展，其在东南亚、欧盟等地市场影响力逐渐提升。2022 年 6 月，企业 P 与海外企业 A 达成智能升降桌销售合同。因企业采购原材料需要资金，特向银行提出出口订单融资需求。

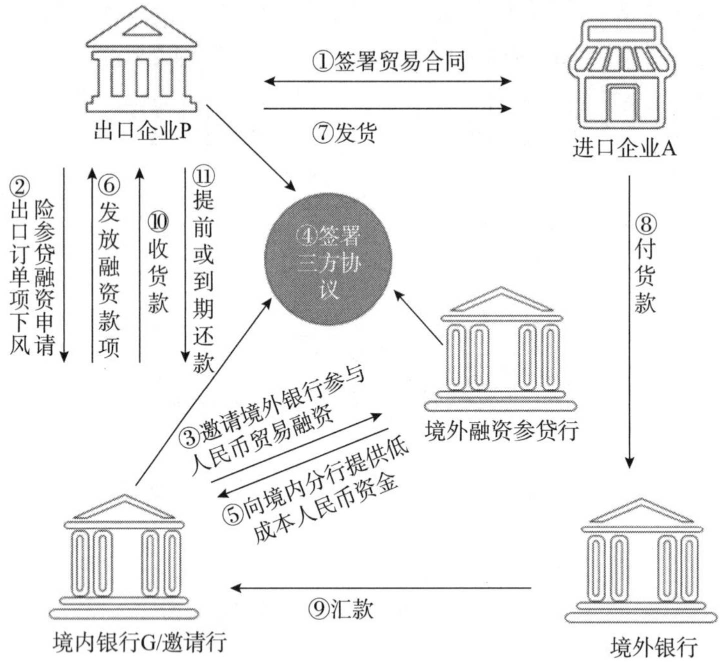

图 9－12　出口订单融资业务流程图

在获悉企业 P 的业务需求后，G 银行第一时间开展尽职调查，在核实相关贸易背景真实合规后，向企业提供出口订单融资项下人民币风险参贷服务方案。该方案以相关订单项下的预期应收账款作为第一还款来源，主办银行作为邀请行，邀请境外银行参与为出口商提供人民币贸易融资。此外，G 银行协助企业整理相关业务资料，签订风险参贷三方协议，完成业务审批等环节，境外银行根据 G 银行提供的客户背景资料和相关业务资料同步开展审批，最终高效为企业办理出口订单融资项下人民币风险参贷业务，有效帮助企业缓解资金压力，同时降低融资成本。

本章小结

国际结算作为一种国际金融活动，在金融实践中已不再仅是一种单纯的资金清偿与结算的商业银行中间业务，它已经与国际贸易融资紧密联系在了一起。狭义的国际贸易融资是银行为进出口商办理汇款、托收和信用证项下的结算业务时，对进口商和出口商提供的与结算有关的短期或长期的融资便利。广义的国际贸易融资则是外汇银行对进口商和出口商提供的与进出口贸易结算有关的一切融资活动，包括在狭义国际贸易融资基础上产生的各种结构性融资创新等。

传统的出口贸易融资分为装运前和装运后贸易融资。打包贷款属于装运前出口贸易融资。出口押汇、商业发票贴现、保理和福费廷则是对出口商的装运后融资。对于应收账款的管理和利用已经成为出口商装运后融资的重要创新领域。对进口商的融资则包括开证授信、假远期信用证、信托收据、进口押汇、提货担保等融资产品。其中假远期信用证有效利用了银行给予的资金融通，促进了转口贸易的发展及科学合理的付款时间安排。信托收据业务有效解决了在D/P远期付款条件下货物到港而单据未到不能提货的尴尬。进口押汇有效缓解了进口商无力赎单的困境，销售货物所获得资金再用于归还进口押汇款项。银行在办理提货担保业务时，一定要确保全套正本提单通过银行系统传递，避免船公司在凭担保放货后又见正本提单的问题。

由于传统的进出口贸易融资工具无法满足高风险地区特别是与贸易体制不成熟、不健全的新兴市场和发展中国家之间的贸易需要，国际贸易融资的创新产品——供应链融资逐步发展壮大。目前各家银行开发了应收账款池融资、出口退税贷款融资、现货融资、仓单融资、订单融资、出口信用保险融资及风险参与等业务品种，更好地满足了进出口商，特别是资信状况良好、有固定贸易往来客户和应收账款余额的中小企业的融资需求。

关键术语

广义国际贸易融资	狭义国际贸易融资	打包贷款	出口押汇
票据贴现	保理	福费廷	授信额度
假远期信用证	信托收据	进口押汇	提货担保
供应链融资	出口退税贷款融资	仓单融资	订单融资
现货融资	出口信用保险融资	风险参与	应收账款池融资
出口发票池融资			

本章思考题

1. 传统的出口贸易融资方式有哪些？如何进行分类？
2. 请简述福费廷业务的一般操作流程。
3. 国际保理业务有哪些基本当事人？请以双保理业务模式为例描述国际保理业务的操作流程。
4. 什么是出口押汇？出口押汇等于议付吗？为什么？
5. 传统的进口贸易融资方式有哪些？如何进行分类？
6. 假远期信用证“假”在何处？它在哪些交易条件下会被频繁使用？
7. 进口押汇业务的操作流程是什么？
8. 信托收据和提货担保业务有何异同？

9. 进口商办理提货担保业务的风险何在？开证行在哪些情况下应拒绝进口商的提货担保申请？

拓展阅读

福费廷业务的起源与发展

如何用好出口贴现

第十章
跨境电子商务的支付与结算

◎ 学习目标

- 掌握跨境电子商务支付与结算的主要方式及平台；
- 熟悉跨境电子商务支付与结算的流程，尤其是跨境人民币结算流程；
- 了解跨境人民币结算的四种模式及其具体流程；
- 了解主要结算方式在跨境贸易结算中的应用。

跨境电子商务是指分属不同关境的交易主体，通过电子商务平台达成交易、进行支付结算，并通过跨境物流送达商品、完成交易的一种国际商业活动。

第一节　跨境电子商务的支付与结算概述

一、跨境电子商务的支付与结算的概念

跨境电子商务的支付与结算是指两个或两个以上国家或者地区之间因国际贸易、国际投资及其他方面所发生的国际债权债务，借助一定的结算工具和支付系统进行清算，实现资金跨国和跨地区转移的行为。例如，中国消费者在网上购买国外商家产品或国外消费者购买中国商家产品时，由于各国使用币种不同，就需要通过一定的结算工具和支付系统实现两个国家或地区之间的资金转换，最终完成交易。

跨境电子商务的支付与结算的特点：

（1）产生的原因是由国际经济活动而引起的债权债务关系。

（2）主体是国际经济活动中的当事人。

（3）是以一定的工具进行支付的。

（4）是以一定的支付方式来保障交易的安全。

（5）收付双方通常处在不同的货币圈，是异地结算中的特殊情况。

（6）由于收付双方处在不同的法律制度下，受到相关法律的限制，不能把一方的通行情况施之于对方，而只能采用国际结算的统一惯例作为准则，协调双方之间的关系，并相互约束。

（7）必须以收付双方都能接受的货币为支付结算货币，为了支付方便和安全，一般采用国际通行的结算货币，如美元、欧元、英镑等，特殊情况也有例外。

（8）主要以银行为中间人进行支付结算，以确保支付过程安全、快捷、准确、保险及便利。

（9）由于一般以不同于支付双方本国（或本地区）的货币为支付结算货币，所以结算过程有一定的汇兑风险。

二、跨境电子商务支付与结算的主要方式及平台

跨境电商的业务模式不同，采用的支付与结算方式也存在差异。跨境电商支付与结算业务包括跨境出口收入结汇与跨境进口支付购汇。从支付资金的流向来看，我国跨境电商出口业务涉及跨境出口收入结汇，其结汇途径主要包括第三方收结汇、通过国内银行汇款、以结汇或个人名义拆分结汇流入等。我国跨境电商进口业务涉及跨境进口支付购汇，购汇途径一般有第三方购汇支付、境外电商接受人民币支付、通过国内银行购汇汇出等。

从目前来看，跨境电商用户使用在线跨境电商支付与结算方式较多。具体来说，跨境电商支付与结算方式主要包括商业银行支付、专业汇款公司支付以及第三方支付。

（一）商业银行支付

以中国跨境电子商务收汇支付为例，境外消费者通过浏览电子商务平台，挑选到自己中意的产品后，进行下单，完成付款后，境内商家再通过国际快递发货。如果选择商业银行来完成线下支付，需要境外消费者去银行柜台，通过传统的国际结算方式（比如汇款、托收和信用证）来完成支付。托收方式基于商业信用，适用于交易金额大、信誉良好的老客户之间；信用证方式是传统的国际贸易活动结算方式，基于银行信用，银行收费较高，手续烦琐，适用于传统大额货物进出口。上述两种方式极少使用，一般使用汇款方式，且使用电汇。消费者根据商家的要求去银行柜台购汇，填写电汇申请书，委托本地银行将订单金额汇给商家指定账户，对汇款金额和汇款人身份是没有限制的，与托收和信用证相比较，操作更简单，结算速度快很多。商业银行电汇的主要特征及使用范围见表 10-1。

表 10-1 商业银行电汇的主要特征及使用范围

电汇费用	根据银行的实际费率计算。各自承担所在地的银行费用，买家公司的银行收取手续费，由买家承担；卖家公司的银行收取手续费，由卖家承担
电汇优点	收款迅速，几分钟到账；先付款后发货，保证卖家利益不受损
电汇缺点	先付款后发货，容易造成买家的不信任；客户群体小，限制商家的交易量；数额比较大的，手续费高
适用范围	电汇是传统的大宗 B2B 付款模式，适合大额的交易付款

（二）专业汇款公司支付

专业汇款公司主要有西联公司、速汇金公司以及香港离岸公司等。

专业汇款公司支付的特点是线下网点多，办理方便，到账快，10～15 分钟即可完成，但是手续费较高，比较合适 1 万美元以下的小额支付。表 10-2 为各专业汇款公司的特点及适用范围。

表 10-2 各专业汇款公司的特点及适用范围

公司名称	费用	优点	缺点	适用范围
西联公司	收款人不需要支付任何费用，汇款人需要按照汇款金额的一定比例支付手续费。如有其他额外要求，则加收附加服务费。 该支付方式需要买卖双方到当地银行实地操作。在卖家未领取钱款时，买家可以将支付的资金撤回	手续费由买家承担；可以先领款再发货，安全性好，对于卖家来说最划算；到账速度快	对于买家来说风险极高，买家不易接受；买家和卖家需要去西联线下柜台操作，相对麻烦；手续费较高	适合 1 万美元以下的小额支付
速汇金公司	单笔速汇金最高汇款金额不得超过 1 万美元（不含），汇款至银联卡的每笔汇款金额上限为 5 000 美元	速汇金汇款在汇出后十几分钟即可到达收款人手中；在一定的汇款金额内，汇款的费用相对较低，无中间行费，无电报费；手续简单，汇款人无须选择复杂的汇款路径，收款人无须预先开立银行账户，即可实现资金划转	汇款人及收款人均为个人；必须为境外汇款；通过速汇金进行境外汇款的，必须符合国家外汇管理局对于个人外汇汇款的相关规定；客户如持现钞账户汇款，还需交纳一定的钞变汇的手续费	适用于海外留学、旅游、考察、工作人员，亦适用于年汇款金额不超过 50 000 美元的中等交易付款
香港离岸公司	不同银行的开户、转入和转出（分为网银、非网银转出）费用标准不同，以银行公布标准为准	接收电汇无额度限制，而中国内地银行受 5 万美元的年汇额度限制；不同货币可随意自由兑换	中国香港银行账户的钱需要转到中国内地账户，较为麻烦；部分客户选择地下钱庄的方式，有资金风险和法律风险	传统外贸及跨境电子商务都适用，适合已有一定交易规模的卖家

（三）第三方支付

1. 第三方支付的产生

为迎合同步交换的市场需求，第三方支付应运而生。第三方是买卖双方在缺乏信用保障或法律支持的情况下的资金支付“中间平台”。在银行的直接支付环节中增加中介环节，在通过第三方支付平台进行交易时，买方选购商品，款项不是直接打给卖方而是付给中介，中介通知卖家发货；买方收到商品后，通知付款，中介将款项转至卖家账户。其运作实质是在收付款人之间设立中间过渡账户，使汇转款项实现可控性停顿，只有双方意见达成一致才能决定资金去向。第三方承担中介保管及监督的职能，并不承担风险，所以确切地说，第三方支付机构履行支付托管行为，通过支付托管实现支付保证。

2. 第三方支付的定义及特点

第三方支付是指有一定实力和信誉保障的机构作为提供商通过互联网技术在商家和银行之间建立有效连接，从而促成交易双方进行交易的网络支付模式。

第三方支付的优点：

（1）对商家而言，可规避无法收到客户货款的风险，为客户提供多样化的支付工具。

（2）对客户而言，可规避无法收到货物的风险；货物滞留在一定程度上也有了保障，增强了客户网上交易的信心。

（3）对银行而言，节省了为大量中小企业提供网关接口的开发和维护费用。

第三方支付的缺点：

（1）风险问题：可能存在资金安全和支付的风险；可能为非法转移资金和套现提供便利，形成潜在的金融风险。

（2）经营资格的认证、保护和发展问题：银行将以牌照的形式提高门槛，重点是第三方支付公司能否拿到第三方支付业务牌照。

（3）恶性竞争问题：支付网关模式容易造成市场严重同质化，也挑起了支付公司之间激烈的价格战，惯用的价格营销策略将让电子支付行业利润被摊薄。

3. 中国第三方支付机构跨境支付牌照

跨境支付牌照是由国家外汇管理局发放给支付机构的一种凭证，这种凭证就是允许支付机构进行跨境电子商务外汇支付业务的一种许可证明。中国获得跨境支付牌照的第三方支付机构如表 10－3 所示。

表 10－3　中国获得跨境支付牌照的第三方支付机构

地区	第三方支付机构
北京	易宝支付、钱袋宝、银盈通、爱农驿站、首信易支付、拉卡拉、资和信、网银在线、联动优势、北京银联商务
上海	汇付天下、快钱、环迅支付、富友、盛付通、银联在线、通联支付、东方付通

续表

地区	第三方支付机构
浙江	支付宝、连连支付、贝付、网易宝
深圳	钱宝、财付通
重庆	易极付
江苏	易付宝
海南	NewPay
四川	摩宝支付

（四）国内跨境电商的主流支付与结算平台

我国普遍的跨境电商支付与结算方式有银行电汇、专业汇款公司支付和第三方支付。其中，银行电汇与专业汇款公司支付安全性较高，但时间效率性较低，且费用较为昂贵。由于第三方支付不仅方便、快捷、高频，且费率较低，能满足大多数交易需求，因而越来越多的跨境商家选择第三方支付。

三、跨境电子商务支付与结算的流程

这里主要介绍跨境出口收入人民币结汇流程和跨境进口支付购汇流程以及中国第三方支付业务流程。

（一）跨境出口收入人民币结汇流程

1. 先出口后收款跨境贸易人民币支付与结算流程（见图 10－1）

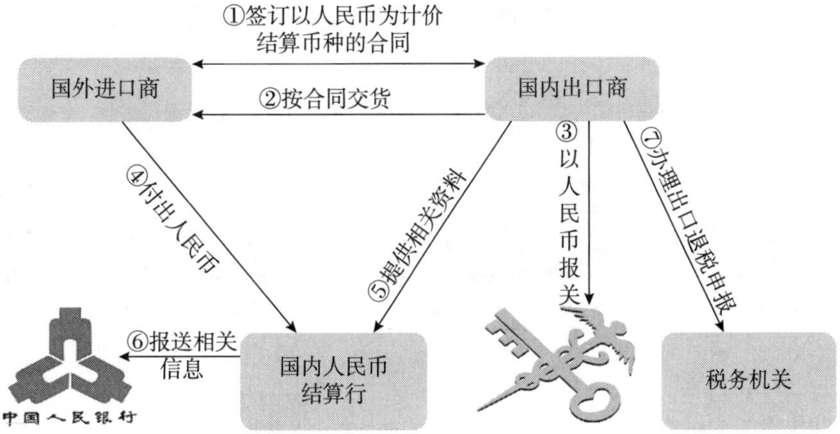

图 10－1　先出口后收款跨境贸易人民币支付与结算流程

2. 先收款后出口跨境贸易人民币支付与结算流程（见图 10－2）

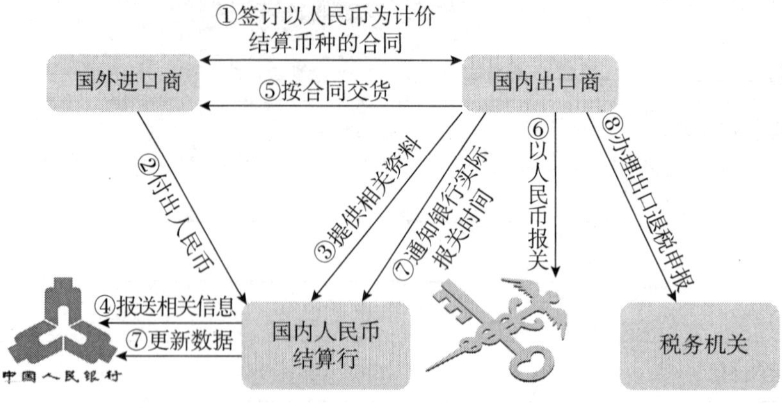

图 10－2 先收款后出口跨境贸易人民币支付与结算流程

（二）跨境进口支付购汇流程（见图 10－3）

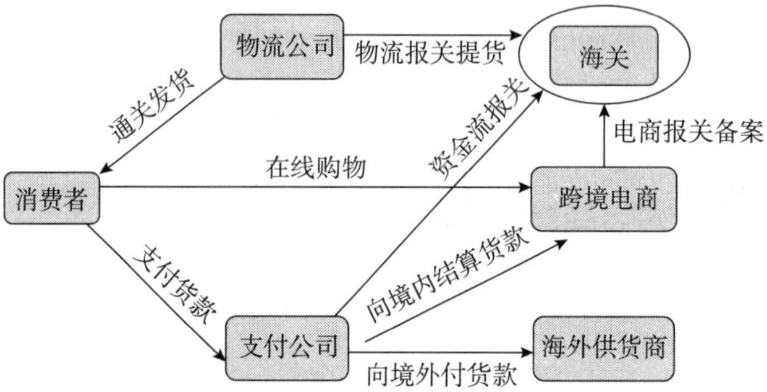

图 10－3 跨境进口支付购汇流程

（三）中国第三方支付业务流程

1. 进口跨境电商平台第三方支付机构购付汇业务流程（见图 10－4）

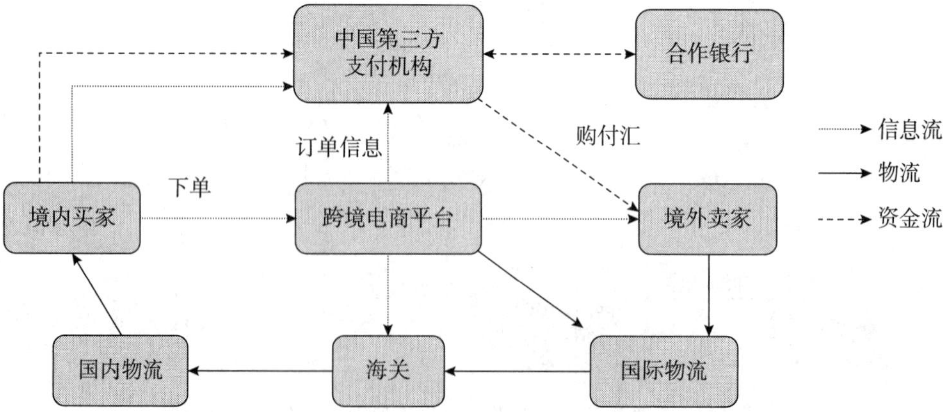

图 10－4 进口跨境电商平台第三方支付机构购付汇业务流程

2. 出口跨境电商平台第三方支付机构收结汇业务流程（见图 10－5）

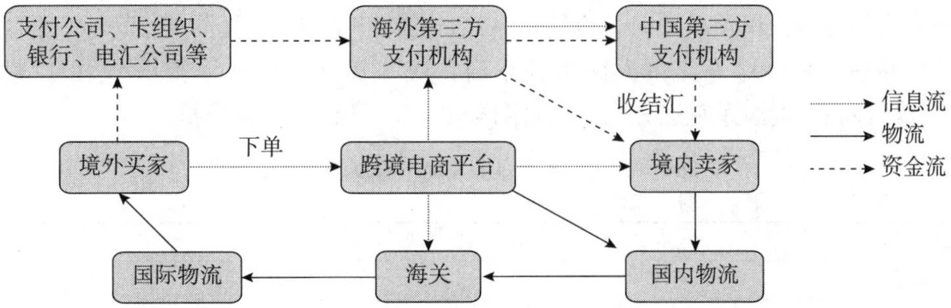

图 10－5　出口跨境电商平台第三方支付机构收结汇业务流程

第二节　跨境人民币结算

一、跨境人民币结算概述

（一）跨境人民币结算的定义

所谓跨境人民币结算，是指以人民币进行跨境贸易和投资的结算。凡依法可以使用外汇结算的跨境交易企业都可以使用人民币结算。

形势与政策

跨境贸易人民币结算试点管理办法

（二）跨境人民币结算的优势

（1）有效规避汇率风险；

（2）减少汇兑环节，节省汇兑成本；

（3）经常项目下结算无须额外开立人民币结算账户；

（4）加快资金结算速度，增加资金收益；

（5）扩大融资渠道，降低融资成本。

中国视角

央行数字货币跨境支付系统：模式、风险及其治理之探

二、跨境人民币结算流程

（一）收付功能激活

企业办理跨境人民币收付款前，需在任意开户银行激活跨境人民币收付功能。

（二）收付款

企业办理跨境贸易人民币收付时，应向银行提交《跨境业务人民币结算收款/付款说明》（见附样 10－1、附样 10－2）及贸易真实性背景材料（如需）。

（三）申报

企业收到跨境人民币款项时，应填写《涉外收入申报单》（见附样 10－3）并于 5 个工作日内办理申报；对外支付人民币款项时，应在提交《境外汇款申请书》（见附样 10－4）或《对外付款/承兑通知书》（见附样 10－5）的同时办理申报。

附样 10－1 跨境业务人民币结算收款说明

填表日期： 年 月 日 编号：

<table>
<tr><td colspan="3">收款企业名称：</td><td>统一社会信用代码：</td></tr>
<tr><td colspan="3">收款金额合计： 元</td><td>收款日期： 年 月 日</td></tr>
<tr><td colspan="4">货物贸易金额： 元</td></tr>
<tr><td colspan="2">预收货款项下： 元</td><td>占合同金额比例： %</td><td>预计 天后报关（结账期）</td></tr>
<tr><td rowspan="7">已报关</td><td colspan="3">报关经营单位名称： 组织机构代码：</td></tr>
<tr><td colspan="3">出口日期：1. 年 月 日 2. 年 月 日 3. 年 月 日</td></tr>
<tr><td>外币报关</td><td colspan="2">报关单号 1：
报关单号 3：
报关单号 5：</td><td>报关单号 2：
报关单号 4：
报关单号 6：</td></tr>
<tr><td rowspan="3">人民币报关</td><td>一般贸易： 元</td><td colspan="2">进料加工贸易： 元</td></tr>
<tr><td colspan="3">来料加工贸易： 元 实际收款占报关金额比例： %</td></tr>
<tr><td>边境贸易： 元
报关单号 1：
报关单号 2：
报关单号 3：</td><td colspan="2">其他贸易： 元
报关单号 1：
报关单号 2：
报关单号 3：</td></tr>
<tr><td colspan="3"></td></tr>
<tr><td colspan="3">无货物报关项下： 元</td><td>退（赔）款： 元</td></tr>
<tr><td colspan="3">服务贸易金额： 元</td><td>交易合同号：</td></tr>
<tr><td colspan="3">直接投资金额： 元</td><td>批准证书号：</td></tr>
<tr><td colspan="3">间接投资金额： 元</td><td>批准证书号：</td></tr>
<tr><td colspan="3">其他投资金额： 元</td><td>批准证书号：</td></tr>
<tr><td colspan="3">收益与经常转移金额： 元</td><td>交易合同号：</td></tr>
<tr><td colspan="3">资本转移及非生产、非金融资产收买/放弃： 元</td><td>交易合同号：</td></tr>
<tr><td colspan="4">备注：</td></tr>
<tr><td colspan="4">本企业申明：本表所填内容真实无误。如有虚假，视为违反跨境贸易人民币结算管理规定，将承担相应后果。</td></tr>
</table>

公章或财务专用章 填报人： 联系方式：

填表说明：

1. 存在多个出口日期或报关单号时，可附表加以说明。
2. 一般贸易：指海关监管贸易方式为“0110”的贸易类型。
3. 来料加工贸易：指海关监管贸易方式为“0214 来料加工”和“0 来料深加工”。
4. 进料加工贸易：指海关监管贸易方式为“0615 进料对口”“0654 进料深加工”“0664 进料料件复出”“0700 进料料件退换”“0715 进料非对口”“0864 进料边角料复出”。
5. 边境贸易：指根据国家相关规定在指定口岸与毗邻国家之间开展的货物贸易。
6. 其他贸易：指海关监管贸易方式为“0130 易货贸易”“0513 补偿贸易”“0 货样广告品 A”“3422 对外承包进口”“3910 有权军事装备”“3939 无权军事装备”“4019 边境小额”“4039 对台小额”“1 退运货物”“1110 对台贸易”“1215 保税工厂”“1427 出料加工”“1500 租赁不满一年”“1523 租赁贸易”“1616 寄售代销”。
7. 无货物报关：指未达到海关规定申报金额的邮寄进口或从境外付款但境内交货等方式。

附样 10-2 跨境业务人民币结算付款说明

付款日期： 年 月 日

付款人名称：		统一社会信用代码（身份证件号码）：	
付款金额合计： 元			
货物贸易金额： 元			
预付货款项下： 元		占合同金额比例： %	预计 天后报关（结账期）
外币报关：折 元		贸易类型：①一般贸易；②进料加工；③来料加工；④其他贸易；⑤边境贸易	
已	报关经营单位名称：	组织机构代码：	
	一般贸易项下： 元	进料加工贸易项下： 元	
报	来料加工贸易项下： 元	实际付款比例： %	
	其他贸易项下： 元		
关	边境贸易项下： 元		
无货物报关项下： 元			
服务贸易金额： 元			
国际收支编码：			
直接投资金额： 元			
国际收支编码：		批准证书号：	
证券投资金额： 元			
国际收支编码：			
其他投资金额： 元			
国际收支编码：			
收益与经常转移金额： 元			
国际收支编码：		批准证书号（仅 302011 项下填报）：	
资本账户金额： 元			
国际收支编码：			
备注：			
本企业申明：本表所填内容真实无误。如有虚假，视为违反跨境人民币结算管理规定，将承担相应后果。			

单位公章或财务专用章 填报人： 联系电话：

填表说明：

1. 一般贸易：指海关监管贸易方式为“0110 一般贸易”的贸易类型。

2. 来料加工贸易：指海关监管贸易方式为“0245 来料料件内销”“0345 来料成品减免”“0845 来料边角料内销”。

3. 进料加工贸易：指海关监管贸易方式为“0615 进料对口”“0654 进料深加工”“0700 进料料件退换”“0715 进料非对口”。

4. 边境贸易：指根据国家相关规定在指定口岸与毗邻国家之间开展的货物贸易，海关监管贸易方式为“4019 边境小额”。

5. 其他贸易：不在上述范围内的海关监管贸易方式。

6. 无货物报关：指未达到海关规定申报金额的邮寄进口或从境外付款但境内交货等方式。

附样 10－3　涉外收入申报单

REPORTING FORM FOR RECEIPTS FROM ABROAD

根据《国际收支统计申报办法》特制发本申报单。

This Reporting Form is Distributed According to The Regulations of Balance of Payments Statistics

国家外汇管理局和有关银行将为您的具体申报内容保密。

The State Administration of Foreign Exchange (The SAFE) and The Banks Concerned Would Keep What You Reported Confidential.

请按填报说明（见第二联背面）填写。　　　　制表机关：国家外汇管理局

Please Report According to The Instructions Overleaf.　　　　Authority: The SAFE

申报号码 Bop Reporting No.	□□□□□□　□□□□　□□　□□□□□□　□□□□						
收款人名称 Payee							
□对公 Unit	主体标识码 Unit Code □□□□□□□□—□						
□对私 Individual	个人身份证件号码 ID Number						
	□ 中国居民 Resident Individual				□ 非中国居民 Non-resident Individual		
结算方式 Payment Method	□ 信用证 L/C	□ 托收 Collection	□ 保函 L/G	□ 电汇 T/T	□ 票汇 D/D	□ 信汇 M/T	□ 其他 Others

收入款币种及金额 Currency & Amount of Receipts			结汇汇率 Exchange Rate	
其中 of which	结汇金额 Amount of Sale		账号/银行卡号 Account No. /Credit Card No.	150000-40
	现汇金额 Amount in FX		账号/银行卡号 Account No. /Credit Card No.	
	其他金额 Amount of Others		账号/银行卡号 Account No. /Credit Card No.	
国内银行扣费币种及金额 Bank's Charges inside China			国外银行扣费币种及金额 Bank's Charges outside China	
付款人名称 Payer				
付款人常驻国家（地区）名称及代码 □□□ Country/Region of Payer & Code			申报日期 Reporting Date	
如果本笔款项为预收货款或退款，请选择 If Advance Receipts/Refund, Please Choose	□ 预收货款 Advance Receipts		□ 退款 Refund	
本笔款项是否为出口核销项下收汇	□ 是		□ 否	
如果本笔款项为外债提款，请填写外债编号				

交易编码 BOP Transac. Code		相应币种及金额 Currency & Amount		交易附言 Transac. Remark	
	□□□□□□				
填报人签章 Signature of Stamp of Reporter					

收款人章 Stamp of Payee　　　　银行经办人签章 Signature of Bank Teller　　　　银行业务编号 Bank Transaction Ref. No.

附样 10－4 境外汇款申请书

APPLICATION FOR FUNDS TRANSFERS（OVERSEAS）

致：中国银行 日期

TO：BANK OF CHINA Date

□电汇 □T/T □票汇 D/D □信汇 M/T 发行等级 □普通 NOMAL □加急 Urgent

申报号码 BOP REPORTING NO.	□□□□□□ □□□□ □□ □□□□□□ □□□□			
20	银行业务编号 Bank Transac. Ref. No.		收电行/付款行 Receiver/Drawn on	
32A	汇款币种及金额 Currency&Interbank Settlement Amount		金额大写 Amount in Words	
其中	现汇金额 Amount in FX		账号 Account No.	
其中	购汇金额 Amount of Purchase		账号 Account No.	
其中	其他金额 Amount of Others		账号 Account No.	
50a	汇款人名称及地址 Remitter's Name & Address	（您的姓名，请用拼单填写）	＋中文地址	
			□对私	个人身份证件号码 Individual ID NO.
	□主体标识码 Unit Code	□ □□□□□□□□－□	□对私	□中国居民个人 □中国非居民个人
54/56A	收款银行之代理行名称及地址 Correspondent of Beneficiary's Bank Name & Address			
57a	收款人开户银行名称及地址 Beneficiary's Bank Name & Address	收款人开户银行在其代理行账号 Bene's Bank A/C No.		
59a	收款人名称及地址 Beneficiary's Name & Address	收款人账号 Bene's A/C NO.		
70	汇款附言 Remittance Information	只限 140 个字位 Not Exceeding 140 Characters	71A	国内外费用承担
		（您的交易账号）	All Bank's Charges If Any Are to Be Borne by □汇款人 our□收款人 ben□共同 sha	

收款人常驻国家（地区）名称及代码 Resident Country/Regregion Name & Code	□□□
请选择：□预付货款 Advance Payment □货到付款 Payment against Delivery □退款 Refund □其他 Others	最迟装运日期

交易编码 BOP Transac. Code		相应币种及金额 Currency & Amount		交易附言 Transac. Remark	用途	
是否为进口核销项下付款		□是 □否	合同号		发票号	
外汇局批件/备案表号			报关单经营单位代码			
报关单号		报关单币种及总金额			本次核注金额	
报关单号		报关单币种及总金额			本次核注金额	

银行专用栏 For Bank Use Only		申请人签章	银行签章 Bank's Signature
购汇汇率 Rate		请按照贵行背页所列条款代办以上汇款并进行申报 Please Effect the Upwards Remittance, Subject to the Conditions Overleaf 申请人姓名 Name of Applicant 签名 电话 Phone No.	核准人签字 Authorized Person 日期 Date
等值人民币 RMB Equivalent			
手续费 Commission			
电报费 Cable Charges			
合 计 Total Charges			
支付费用方式 In Payment of the Remittance	□现金 by Cash □支票 by Check □账户 from Account		
核印 Sig. Ver.		经办 Maker	复核 Checker

附样 10－5　对外付款/承兑通知书

<table>
<tr><td colspan="12">对外付款/承兑通知书</td></tr>
<tr><td colspan="5">银行业务编号</td><td colspan="7">日期</td></tr>
<tr><td colspan="8">结算方式☐　信用证☐保函　☐托收　☐其他</td><td colspan="2">信用证/保函编号</td><td colspan="2"></td></tr>
<tr><td>来单币种及金额</td><td colspan="2"></td><td colspan="9">开证日期</td></tr>
<tr><td>索汇币种及金额</td><td colspan="2"></td><td colspan="2">期　限</td><td colspan="3"></td><td colspan="2">到期日</td><td colspan="2"></td></tr>
<tr><td>来单行名称</td><td colspan="4"></td><td colspan="3">来单行编号</td><td colspan="4"></td></tr>
<tr><td>收款人名称</td><td colspan="11"></td></tr>
<tr><td>收款行名称及地址</td><td colspan="11"></td></tr>
<tr><td>付款人名称</td><td colspan="11"></td></tr>
<tr><td>☐主体标识码</td><td colspan="5"></td><td rowspan="2" colspan="3">☐ 对私</td><td colspan="3">个人身份证号码</td></tr>
<tr><td>扣费币种及金额</td><td colspan="5"></td><td colspan="3">☐ 中国居民个人
☐ 中国非居民个人</td></tr>
<tr><td>合同号</td><td colspan="8"></td><td colspan="2">发票号</td><td></td></tr>
<tr><td>提运单号</td><td colspan="8"></td><td colspan="2">合同金额</td><td></td></tr>
<tr><td rowspan="2">单据</td><td>汇票</td><td>发票</td><td>海运提单</td><td>航空运单</td><td>货物收据</td><td>保险单</td><td>装箱单</td><td>重量单</td><td>产地证</td><td>检验证书</td><td>装船通知</td></tr>
<tr><td>☐</td><td>☐</td><td>☐</td><td>☐</td><td>☐</td><td>☐</td><td>☐</td><td>☐</td><td>☐</td><td>☐</td><td>☐</td></tr>
<tr><td colspan="12">银行附言</td></tr>
<tr><td colspan="12">上述单据已到，现提示贵公司：
☐ 请于20××年×月×日之前来我行办理即期付款/承兑并到期付款/拒付。
☐ 如拒付，请于上述日期前提交拒付理由书详述拒付理由，我行将根据国际惯例和贵公司在《开证申请人承诺书》中的承诺审核处理。（适用于信用证结算方式）
☐ 如在上述日期之前，贵公司既不来我行办理即期付款/承兑并到期付款，也不提交拒付请求，我行将根据国际惯例和贵公司在《开证申请人承诺书》中的承诺办理即期付款/承兑并到期付款/拒付。（适用于信用证结算方式）
☐ 如拒付，请于上述日期前提交拒付理由书详述拒付理由，我行将根据国际惯例审核处理。（适用于非信用证结算方式）
☐ 如在上述日期之前，贵公司既不来我行办理即期付款/承兑并到期付款，也不提交拒付请求，我行将根据国际惯例办理即期付款/承兑并到期付款/拒付。（适用于非信用证结算方式）</td></tr>
<tr><td colspan="2">申报号码</td><td colspan="4"></td><td colspan="3">实际付款币种及金额</td><td colspan="3"></td></tr>
<tr><td colspan="2">付款编号</td><td colspan="4"></td><td colspan="3">如为购汇支出，则购汇汇率</td><td colspan="3"></td></tr>
<tr><td colspan="6">收款人常驻国家（地区）名称及代码：</td><td colspan="3">是否为保税货物项下付款</td><td colspan="3">☐ 是
☐ 否</td></tr>
</table>

续表

<table>
<tr><td>是否为预付货款</td><td>□是
□否</td><td>外汇局批件/备案表号</td><td colspan="3"></td></tr>
<tr><td colspan="2">付款币种及金额</td><td></td><td>金额大写</td><td colspan="2"></td></tr>
<tr><td rowspan="3">其中</td><td>购汇金额</td><td></td><td>账　　号</td><td colspan="2"></td></tr>
<tr><td>现汇金额</td><td></td><td>账　　号</td><td colspan="2"></td></tr>
<tr><td>其他金额</td><td></td><td>账　　号</td><td colspan="2"></td></tr>
<tr><td>交易编码</td><td></td><td>相应币种及金额</td><td></td><td>交易附言</td><td></td></tr>
<tr><td colspan="2">□同意付款
□同意承兑并到期付款
□申请拒付
联系人及电话
申报日期</td><td>付款人印鉴（银行预留印鉴）</td><td colspan="3">银行业务章

经办　　复核　　负责人</td></tr>
</table>

三、跨境人民币结算模式及其具体流程

根据《跨境贸易人民币结算试点管理办法》规定，跨境贸易人民币结算主要采取两类清算渠道进行结算，分别是港澳清算行渠道与境内代理银行渠道。两类渠道决定了两类结算模式，分别是港澳清算行模式与境内代理银行模式。这里将结合进出口贸易流程分别介绍两类结算模式的基本原理。

（一）出口收入人民币结算流程：港澳清算行模式

港澳清算行模式的基本原理是：人民币收付均通过港澳清算行进行过渡与周转，即境外参加银行通过在港澳清算行开立账户收支人民币，境内结算银行则通过内地共用系统中国现代化支付系统实现与港澳清算行间的人民币收支，进出口企业继而通过境内结算银行与境外参加银行最终实现人民币结算。这里的中国现代化支付系统，是中国人民银行按照我国支付清算需要，利用现代计算机技术和通信网络开发建设的，能够高效、安全地处理各不同银行办理异地、同城各种人民币支付业务及其资金清算的应用系统，它是商业银行之间和商业银行与中国人民银行之间的支付业务资金最终清算系统。

该模式有以下特点：一是流出入境内的人民币渠道单一化，即人民币跨境收支只能通过港澳清算行进行过渡；二是风险可控，且管理较为容易，货币当局仅需对港澳清算行实施调控，即可调节跨境人民币收支的整体规模；三是结算链条过长，不仅会给企业带来较重的结算费用负担，还会使其结算时间更长。

在港澳清算行模式下，出口收入人民币结算流程主要包括以下步骤（见图 10 - 6）。

首先，出口企业与境外企业签订出口合同并发货。出口企业将相关单据交给境内结算银行，委托其从境外收取货款。境内结算银行通过寄送相关单据，要求境外参加银行付款。

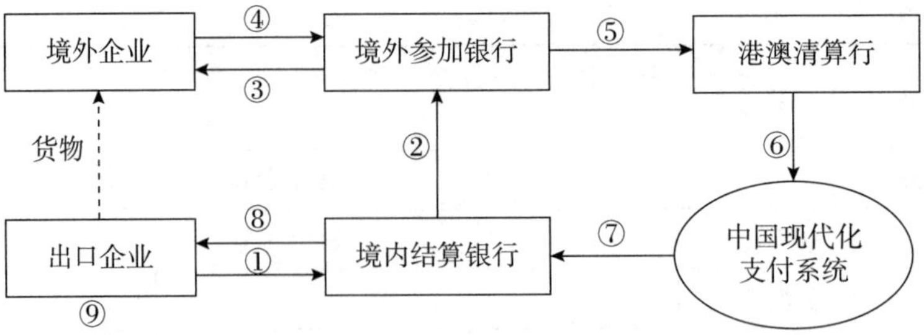

图 10-6 出口收入人民币结算流程（港澳清算行模式）

说明：①提交出口单据；②寄单要求付款；③提示付款；④发出付款指令；⑤发送付款指令；⑥向中国现代化支付系统提交指令；⑦从中国现代化支付系统收到来账业务；⑧为出口企业入账；⑨办理国际收支申报等手续。

其次，境外参加银行向境外企业提示付款。如果境外参加银行并不是境外企业的开户行，则需要向境外企业的开户行提示付款。为简化起见，以下内容均假设境外企业的开户行就是境外参加银行（实践中绝大部分境外企业也都采用了这种方式）。

再次，境外企业向境外参加银行发出付款指令。境外参加银行随后向它的开户行港澳清算行发出付款指令，请求其付款给境内结算银行。港澳清算行通过中国现代化支付系统完成对境内结算银行的支付，随后，境内结算银行再将相应的人民币款项贷记出口企业的人民币账户。

最后，出口企业须按照要求做好国际收支申报手续。

（二）出口收入人民币结算流程：境内代理银行模式

境内代理银行模式的基本原理是：人民币收付均通过境内代理银行进行过渡与周转，即境外参加银行通过在境内代理银行开立账户收支人民币，境内结算银行则与境内代理银行实现人民币收支，进出口企业分别通过境内结算银行与境外参加银行最终实现人民币结算。该模式有以下特点：一是境内代理银行数量远多于港澳清算行数量，流出入境内的人民币通道实现了“多元化”；二是风险有所上升，境内管理部门须对多家境内代理银行实施监管，方能确保风险可控；三是结算链条有所缩短，企业的结算费用与结算时间有所下降。

在境内代理银行模式下，出口收入人民币结算流程主要包括以下步骤（见图 10-7）。

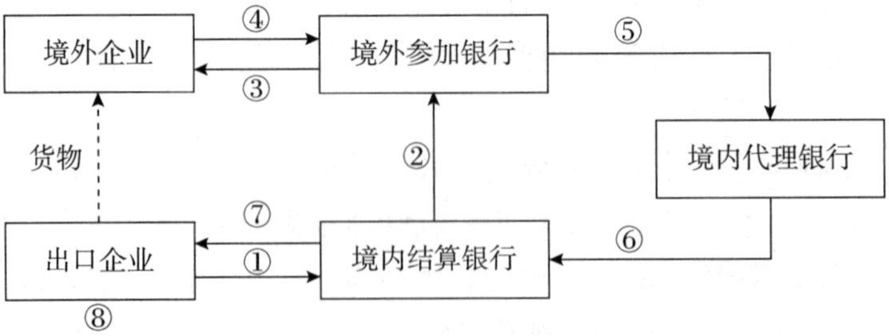

图 10-7 出口收入人民币结算流程（境内代理银行模式）

说明：①提交出口单据；②寄单要求付款；③提示付款；④发出付款指令；⑤提交汇款指令；⑥将收款指令发送给境内结算银行；⑦为出口企业入账；⑧办理国际收支申报等手续。

首先，出口企业与境外企业签订出口合同并发货。出口企业将相关单据交给境内结算银行，委托其收取货款。境内结算银行寄送相关单据，要求境外参加银行付款。

其次，境外参加银行向境外企业提示付款。境外企业向境外参加银行发出付款指令，境外参加银行再向它的开户行境内代理银行发出付款指令，请求其付款给境内结算银行，境内代理银行通过转账方式完成对境内结算银行的支付。境内结算银行则将相应的人民币款项贷记出口企业人民币账户。

最后，出口企业须按照要求做好国际收支申报手续。

（三）进口支付人民币结算流程：港澳清算行模式

在港澳清算行模式下，进口支付人民币结算流程类似于出口收入人民币结算流程，唯一不同的是结算方向发生了改变（见图 10－8），在此不再赘述。

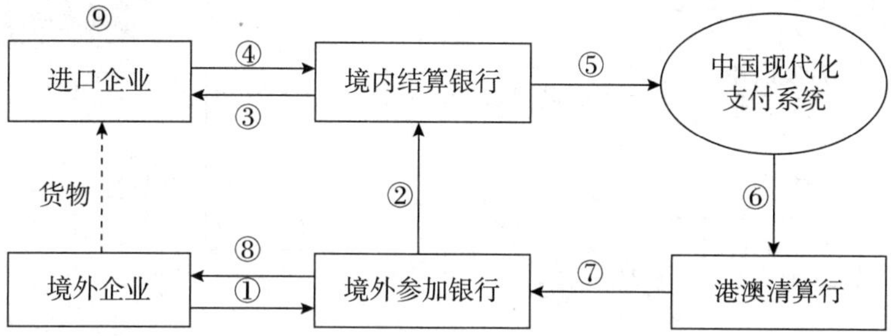

图 10－8　进口支付人民币结算流程（港澳清算行模式）

说明：①提交出口单据；②寄单要求付款；③提示付款；④发出付款指令；⑤发送付款指令；⑥从中国现代化支付系统收到来账业务；⑦将收款指令发送境外参加银行；⑧为境外企业入账；⑨办理国际收支申报等手续。

（四）进口支付人民币结算流程：境内代理银行模式

在境内代理银行模式下，进口支付人民币结算流程类似于出口收入人民币流程，唯一的不同是结算方向发生了改变（见图 10－9），在此不再赘述。

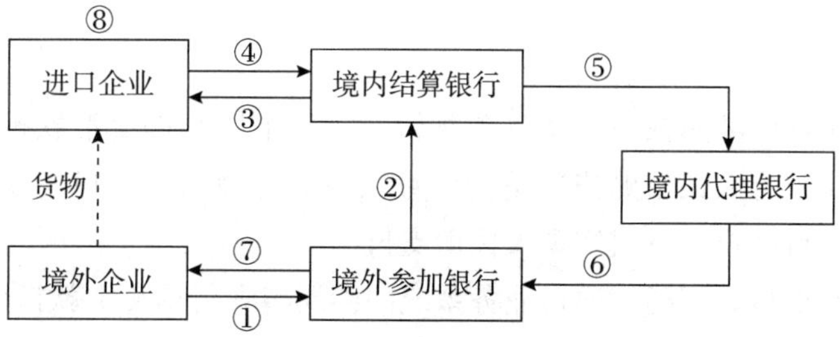

图 10－9　进口支付人民币结算流程（境内代理银行模式）

说明：①提交出口单据；②寄单要求付款；③提示付款；④发出付款指令；⑤提交付款指令；⑥将收款指令发送给境外参加银行；⑦为境外企业入账；⑧办理国际收支申报等手续。

四、主要结算方式在跨境贸易结算中的应用

鉴于港澳清算行模式相对境内代理银行模式更为复杂，因此本部分以港澳清算行模式为例，结合中国港澳地区进出口实际，具体说明上述几类结算方式的使用。

（一）汇付（电汇）

下面将分别从出口与进口两个方面阐述汇付（电汇）在跨境贸易人民币结算中的使用。

1. 出口流程

在采用电汇作为结算方式时，港澳进口企业应根据合同条款向出口企业支付人民币款项，具体包括六步（见图 10－10）。

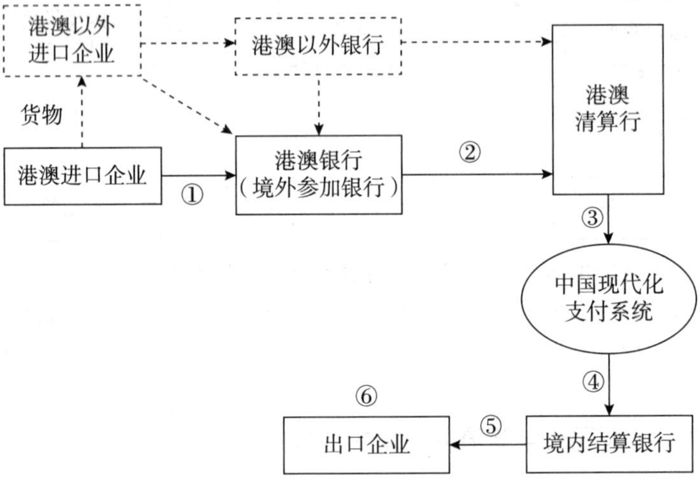

图 10－10　电汇在出口项下跨境贸易人民币结算流程

说明：①提交汇款指令及相关资料；②审核后通过业务系统提交汇款指令；③向中国现代化支付系统提交汇款指令；④中国现代化支付系统将汇款指令发送给境内结算银行；⑤审核后为企业办理入账手续；⑥出口企业办理国际收支申报。

①港澳进口企业向港澳银行（境外参加银行，以下同）提交汇款指令，指令中的收款银行是出口企业开有人民币账户的境内结算银行。港澳以外进口企业也可以通过直接或间接地在港澳银行开户等方式实现人民币支付。

②港澳银行经审核处理后，通过业务系统向港澳清算行提交汇款指令。

③港澳清算行收到汇款指令后，经检查无误并借记港澳银行人民币账户，将汇款指令发送至中国现代化支付系统。

④中国现代化支付系统对港澳清算行发来的汇款指令进行合规性检查，并贷记境内结算银行人民币账户，随后将汇款指令发送至境内结算银行。

⑤境内结算银行收到系统发来的业务指令，经审核无误后为出口企业办理入账手续。

⑥出口企业收妥贸易款项后，按照要求办理国际收支申报等手续。

2. 进口流程

进口企业利用电汇向港澳出口企业支付人民币款项时，具体流程类似于出口，主要包括六步（见图 10－11）。

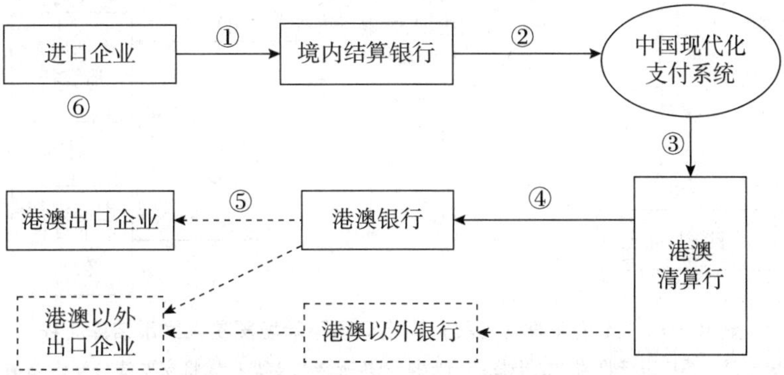

图 10－11　电汇在进口项下跨境贸易人民币结算流程

说明：①提交汇款指令及相关贸易背景资料；②审核后通过业务系统提交汇款指令；③中国现代化支付系统将汇款指令发送给港澳清算行；④将收款指令发送给收款银行；⑤审查无误后，为出口企业办理入账；⑥进口企业办理国际收支申报。

①进口企业向境内结算银行提交汇款凭证及相关贸易背景资料，背景资料主要是为了证明贸易支付的真实性。

②境内结算银行对进口企业提交的凭证及资料进行审核后，向中国现代化支付系统提交汇款指令，同时借记进口企业人民币账户。

③中国现代化支付系统对境内结算银行提交的汇款指令进行审查，并借记境内结算银行人民币账户，随后向港澳清算行发送汇款指令。

④港澳清算行收到中国现代化支付系统发来的汇款指令后，通过业务系统将汇款指令转发港澳银行。

⑤港澳银行收妥款项后，为港澳出口企业办理入账手续。

⑥境内进口企业付妥款项后，应及时办理国际收支申报等手续。

（二）光票托收（支票）

目前，光票托收（支票）主要在东南沿海地区的进出口企业中使用，本部分将以广州进出口企业与港澳企业采取支票结算为例，说明光票托收（支票）在跨境贸易人民币结算中的具体流程。

1. 出口流程

采用光票托收（支票）结算方式，出口企业主要通过十三步实现收取相关人民币款项（见图 10－12）。

①出口企业按照合同发货并收到港澳进口企业开出的支票后，委托境内结算银行将支票向港澳银行提示付款。港澳银行是该支票的付款银行。

②境内结算银行接受委托后，委托广州票据交换所向港澳银行转交支票。

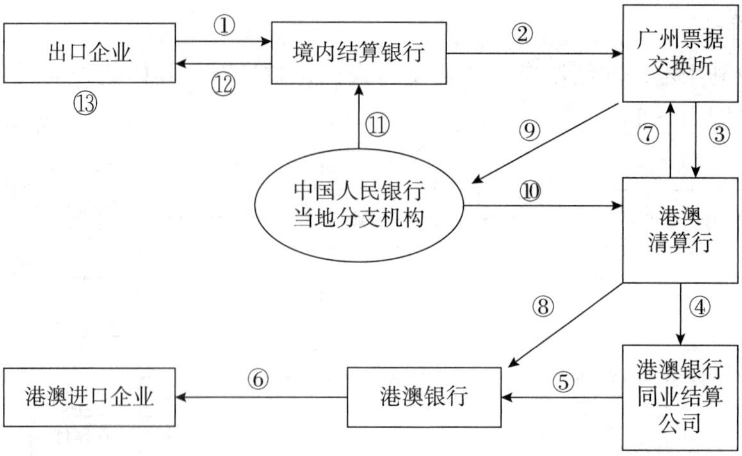

图 10－12　光票托收（支票）在出口项下跨境贸易人民币结算流程

说明：①提交支票，委托银行收款；②委托广州票据交换所转交支票；③将支票清分至港澳清算行；④提交支票；⑤清分支票后将其提交至港澳银行；⑥借记港澳进口企业账户；⑦反馈无退票信息；⑧借记港澳银行人民币账户；⑨提交票据交换系统清算差；⑩借记港澳清算行人民币账户；⑪贷记境内结算银行的人民币账户；⑫贷记出口企业账户；⑬出口企业办理国际收支申报。

③广州票据交换所将支票清分至港澳清算行。

④港澳清算行将支票提交至港澳银行同业结算公司。

⑤港澳银行同业结算公司清分支票后将其提交至港澳银行。

⑥港澳银行经审核无误后，借记港澳进口企业人民币账户。

⑦港澳清算行将港澳银行无退票信息发送至广州票据交换所。

⑧港澳清算行借记港澳银行人民币账户。

⑨广州票据交换所根据无退票信息，向中国人民银行当地分支机构提交票据交换系统清算差。

⑩中国人民银行当地分支机构根据广州票据交换所提供的信息借记港澳清算行人民币账户。

⑪中国人民银行当地分支机构同时贷记境内结算银行的人民币账户。

⑫境内结算银行按规定为出口企业办理入账手续，贷记出口企业账户。

⑬出口企业收妥款项后，按照要求做好国际收支申报等手续。

2. 进口流程

采用光票托收（支票）结算方式，进口企业主要通过十二步支付相关人民币款项（见图 10－13）。

①进口企业按照合同收货并签发支票给港澳出口企业，港澳出口企业委托港澳银行收款。境内结算银行是付款银行。

②港澳银行接受委托后，委托港澳银行同业结算公司向境内结算银行转交支票。

③港澳银行同业结算公司将支票转交至广州票据交换所。

④广州票据交换所将支票提交至境内结算银行。

⑤境内结算银行经审核无误后，借记进口企业人民币账户。

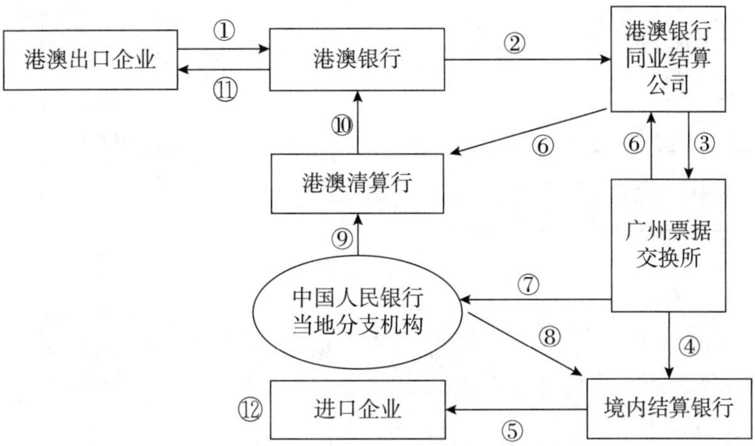

图 10－13 光票托收（支票）在进口项下跨境贸易人民币结算流程

说明：①提交支票，委托银行收款；②审核后提交支票给港澳银行同业结算公司；③将支票转交给广州票据交换所；④将支票提交境内结算银行；⑤借记进口企业人民币账户；⑥反馈无退票信息；⑦提交票据交换系统清算差；⑧借记境内结算银行的人民币账户；⑨贷记港澳清算行的人民币账户；⑩贷记港澳银行的人民币账户；⑪贷记港澳出口企业账户；⑫进口企业办理国际收支申报。

⑥广州票据交换所将境内结算银行无退票信息发送至港澳银行同业结算公司，同时港澳银行同业结算公司将该无退票信息提供给港澳清算行。

⑦广州票据交换所将票据交换清算差提交至中国人民银行当地分支机构。

⑧中国人民银行当地分支机构随后借记境内结算银行的人民币账户。

⑨中国人民银行当地分支机构贷记港澳清算行的人民币账户。

⑩港澳清算行随后贷记港澳银行的人民币账户。

⑪港澳银行为港澳出口企业办理入账手续，贷记港澳出口企业账户。

⑫进口企业付完款项后，按照要求做好国际收支申报等手续。

（三）跟单托收（汇票）

下面分别从出口与进口两个方面具体阐述跟单托收（汇票）在跨境贸易人民币结算中的使用。

1. 出口流程

在将跟单托收（汇票）作为结算方式时，境外进口企业将根据惯例向出口企业支付人民币款项，主要包括九步（见图 10－14）。

①出口企业按照合同发货并开立汇票后，委托境内结算银行（托收行）将汇票及相关单据向境外进口企业提示付款。

②境内结算银行接受委托后，委托港澳银行（代收行）向港澳进口企业转交汇票及单据。

③港澳银行（代收行）接受委托后，将汇票及单据提示港澳进口企业。

④港澳进口企业向港澳银行（代收行）提交付款指令及相关贸易背景材料。

⑤港澳银行（代收行）收到付款指令并审核相关贸易背景资料后，借记港澳进口企

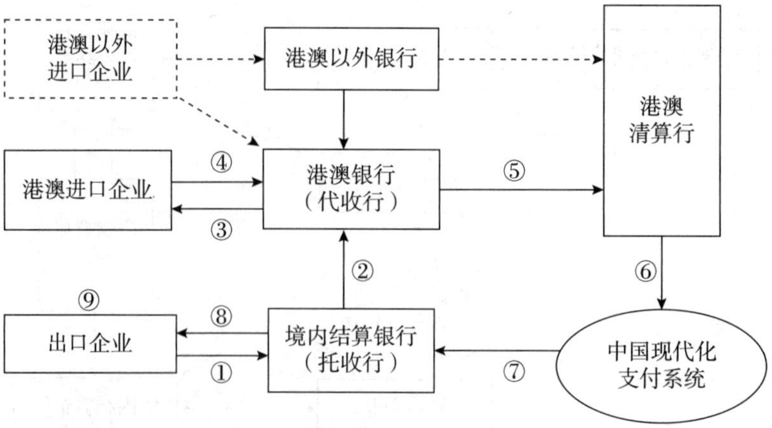

图 10－14　跟单托收（汇票）在出口项下跨境贸易人民币结算流程

说明：①发货后开立汇票，委托境内结算银行收款；②境内结算银行委托港澳银行向港澳进口企业转交汇票及单据；③将汇票及单据提示港澳进口企业；④提交付款指令及相关贸易背景资料；⑤审核后通过业务系统提交付款指令；⑥向中国现代化支付系统提交付款指令；⑦从中国现代化支付系统收到来账业务；⑧审查无误后，为出口企业办理入账；⑨出口企业办理国际收支申报。

业人民币账户并通过业务系统向港澳清算行发出汇款指令。

⑥港澳清算行经审核并借记港澳银行（代收行）人民币账户后，向中国现代化支付系统提交付款指令。

⑦中国现代化支付系统对港澳清算行发来的付款指令核对无误后，向境内结算银行发送收款指令，并贷记境内结算银行人民币账户。

⑧境内结算银行收到收款指令经审核后，为出口企业办理入账手续。

⑨出口企业收妥款项后，按照要求做好国际收支申报等工作。

2. 进口流程

进口企业在向港澳出口企业支付人民币款项时，具体流程类似于出口，主要包括九步（见图 10－15）。

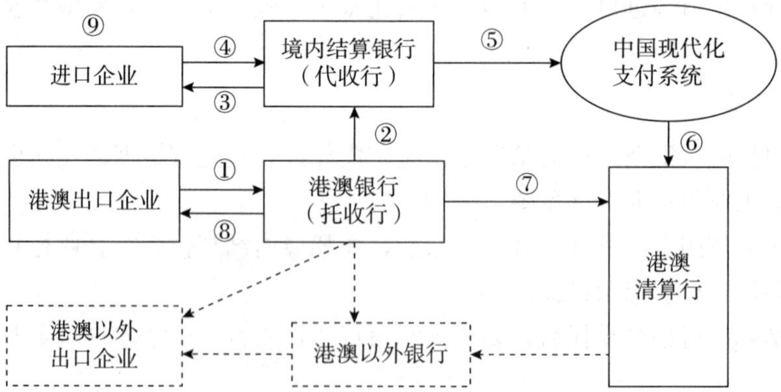

图 10－15　跟单托收（汇票）在进口项下跨境贸易人民币结算流程

说明：①发货并开立汇票后委托港澳银行收款；②港澳银行委托境内结算银行向进口企业提示汇票及单据；③将汇票及单据提示进口企业；④提交付款指令及相关贸易背景资料；⑤审核后通过业务系统提交付款指令；⑥将付款指令转发给港澳清算行；⑦将收款指令发送给收款银行；⑧审查无误后，为企业办理入账；⑨进口企业办理国际收支申报。

①港澳出口企业按照合同要求发货并开立汇票后，连同其他单据委托港澳银行（托收行）向进口企业收款。

②港澳银行（托收行）接受委托后，委托境内结算银行（代收行）向进口企业提示汇票及单据。

③境内结算银行（代收行）接受委托后，将汇票及单据提示进口企业。

④进口企业向境内结算银行（代收行）提交付款指令。

⑤境内结算银行（代收行）收到付款指令并核对后，通过业务系统向中国现代化支付系统提交付款指令，并借记进口企业人民币账户。

⑥中国现代化支付系统对境内结算银行（代收行）发来的报文核对无误后，向港澳清算行发送收款指令，并借记境内结算银行（代收行）的人民币账户。

⑦港澳清算行审核并贷记港澳银行（托收行）人民币账户后，通过业务系统向港澳银行（托收行）发送收款指令。

⑧港澳银行（托收行）收到收款指令并审核后，为港澳出口企业办理入账手续。

⑨进口企业付妥款项后，按照要求做好国际收支申报等手续。

（四）信用证

下面分别从出口与进口两个方面具体阐述信用证在跨境贸易人民币结算中的使用。

1. 出口流程

在采用信用证作为结算方式时，港澳进口企业将根据信用证惯例向出口企业支付人民币款项，主要包括十二步（见图 10－16）。

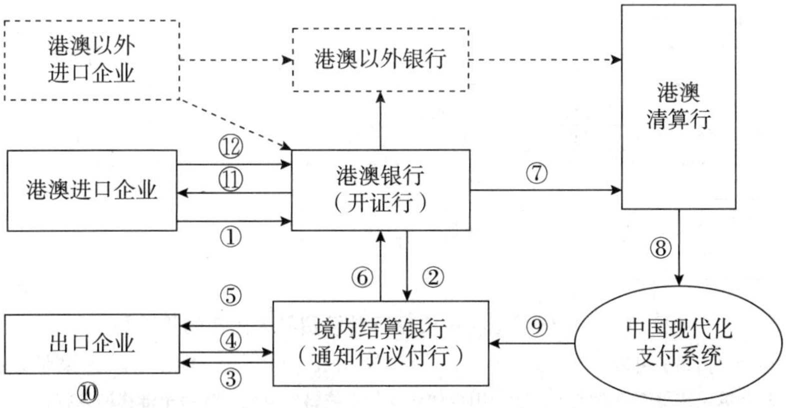

图 10－16 信用证在出口项下跨境贸易人民币结算流程

说明：①提交开立信用证申请；②开立信用证；③通知信用证已开立；④发货后交单；⑤垫付贸易款；⑥寄单索偿；⑦审核后通过业务系统提交付款指令；⑧向中国现代化支付系统提交付款指令；⑨从中国现代化支付系统收到来账业务；⑩出口企业办理国际收支申报；⑪通知赎单；⑫付款赎单。

①港澳进口企业向为其开立人民币账户的港澳银行（开证行）提交开立信用证申请。

②港澳银行开立信用证后，要求境内结算银行（通知行/议付行）通知出口企业信用证已开立。

③境内结算银行（通知行/议付行）通知出口企业信用证已开立。

④出口企业随后备货，在发出货物取得运输单据并备齐信用证要求的其他单据后，将单据交给境内结算银行（通知行/议付行）。

⑤境内结算银行（通知行/议付行）审核信用证及相关单据后买入单据。

⑥境内结算银行（通知行/议付行）支付货款后将单据及信用证立即寄给港澳银行。

⑦港澳银行（开证行）审核单据认为符合信用证要求后，通过业务系统向港澳清算行提交付款指令。

⑧港澳清算行收到付款指令并检查无误后，借记港澳银行人民币账户后，向中国现代化支付系统发送付款指令。

⑨中国现代化支付系统对港澳清算行发来的付款指令进行检查处理后，将支付指令发送给境内结算银行（通知行/议付行），并贷记境内结算银行（通知行/议付行）的人民币账户。

⑩出口企业按要求做好国际收支申报等手续。

⑪港澳银行通知港澳进口企业付款赎单。

⑫港澳进口企业付款赎单。

2. 进口流程

进口企业利用信用证向港澳出口企业支付人民币货款时，具体流程类似于出口，主要包括十二步（见图 10－17）。

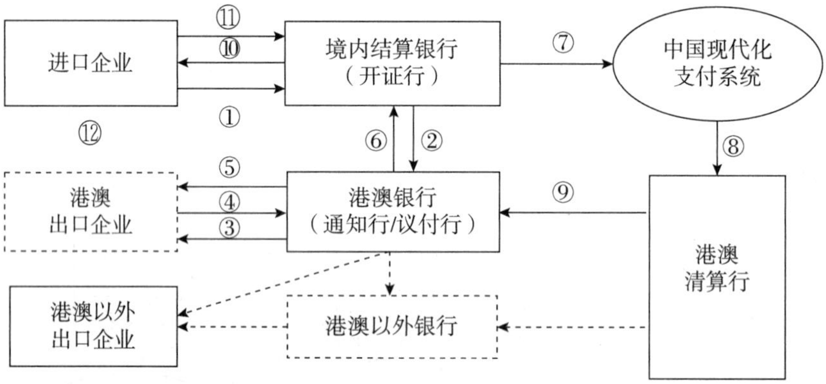

图 10－17　信用证在进口项下跨境贸易人民币结算流程

说明：①提交开立信用证申请；②开立信用证；③通知信用证已开立；④发货后交单；⑤垫付贸易款；⑥寄单索偿；⑦审核后通过业务系统提交付款指令；⑧中国现代化支付系统将付款指令发送至港澳清算行；⑨港澳清算行将偿付指令发送至港澳银行；⑩通知赎单；⑪付款赎单；⑫进口企业办理国际收支申报。

①进口企业向境内结算银行（开证行）提交开立信用证申请。

②境内结算银行（开证行）开立信用证后，通知港澳银行（通知行/议付行）。

③港澳银行（通知行/议付行）通知港澳出口企业信用证已开立。

④港澳出口企业收到信用证后备货，在发出货物并取得运输单据后，将单据连同信用证提交港澳银行（通知行/议付行）。

⑤港澳银行（通知行/议付行）审核相关单据及信用证后，向港澳企业买入相关单据。

⑥港澳银行（通知行/议付行）将所买入的单据立即寄给境内结算银行（开证行）。

⑦境内结算银行（开证行）审核单据并认为符合信用证要求后，通过业务系统将付款指令发送至中国现代化支付系统。

⑧中国现代化支付系统对境内结算银行（开证行）提交的付款指令进行检查后，将付款指令发送至港澳清算行，并贷记港澳清算行人民币账户。

⑨港澳清算行收到中国现代化支付系统来账后，通过业务系统将偿付指令发送至港澳银行（通知行/议付行）并贷记其人民币账户。

⑩境内结算银行（开证行）通知进口企业付款赎单。

⑪进口企业向境内结算银行（开证行）付款，并获得单据以提取货物。

⑫进口企业按照要求办理国际收支申报等手续。

五、跨境人民币结算便利化措施

以实体生产或经营为主的企业或对外承包工程企业，经营达规定时间，跨境人民币结算达规定规模，合规守法，经银行推荐，省自律机制核定后即可被纳入优质企业名单。优质企业可凭《跨境业务人民币结算收/付款说明》或收付款指令，在银行直接办理跨境人民币收付款，企业无须事前、逐笔提交真实性证明材料。下面举例说明跨境人民币结算便利化措施给企业带来的好处。

中国视角

优质企业跨境
人民币便利化结算

某中小型电子制造企业 H 开展进出口贸易，国际结算币种主要为美元。由于部分货物贸易项下结算发生在 H 所属集团下属企业之间，且往来较为频繁，故为降低汇率风险，H 在与其所属集团内交易对手进行贸易结算时采用跨境人民币。

银发〔2020〕330 号文明确境内银行可在“展业三原则”的基础上，凭优质企业提交的《跨境人民币结算收/付款说明》或收付款指令，直接为优质企业办理货物贸易跨境人民币结算。政策实施生效后，优质企业无须向银行逐笔提交合同、发票等交易背景材料，银行采用简化流程办理相关跨境人民币结算业务，且可以用电子收付款指令代替纸质《跨境人民币结算收/付款说明》，大大节省了业务办理时间。G 行向企业积极宣传跨境人民币结算便利化措施，并及时向当地自律机制推荐该企业为跨境人民币优质企业。经自律机构审核通过，最终将 H 纳入优质企业名单。便利化政策生效后，G 行通过 H 发送的电子形式的收付款指令即帮助其完成贸易项下跨境人民币收支，大大简化了企业办理跨境人民币结算的流程，H 公司 2021 年跨境人民币结算量较 2020 年提升 14 倍。

本章小结

跨境电子商务是指分属不同关境的交易主体，通过电子商务平台达成交易、进行支付结算，并通过跨境物流送达商品、完成交易的一种国际商业活动。

跨境电商的业务模式不同，采用的支付与结算方式也存在差异。跨境电商支付与结算业务包括跨境出口收入结汇与跨境进口支付购汇。从支付资金的流向来看，我国跨境电商出口业务涉及跨境出口收入结汇，其结汇途径主要包括第三方收结汇、通过国内银行汇款、以结汇或个人名义拆分结汇流入等。我国跨境电商进口业务涉及跨境进口支付购汇，购汇途径一般有第三方购汇支付、境外电商接受人民币支付、通过国内银行购汇汇出等。

从目前来看，跨境电商用户使用在线跨境电商支付与结算方式较多。具体来说，跨境电商支付与结算方式主要包括商业银行支付、专业汇款公司支付以及第三方支付。

跨境人民币结算是指以人民币进行跨境贸易和投资的结算。凡依法可以使用外汇结算的跨境交易企业都可以使用人民币结算。采用跨境人民币结算，具备可有效规避汇率风险，减少汇兑环节、节省汇兑成本，经常项目下结算无须额外开立人民币结算账户，加快资金结算速度、增加资金收益，扩大融资渠道、降低融资成本等优势。

关键术语

跨境电子商务的支付与结算　　第三方支付　　跨境人民币结算

本章思考题

1. 什么是跨境电子商务的支付与结算？其主要支付方式与平台有哪些？
2. 请简述出口收入人民币结算清算行模式（或境内代理银行模式）的主要流程。
3. 请简述进口支付人民币结算清算行模式（或境内代理银行模式）的主要流程。
4. 请简述跨境出口（进口）贸易结算中汇付（电汇）的主要流程。
5. 请简述跨境出口（进口）贸易结算中光票托收（支票）的主要流程。
6. 请简述跨境出口（进口）贸易结算中跟单托收（汇票）的主要流程。
7. 请简述跨境出口（进口）贸易结算中信用证的主要流程。

拓展阅读

央行数字货币发展及其
对国际货币体系的意义

第十一章
国际结算中的风险与防范

学习目标

- 掌握国际结算票据中存在的风险与防范措施；
- 掌握汇款、托收、信用证业务中存在的风险与防范措施；
- 了解其他结算方式下存在的风险与防范措施；
- 掌握国际结算贸易融资业务项下存在的风险与防范措施。

第一节 国际结算风险概述

几乎在所有的国际结算活动中，风险都是一个客观存在的话题。进口商希望采取赊销、货到付款等信用条件宽松的付款方式，而由于国际贸易不像国内贸易那样稳定、安全、透明和可信，并且从售出货物到货款收回期间可能会发生很多事情，出口商总是倾向于在交货时甚至交货前就能尽快收到货款。由谁来承担信用风险始终是进出口双方博弈和谈判的主要问题之一。同时，在国际商品市场上的汇率波动和价格波动所带来的市场风险，由于不熟悉国际贸易惯例和合同法律条款、支付票据审核不严所带来的操作风险等，都有可能使进出口商遭受损失。进口商交易的目的是获得符合合同要求的货物，出口商交易的目的是收回货款，交易双方都将防范结算风险的方法放在了突出重要的位置。国际结算中存在的风险主要有如下几种类型。

一、信用风险

信用给予了国际贸易中的进口商先将货物转售出去再付款的机会。在许多情况下，买方虽然存在对货物的需求，却没有足够的流动资金立即支付货款，在出口商承担信用风险时，许多这样的交易变成了可能。同时，出口商也有一些不同于买方的需要考虑的问题。在垫付了产品研发费用、原材料、零部件、劳动力成本及其他开销后，卖方自然需要收回其投资。卖方也许并不认识买方，或者不相信买方经济实力雄厚，可以在将来足额支付货款。由谁来承担信用风险始终是进出口双方博弈和谈判的主要问题之一。进口商倾向于让卖方承担信用风险，并确保自己在支付货款后便能收到货物，而出口商倾向于让买方承担信用风险，并确保在自己发货后便能收到货款。

二、市场风险

在国际贸易中，商品找到销路，从卖方仓库运到买方仓库可能要花费几个月的时间。首先要备货，然后装车，经公路或铁路运输发至港口，办理出口清关手续，运至海外国家港口，也可能需要转运才到达最后目的港，入库等待海关查验、检疫、放行。经陆路运输到达最后目的地，直至最后存储在买方仓库亦过程漫长。而买方也清楚，货物运抵仓库后，要一两个月后才能将货物卖掉，在瞬息万变的国际商品市场，商品的价格随时可能波动，买方有可能在市场疲软、商品滞销时拒不提货，提出降价要求。在自由汇率制度国家，如果远期货款的支付没有叙做套期保值，有可能因汇率的上升导致本币支付的增加。价格风险和汇率风险是最主要的市场风险。

三、操作风险

国际结算是一门专业性很强的业务工作，需要了解和掌握相关国际贸易术语解释通则和国际结算惯例。例如《托收统一规则》《跟单信用证统一惯例》《票据法》等，都是叙做国际业务的指引。如果不熟悉国际惯例，不了解相关术语的界定和交易方式的特点，对结算支付工具审核把关不严，都有可能带来风险。例如单证审核不严造成信用证项下提交单据的单证不符，单单不一致；如因审查不严兑付了犯罪分子的伪造票据、变造票据，都是由操作风险带来的损失。在运输环节，由谁来支付运输费用，由谁来承担船货的灭失或损坏风险也是国际贸易中的重要问题。当涉及贵重或易腐烂商品的交易时，当货物要运达很远的地方或几经转船、装卸时，国际结算的成本和操作风险也会随之增加。对于一些有时效性的商品，例如说圣诞节的商品不应晚于 11 月初被摆上货架，卖方能否把商品适时运达，对买方来说也是一种操作风险。

四、政治和法律风险

进口国和出口国的政治环境可能会对国际贸易造成灾难性的影响。政局的不稳定会造成贸易政策的变化，如对外汇结算的限制、对某些货物的进出口的限制等。货币政策的变化会导致本币的波动，暴乱和国内罢工会引致商品的毁损，而这些毁损可能都不在保险的承保范围内。尽管政治风险可能在买卖双方直接控制范围之外，但在某些情况下，可以对近期风险进行预测并将风险控制在一定范围之内。

法律风险也会影响到国际贸易，在国际贸易中对法律问题缺乏透彻的了解会招致难以想象的麻烦。这类法律问题包括不熟悉的程序限制、进口管制等。

五、转移风险

国际贸易货款资金的交割与清算是通过银行系统来完成的。如果一个国家没有充足的外汇储备，进口商即使有充足的本币，但因没有外汇额度或本国外汇资金短缺，也无法兑换成外汇付给出口商。商业银行在资金的划拨与清算过程中，如果遇到资金清算系统无法正常运行，因为在不同国家之间交易时差及使用清算系统的差异，出口商也有可能会无法按时收到结算款项，形成国际结算的转移风险。

六、欺诈风险

在国际结算中，由于进出口双方位于不同国家，有时相互之间还不是很熟悉，犯罪分子主观上存在恶意，以不公平或不正当的手段企图获取巨额利益，造成结算环节的诈骗风险。欺诈活动发生后，不仅给当事人带来经济上的损失，而且其信誉也受到影响。当商业银行在诈骗中上当受骗、遭受损失时，外界将对其产生专业技术水平不高、管理混乱的印象，从而导致公众对其失去信心。有的银行开出的信用证不为国外银行接受，或者被要求对信用证加具保兑，就是诈骗活动引起的不良反应。国际结算及融资活动中欺诈涉及的范围比较广泛，从假钞票、假信用卡、假票据到假单证，从假付款、假托收到软条款信用证，许多业务环节都会面临欺诈风险。

第二节　票据风险及防范

票据作为国际结算中一种重要的支付凭证，在国际上使用十分广泛。由于票据种类繁多，性质各异，再加上大多数国内居民极少接触到国外票据，缺乏鉴别能力，因而在票据的使用过程中也存在着许多风险。票据的风险是由许多原因引起的，例如票据的伪造、变造；票据的获得不当，是出于恶意或重大过失所获得；票据行为无效或缺陷；有关人员工作上的经验不足或能力不够；等等。

一、票据风险

（一）伪造票据

票据的伪造，是指假借他人名义而签发票据的行为，例如，伪造出票人签名，伪造他人印章，或盗用他人真正的印章后签发票据等，都属于票据的伪造行为。票据发生伪造，在流通转让过程中是不易被发现的，只有在票据到期后，经持票人作提示付款时，才会被发现。这样，由于票据的债务人不能及时了解该票据已发生伪造，许多人继续接受该票据，成为该票据的直接或间接受害者。在原则上，票据发生伪造后，该票据无效，其损失应由伪造者来承担。但现实生活中伪造票据的人行骗得手后都逃之夭夭。许多国家规定，票据发生伪造后，不影响真正签名的效力。伪造人和被伪造人对该票据虽然可以不负票据责任，但在被伪造的票据上确有真正签名或盖章的人，仍应依票据的有关规定负责。这样，最后承担票据责任的人就要落在第一次进行背书的人，也就是接受伪造票据的人身上。若该接受伪造票据的当事人不能向伪造者追回欠款，这部分损失要由接受该票据的当事人自行承担。

（二）变造票据

票据的变造是指未经授权或无权变更票据内容的人，擅自变更票据上依法记载的有效要素的行为。例如，行为人变造票据金额，将 21 万元改为 27 万元；变更票据的到期日，使其付款的日期提前或推后；变更票据所载利率，使其提高或降低等。这些行为都属于票据的变造行为。票据发生变造以后会影响到一部分票据关系当事人的利益，从而引起票据风险。

（三）票据权利缺陷

票据权利的缺陷是指持票人对票据享有的所有权有缺陷。票据的持有人以欺诈、胁迫、暴力或恐吓等手段，或以不合法的支付对价，或在票据的流通转让过程中违反诚信原则，或在相当于欺诈的情况下取得票据，这类票据取得和流通的过程中都会损害部分当事人的利益，从而也产生票据风险。当票据的取得是出于恶意或重大过失的情况时，就会带来票据风险。恶意取得票据，是指票据取得人明知票据转让者（即其前手）并无处分或交付票据的权利，而仍然接受其票据。如甲从乙处窃来一张支票转让给丙，丙明知甲系偷窃得来，仍然接受，则丙为恶意取得。重大过失，是指票据受让人虽不是明知，但如果稍加注意，就可知道票据让与人是没有处分权的。如甲在受让乙盗窃来的支票时，明知乙平时经济拮据，不可能有数额巨大的支票，稍加追究即可知其是不法取得，却依然接受票据，这就是重大过失所导致的票据缺陷。

（四）票据欺诈

票据欺诈包括伪造国外银行汇款凭证、伪造大额银行汇票等。尼日利亚等国家的公司签发的支票在票据欺诈中最具代表性。其运输方式一般要求国内公司发货采用空运方式，因航空运单只具有货物收据和运输契约的作用，不是货权凭证，如遇到支票被退票，货物已被提取，无法退还。尼日利亚公司支票欺诈多采取“广种薄收”的手法，金额不大，散发面广，公司较易丧失警惕性。欺诈者诈骗出口商在没有足够的存款或信用透支额度的情况下大量签发支票，诱使出口商发货。由于出口商发货后到银行进行光票托收的时间较长，当遭遇退票时，会人货两空。还有的不法商人利用初始签发的票据，主要是支票，在国内交我方银行验票确认，保证可足额支付后，利用交货与出口商收款的时间差将账户内存款转走，将账户注销，进行票据欺诈。

二、票据风险的防范

对于票据结算中存在的风险，商业银行对资信状况不好的客户交来的票据要仔细审查，了解票据的来源和用途，有疑问的要确认后再处理。进出口商及结算银行对票据的表面真实性要认真审核，如签字、印章是否规范，汇票金额、出票日期、收款人是否被涂改，汇票是否已经过期，流通是否有限制，是否已经被挂失、注销等。对于金额较大的票据，要及时与出票行联系，核实其真实性。出口商在收到国外票据时，要及时交银行审验，在必要的时候，尤其是在对进口商资信状况不熟悉的情况下，要坚持收妥票据托收款项后再履行交货义务。

在汇票的使用过程中，要注意汇票签发、承兑和使用中所必须遵循的会计结算原则。开立汇票的单位应在银行开立交易账户，汇票的签发必须以合法的商品交易为基础，禁止签发无商品交易背景的汇票，票据经承兑后，承兑人就对票据负有无条件的付款责任。在本票的使用过程中，要特别注重对真假本票的识别。真本票系采用专用纸张印刷，纸质好，有一定的防伪措施，而假本票只能采用市面上的普通纸张印刷，纸质差，一般比真本票所用纸张薄且软；印刷真本票的油墨配方是保密的，诈骗分子很难得到，因此，只能以相似颜色的油墨印制，这样假本票票面颜色较真本票有一定差异；真本票号码、字体规范整齐，而伪造本票会有号码、字体排列不齐、间隔不匀的现象；由于是非法印刷，本票上的签名也会是仿冒的，商业银行只要与代理行在银行的预留签字样本核对，就可防范此类票据风险。

第三节　汇付方式的风险及防范

一、汇付风险

汇付方式是以银行为中间媒介来结算进出口双方的债权债务关系。汇付在国际贸易中的两种基本运用是预付货款和货到付款。随订单付现（Cash with Order，CWO）就是一种典型的预付货款方式，买方在发出订单时，或者在买卖双方签订合同后，就将货款全部或部分汇付给对方。预付货款对出口商是最有利的，它可以收款后再发货，从而掌握主动权，甚至可以收款后再购货，从而做一笔无本生意，而进口商则有钱货两空的风险，或因资金长期被他人占用而损失利息。

预付货款又称先结后出，而货到付款则称先出后结，它包括赊销（Open Account，OA）和延期付款（Deferred Payment）等形式。货到付款对出口商是不利的。出口商在发运货物后，要承担进口商收货后不履约付款的风险，同时货款不能及时收回，出口商的资金被对方占用，造成利息损失。

汇付是建立在商业信用基础上的结算方式，双方的资金负担和风险承担是不平衡的。

汇付作为一种商业信用，取决于交易一方对另一方的信用，或卖方信用，或买方信用，买卖双方必有一方要承担较大的风险。汇付业务的核心风险就是卖方信用风险或买方信用风险。

二、汇付方式的风险防范

从贸易方的角度来看，如果进出口商缺乏足够的信任，对对方的资信不够满意，采用汇付方式的风险是很大的。汇付方式的核心风险是信用风险，企业对汇付的风险防范首先在于加强信用风险的管理。为了保证交易权益，减少风险，可以在买卖合同中规定保障条款，以获得银行信用担保或第三方的商业信用加入。例如，在买卖合同中可以约定卖方收取货款时，必须提供银行保函，由银行担保卖方如期履行交货义务，保证提供全套货运单据等。对于赊销经营方式，买卖合同可以约定买方收到货物时，必须提供银行保函，保证买方到期履行付款义务。

从银行的角度来看，国际结算资金的实质性划拨都是以汇款方式完成的，汇付是银行最基本的结算方式，涉及许多业务产品，在整个业务流程中环节较多，加强风险的防范与控制十分必要。银行在收到付款指示后，一定要确保已收妥相应头寸方能予以解付，以避免头寸风险的发生。对于经常发生头寸问题的国外银行，应建立预警机制。在办理退汇业务时，要严格按照规章制度和国际惯例办事，防范头寸风险。

案例 11-1

支票付款损失案

内地B企业与香港S企业签订了一笔贸易合同，贸易条件为FOB，金额为200多万港元，约定信用证付款。但S企业迟迟不开来信用证，在B企业的多次催促下，S企业答应改为银行支票付款，在装运港一手交货，一手交支票。在B企业已经备妥装运货物，准备装船时，S企业却提供了一份支票复印件。对此，B企业予以拒绝。同时，S企业也对货物包装提出新的要求，并要求将海运改为空运，答应立即寄来支票原件。当B企业改换好包装并准备空运后，要求S企业前来验货，但S企业却以该笔货物的价格过高为由拒绝验货，导致B企业无法出货，产生巨大损失。

案例分析及相关知识点

第四节 托收方式的风险及防范

一、托收方式的风险

托收是以商业信用为基础，没有银行信用的参与，因此对进出口商来说风险较大。从总体上来说，托收是对进口商更为有利的一种结算方式，出口商承担的风险比进口商更多、更大。由于无论采取哪种结算方式，信用风险、市场风险和操作风险都是客观存在的，为阐述的方便，我们将其界定为基本风险，随后再针对托收这种具体的结算方式阐述其他风险。

（一）基本风险

在买卖双方签订合同后，从出口商备货、出运、制单到收回托收货款，其间利率、汇率、商品价格等因素的变化都有可能会给出口商带来利润的减少。当商品价格下降时，如果进口商资信状况不佳，当无利可图或可能亏损时，还会挑剔单据或借故拒付，迫使出口商降价而转嫁市场风险。当资信状况不好的进口商面临财务状况恶化时，若使用D/A交单方式，进口商承兑汇票后提走货物，到期不履行付款义务，出口商就会遭遇钱货两空的市场风险和信用风险。当进口商业务水平不高或不熟悉交易流程时，可能出现进口商没有按照本国外贸、外汇管理方面的规定取得进口许可证或外汇额度的情况，使出口商面临操作风险而无法收汇。

（二）货物损失风险

当进口商拒绝付款赎单时，出口商将面临货物遭受损失及费用增加的风险。在托收业务中，通常代收行都没有代出口商提货、仓储和保管的义务。货物若没有及时提取，会产生滞港费用，出现变质、短量等情况。若转售货物，价格上会发生损失。若将货物运回，又极大地增加了运费。存储时间过长的货物，只能在当地廉价拍卖，给出口商带来货物损失风险。

（三）投保风险

当进出口双方以买方投保的FOB或CFR价格成交时，出口商面临投保风险。当进口商准备拒付时，一般不会再购买保险或支付保费，万一货物发生损失，出口商将不能从保险公司取得赔偿。即使进口商已经办好了保险手续，但由于保单掌握在进口商手中，一旦进口商不配合转让保险单据，货物受损办理索赔就会非常被动。

（四）国家（地区）交易惯例风险

在拉丁美洲一些国家和地区，远期D/P被按照承兑交单D/A处理，一些国家对远期D/P的处理是货到后付款，一些国家对即期D/P要求货到后再见票。对于远期D/P按承兑交单处理，不法商人会凭汇票的承兑提取货物，而后又借故推卸付款责任，或采用货到后见票的做法，改变了付款交单的基本原则，使得推定交货变成了实际交货，货物滞港或堆放码头，费用和风险都会极大增加。

（五）货物质量风险

第一点到第四点都是出口商面临的风险，这一点是进口商面临的风险。由于货物单据化，进口商付款所依据的是单据，对货物的质量无从了解，面临在付款后发现货物与合同规定不相符的风险。因为汇票在性质上是与基础合同相独立的，进口商承兑了票据后，即使发现货物质量有重大瑕疵，若汇票已经转让到正式持票人手上，进口商也必须付款，面临钱货两空的风险。

（六）单据审核和缮制风险

第一点到第五点是进出口商面临的风险。这一点是银行面临的风险。由于跟单托收属于商业信用，银行只要遵守国际惯例就可以规避风险，但如果进出口商联合欺诈，银行疏于防范，风险依然存在。比如，出口商要求寄单行同意接收以代收行为付款人的商业汇票，企图在收到承兑通知后，通过银行办理贴现。寄单行在未征得代收行事先同意的情况下，将代收行作为汇票和托收指示的付款人，就极易引发银行纠纷。代收行如果审单不严，依寻常惯例承兑了汇票，将会落入出口商布下的陷阱，将商业信用转变成银行信用，陷入被动。

二、托收方式的风险防范

在托收结算方式下，进出口商和银行都会面临风险，但出口商所面对的风险最多，因此出口商的风险防范措施就显得更加重要。

（一）了解进口国的交易习惯与法规政策，避免政策和法律风险

在托收的交单条件中，D/A 较常使用，而 D/P 远期的使用则相对较少。欧洲大陆国家的很多银行不办理 D/P 远期，拉美和北欧国家的银行大多都将 D/P 远期按 D/A 处理。由于货物已经到港，但单据未到，进口商无法提货，有些国家例如中东地区国家的海关规定，货进公仓 60 天后无人提取即可公开拍卖。出口商和托收行在办理远期付款托收时，必须对进口商的资信和经营作风有深入了解，避免上当受骗，同时应了解出口货物的价格趋势及进口国的外汇管制和贸易管制情况，避免货到后无法入境；在出现拒付情况时，要据理力争，同时找好“需要时的代理”，防止货物抵港后被海关收取高额仓储金，甚至被拍卖。

（二）争取选用 CIF 或 CIP 价格术语成交，避免保险风险

在 FOB 或 CFR 条件下，由进口商负责办理保险，若货物在运输途中或进口商提货前受损而进口商拒付，由于保险单据在进口商手上，出口商将面临被动。为了保障自身利益，出口商要尽可能争取以 CIF 或 CIP 条件成交，自行办理保险。出口商在货物装船前办理了保险，在付款人付款或承兑前，仍然拥有物权。若货物在运输途中发生损失，在 CIF 和 CIP 条件下，进口商付款赎单后，仍然可以凭借保险单向保险公司索赔，或货物受损，进口商拒付，出口商也可以凭退回的保险单据向保险公司索赔。出口商采用 CIF 和 CIP 条件成交风险要小。如果必须采用 FOB 或 CFR 条件成交，出口商可向保险公司投保“卖方利益险”，尽可能减少风险。

（三）掌握付款到期日

国际结算，包括托收在内，其实质是单据买卖。对于北欧和拉美一些国家按照当地

习惯将“单到”付款或承兑视为“货到”付款或承兑，拖延付款时间的做法，要特别注意劝阻和规避。出口商在买卖合同中应明确规定，对于托收项下的即期D/P，买方应在汇票第一次提示时付款，托收行也应按照出口商的要求，在托收面函中明确规定付款的具体时间。

（四）投保出口信用保险

通过投保出口信用保险，出口商在采用托收时因进口商无力偿付货款、不按期付款、违约拒收货物、进口国实行外汇管制、进口国发生动乱所导致的风险可以由保险人赔偿。出口商缴纳一定的保险费，保险人将赔偿规定范围内出口商遭受的经济损失。

以上分析了出口商采用托收结算方式时的风险防范措施。作为进口商，为了防范托收业务的风险，也需要对出口商的资信、经营情况有深入全面的了解，避免货物质量风险和假单据诈骗，同时要预测和了解进口货物的销售趋势，作出货物价格下跌的应对预案；严格审核单据，单据与合同、单据与单据严格一致才能接受。而从银行的角度来看，银行应严格按照委托人的托收申请书的要求办理，对业务操作中代理的职能和身份精准把握，不擅作主张，不擅自改变委托人指示，同时如果叙做托收项下的融资产品，要对申请人的资信状况有充分了解，并且要注意全程监控货物销售或货款回收，避免遭受损失。

案例 11－2

出口商采用托收结算方式致损案

某外贸公司与某美籍华人客商做了几笔顺利的小额交易，付款方式为预付。后来客人称销路已经打开，要求增加数量，可是由于货物数量太多，资金周转不开，最好将付款方式改为D/P即期。当时我方考虑到D/P即期方式下，如果对方不去付款赎单，就拿不到单据，货物的所有权仍归我方所有，于是在未对客户的资信进行全面调查的情况下，就以此种方式发出了一个40尺货柜的货物，金额为3万美元。

后来，事情发展极为不顺利。货物到达目的港后，客户借口资金紧张，迟迟不去赎单。10天后，各种费用相继发生。考虑到这批货物的花色品种为客户特别指定，运回来也是库存，便被迫将交单条件改为D/A 30天。可是，客户将货提出之后，就再也没有音信。我方到涉外法律服务处一问才知道，到美国打官司费用极高，于是只好作罢。

案例分析及相关知识点

第五节　信用证方式的风险及防范

信用证虽然有着银行信用独立于买卖合同、单据交易等特点，相较商业信用的汇款和托收更具有安全性，但其风险依然客观存在。其中出口商所面临的风险依然是最复杂多变的。

一、信用证方式的风险

（一）开证行风险

出口商提供相符单据后，能否从开证行处得到付款，要视开证行是否实力雄厚、经营稳健、具有良好的信用基础。开证行倒闭不是没有先例，国外实力雄厚、历史悠久的大银行也不例外。开证行的资信、经营作风的好坏也直接影响到出口商收汇。开证行因经营管理不善亏损严重，便不顾信誉逃废债务的也时有耳闻。有时开证行会顺从进口商的要求，无理拒付或强挑不符点，迫使出口商降价，或协同进口商要求法院冻结信用证项下货款的支付，带来风险。

案例 11－3

来自开证行的风险案

香港N银行于某年5月26日开来号码为LC00182信用证一份，向A公司购买1万吨的水泥熟料，金额为388 800美元，偿付方式为单到开证行付款。公司接证后，备货出运。在备货出运期间，香港中间商来电告知，最终收货方已经不准备再要这笔货物。A公司因为已经备好货物，因此拒绝撤销合同，准备严格按信用证条款制单索款。7月22日，A公司将全套单据送交银行议付，议付行严格审单后，认为单证相符，于次日寄单索汇。8月2日，N银行来电提出两个不符点：(1) 发票、提单、装箱单、原产地证明书以及重量和质量证明书上出现了“符合BSS12-1978”字样，该项并未在信用证中做要求；(2)（检验证明）重量和质量证明书与信用证要求的单据不符。议付行当即查看了审单记录，发现这两个问题在审单过程中都已经被发现，并都已经做了处理。因此，与A公司联系后回电N银行陈述如下理由：首先，BSS12-1978是水泥熟料的规格，在单据上显示“符合BSS12-1978”字样并没有与信用证所规定的单据描述发生任何矛盾，故应被接受。其次，开证行将“（检验证明）重量和质量证明书”作为单据名称看待。第一行“INSPECTION CERTIFICATE”是中国商检局证书的印就格式，由于它不符合信用证的要求，制单时已将其置于括号中，只有第二行“WEIGHT AND QUALITY CERTIFICATE”才是正式的单据名称。

电报发出后，N银行迟迟没有反应。经向A公司了解，开证行已派代理人与A公司磋商，N银行显然在拖延时间，故议付行在8月10日发出普通查询催收未果后，又于11日致电N银行进口部经理，陈述了事件经过，要求对方马上答复。

N银行当即回电，电文中既不对议付行所提的反驳理由作出回答，也不提付款的事，只说不符点仍未被客户接受，代为掌握单据。N银行立即以加急电的形式致电N银行总经理，告知不符点不成立，要求马上付款，如有异议，亦请回电。此后，又经两次去电催促，对方于8月17日来电称，收到申请人指示，要求以二分之一货款付讫为条件放单。经与客户联系得知，A公司并未与买方达成协议，而买方因为货物质量及销路问题无

案例分析及相关知识点

法与其达成一致，A 公司要求根据信用证尽快索回全部货款。8 月 22 日，议付行再致电对方总经理，指出 N 银行在此笔业务中，既不提合理理由，又不拒付货款，导致议付行蒙受利息损失 1 849.72 美元，要求赔偿，否则将寻求其他解决方式。同日，收到 N 银行来电，称已付款，次日收到报文，收妥货款，至此结案。

（二）进口商资信不佳风险

进口商没有在规定的期限内开出信用证，可能会使出口商收到信用证时，已临近装运日，无法安排装运。有时进口商借故拖延甚至不开立信用证，要求改用其他方式支付。进口商也有可能会开立带有软条款和风险条款的信用证（随后详细介绍）。市场行情变化时，信用不佳的进口商会对单据的非实质性不符点无理挑剔，拖延甚至拒付货款，使出口商面临风险。

（三）国家风险

来自进口商的国家风险主要包括外汇管制、贸易管制和战争内乱等风险。当进口商没有预先申请办妥进口用汇时，议付行的收款将受到阻碍。个别国家还可能会突然宣布全面冻结外汇，那么由该国开出的信用证也会被止付；在贸易自由化的大背景下，各国依然有不同层面和方式的贸易管制，且会根据需要不断调整管制的具体规定及措施。例如我国向欧洲某国出口纺织服装，超过配额被其海关扣留，要下一年度才能通关，错过了季节的商品，款式也陈旧了，进口商很有可能会想办法强挑不符点拒付；如果进口商所在国政局不稳，发生动乱或战乱等突发事件，将可能出现全面禁止国际汇兑，使出口收汇面临风险。

（四）单证不符拒付风险

开证行严格履行付款的前提条件是，受益人提交的单据单证相符，单单一致。对于单证不符的，受益人是否能获得货款，取决于进口商的商业信用。单证不符使得信用证的银行信用变成了商业信用，出口商失去了银行的付款保证，风险急剧增大。

（五）适用法律的争议风险

信用证业务的当事人在使用该结算方式时，一般都会申明按照 UCP600 办理。UCP600 是由国际商会制定的一个国际惯例，作为一个国际性的民间经济组织，国际商会不具备法律上的主体资格，因而该惯例不具备法律上的强制执行权。UCP600 只有在信用证申明适用时才发生效力，有时即使信用证依据 UCP600 的规定是生效的，但如果违反了其他法律的强制性规定，仍然要让位于法律的优先执行。作为信用证业务的受益人，可能会了解和精通 UCP600，但无法对所有国家的相关法律和不同时期的政策法规全部知晓，因而可能会面临适用法律的争议风险。

（六）软条款风险

含有软条款的信用证开证行可以随时单方面解除其保证付款责任。软条款或是条款苛刻，或是信用证附加生效条款。软条款的根本特点是赋予开证行或申请人单方面的主动权，使得信用证可随时因开证行或申请人单方面的行为而解除，成为一种可撤销的信用证。这种信用证虽然内容完备，但其隐蔽程度和欺骗性比伪造信用证更胜一筹，给出口商带来了极大风险和损失。信用证软条款五花八门，常见的有：其一，改变信用证性质的软条款。该信用证项下的所有单据都由开证行无偿放单给申请人，在开证申请人收到状态良好的货物后，出具书面授权书给开证行，开证行才能履行付款责任，将信用证的银行信用改为商业信用，将不可撤销信用证改变为可撤销信用证。其二，要求客户检验证书的软条款，即要求品质证书必须由开证申请人的代理出具，且开证申请人代理的签字必须与预留在开证行的印鉴相符。由于受益人无法掌握开证申请人及其代理的预留印鉴或签字，故其对提交的单据是否符合信用证要求无法掌控。其三，开证行签发通知后信用证才生效的软条款，即规定信用证暂不生效，待进口许可证签发后或开证申请人确认后再通知生效。最常见的是在信用证的装运期和有效期时间上做文章，从而使卖方无法完成装运或交单，使信用证到期失效，迫使卖方降价抛货，买方借此获得非正常价格货物，赚取高额利润。

案例 11-4

信用证软条款风险案

某年某市外贸公司 A 与一香港商人 B 签订了出口 1 000 万条编织袋的合同，总金额为 220 万美元。合同规定出口商必须先付履约保证金，申请人才开证。申请人先开出合同金额 10%即 22 万美元的信用证。A 公司在成本低、利润大的诱惑下，按对方指定的账户汇付了履约保证金。B 即通过香港某银行开出信用证，其中含有如下软条款：

“Inspection certificate issued by China Commodities Inspection Bureau counter signed by endorsed by applicant whose authority and signature must be in conformity with the record held in issuing bank.”（中国商品检验局签发的并由申请人会签的检验证，申请人的签字必须与开证行档案的记录相符。）此条款我方未引起重视。随后，我方将货物备妥运抵口岸，经检验后装船出运。

同时，某银行（议付行）在没有确定检验证上开证申请人的签字是否与开证行签字样本上留存的签字一致的情况下叙做了押汇。然而，单据到香港后，开证行以检验证上签字与签字样本不符为由拒付并退单。

至此，这笔软条款信用证给受益人和议付行都带来严重损失。议付行 22 万美元押汇款大部分难以追回；受益人支付的履约保证金被申请人骗去，货物到达香港后无人提取，产生大量仓储费。

案例分析及相关知识点

（七）风险条款风险

风险条款会使信用证的当事人面临风险，失去银行信用的保障。例如正本提单径寄开证申请人条款。这种条款的设立，使得开证申请人可不到银行付款，凭借银行传递系统之外获得的运输单据提货，开证行丧失了物权的控制和对开证申请人的把握。对于限制运输船只、船龄或航线的风险条款，一旦作出此类规定，就给受益人配船设置了障碍，甚至会错失良机，影响货物出运。对于含航空运单及邮政收据的风险条款，由于航空运单和邮政收据都只是货物收据，形式上都是记名的，不是物权凭证，其提货并不以交出运输单据为条件，有时仅凭收据上记载的收货人的签字就可以提货，出口商发货后，虽然掌握单据，但已经失去了对货物的控制。

除了出口商面临的风险，进口商和开证行也会面临相应的风险。进口商面临的最大风险是出口商的信用风险。在出口商无履约能力的情况下，即使进口商如期开立信用证，也无法收到出口商的货物，同时蒙受开证费用的损失和进口商品的机会损失。对于进口商而言，出口商的信用风险还来自其交货严重违反贸易合同的要求，甚至不履行交货义务而用假单据骗取开证行付款。对于开证行而言，其面临的风险主要来自申请人的信用风险和信誉风险，包括无理拒付合格单据或开出信用证后无力付款。由于对相符单据开证行必须付款，不受申请人清偿能力或倒闭的影响，当开证申请人不付款时，开证行将承担付款后无法从申请人处追回货款的风险。虽然开证行拥有货权，但开证行毕竟是单据专家，不是货物专家，当货物无销路或要削价处理时，开证行将面临损失。开证行面临的另一风险是进出口商合谋欺诈，使开证行遭受损失。当申请人违规，违反国家进口计划或超过进口许可证额度时，也会给开证行带来风险。另外，信用证及有关单据的内容及信息传递，都会使开证行处于风险之中。

二、信用证方式的风险防范

信用证并不是一种无懈可击的结算方式，银行信用不可能完全取代商业信用，信用风险也无法完全规避，必须注重对信用证项下风险的防范。

（一）出口商重视对交易对手及开证行的资信调查

在交易前通过银行和驻外机构仔细审查客户的基本情况，对其注册资本、业务范围、经营风险进行必要调查，选择资信良好的客户作为自己的贸易伙伴。开证行的资信直接关系到出口商及出口方银行的利益，要选择资信好、偿付能力强、有代理行关系的银行。在收到国外银行开来的信用证时，首先要核查开证行的资信，可以利用美国标准普尔公司、美国穆迪公司、英国国际银行及信用分析机构（简称 ICBA）对开证行的资信状况进行了解。其中标准普尔和穆迪的重点是美国银行，ICBA 的重点是欧洲及远东地区银行。此外，由英国 Read Information Service 出版发行的《银行年鉴》（*Bank Almanac*），对世界 4 000 多家国际大银行在世界其他国家和地区的分支机构都有介绍。该年鉴收录了最新银行统计资料，每年出版发行两次。如年鉴上查无此行，则该银行规模不大，应提高警惕。对于风险较大的开证行，不应接受或不应叙做出口商融资。如果出口商坚持，要采取要求加具保兑、提供抵押质押等必要风险防范措施。

（二）出口商谨慎签约，严格按信用证规定制单和交单

信用证虽然是与合同独立的，但信用证开立的依据却是合同。出口商在签订合同时，

合同中的付款条件一定要具体、明确、完整。为防止进口商拖延开证，合同中要规定信用证的开出时间，列明信用证的种类，如“保兑的”“不可转让的”等，列明费用由谁承担等。

出口商应按信用证的要求，正确、及时地缮制所规定的各类单据并在规定的期限内交单。有时即使是一字之差，也会引起争议和纠纷。实务中曾出现韩国的开证行对出口商提交的提单到达港是“Pusan”而非信用证所规定的“Busan”而拒付的案例。实际上，“Pusan”是“Busan”的另一种拼法，已载入正式的出版物中，但却被对方纠缠不放，经反复交涉才使对方放弃不合理要求。出口商在制单时应严格按照信用证的要求缮制，避免无谓纷争。

（三）出口地银行严格审单

出口地银行应严格按照国际惯例，合理、谨慎地审核单据，提高业务素养，避免差错，在出现开证行无理拒付时，要援引信用证条款和国际惯例，据理力争，有理有利有节，为顺利安全收汇提供必要条件。

（四）进口商和进口方银行谨慎合理地制定信用证条款，严格执行操作规程，正确处理单据

进口商通过信用证的各项条款来制约受益人执行合同，因此谨慎合理地制定条款非常重要，条款应能最大限度地督促受益人正确执行合同，限制国外不法商人的不轨行为。作为进口方，可要求一些独立的、享有盛誉的检验公司签发装船证书，实施装船预检，监造或监装，以确保所交货物的品质、质量和包装都符合合同规定，甚至还可以规定具体的检验标准和条件；为了防止出口商短装货物，可要求检验机构出具数量和重量检验证明；为了防止出口商在检验后调包，可规定检验证书标明检验是在装船时进行的；为了证实对方出口货物已经获得有关政府机构的许可，可要求对方在有关单证中加具许可证号码或提交许可证副本。进口商和开证行还要注意认真审核单据，保证审单质量，同时要保管好单据，防止在单据代为保管期间因丢失而无法退单所造成的损失。开证行要善于辨别单据的真伪，如发现单据有疑点，要仔细调查。

（五）进口商要求出口商提供保函或备用信用证等担保措施

当进口商对出口商的资信状况不大了解，而交易金额又较大时，可以在合同中规定出口商须提交银行保函或备用信用证，对进口方银行开立的信用证提供担保。

（六）动用法院止付令，正确使用欺诈例外原则

如果开证行在实际付款之前，受益人向开证行提交的单据虽然表面记载与信用证要求相符，但单据本身的内容存在欺诈，则可以利用欺诈例外原则，免除开证行在信用证项下的付款义务。申请人如果发现确实存在欺诈，在一定条件下可以向法院申请止付令，让银行停止对外支付。法院在出具止付令时，要遵循如下原则：（1）如果受益人在提交单据及装运方面有欺诈行为，开证行在付款之前得知该情况，则有权拒付；（2）受益人

的欺诈必须经开证行和开证申请人确认成立，而不仅仅是声称欺诈；（3）只有在交易中出现欺诈但并未危害第三者利益的前提下法院才可发出止付令。

止付令作为一种对风险的补救措施可使用，但需慎用。法院若过于频繁地使用止付令，会使银行声誉受到影响。在议付信用证项下，议付行凭合格的单据议付后，开证行收到法院的止付令，如确属欺诈，受益人可能已逃之夭夭，而开证行因止付令不能付款，开证行的信誉将受到影响。在承兑信用证项下，开证行在承兑汇票后凭法院的止付令拒付，其声誉也会受到不利影响。

第六节　其他结算方式的风险及防范

一、保函业务中担保行的风险及防范

担保行在保函项下的风险归纳起来主要有如下方面：

（一）来自受益人的风险

当担保行开出见索即付的独立保函时，可能遭受来自受益人的不合理索赔的风险。只要索赔文件或单据表面合格，担保行就必须承担支付责任，不管独立于保函合同的基础商业交易履约情况如何。

（二）来自申请人的风险

在信用类保函中，如果申请人没有履行某一合约项下的义务，则担保行就要向受益人承担赔偿责任；在付款类保函中，只要受益人按合同规定履行了一定的义务，担保行也要支付。担保行付款后，申请人破产或无力或不愿支付，则担保行就会因得不到补偿而遭受损失。

（三）来自反担保人的风险

担保行在出具保函前，有时候会要求申请人提供一份由第三方出具的以担保行为受益人的反担保。反担保人的责任就是保证担保行对外支付后，特别是在申请人无力偿还的条件下，补偿担保行因履行担保责任而作出的任何支付。当反担保书由不具备资格的非经济实体（例如政府部门）出具时，反担保将不具备法律效力。即使是经济实体出具的反担保书，也可能出现反担保人不愿履约或无法履约的情况，使反担保书成为一纸空文。

（四）来自保函条款本身的风险

保函和其所依据的基础合同是各自独立的法律文件（指目前大多数使用的见索即付保函，从属性保函除外）。保函虽然依据合同开立，但又独立于合同，受益人的付款要求能否成立，关键是其索赔是否满足了保函条款的规定，保函条款是否严谨直接关系到保函项下的风险。

对于保函业务的风险防范，找好反担保人十分重要。由于担保行在支付后仍可要求申请人或反担保人赔偿，若二者的资信状况良好，担保行还是可以将风险转嫁出去的。如果反担保人提供了抵押品或质押品，担保行还可以依法行使其抵押权或质押权。

案例 11－5

苛刻保函条款担保行赔付案

某年 3 月 15 日，A 公司持中标通知书到 B 银行申请开立履约保函，受益人为 W 国 C 公司（招标方）。担保行在审核申请人提交的资料后发现如下问题：原标书与合同均为西班牙文，而不是国际通用的英文，容易出现解释、理解方面的偏差；原标书规定中标方接到中标通知书后就出具银行保函，然后与招标方签署合同，招标方根据合同开立延期付款信用证，使中标方处于不利地位；原标书规定保函金额为合同金额的 20%，比例太高；原标书只接受其当地银行的保函，故要求担保行委托当地银行转开保函，而风险却由保函申请人承担。鉴于此，担保行建议保函申请人与受益人联系做如下修改：提供原标书与合同的英文版本；中标后先签订合同，招标方开立信用证后投标方再开立保函；将保函的金额调低至合同金额的 10%以下；加列担保金额递减条款；招标方开立的信用证限制在担保行通知和议付（中标方所在的银行承担了三个角色，既是国外来证的通知行和议付行，也是开立履约保函的担保行）；将延期付款信用证改为承兑信用证。

然而，买卖双方虽经多次磋商，仍未达到理想效果。稍后，招标方通过当地 D 银行开来两份信用证，来证规定，货物必须在 3 个月内按间隔相等的时间分三批运达港口，最迟装船期是 9 月 25 日。在保函申请人一再要求且已经落实反担保的情况下，我方担保行于 6 月 22 日指示 D 银行转开金额为 21 万美元的履约保函，保证受益人在保函申请人未能按时交货或短装的情况下凭书面索赔得到偿付，保函有效期至全部货物运抵目的港后 60 天内有效或至 11 月 30 日，以早者为准。11 月 10 日，担保行获悉最后一批货已于 9 月 25 日到达目的港，便致电 D 银行，要求确认保函失效并解除担保行责任。但直到 11 月 24 日，对方才复电称：保函受益人未退还正本保函，并提示保函有效期到 12 月 30 日。随后，担保行在 12 月 14 日收到 D 银行电告：保函受益人已经在 12 月 12 日通过公证机构提交正式函件，声言保函申请人违约，要求担保行赔付全部保函金额，起息日为 12 月 13 日。经了解，保函申请人发送的第三批货物晚到目的港两天，根据保函规定，受益人提出索赔的最长期限是全部到货后 60 天，而 W 国法律另赋 15 天的宽限期，所以最迟索赔日应为 12 月 10 日。保函受益人在 12 月 8 日向当地公证机构提交了索赔函，12 月 10 日和 12 月 11 日两天是当地假日，故 D 银行在 12 月 12 日受理了受益人索赔，并执行了保函。在担保行与保函申请人多次努力未能劝阻对方撤回索赔的情况下，为了维护声誉，担保行不得不于 12 月 31 日对外赔付，并承担了有关费用和利息。次年 1 月 16 日，此案以担保行收到对方撤函通知，银行作出全额赔付的重大代价而告终。

案例分析及相关知识点

二、保理业务的风险及防范

国际保理业务主要涉及出口商、进口商和保理商三方当事人。因为进口商完全是凭着其自身的信用表现来获得保理商对其债务的担保的，风险主要集中在保理商和出口商身上。

（一）出口商的风险

出口商主要承担的是货物质量风险。与信用证以单证相符作为付款依据不同，在保理业务项下，只有在商品符合合同要求的前提下，保理商才承担付款责任，如果由于货物质量、数量、交货期等方面的纠纷而导致进口商不付款，保理商不承担付款责任，故出口商应严格遵守合同。根据《国际保理业务通用规则》的规定，只要进口商提出抗辩，保理商的担保付款责任就解除，一切争议由进出口商自行协商解决。有时进口商故意制造纠纷以拖延付款，而保理商也以此为由推卸付款责任，出口商将面临极大的潜在风险。

（二）保理商的风险

对于叙做保理业务的商业银行而言，进出口商之间的欺诈性交易风险是保理业务的最大风险。如果商业银行不能较好地掌握客户情况，恰当地对客户进行风险评估，合理地控制客户风险，出口商会在商业银行已经核准的应收账款额度内将虚构的交易应收账款转移给保理商。从具体操作情况来看，在正常的贸易交往中，由于受地域、行业差异等因素的影响，难以做到信息对称，特别是那些没有加入国际保理商联合会的保理商，始终处于不利位置，存在信息不对称风险。保理商同时还将面对债权的可转让风险、出口商履约瑕疵风险以及强制追偿方面的风险。

对于保理业务的风险防范，出口商的资信状况调查十分重要。一定要选择资信状况良好、有固定贸易伙伴的客户，对其信用状况进行评估，给予合理的授信额度，同时要对出口货物的质量严格把关，避免因为货物质量而导致进口商提出抗辩。

三、福费廷业务的风险及防范

在福费廷业务项下，包买商通过无追索权的形式贴现买断票据，也买进了票据项下可能发生的风险。在买断票据后，包买商就承担了收汇风险，如果进口商所在国家出现战争和动乱等政治风险，或者进口商所在国家因外汇管制使得外汇无法汇出，包买商就面临国际风险和外汇管制风险。包买行收汇能否完成，关键在于进口商的信用能力。如果进口商由于自身经营状况不佳或固有的不良信用，不能或者拒付货款，包买行将面临进口商的信用风险。虽然银行在福费廷业务中所包买的票据都是已经进口商承兑、第三方担保的票据，但贸易纠纷导致的风险依然客观存在。此外，包买行还要承担以固定利率买进票据所带来的利率风险，包买行在签订福费廷协议时也很难预见商品交易适用的法律改变所导致的进口商无法履约的风险，以致损害包买商的合法权益。

对于福费廷业务的风险防范，包买行要注意审查贸易的内容，避免为法律所禁止的贸易提供融资，不能涉及军事产品，更不能涉及毒品、恐怖分子的交易。远期票据应产生于销售货物或提供技术服务的正当贸易，具有真实的交易背景。贸易合同应符合进出口双方所在国家的相关法规，在必要时要获得外汇额度和进出口许可证。要严格审查融资对象的基本情况，只对经济实力和国际竞争力强、信誉卓著的企业叙做福费廷业务，同时要注意审查有关单据，确保单据的真实性、有效性和合法性。要认真拟定并签署福费廷协议，在福费廷协议中设计必要的风险控制条款，规避合同风险、法律风险和欺诈风险。

第七节　跨境电商的国际结算方式与风险防范

一、跨境电商国际结算存在的风险及缺陷

跨境电商的迅猛发展不仅使国际结算业务的形式和特点发生了重大变化，同时也给国际结算带来了新的风险和挑战。

（一）商业信用风险

长期以来，国际贸易的双方，尤其是出口商更愿意使用信用证作为国际结算的主要方式，主要是由于信用证的银行信用这个特点，不完全依赖于买卖双方的商业信用。而T/T 结算方式虽然缩短了国际结算的资金周转周期，但由于其属于商业信用，出口商和进口商仍然可能面临较大的商业信用风险。如果采用预付货款，则进口商承担着卖方不发货的风险，而如果采用货到付款，则出口商承担着无法收回货款风险，能否顺利完成交易和结算完全取决于贸易双方的商业信用。目前被广泛采用的第三方支付平台完成的国际结算同样属于商业信用，无银行作担保，对于交易双方而言，这种结算方式同样承担着较大的商业信用风险。这就加大了跨境电商中国际结算的欺诈风险，需要贸易双方严格控制欺诈风险。

（二）第三方支付平台的经营风险

跨境电商的蓬勃发展催生了大量的第三方支付平台。第三方支付服务行业发展速度非常惊人，但是行业的监管却没有跟上其发展速度，目前还缺少具体的行业标准和行业规范。一方面，第三方支付服务机构的管理制度和市场准入条件还不够完善，这使得第三方支付平台发展良莠不齐，其自身的经营和诚信都存在较大风险。另一方面，部分跨境电商网站不能在支付方面给予用户足够保障，如当买家支付货款后，卖家不按时发货，网站上查不到任何发货信息，也没有配套的后期监管索赔机制，这样就会使客户遭受损失并且很难进行索偿。

（三）支付完成时间较长、交易费用较高

当前全球 90%的跨境支付采取 B2B 的形式，而 B2B 支付模式 90%又集中在银行系

统。然而银行系统网点众多，组织复杂，电汇过程会涉及汇款行、代理行、央行等多家机构。因每个银行均有自己的独立记账系统，汇款行不仅要在本行进行记录，还需要与其他行进行对账和结算，因此加大了跨境支付的时间成本。

世界银行的数据显示，在跨境支付中汇款人支付的费用是汇款金额的7.2%～8.5%不等，仅代理行完成一笔跨境支付款项，就需收取约20～45美元，是一般国内支付成本的10余倍。以银行电汇为例，中国建设银行跨境支付需按汇款金额的1/1 000收取手续费，单笔最低费用是50元人民币，此外汇款人还需支付150元电报费。如果使用外币汇款，还需收取外币现汇与现钞之间的差价。

跨境支付的终端还是需要通过银行来完成，由于汇款周期比较长，在途的资金占用量大。此外，汇款人还需在银行开立账户，需要交纳一定的保证金，保证金本身也是对客户资金的一种占用。对于银行而言，为了保持资金流动性，还需要设立专门的往来账户来持有多种外币，这本身也是一种资金占用，加大了资金的对冲成本。

（四）线上用户面临的技术风险

跨境电商的国际结算主要在线上完成支付操作，主要依托于网络、电脑或手机等电子设备，因此本身存在一定的安全隐患，如网络安全问题，在网络传输的服务链条中任何一个环节出现病毒侵袭都会给用户带来巨大的损失和冲击。第三方支付平台的用户还存在被非法人员利用非法手段盗取账号、个人信息泄露等技术风险。这些风险都为新经济形势下的国际支付带来了安全隐患，需要加强防范。

二、区块链技术的特征及其在跨境支付中的应用

（一）区块链技术的特征

第一，去中心化。传统网络数据通常有中心数据库，区块链技术的最大创新就是将数据库去中心化，无须任何第三方机构介入，只要交易双方达成交易共识，就可产生信用体系，以最小的成本获得信任。正是因为这个特质，所有的交易均可在双方达成共识后瞬间完成，而交易双方的账户信息同样也可实现即时更新，达到清算的目的。从根本上而言，区块链下的交易并没有清算这一步，支付与清算是同时完成的。

第二，信息的透明化。区块链数据库是去中心化的数据库，向所有用户开放。任何人均可以通过相关节点来查询或获取相关数据信息，并依照这些信息开发新的应用程序。换言之，区块链系统是由用户来操纵的，透明度较高。为防止交易数据泄露，交易各方的信息会被加密。按照加密权限的不同，可分为公有链、联盟链、私有链等类型。公有链是无门槛向所有用户开放；私有链是针对某个用户或某类群体开放；联盟链对加盟用户开放。

第三，隐私度高。区块链的各个节点之间不需要获取信任，各个节点也不需要公开身份，每个节点都是匿名的。在跨境支付过程中，不但能节省交易时间，还可保证交易双方的信息不被泄露。

第四，安全性强。在区块链技术下，任何一个节点都可获取全平台的交易信息，攻

击其中任何一个节点，就会影响到整个网络的安全。篡改其中任何一个节点的数据均是无效的，除非人为地能够控制全网 51%的节点，但这几乎不可能实现。同时，在区块链网络中，节点是点对点相连，没有中心服务器，也不存在中心接口，对任何单一接口进行攻击都是无效的，安全系数较高。

（二）基于区块链技术的跨境支付解决方案

利用区块链网络，将传统金融机构、外汇做市商、流动性提供商等加入支付网络，构建成为支付网关。通过支付网关，可以将区块链上数字资产流动与现实中的法定货币相连接，实现法定货币可以转换为区块链上的数字资产，便于后续的支付转账。通过区块链支付网络中的网络连接器可以连接传统做市商、汇出行、汇入行等机构，摒弃中间交易环节，实现点到点快速低成本支付。

根据当前传统的网络支付体系结构，深入分析跨境支付的交易流程，结合区块链技术的特点，可以构建基于区块链技术的跨境支付解决方案（见图 11－1）。

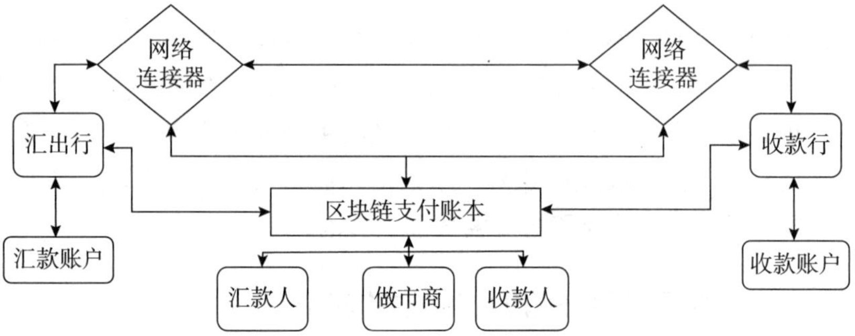

图 11－1　基于区块链技术的跨境支付解决方案

基于区块链技术的跨境支付解决方案包含有两大角色和四大模块。

两大角色，是参与区块链支付的各类机构和客户。分别如下：

第一个角色是网关，它可以是银行、做市商、流动性提供商等。网关的主要作用是让现实中的法定货币进入区块链支付网络。

第二个角色是客户，可以是各类的国际贸易客户。客户是参与区块链支付交易的相关各方，共同参与确认交易信息。在交易过程中，一旦任意一方未确认该笔交易，则该交易不能正式生效。通过这种共同校验，极大地避免了信息不透明的风险，降低了国际贸易中跨境支付的风险。

区块链支付中的四大功能模块，是实现跨境支付中的核心的业务逻辑模块。分别如下：

第一个功能模块是网络连接器。它是帮助各类机构作为网关，接入区块链支付网络的工具。网络连接器是一种“即插即用”的功能模块，可以与当前已有的国际支付系统进行集成，以便于银行可以通过区块链技术处理跨境支付业务。该模块连接汇款行、收款行，用以交换进出口双方的个人信息、费用、发货详情、付款详情等。系统确认双方交易信息后，该模块连接区块链支付账本进行结算处理，并通知所有各方进行交易确认。

第二个功能模块是区块链支付账本。银行、做市商等作为节点接入区块链支付账本。

第三个功能模块是做市商客户端。做市商向区块链支付账本提交外汇牌价。银行内部的外汇交易平台，也可以通过该模块集成到区块链支付网络，从而实现做市商功能。

第四个功能模块是交易客户端。客户可以通过该客户端直接操作区块链支付，也可以像传统模式一样，通过金融机构发起支付。

（三）区块链技术应用于跨境支付的优势

第一，降低信用风险。区块链技术可以利用自身的特性，不断优化支付系统，最大限度地降低支付过程所带来的信誉危机；客户与企业的交易信息会被所属的区块一一记录下来，并且交易流程实时更新，商家能够及时获得自己所需，同时获得安全保障，商品信息和物流信息也会得到及时反馈。在区块链技术的支付模式下，交易过程真实透明，有效地解决了信息不对等、信誉危机等带来的种种问题。

第二，提升支付效率。区块链技术使得交易双方可以实现点对点、端对端的支付，在支付过程中无须涉及任何中介机构。这不仅可以缩短支付、清算的时间，还可缩短交易周期，进一步提升交易效率。加拿大 ATB 银行在 2016 年通过区块链将资金转移到一家德国银行，耗时仅 20 秒。

第三，降低交易成本。区块链技术推动的跨境支付无须中介机构参与，结算、支付成本均可以省去。同时，因为区块链是一种全网记账方式，交易时间等无法篡改，且所有交易均可实现回溯，无须交易成本就可建立信用体系。加拿大 ATB 银行宣称，区块链下跨境支付的交易成本可降低 75%。

第四，加速资金流转。区块链技术的跨境支付没有专门的中介机构，是点对点的直接交易，几乎所有交易均可以在瞬间完成，能够大大减少在途资金数量，更好地提升资金的流动速度。同时，对于区块链技术下的跨境支付，金融机构只需使用被交易双方认可的数字化货币，无须储存额外的法定货币，减少了银行往来账户的对冲风险。

第五，防范支付风险。区块链技术的应用，通过其特有的算法在支付方式中建立一种相互的信任，保障了交易信息的安全性、真实性和不可篡改。并且配送环节智能化，降低了风险，提高了安全性，为跨境电商支付提供了一个可靠的保障。

（四）国外区块链技术在跨境支付中的应用现状

第一，由监管机构推动的应用。区块链是一种新的互联网创新技术，各国监管机构对其态度不一，有很多国家的金融监管机构明确支持推动该技术在跨境支付中的应用。2017 年，英国中央银行对区块链技术的跨境支付进行了测试，结果显示支付双方之间的国家央行结算时间只需数秒，大大减少了支付对第三方机构的依赖度，并能够降低交易成本。新加坡金融管理局、印度中央银行也正在积极推动建立基于区块链技术的跨境支付系统。

第二，由传统的跨境支付机构推动的应用。为了保持自身的市场地位，传统跨境支付机构也在不断加大力度对区块链技术应用进行探索。比如 VISA 在 2016 年已经实现了比特币的区块链跨境支付，并推出了区块链技术应用下的 VISA B2B 平台，为全球跨境贸易企业提供服务。SWIFT 也在不断拓展区块链支付技术的应用，并结合自身的支付特色大力推进私有链的跨境支付试点业务。

第三，虚拟货币平台推动的应用。虚拟货币平台推动的跨境支付应用主要是建立联盟链，使得结算数字化货币能够绕过传统跨境支付机构复杂的交易流程，实现货币的即时到账以及与真实货币之间的快速兑换。比如瑞波（Ripple）提供的数字化货币跨境支付服务就是属于这类业务。瑞波推出的跨境支付平台，核心机制包括两个方面：一是按照瑞波协议购买虚拟货币（XRP），XRP 可以在瑞波网络体系中自由流通；二是引入网关系统，客户通过网关系统对 XRP 与法定货币进行兑换和存取。

第四，金融机构推动的应用。银行并不排斥区块链技术，它们是区块链技术应用的重要推动者。这些金融机构有的是借助于已有的区块链平台在推进跨境支付试验，有的正在开发自身的区块链跨境支付平台。如英国渣打银行借用瑞波公司的网络，可以实现在 10 秒内银行之间的跨境支付并实时到账。在金融机构尝试应用区块链技术中，R3（全球顶级区块链联盟）组织构建的区块链支付联盟是一个重要的机构，已经有摩根士丹利、加拿大皇家银行、德意志银行、花旗银行、高盛、美国银行等 22 家金融机构加入，通过其开发的 Corda 区块链平台，可以在数秒之内实现资金在这些金融机构之间的流动。

第五，企业推动的应用。随着数字化货币、虚拟货币在跨境支付中的渗透，一些科技型企业也在开发应用区块链技术。2017 年，IBM 公司推出了基于区块链的跨境支付网络，通过该网络可以为用户提供实时支付和清算服务。当前 IBM 公司已经在部分地区开始试行其跨境支付平台，为澳大利亚、南太平洋各国、新西兰等国家的企业和银行提供了跨境支付服务。

（五）区块链技术应用于跨境支付面临的约束条件

第一，各国金融监管政策及条件的差异导致其短期内难以在全球推广开来。区块链作为一种互联网创新技术，目前应用范围还不是十分广泛，监管部门对其还没有足够清醒的认知，很多国家的监管机构还在探索监管方式。加上区块链技术没有一个中心化的系统，是完全开放式的平台，导致其很难被监管部门所认可或接受。特别是通过区块链技术开发出来的数字化货币，尽管可以作为一种支付媒介，但作为结算的标的对各国的货币制度还是会造成一定冲击。

第二，区块链技术本身的不完善会影响其在跨境支付领域的应用。一方面，尽管区块链技术下的跨境支付给支付带来了较大的安全性，但其毕竟是互联网技术，没有绝对的安全可言。作为一种去中心化、无背书的支付体系，中间缺少信用担保，如果出现安全漏洞，支付系统的信用危机就会出现。另一方面，区块链设定的“挖矿”技术，随着交易规模的扩大以及使用范围的拓展，对节点的存储空间要求较高，但当前区块链节点所承载的交易空间是有限的，难以满足社会的跨境支付交易量。

本章小结

几乎在所有的国际结算活动中，风险都是一个客观存在的话题。进出口商资信状况不佳所带来的信用风险，商品价格、汇率波动所带来的市场风险，业务叙做过程中因不熟知或不遵守国际惯例和业务规章制度所带来的操作风险，是国际结算的当事人所面临的基本风险。此外，国际结算跨越国界，涉及多国多位当事人，政策法律风险、转移风险、欺诈风险也都是进出口商及参与银行所必须面对的。

风险客观存在于国际结算的支付工具和支付方式中。票据作为国际结算的支付工具，伪造和变造及获取票据权利的缺陷造成了票据风险。汇付作为最基本的结算方式，进出口双方的权利和义务是不平衡的，最大的风险就是进口商或出口商的信用风险。在出口托收项下，除了基本风险外，因选择价格术语而造成的投保风险，因不同国家对交单条件的惯例做法而造成的地区惯例风险，也给交易带来了很多不确定因素。作为一种权利义务更对等、安全性能更高的结算方式，信用证因为其独立于基础合同，且实行单据买卖、象征性交货等抽象性原则，也让不法分子的欺诈行为屡屡得手，软条款信用证和风险条款信用证所带来的风险更需要运用专业技能来应对。保函业务的风险主要是由担保行来承担，而保理业务中商品质量纠纷所带来的进口商拒不付款的风险是出口商面临的最大风险。

风险客观存在，虽无法消灭，但可以合理规避和有效控制。为了防范风险，对客户进行资信状况的调查，核准有效的信用额度，对贸易对象国的外汇管制、贸易管制和政局稳定性进行评估，对贸易中的国外交易对手进行调查，对货物的市场情况进行调查都可以做到未雨绸缪，防患于未然。对于具体的业务品种的风险防范，还应熟悉国际惯例，运用专业技能，识别假单证、软条款和风险条款，合理运用法院止付令，最大限度地维护当事人的合法权益。

关键术语

信用风险　　市场风险　　操作风险　　政治和法律风险
转移风险　　欺诈风险　　软条款信用证　　风险条款信用证
法院止付令

本章思考题

1. 国际结算业务中会出现哪些风险？哪些是国际结算业务的基本风险？

2. 票据风险的主要表现是什么？如何有效防范票据风险？

3. 在托收业务中，一般选择以 CIF 或 CIP 价格术语成交，可以有效地规避何种风险？

4. 信用证的软条款和风险条款各是什么？在所有的国际结算方式中，信用证的欺诈风险相对最高，这是由信用证的什么特征决定的？

5. 什么是法院止付令？法院止付令的适用原则是什么？它的过度使用会带来什么

危害？

6. 保函业务中谁是主要的风险承担者？有何风险防范措施？保理业务中出口商面临的最大风险是什么？

7. 跨境电商国际结算存在哪些风险及缺陷？区块链技术的应用对跨境电商国际结算风险防范将起到哪些方面的作用？

拓展阅读

基于区块链技术的跨境支付案例

跨境贸易的信用证结算风险分析

第一版后记

《国际结算》的英文书稿和中文书稿就要完成了。这两本书稿倾注了我太多的心血。我原还不打算就此交稿，想继续打磨。和中国人民大学出版社的陈静编辑交流后，我决定先将它们拿出来接受市场的检验，在学界同行的批评和指导中进一步完善。书中肯定有很多不尽如人意之处，错误和纰漏也在所难免。恳请同行专家和读者以包容的心态对待这些问题，并将修改意见反馈到我的邮箱 xn96@163. com。

2010 年回国至今，我的副教授任职年限已达 8 年，教授职称与我无缘。虽然在教学工作上我作出了一些成绩和特色，但连续数年的晋升失利，让我重新认识到自己的优势与特色并不在于教授晋升所强调的“学术研究能力”，我应做自己感兴趣的教学和教研工作，做到“人无我有，人有我优”，日后凭借该“独门绝技”进行职业生涯的规划。我上进而要强，但能力有限，个性张扬，过往的工作失意和生活不顺，都与我的这种行事风格有关。这些经历对我来说是宝贵的财富，它们让我无欲则刚，沉下心来做自己最感兴趣和最有优势的教学与教研工作。教材建设成为我的心灵寄托，它让我在静逸的校园里过着充实的日子。我也想给我的儿子许宸源留下一点东西，让他知道，不要奋不顾身争第一，当找到了自己感兴趣、有优势的事情时，不要从功利的角度考虑是否值得去做，坚持做自己感兴趣的事情，我们的生活就会快乐而充实。而这，不就是人生的真谛吗?

《国际结算》书稿的资料收集和整理及写作大框架的确定都是我在德国福伦斯堡大学访学期间完成的。我的德国合作教授 Dr. Holger Hinz 为我提供了极大的工作便利和宽松的学术环境。我承担了德国高校本科生的专业课教学任务，课余时间，我每天都有将近12 个小时待在宽敞而独立的办公室里，几近贪婪地收集资料、整理课件、撰写书稿。每每最后一个离开办公室，搭乘最后一趟班车回宿舍时，我总是通过吟诵保尔·柯察金的名言名句“人的一生应该这样度过”来激励自己。在家人最需要我的时候，我离开了他们远赴德国访学，访学经历是我职业生涯的一笔宝贵财富，但回过头来反思，家人的付出和牺牲实在太大。我要特别提及我所指导的两个硕士研究生，现分别任职于中国民生银行的涂梦云和任职于兴业银行的陶舜如。德国和中国有 7 个小时的时差，当她们完成我所交代的工作去休息时，我已经进入办公室开始审核和调整；当我给她们布置完工作去休息时，她们已经开始按照要求进行资料收集和粗加工。感谢她们的包容，感谢她们连轴转地配合我工作，她们的付出为本教材的建设奠定了坚实的基础。我知道对她们有过于苛刻的要求，谢谢她们陪伴我度过的艰难岁月，但一声“谢谢”又怎能表达我对她们的情意。我现在指导的硕士研究生黄晴和黄颖同学品学兼优，在英文教材建设中的专业用词上能做到师生争辩，让我体会到了教学相长的乐趣。回国后，由于诸多方面的落差，我也曾失意彷徨，教材的建设工作曾停滞了很长一段时间。英文教材的另一作者张雅给予了我积极的心理支撑，让我重新回归正常的工作轨道。我最要感谢的人是我的父亲和母亲。没有他们的支撑，或许这本教材将无法面世。父亲用他的亲身经历告诉我失败了并不可怕，父亲也用他七十多岁仍活跃在科研第一线的阅历告诉我如何成为一个不可缺少的人。

今后的路，我会坚实而沉稳地走下去。我期待着国际结算的课程建设能成为我快乐的源泉，聚精会神搞建设，一心一意谋发展。我想对湖南师范大学，尤其是教务处双语教学管理的诸位老师道一声诚挚的感谢，并为他们祝福。期待在广大教材使用者的关心和支持下，岁月将这本教材一步一步地打磨成精品。

谨以此书献给我的心灵寄托，我的儿子——许宸源。

许　南

图书在版编目（CIP）数据

国际结算/李建军，许南主编；张雅，黎谧副主编．
3 版．-- 北京：中国人民大学出版社，2025．3．
（经济管理类课程教材）．-- ISBN 978-7-300-33542-1
Ⅰ．F830．73
中国国家版本馆 CIP 数据核字第 2025648Q7X 号

经济管理类课程教材·国际贸易系列
国家双语教学示范课程配套教材
国际结算（第三版）
主　编　李建军　许　南
副主编　张　雅　黎　谧
Guoji Jiesuan

出版发行	中国人民大学出版社		
社　址	北京中关村大街 31 号	邮政编码	100080
电　话	010－62511242（总编室）		010－62511770（质管部）
	010－82501766（邮购部）		010－62514148（门市部）
	010－62515195（发行公司）		010－62515275（盗版举报）
网　址	http://www.crup.com.cn		
经　销	新华书店		
印　刷	天津鑫丰华印务有限公司	版　次	2013 年 9 月第 1 版
开　本	787 mm×1092 mm　1/16		2025 年 3 月第 3 版
印　张	20．75 插页 1	印　次	2025 年 3 月第 1 次印刷
字　数	474 000	定　价	49．00 元

教学支持说明

1. 教辅资源获取方式

为秉承中国人民大学出版社对教材类产品一贯的教学支持，我们将向采纳本书作为教材的教师免费提供丰富的教辅资源。您可直接到中国人民大学出版社官网的教师服务中心注册下载——http://www.crup.com.cn/Teacher。

如遇到注册、搜索等技术问题，可咨询网页右下角在线 QQ 客服，周一到周五工作时间有专人负责处理。

注册成为我社教师会员后，您可长期根据您所属的课程类别申请纸质样书、电子样书和教辅资源，自行完成免费下载。您也可登录我社官网的“教师服务中心”，我们经常举办赠送纸质样书、赠送电子样书、线上直播、资源下载、全国各专业培训及会议信息共享等网上教材进校园活动，期待您的积极参与！

2. 高校教师可加入下述学科教师 QQ 交流群，获取更多教学服务

经济类教师交流群：809471792

财政金融教师交流群：766895628

国际贸易教师交流群：162921240

税收教师交流群：119667851

3. 购书联系方式

网上书店咨询电话：010－82501766

邮购咨询电话：010－62515351

团购咨询电话：010－62513136

中国人民大学出版社经济分社

地址：北京市海淀区中关村大街甲 59 号文化大厦 1506 室　100872

电话：010－62513572　010－62515803

传真：010－62514775

E-mail：jjfs@crup.com.cn